특수아동의 이해와 지도

김성화 · 김희진 · 도명애 · 박경란 · 박순길 · 서석진 · 이신영

창지사

머리말

교육의 목적은 개인의 자아실현과 사회통합에 있다. 모든 인간은 교육을 통해 사회 속에서 살아가기 위한 역량을 함양할 뿐 아니라, 인간다움을 익히고 실현할 수 있다. 이러한 교육의 실천에서는 장애가 있거나 특별한 교육적 요구가 있는 특수아동도 예외일 수 없다.

과거와 달리 이제는 특수아동의 통합교육이 시대의 필수적인 흐름이 되고 있다. 통합교육의 성공적인 실천을 위해 교육을 담당하는 교사의 능력과 자질이 무척 중요하다. 교사는 특수교육아동의 특성과 교육방법을 포함하여 특수교육에 대한 전반적인 이해가 필수적이다. 이에 따라 교원양성과정에서도 교직소양과목으로 특수교육학개론과 같은 특수아동의 이해와 지도를 위한 과목을 필수로 이수하도록 하고 있다.

본서는 이러한 특수아동의 통합교육 및 지도에 대한 시대적 필요에 따라 교직과정을 이수하거나 사범계열 학과에 재학 중인 예비교사 및 예비특수교사들로 하여금 특수아동의 통합교육 및 특수아동의 원활한 지도를 위한 기본적인 역량을 강화하고자 저술하였다. 또한 장애아동을 양육하는 부모나 장애 관련 기관에 종사하는 종사자 등 특수교육과 특수아동에 대해 관심이 있는 사람이라면 누구나 쉽게 읽고 이해할 수 있으며, 직접 활용할 수 있는 지도전략 등을 강조하여 저술하였다. 본서의 저자들은 모두 대학에서 특수교육 및 특수아동 관련 과목을 강의하고 있거나 교육현장에서 특수아동을 실제로 지도하고 있으므로 교육현장의 요구에 적합한 내용을 담고자 최선을 다하였다.

본서는 총 12장으로 구성되어 있으며, 각 장마다 주요 내용과 저자는 다음과 같다.

1장 특수교육과 특수교육대상자의 이해(이신영), 2장 특수아동의 교육방법과 행동중재(서석진), 3장 지적장애(도명애), 4장 학습장애(김성화), 5장 정서·행동장애(서석진), 6장 자폐스펙트럼장애(김희진), 7장 의사소통장애(도명애), 8장 청각장애(박경란), 9장 시각장애(이신영), 10장 지체장애(박순길), 11장 건강장애(박순길), 12장 영재교육(이신영)

본서의 저자들은 본서를 읽거나 공부하는 독자들이 특수아동에 대한 기본적인 이해 및 특수교육에 대한 관심과 함께 특수아동의 통합교육에 대한 긍정적인 인식을 갖출 수 있기를 기대하며 저술하였다.

본서가 특수아동이 성장해서 사회의 구성원으로 살아가는 데 도움이 될 수 있기를 기대하며, 끝으로 본서가 출간되기까지 최선을 다해 주신 창지사 김기섭 대표님과 이하 직원들께 감사를 전한다.

2024년 2월
저자 일동

차 례

제1장

특수교육과 특수교육대상자의 이해

1. 장애의 개념

특수교육은 인지적, 언어적, 사회적, 신체적, 심리적 등의 장애를 가진 학생을 대상으로 그들의 특별한 교육적 요구를 지원하기 위해 이루어지는 교육이라고 할 수 있다. 인지적, 언어적 사회 · 심리적, 신체적 등의 장애를 가진 학생을 장애아동 또는 특수교육대상자, 특수아동으로 명명한다. 따라서 특수교육과 특수교육대상자를 이해하기 위해 먼저 장애에 대한 개념 이해가 필요하다.

장애의 개념은 계속 변화하고 있다. 과거 1950년대에는 장애를 '질병'이나 '손상'으로 인식하였다면, 1970년대 이후에는 손상을 가진 개인과 그 개인을 둘러싸고 있는 태도나 환경 사이의 상호작용의 결과로 장애를 인식하였고, 2000년대 들어와서는 장애를 장애 관련 제도와 사회적 지지 및 자원 등을 포괄하는 환경적 맥락에서 그 개념을 인식하고 있다(조윤화, 김태용, 2019).

우리나라의 장애에 대한 개념은 국립특수교육원에서의 정의와 「장애인복지법」에서의 정의로 각각 다음 <표 1-1>과 <표 1-2>와 같다.

〈표 1-1〉 국립특수교육원(2009)에서의 장애 정의

장애: 질병이나 사고 등에 의해 지적 · 정신적 · 청각 · 시각 · 내장 · 골격 · 기형적인 면에 결함이 생겨, 이로 인해 정상적인 생활이 곤란하거나 불가능한 상태다. 결함은 신체의 특정 부위나 기관의 기능이 손실되었거나 감소한 것을 의미하므로 의료적 지원이 필요하며, 장애는 손상으로 인해 특정 영역(읽기, 보기, 걷기, 듣기 등)에 능력 저하가 생기는 경우로서 교육적 · 훈련적 지원이 필요하다.

〈표 1-2〉 「장애인복지법」 제2조 정의

'장애인'이란 신체적 · 정신적 장애로 오랫동안 일상생활이나 사회생활에서 상당한 제약을 받는 자를 말하며, 장애인은 다음의 어느 하나에 해당하는 장애가 있는 자로서 대통령령으로 정하는 장애의 종류 및 기준에 해당하는 자를 말한다. 1. "신체적 장애"란 주요 외부 신체 기능의 장애, 내부기관의 장애 등을 말한다. 2. "정신적 장애"란 발달장애 또는 정신 질환으로 발생하는 장애를 말한다.

「장애인복지법」에서 언급된 장애의 개념은 신체적 장애와 정신적 장애로 분류하고, 국립특수교육원(2009)에서는 신체 기관을 언급하여 의료적 기준에 의해 분류된 것으로 볼 수 있다.

한편, 세계보건기구(WHO)에서는 1980년과 1997년 국제장애분류(International Classification of Impairment, disabilities and Handicaps: ICIDH)를 제시하였는데, 여기에서 장애에 대한 개념을 손상(Impairment), 능력 저하(Disability), 사회적 불리(Handicap)의 관점에서 설명하고 있다.

- 손상(Impairment): 신체나 신체 내부의 장기 등 어떠한 특정 부위가 상실되거나 그 기능이 감소된 기능장애를 말한다. 예를 들면, 다리가 없는 경우를 말한다.
- 능력 저하(Disability): 손상이나 기능 장애로 인해 특정 과제를 수행할 때 사람이 보편적으로 수행하는 방법으로 수행하기 어려운 상태를 말한다.

예를 들면, 다리가 없어서 다른 사람처럼 걸어서 이동하지 못하는 경우를 말한다.

- 사회적 불리(Handicap): 손상이나 능력장애로 인해 환경과의 상호작용에서 문제나 불이익을 경험하게 되는 상태를 말한다. 예를 들면, 다리가 없어서 휠체어를 사용하여 이동할 수 있지만 접근하고자 하는 건물에 경사로가 설치되어 있지 않아 접근이 어려운 경우를 말한다.

2001년 세계보건기구(WHO)는 '국제기능 · 장애 · 건강분류(International classification of Functioning Disability and Health: ICF)'를 발표하여 장애를 손상을 가진 개인과 그 개인을 둘러싼 태도 · 환경적 장벽들 사이의 상호작용 결과로 보았다. 즉, 장애를 손상, 활동제한, 참여제약을 개인의 건강조건과 개인적 환경적 배경요인 간의 상호관계 측면에서 이해하고 있다. 다음 <표 1-3>은 2001년 세계보건기구(WHO)에서 제시한 ICF(국제기능 · 장애 · 건강분류)의 장애 개념이다.

〈표 1-3〉 세계보건기구(WHO)에서 제시한 ICF 개념

<table>
<tr><th></th><th colspan="2">1부: 기능수행과 장애</th><th colspan="2">2부: 배경요인</th></tr>
<tr><th>구성요소</th><th>신체 기능과 구조</th><th>활동과 참여</th><th>환경요인</th><th>개인요인</th></tr>
<tr><td>영역</td><td>신체 기능
신체 구조</td><td>삶의 영역
(과제, 행위)</td><td>기능수행과 장애에 대한 외적 영향</td><td>기능수행과 장애에 대한 내적 영향</td></tr>
<tr><td rowspan="2">구성</td><td>신체 기능의 변화
(생리학적)</td><td>표준 환경에서 과제를 실행하는 능력</td><td rowspan="2">물리적, 사회적 및 태도적 측면에서 촉진하거나 저해하는 영향력</td><td rowspan="2">개인의 태도에 대한 영향력</td></tr>
<tr><td>신체 구조의 변화
(해부학적)</td><td>현재 환경에서 과제를 수행하는 수행력</td></tr>
<tr><td rowspan="2">긍정적 측면</td><td>기능과 구조의 통합</td><td>활동, 참여</td><td rowspan="2">촉진요인</td><td rowspan="2">적용 안 됨</td></tr>
<tr><td colspan="2">기능수행</td></tr>
<tr><td rowspan="2">부정적 측면</td><td>손상</td><td>활동 제한, 참여 제약</td><td rowspan="2">장해요인
/저해요인</td><td rowspan="2">적용 안 됨</td></tr>
<tr><td colspan="2">장애</td></tr>
</table>

출처: World Health Organization(2016). 국제 기능 · 장애 · 건강 분류 한글번역본 제2차 개정판

현재 「장애인복지법」에서 장애인의 개념과 분류는 기준에 따라 15개 영역으로 분류되는데, 크게 신체적 장애와 정신적 장애로 구분할 수 있다. 먼저 신체적 장애로는 지체장애, 뇌병변장애, 시각장애, 청각장애, 언어장애, 신장장애, 심장장애, 호흡기장애, 간장애, 안면장애, 장루 · 요루장애, 뇌전증장애가 포함된다. 정신적 장애로는 지적장애, 자폐성장애, 정신장애가 포함된다. 또한, 2019년 7월 이후 「장애인복지법」 개정으로 장애등급이 '심한 장애인'과 '심하지 않은 장애' 등 2가지로 변경됨에 따라, 장애의 정도가 심한 장애인(종전 1~3급)과 장애의 정도가 심하지 않은 장애인(종전 4~6급)으로 단순하게 구분된다. 「장애인복지법」에 따른 장애인 종류 및 기준에 대한 구체적인 내용은 다음의 <표 1-4>와 같다.

〈표 1-4〉 「장애인복지법」에서 장애인 종류 및 기준 (개정 2019. 6. 4.)

종류		기준
신체적 장애	지체장애인	장애의 정도가 심하거나 심하지 않은 것으로 나누어 신체의 일부를 잃은 사람, 관절장애가 있는 사람, 지체기능장애가 있는 사람 및 신체에 변형 등의 장애가 있는 사람(장애의 정도가 심하지 않은 장애인에 해당함)
	뇌병변장애인	가. 장애의 정도가 심한 장애인 1) 보행 또는 일상생활동작이 상당히 제한된 사람 2) 보행이 경미하게 제한되고 섬세한 일상생활동작이 현저히 제한된 사람 나. 장애의 정도가 심하지 않은 장애인 보행 시 절뚝거림을 보이거나 섬세한 일상생활동작이 경미하게 제한된 사람
	시각장애인	가. 장애의 정도가 심한 장애인 1) 좋은 눈의 시력(공인된 시력표로 측정한 것을 말하며, 굴절이상이 있는 사람은 최대 교정시력을 기준으로 한다. 이하 같다)이 0.06 이하인 사람 2) 두 눈의 시야가 각각 모든 방향에서 5도 이하로 남은 사람 나. 장애의 정도가 심하지 않은 장애인 1) 좋은 눈의 시력이 0.2 이하인 사람 2) 두 눈의 시야가 각각 모든 방향에서 10도 이하로 남은 사람 3) 두 눈의 시야가 각각 정상시야의 50퍼센트 이상 감소한 사람 4) 나쁜 눈의 시력이 0.02 이하인 사람

종류		기준
신체적 장애	청각장애인	가. 청력을 잃은 사람 1) 장애의 정도가 심한 장애인: 두 귀의 청력을 각각 80데시벨 이상 잃은 사람(귀에 입을 대고 큰 소리로 말을 해도 듣지 못하는 사람) 2) 장애의 정도가 심하지 않은 장애인 가) 두 귀에 들리는 보통 말소리의 최대의 명료도가 50퍼센트 이하인 사람 나) 두 귀의 청력을 각각 60데시벨 이상 잃은 사람(40센티미터 이상의 거리에서 발성된 말소리를 듣지 못하는 사람) 다) 한 귀의 청력을 80데시벨 이상 잃고, 다른 귀의 청력을 40데시벨 이상 잃은 사람 나. 평형기능에 장애가 있는 사람 1) 장애의 정도가 심한 장애인: 양측 평형기능의 소실로 두 눈을 뜨고 직선으로 10미터 이상을 지속적으로 걸을 수 없는 사람 2) 장애의 정도가 심하지 않은 장애인: 평형기능의 감소로 두 눈을 뜨고 10미터 거리를 직선으로 걸을 때 중앙에서 60센티미터 이상 벗어나고, 복합적인 신체운동이 어려운 사람
	언어장애인	가. 장애의 정도가 심한 장애인: 음성기능이나 언어기능을 잃은 사람 나. 장애의 정도가 심하지 않은 장애인: 음성 · 언어만으로는 의사소통을 하기 곤란할 정도로 음성기능이나 언어기능에 현저한 장애가 있는 사람
	신장장애인	가. 장애의 정도가 심한 장애인: 만성신부전증으로 3개월 이상 혈액투석이나 복막투석을 받고 있는 사람 나. 장애의 정도가 심하지 않은 장애인: 신장을 이식받은 사람
	심장장애인	가. 장애의 정도가 심한 장애인: 심장기능의 장애가 지속되며, 가정에서 가벼운 활동은 할 수 있지만 그 이상의 활동을 하면 심부전증상이나 협심증증상 등이 나타나 정상적인 사회활동을 하기 어려운 사람 나. 장애의 정도가 심하지 않은 장애인: 심장을 이식받은 사람
	호흡기장애인	가. 장애의 정도가 심한 장애인 1) 만성호흡기 질환으로 기관절개관을 유지하고 24시간 인공호흡기로 생활하는 사람 2) 폐나 기관지 등 호흡기관의 만성적인 기능장애로 평지에서 보행해도 호흡곤란이 있고, 평상시의 폐환기 기능(1초 시 강제날숨량) 또는 폐확산능(폐로 유입된 공기가 혈액 내로 녹아드는 정도)이 정상예측치의 40퍼센트 이하이거나 안정 시 자연호흡 상태에서의 동맥혈 산소분압이 65밀리미터수은주(mmHg) 이하인 사람 나. 장애의 정도가 심하지 않은 장애인: 1) 폐를 이식받은 사람, 2) 늑막루가 있는 사람

종류		기준
신체적 장애	간장애인	가. 장애의 정도가 심한 장애인 1) 간경변증, 간세포암종 등 만성 간질환을 가진 것으로 진단받은 사람 중 잔여 간기능이 만성 간질환 평가척도(Child-Pugh score) 평가상 C등급인 사람 2) 간경변증, 간세포암종 등 만성 간질환을 가진 것으로 진단받은 사람 중 잔여 간기능이 만성 간질환 평가척도(Child-Pugh score) 평가상 B등급이면서 난치성 복수(腹水)가 있거나 간성뇌증 등의 합병증이 있는 사람 나. 장애의 정도가 심하지 않은 장애인: 간을 이식받은 사람
	안면장애인	가. 장애의 정도가 심한 장애인 1) 노출된 안면부의 75퍼센트 이상이 변형된 사람 2) 노출된 안면부의 50퍼센트 이상이 변형되고 코 형태의 3분의 2 이상이 없어진 사람 나. 장애의 정도가 심하지 않은 장애인: 1) 노출된 안면부의 45퍼센트 이상이 변형된 사람, 2) 코 형태의 3분의 1 이상이 없어진 사람
	장루 · 요루 장애인	가. 장애의 정도가 심한 장애인 1) 배변을 위한 말단 공장루를 가지고 있는 사람 2) 장루와 함께 요루 또는 방광루를 가지고 있는 사람 3) 장루 또는 요루를 가지고 있으며, 합병증으로 장피누공 또는 배뇨기능 장애가 있는 사람 나. 장애의 정도가 심하지 않은 장애인: 1) 장루 또는 요루를 가진 사람, 2) 방광루를 가진 사람
	뇌전증장애인	가. 성인 뇌전증 1) 장애의 정도가 심한 장애인: 만성적인 뇌전증에 대한 적극적인 치료에도 불구하고 연 6회 이상의 발작(중증 발작은 월 5회 이상을 연 1회, 경증 발작은 월 10회 이상을 연 1회로 본다)이 있고, 발작으로 인한 호흡장애, 흡인성 폐렴, 심한 탈진, 두통, 구역질, 인지기능의 장애 등으로 요양관리가 필요하며, 일상생활 및 사회생활에서 보호와 관리가 수시로 필요한 사람 2) 장애의 정도가 심하지 않은 장애인: 만성적인 뇌전증에 대한 적극적인 치료에도 불구하고 연 3회 이상의 발작(중증 발작은 월 1회 이상을 연 1회, 경증 발작은 월 2회 이상을 연 1회로 본다)이 있고, 이에 따라 협조적인 대인관계가 곤란한 사람 나. 소아청소년 뇌전증 1) 장애의 정도가 심한 장애인: 전신발작, 뇌전증성 뇌병증, 근간대(筋間代) 발작, 부분발작 등으로 요양관리가 필요하며, 일상생활 및 사회생활에서 보호와 관리가 수시로 필요한 사람 2) 장애의 정도가 심하지 않은 장애인: 전신발작, 뇌전증성 뇌병증, 근간대(筋間代) 발작, 부분발작 등으로 일상생활 및 사회생활에서 보호와 관리가 필요한 사람

종류		기준
정신적장애	지적장애인	지능지수가 70 이하인 사람으로서 교육을 통한 사회적 · 직업적 재활이 가능한 사람
	자폐성장애인	제10차 국제질병사인분류(International Classification of Diseases, 10th Version)의 진단기준에 따른 전반성발달장애(자폐증)로 정상발달의 단계가 나타나지 않고, 기능 및 능력 장애로 일상생활이나 사회생활에 간헐적인 도움이 필요한 사람
	정신장애인	가. 조현병으로 인한 망상, 환청, 사고장애 및 기괴한 행동 등의 양성증상이 있으나, 인격변화나 퇴행은 심하지 않은 경우로서 기능 및 능력 장애로 일상생활이나 사회 생활에 간헐적으로 도움이 필요한 사람 나. 양극성 정동장애(情動障碍, 여러 현실 상황에서 부적절한 정서 반응을 보이는 장애)에 따른 기분 · 의욕 · 행동 및 사고의 장애증상이 현저하지는 않으나, 증상기가 지속되거나 자주 반복되는 경우로서 기능 및 능력 장애로 일상생활이나 사회생활에 간헐적으로 도움이 필요한 사람 다. 재발성 우울장애로 기분 · 의욕 · 행동 등에 대한 우울 증상기가 지속되거나 자주 반복되는 경우로서 기능 및 능력 장애로 일상생활이나 사회생활에 간헐적으로 도움이 필요한 사람 라. 조현정동장애(調絃情動障碍)로 가목부터 다목까지에 준하는 증상이 있는 사람

2. 특수교육의 개념

1) 특수교육의 정의

특수교육(special education)은 특수한 교육적 요구를 지닌 학생을 위해 계획된 교육을 하는 것을 말한다. 대부분의 사람은 장애를 가진 아동, 즉 장애아동을 특수교육대상자와 같은 의미로 인식하고 있다. 사실 대부분의 특수교육대상자에게는 그들의 요구에 맞는 특수교육이 필요하지만, 장애가 있다고 해서 반드시 특수교육대상자가 되는 것은 아니다. 반대로 장애가 없더라도 특수교육이 필요로 하는 경우가 있다(도명애 외, 2016).

특수교육은 일반적으로 인지적 · 신체적 손상(impairment) 때문에 일반적인 교실 환경에서 학업과 생활 전반의 어려움을 보이거나, 특별한 요구(needs)를 가진 특수교육대상자를 지원하고자 교수적 수정을 통해 접근하려는 교육을 통칭하는 용어로 정의한다(전헌선 외, 2012).

「장애인 등에 대한 특수교육법」에서 제시하고 있는 특수교육 관련 법적인 정의는 다음 <표 1-5>와 같다.

〈표 1-5〉「장애인 등에 대한 특수교육법」 제2조 정의

1. "특수교육"이란 특수교육대상자의 교육적 요구를 충족시키기 위하여 특성에 적합한 교육과정 및 제2호에 따른 특수교육 관련서비스 제공을 통하여 이루어지는 교육을 말한다.
2. "특수교육 관련서비스"란 특수교육대상자의 교육을 효율적으로 실시하기 위하여 필요한 인적 · 물적 자원을 제공하는 서비스로서 상담지원 · 가족지원 · 치료지원 · 보조인력지원 · 보조공학기기지원 · 학습보조기기지원 · 통학지원 및 정보접근지원 등을 말한다.
3. "특수교육대상자"란 제15조에 따라 특수교육을 필요로 하는 사람으로 선정된 사람을 말한다.
4. "특수교육교원"이란 「초 · 중등교육법」 제2조, 제4호에 따른 특수학교 교원자격증을 가진 자로서 특수교육대상자의 교육을 담당하는 교원을 말한다.
5. "보호자"란 친권자 · 후견인, 그밖의 사람으로서 특수교육대상자를 사실상 보호하는 사람을 말한다.
6. "통합교육"이란 특수교육대상자가 일반학교에서 장애유형 · 장애정도에 따라 차별을 받지 아니하고 또래와 함께 개개인의 교육적 요구에 적합한 교육을 받는 것을 말한다.
7. "개별화교육"이란 각급학교의 장이 특수교육대상자 개인의 능력을 계발하기 위하여 장애유형 및 장애특성에 적합한 교육목표 · 교육방법 · 교육내용 · 특수교육 관련서비스 등이 포함된 계획을 수립하여 실시하는 교육을 말한다.
8. "순회교육"이란 특수교육교원 및 특수교육 관련서비스 담당 인력이 각급학교나 의료기관, 가정 또는 복지시설(장애인복지시설, 아동복지시설 등을 말한다. 이하 같다) 등에 있는 특수교육대상자를 직접 방문하여 실시하는 교육을 말한다.

9. "진로 및 직업교육"이란 특수교육대상자의 학교에서 사회 등으로의 원활한 이동을 위하여 관련 기관의 협력을 통하여 직업재활훈련 · 자립생활훈련 등을 실시하는 것을 말한다.
10. "특수교육기관"이란 특수교육대상자에게 유치원 · 초등학교 · 중학교 또는 고등학교(전공과를 포함한다. 이하 같다)의 과정을 교육하는 특수학교 및 특수학급을 말한다.
11. "특수학급"이란 특수교육대상자의 통합교육을 실시하기 위하여 일반학교에 설치된 학급을 말한다.
12. "각급학교"란 「유아교육법」 제2조 제2호에 따른 유치원 및 「초 · 중등교육법」 제2조에 따른 학교를 말한다.

우리나라 특수교육에 많은 영향을 미치고 있는미국 「장애인 교육법(Individuals with Disabilities Education Act: IDEA)」(2004)의 규정을 살펴보면 특수교육은 "교실, 가정, 병원, 시설 및 기타 환경에서의 수업과 체육 수업 등에서 부모에게 비용 부담 없이 자녀의 독특한 요구를 충족시키기 위해 특별히 계획된 교수를 의미한다"라고 정의하고 있다(Tumbull, Huerta, Stowe, 2006; 강병일, 김기주, 김남진, 김창평, 2012 재인용; https://sites.ed.gov/idea/).

그밖에도, 여러 학자에 의한 특수교육의 정의를 살펴보면, Smith(2004)는 "특별한 요구를 지닌 개별 아동에게 적절한 맞춤식의 개별화된 교육을 제공하는 것"으로 정의하고 있고, Heward(2009)는 "개별적으로 계획하고, 특별히 고안하며, 집중적으로 제공하는 목표지향적 성격의 교수"라고 정의하고 있다(도명애 외, 2016 재인용).

이와 같이 특수교육은 특수교육대상자가 가지는 개인적 요구를 충족시키기 위해 특수교육대상자에게 맞는 교수수정을 통해 특별히 계획되고 실행되는 교육이라고 할 수 있다.

2) 특수교육의 목적

교육의 목적은 교육을 받는 대상자의 소질을 파악하여 개발해 줌으로써 자아실현을 도울 뿐 아니라 사회의 구성원으로 독립적인 삶을 살도록 하는 것에 있다. 특수교육 또한 일반교육의 목적과 크게 다르지 않다.

「장애인 등에 대한 특수교육법」 제1조에서 「교육법」 18조에 따라 '국가 및 지방자치단체가 장애인 및 특별한 교육적 요구가 있는 사람에게 통합된 교육환경을 제공하고 생애주기에 따라 장애유형 · 장애정도의 특성을 고려한 교육을 실시하여 이들이 자아실현과 사회통합을 하는 데 기여함을 목적으로 한다'고 특수교육의 목적을 밝히고 있다. 또한, 「초 · 중등교육법」 제5조에서 '특수학교는 신체적 · 정서적 · 지적장애 등으로 인해 특수교육이 필요한 사람에게 초등학교 · 중학교 또는 고등학교에 준하는 교육과 실생활에 필요한 지식 · 기능 및 사회적응 교육을 하는 것으로 목적으로 한다'고 밝히고 있다.

따라서 특수교육의 목적 역시 일반교육의 목적과 동일하게 특수교육대상자의 교육적 요구를 충족시키기 위하여 그 특성에 적절한 교육을 통해 특수교육대상자의 자아실현과 사회 통합 및 사회적응을 돕는 데 목적이 있다고 할 수 있다.

3) 특수교육의 성격 및 목표

특수교육의 기본 성격을 몇 가지로 나누어 설명하면 다음과 같다(교육과학기술부, 2009).

첫째, 특수학교(급) 교육은 대상 학생을 위한 일반교육의 보편성을 근간으로 실천되는 교육이다.

둘째, 특수학교(급) 교육은 대상 학생을 위한 특수교육의 특수성을 반영하여 실천되는 교육이다.

셋째, 학습자의 요구와 필요에 부응하는 질적 운영체제를 통해 개별성과 공통성을 추구하는 교육이다.

특수교육은 일반교육이 추구하고 있는 국민 생활에 필요한 기초적이고 기본적인 교육으로서의 '초등학교' 교육, 학생의 학습과 일상생활에 필요한 기본 능력과 민주시민으로서의 자질을 함양하는 교육으로서의 '중학교'교육, 학생의 적성과 소질에 맞는 진로개척 능력과 세계 시민으로서의 자질을 함양하는 교육으로서의 '고등학교'교육의 기반 위에 이루어지는 교육이므로 일반교육의 보편성을 근간으로 실천되는 교육이라고 할 수 있다(강대옥 외, 2016).

특수교육은 특수교육대상자의 교육적 요구를 지원하기 위해 일반교육의 보편성과 특수교육서비스를 제공하는 것이다. 특수학교(급) 교육은 일반교육에서 추구하는 인간상, 교육의 목적과 목표, 내용 등이 특수교육 대상자를 위한 교육에도 그대로 적용하는 것이다. 또한, 특수교육대상자를 위한 효율적인 교육 서비스를 위해서는 교육과정, 교육내용, 교육방법과 교육매체 등에서 일반교육과 차별화된 전문성을 가진다.

특수교육 대상자만이 가지는 교육적 요구는 장애로 인한 학생의 능력과 요구에 적합한 교육 서비스를 통해 자아를 실현하고자 하는 학생의 욕구를 충족시켜 주어야 한다는 것이며, 공통성은 개인마다 가지는 개인차는 극복하고 타인과 서로 이해하려는 노력도 필요하다는 것이다. 따라서 특수학교(급)는 질적 운영체제를 갖추어야 하는데, 이를 위해서는 개별성과 공통성을 적절하게 조화를 이루면서 다양성 속에서 통일성을 살려 나가도록 교육의 목적 및 계획, 교육활동 및 지원활동이 전개되어야 한다(강대옥 외, 2016).

3. 특수교육대상자의 이해

1) 특수교육대상자의 정의

모든 아동은 자신만의 특별하고 개별적인 특성을 가지며, 장애의 여부와 상관없이 서로 다른 신체적 · 사회적 학업적 특성을 보인다. 대부분의 아동은 일반적인 교육방법으로 자신의 자아실현을 이루는 과정에서 개인의 특수성이 두드러지게 나타나지 않는다. 반면, 특수교육대상자는 일반아동과 달리 일반적인 교육방법으로는 자신이 지닌 특수성으로 인해 교육적 요구를 만족시키지 못하므로 개별적으로 고안된 특별한 교육과 함께 그와 관련된 서비스가 필요하다(도명애 외, 2016).

특수교육대상자란 특정 영역에서 일반아동과 다른 아동을 의미하며, 인간으로서의 자신이 가진 잠재력을 실현하기 위해서 특수교육 및 관련 서비스를 필요로 하는 아동을 말한다(Kauffman & Hallahan, 2005; 이소현, 박은혜, 2011 재인용). 즉, 학습적 요구나 특성이 대부분의 아동과는 현저히 달라서 그들이 지닌 잠재 능력을 충분히 계발하기 위해 교육과정 및 교수의 수정이나 특별 교육을 필요로 하는 아동을 말하며, 장애나 영재 등을 가진 아동을 의미한다(정대영, 2011; 정대영, 2016 재인용). 여기에서 영재도 특수교육대상자에 포함되는데, 이는 특수교육대상자를 판별할 때 '특수'라는 의미 속에 평균 또는 전형성에서 일탈되어 있는 것으로 이는 기준 이하의 기능을 갖는 장애나 기준보다 탁월하게 뛰어난 영재의 개념도 포함되기 때문이다.

2) 특수교육대상자의 분류

특수교육대상자는 개개인이 가지고 있는 장애로 인하여 특별한 교육적 요구가 필요한 아동이라고 할 수 있다. 「장애인 등에 대한 특수교육법」에서 특수교육대상자를 '제15조에 따라 특수교육을 필요로 하는 사람으로 선정된 사람'으로 규정하고 있고, 「장애인 등에 대한 특수교육법 시행령」에서는 다음과 같이 12개 영역으로 규정하고 있다.

1. 시각장애	7. 의사소통장애
2. 청각장애	8. 학습장애
3. 지적장애	9. 건강장애
4. 지체장애	10. 발달지체
5. 정서 · 행동장애	11. 그밖에 대통령령으로 정하는 장애
6. 자폐성장애 (이와 관련된 장애를 포함한다)	12. 두 가지 이상 중복된 장애를 지닌 특수교육대상자

특수교육대상자의 선정 기준은 <표 1-6>과 같이 「장애인 등에 대한 특수교육법 시행령」 제10조의 별표1에 설명되어 있다.

〈표 1-6〉 장애인 등에 대한 특수교육법의 특수교육대상자 선정 기준

구분	선정 기준
시각장애	시각계의 손상이 심하여 시각기능을 전혀 이용하지 못하거나 보조공학기기의 지원을 받아야 시각적 과제를 수행할 수 있는 사람으로서 시각에 의한 학습이 곤란하여 특정의 광학기구 · 학습매체 등을 통하여 학습하거나 촉각 또는 청각을 학습의 주요 수단으로 사용하는 사람
청각장애	청력 손실이 심하여 보청기를 착용해도 청각을 통한 의사소통이 불가능 또는 곤란한 상태이거나, 청력이 남아 있어도 보청기를 착용해야 청각을 통한 의사소통이 가능하여 청각에 의한 교육적 성취가 어려운 사람
지적장애	지적 기능과 적응 행동상의 어려움이 함께 존재하여 교육적 성취에 어려움이 있는 사람
지체장애	기능 · 형태상 장애를 가지고 있거나 몸통을 지탱하거나 팔다리의 움직임 등에 어려움을 겪는 신체적 조건이나 상태로 인해 교육적 성취에 어려움이 있는 사람
정서 · 행동장애	장기간에 걸쳐 다음 각 목의 어느 하나에 해당하여, 특별한 교육적 조치가 필요한 사람 가. 지적 · 감각적 · 건강상의 이유로 설명할 수 없는 학습상의 어려움을 지닌 사람 나. 또래나 교사와의 대인관계에 어려움이 있어 학습에 어려움을 겪는 사람 다. 일반적인 상황에서 부적절한 행동이나 감정을 나타내어 학습에 어려움이 있는 사람 라. 전반적인 불행감이나 우울증을 나타내어 학습에 어려움이 있는 사람 마. 학교나 개인 문제에 관련된 신체적인 통증이나 공포를 나타내어 학습에 어려움이 있는 사람

구분	선정 기준
자폐성장애	사회적 상호작용과 의사소통에 결함이 있고, 제한적이고 반복적인 관심과 활동을 보임으로써 교육적 성취 및 일상생활 적응에 도움이 필요한 사람
의사소통 장애	다음 각 목의 어느 하나에 해당하여 특별한 교육적 조치가 필요한 사람 가. 언어의 수용 및 표현 능력이 인지능력에 비하여 현저하게 부족한 사람 나. 조음능력이 현저히 부족하여 의사소통이 어려운 사람 다. 말 유창성이 현저히 부족하여 의사소통이 어려운 사람 라. 기능적 음성장애가 있어 의사소통이 어려운 사람
학습장애	개인의 내적 요인으로 인하여 듣기, 말하기, 주의집중, 지각(知覺), 기억, 문제 해결 등의 학습기능이나 읽기, 쓰기, 수학 등 학업성취 영역에서 현저하게 어려움이 있는 사람
건강장애	만성질환으로 인하여 3개월 이상의 장기입원 또는 통원치료 등 계속적인 의료적 지원이 필요하여 학교생활 및 학업 수행에 어려움이 있는 사람
발달지체	신체, 인지, 의사소통, 사회·정서, 적응행동 중 하나 이상의 발달이 또래에 비하여 현저하게 지체되어 특별한 교육적 조치가 필요한 영아 및 9세 미만의 아동
두 가지 이상 중복된 장애	다음 각 목의 구분에 따른 장애를 지닌 사람으로서 제1호부터 제6호까지의 규정에 따른 특수교육대상자에 대한 각각의 교육지원만으로 교육적 성취가 어려워 특별한 교육적 조치가 필요한 사람 가. 중도중복(重度重複)장애: 다음의 구분에 따른 장애를 각각 하나 이상씩 지니면서 각각의 장애의 정도가 심한 경우. 이 경우 장애의 정도는 법 제14조 제1항에 따른 선별검사의 결과, 제9조 제4항에 따라 제출한 진단서 및 「장애인복지법 시행령」 제2조 제2항에 따른 장애의 정도 등을 고려하여 정한다. 1) 지적장애 또는 자폐성장애 2) 시각장애, 청각장애, 지체장애 또는 정서·행동장애 나. 시청각장애: 시각장애 및 청각장애를 모두 지니면서 시각과 청각에 의한 학습이 곤란하고 의사소통 및 정보 접근에 심각한 제한이 있는 경우

영재아동도 특수교육대상자에 포함되지만, 「장애인 등에 대한 특수교육법」에서 제시한 특수교육대상자에는 포함되지 않는다.

특수교육과 관련하여 미국 「장애인 교육법(IDEA)」(2004)에서는 우리나라와는 달리 좀 더 세분화해서 특수교육대상자를 13개 영역으로 분류하며, 그 내용은 <표 1-7>에 제시하였다.

〈표 1-7〉 미국 장애인교육법(IDEA)의 특수교육대상자 분류

구분	선정 기준
자폐 (Autism)	일반적으로 3세 이전에 나타나 구어와 비구어 의사소통 및 사회적 상호작용에 심각한 영향을 미침으로써 교육적 성취에 부정적인 영향을 미치는 발달장애. 자폐와 자주 관련되는 기타 특성에는 반복적인 활동 및 상동적인 움직임, 환경적 변화나 일과 변화에 대한 저항, 감각 경험에 대한 독특한 반응이 포함됨 • 아동의 교육적 성취에 부정적인 영향을 미치는 주요 원인이 정서장애인 경우는 해당되지 않음 • 3세 이후에 자폐의 특성을 보이는 아동의 경우 앞의 기준에 해당된다면 자폐를 지닌 것으로 판별될 수 있음
농-맹 (Deaf-Blindness)	심각한 의사소통 및 기타 발달적 교육적 문제를 일으키는 청각과 시각의 동시 손상. 농이나 맹 중 한 가지만 지닌 아동을 위한 특수교육 프로그램에 맞지 않음
농 (Deafness)	보청기를 착용하거나 착용하지 않은 상태에서 청각을 통해 언어적 정보를 처리하지 못함으로써 교육적 성취에 부정적인 영향을 미치는 심각한 청각 손상
정서장애 (Emotional Disturbance)	다음 특성 중 하나 이상을 오랜 시간 동안 눈에 띌 정도로 나타냄으로써 교육적 성취에 부정적인 영향을 미치는 상태 • 지능, 감각, 건강상의 요소로는 설명할 수 없는 학습상의 무능력 • 또래 및 교사와 만족할 만한 상호적인 관계를 형성하고 유지하지 못함 • 정상적인 환경에서 나타나는 부적절한 형태의 행동이나 감정 • 일반적이고 전반적인 불행감이나 우울감 • 개인적인 또는 학교 문제와 관련해서 신체적 증상이나 두려움을 보이는 경향 정신분열증을 포함함. 사회적 부적응을 보이는 아동은 정서장애로 판별되지 않는 한 포함되지 않음
청각장애 (Hearing Impairment)	'농'의 정의에 해당되지 않으면서 교육적 성취에 부정적인 영향을 미치는 영구적이거나 변동적인 청각의 손상
지적장애 (Mental Retardation)	발달시기에 나타나 교육적 성취에 부정적인 영향을 미치는 적응행동상의 결함과 동시에 나타나는 심각한 평균 이하의 지적 기능
중복장애 (Multiple Disabilities)	한 가지 이상의 장애가 중복되어 나타나 한 가지 장애를 지닌 아동을 위한 특수교육 프로그램으로는 중재가 어려운 심각한 문제를 지닌 경우(예: 정신지체-맹, 정신지체-지체장애)
지체장애 (Orthopedic impairment)	교육적 성취에 부정적인 영향을 미치는 심각한 정형외과적인 손상. 선천적 기형(예: 내반족, 신체 일부의 결손), 질병에 의한 손상(예: 소아마비, 골결핵), 기타 원인에 의한 손상(예: 뇌성마비, 절단, 근육이나 힘줄을 손상시키는 골절이나 화상)을 포함
기타 건강장애 (Other Health Impairment)	심장 상태, 결핵, 류머티즘성 열병, 신장염, 천식, 겸상적혈구빈혈증, 혈우병, 간질, 납중독, 백혈병, 당뇨병 등과 같은 만성 또는 급성 건강 문제로 인해서 약화된 강도, 체력, 민첩성

구분	선정 기준
특정 학습장애 (Specific Learning Disability)	• 듣기, 생각하기, 말하기, 읽기, 쓰기, 철자법, 수학 계산을 수행하는 불완전한 능력으로 나타날 수도 있는, 말이나 글로 표현된 언어를 이해하거나 사용하는 데 포함되는 기본적인 심리적 과정에 있어서 한 가지 이상의 장애 • 지각장애, 뇌손상, 미세뇌기능이상, 난독증, 발달적 실어증과 같은 상태를 포함 • 시각, 청각, 운동기능상의 장애 또는 정신지체, 정서장애, 환경적, 문화적, 경제적 불이익이 주원인인 학습문제를 보이는 아동은 포함하지 않음
말/언어장애 (speech or Language Impairment)	교육적 성취에 부정적인 영향을 미치는 말더듬, 조음장애, 언어장애, 음성장애 등과 같은 의사소통장애
외상성 뇌손상 (Traumatic Brain Injury)	교육적 성취에 부정적인 영향을 미치는 전반적 또는 부분적인 기능장애나 심리사회적 손상을 초래하는 외부적인 물리적 힘에 의해서 발생하는 뇌손상. 인지, 언어, 기억, 주의집중, 논리, 추상적 사고, 판단, 문제 해결, 감각, 지각, 운동기능, 심리사회적 행동, 신체 기능, 정보처리, 말과 같은 영역 중의 한 가지 이상의 영역에서의 손상을 초래하는 개방형 또는 폐쇄형 머리 손상을 포함. 선천적이거나 퇴행성 또는 출생 중에 발생한 뇌손상은 포함되지 않음
시각장애 (Visual Impairment)	교정을 한 후에도 교육적 성취에 부정적인 영향을 미치는 맹을 포함하는 시각손상, 저시력과 맹을 모두 포함

출처: 이소현, 박은혜(2011). 특수아동교육 3판

우리나라의 「장애인 등에 대한 특수교육법」과 미국의 「장애인 교육법(IDEA)」(2004)을 비교하면, 미국은 청각장애와 지체장애를 한국보다 좀 더 상세하게 분류하고 있다. 우리나라에서는 청각장애로만 분류하고 있는 것을 미국은 농(deaf)과 청각장애(hearing impairment)로 분류하고, 지체장애는 미국에서 지체장애와 외상성 뇌손상(traumatic brain injury)으로 분류하고 있다. 그리고 우리나라에서는 분류되지 않은 중복장애와 농-맹(deaf-blindness)을 미국에서는 세분화시키고 있다.

특수교육대상자를 대상으로 하는 「장애인 등에 대한 특수교육법」과 장애인을 대상으로 하는 「장애인복지법」 그리고 미국의 「장애인 교육법(IDEA)」의 장애분류 체계를 비교하면 <표 1-8>과 같다.

〈표 1-8〉 특수교육 관련법의 장애영역 분류 비교

장애인 등에 대한 특수교육법 (2008)	장애인복지법 (2007)	미국 장애인교육법 (IDEA, 2004)
시각장애	시각장애	시각장애(Visual Impairment)
청각장애	청각장애	농(Deafness)
		청각장애(Hearing Impairment)
지적장애(2016)	지적장애	정신지체(Mental Retardation)
지체장애	지체장애	지체장애 (Orthopedic impairment)
	뇌병변장애	외상성 뇌손상 (Traumatic Brain Injury)
정서 · 행동장애		정서장애 (Emotional Disturbance)
자폐성장애	자폐성장애	자폐(Autism)
의사소통장애	언어장애	말/언어장애 (speech or Language Impair-ment)
학습장애	–	특정학습장애 (Specific Learning Disability)
건강장애	신장장애인, 심장장애인, 호흡기장애인, 간장애인, 안면장애인, 장루 및 요루 장애인, 뇌전증장애인,	기타 건강장애 (Other Health Impairment)
발달지체	–	–
그밖에 대통령령으로 정하는 장애	–	–
–	정신장애	
–	–	농-맹(Deaf-Blindness)
–	–	중복장애(Multiple Disabilities)
11개 영역	**15개 영역**	**13개 영역**

출처: 강대옥 외(2016). 특수교육학개론. p.27 수정. 지적장애(2016.2.3. 명칭 개정 삽입)

3) 특수교육대상자의 특성

특수교육대상자는 개개인이 지닌 장애에 따라 인지적, 사회 적응적, 학업적 및 신체적 특성 등에 따라 다양한 특성을 보인다. 발달의 영역에 따라 인지, 정의, 신체 및 운동의 세 가지 관점에서 그 특성을 살펴보고자 한다.

(1) 인지적 특성

인지적 특성은 지적 능력, 학업성취, 사고력 등을 말하며, 인지적 특성을 이해하기 위해서는 정보처리 과정을 이해해야 한다. 인간의 대뇌는 마치 컴퓨터와 같아서 인간의 정보처리 과정은 외부 환경에서 감각기관을 통해 자극을 인식하는 지각을 거친 후 감각기억, 단기기억, 작업기억을 거쳐 장기기억에 저장하게 된다. 그리고 필요에 따라 저장된 정보를 다시 인출하여 사용된다.

특수교육대상자 중에는 자신이 지닌 장애로 인해 정보 투입에서 인출에 이르기까지 정보처리 과정에서 다양한 어려움이 존재할 수 있다. 무엇보다도 감각기관에 손상을 지닌 아동의 경우 정보를 투입하는 과정에서 정확한 형상의 정립 및 개념 확립에 어려움이 있을 가능성이 크다. 그리고 지적장애 아동의 경우는 선택적 주의집중 및 지각, 기억에도 어려움을 동반하게 된다(도명애 외, 2016).

(2) 정의적 특성

정의적 특성은 인간의 마음과 정신기능에 관련된 특성으로, 욕구, 동기, 자아개념, 포부 수준, 성격, 인성, 도덕성 등을 말한다. 특수교육대상자는 자신이 가진 장애로 인해 장애의 중적 · 심화과정이 나타나기 쉽고 이로 인해 갈등 및 스트레스가 쌓이게 된다. 이런 사회 · 심리적 발달을 저해시키는 원인으로 아동 개인이 가지는 장애 자체, 부모의 과보호와 사회인의 천시를 제시하였다(전헌선 외, 2012). 이것은 특수교육대상자의 특성과 부모의 과보호, 그리고 사회인의 천시가 장애의 중적 · 심화과정의 첫 단계가 되고 이로 인해 두 번째 단계인 정서불안 증상으로 발전하며, 세 번째 단계에서 열등감을 갖게 되고, 네 번째 단계에서는 특수교육대상자의 비사회적 행동으로 나아가며, 마지막 다섯 번째 단계에서는 특수교육대상자의 반사회적 행동이 나타날 수 있다(도명애 외, 2016).

(3) 신체 및 운동 특성

특수교육대상자는 자신이 가지는 장애로 인해 운동 및 기능적 발달에 개인차가 심하게 나타난다. 따라서 이들은 유연성, 근력, 순발력, 민첩성, 평형성, 지구력과 같은 운동기능도 일반아동에 비해 그 기능이 낮을 수 있다. 특히, 뇌성마비 아동의 경우 뇌손상으로 인해 신체 부자유와 운동장애 그리고 생리적 자기조절기능의 문제를 가지게 되는 등 다양하게 나타난다(안병즙, 1978; 박순길, 2006; 도명애 외, 2016 재인용).

4. 특수교육의 현황

1) 특수교육대상자 현황

최근 5년간 우리나라의 특수교육대상자의 장애영역별 현황을 <표1-9>에 정리하였다. <표 1-9>를 살펴보면, 특수교육대상자 중 지적장애 학생의 수가 50% 이상을 차지하여 가장 많고 다음은 자폐성장애, 발달지체, 지체장애 학생 순으로 많음을 알 수 있다. 특히, 진단 · 평가의 발달과 조기교육의 필요성에 대한 인식이 확산되면서 발달지체 특수교육대상자 수는 꾸준히 계속 증가하고 있다. 그렇지만 특수교육대상자의 지속적 증가와 함께 자폐성장애와 발달지체 학생의 수는 증가하는 데 비해 학습장애 학생의 수는 감소하고 있음을 볼 수 있다.

〈표 1-9〉 특수교육대상자 년도별 장애영역별 현황 (단위: 명, %)

영역 년도	시각 장애	청각 장애	지적 장애	지체 장애	정서 행동 장애	자폐성 장애	의사 소통 장애	학습 장애	건강 장애	발달 지체	전체
2019	1,937 (2.1)	3,225 (3.5)	49,624 (53.4)	10,200 (11.0)	2,182 (2.3)	13,105 (14.1)	2,204 (2.4)	1,409 (1.5)	1,763 (1.9)	7,309 (7.8)	92,958 (100)
2020	1,908 (2.0)	3,132 (3.3)	50,693 (53.1)	9,928 (10.4)	1,993 (2.1)	13,917 (14.6)	2,404 (2.5)	1,226 (1.3)	1,785 (1.9)	8,434 (8.8)	95,420 (100)
2021	1,826 (1.9)	3,026 (3.1)	51,788 (52.8)	9,695 (9.9)	1,874 (1.9)	15,215 (15.5)	2,450 (2.5)	1,114 (1.1)	1,799 (1.8)	9,367 (9.5)	98,154 (100)
2022	1,753 (1.7)	2,961 (2.9)	53,718 (51.8)	9,639 (9.3)	1,865 (1.8)	17,024 (16.4)	2,622 (2.5)	1,078 (1.0)	1,948 (1.9)	11,087 (10.7)	103,695 (100)
2023	1,745 (1.6)	2,907 (2.6)	55,867 (50.9)	9,522 (8.7)	1,831 (1.7)	19,275 (17.6)	2,645 (2.4)	1,037 (0.9)	1,956 (1.8)	12,918 (11.8)	109,703 (100)

출처: 교육부(2023). 특수교육통계 p.4.

특수교육대상자의 장애 영역별 및 학교과정별 배치현황은 <표 1-10>에 제시하고 있다.

〈표 1-10〉 특수교육대상자 장애영역별 및 학교과정별 배치현황 (2023. 4. 1. 기준)

배치별			특수학교	일반학교		특수교육 지원센터	계
				특수학급	일반학급 (전일제 통합학급)		
특수교육대상자 수			28,942	61,993	18,474	294	109,703
학생수	장애영역별	시각장애	1,079	207	458	1	1,745
		청각장애	560	689	1,646	12	2,907
		지적장애	14,540	35,855	5,457	15	55,867
		지체장애	3,905	3,232	2,326	59	9,522
		정서행동장애	68	1,186	577	–	1,831
		자폐성장애	7,781	10,183	1,307	4	19,275
		의사소통장애	206	1,396	1,042	1	2,645

배치별			특수학교	일반학교		특수교육 지원센터	계
				특수학급	일반학급 (전일제 통합학급)		
		학습장애	10	628	399	–	1,037
		건강장애	13	109	1,834	–	1,956
		발달지체	780	8,508	3,428	202	12,918
		계	28,942	61,993	18,474	294	109,703
	학교과정별	장애영아	113	–	–	294	407
		유치원	956	5,676	2,149	–	8,781
		초등학교	9,876	33,121	8,588	–	51,585
		중학교	6,461	12,425	4,119	–	23,005
		고등학교	6,522	10,585	3,618	–	20,725
		전공과	5,014	186	–	–	5,200
		계	28,942	61,993	18,474	294	109,703
학교 및 센터 수			194	12,190		197	12,581
				9,288	8,366		
학급 수			5,443	13,287	17,497	61	36,288
특수학교(급) 교원 수			10,146	13,888	–	1,565	25,599
특수교육 보조인력 수			5,192	10,313	280	–	15,785

출처: 교육부(2023). 특수교육 연차보고서. p.21

2) 장애영역별 배치 현황

[그림 1-1]은 2023년 장애 영역별 현황으로, 지적장애가 50.9%로 가장 많고, 학습장애가 0.9%로 가장 적게 배치되어 있다.

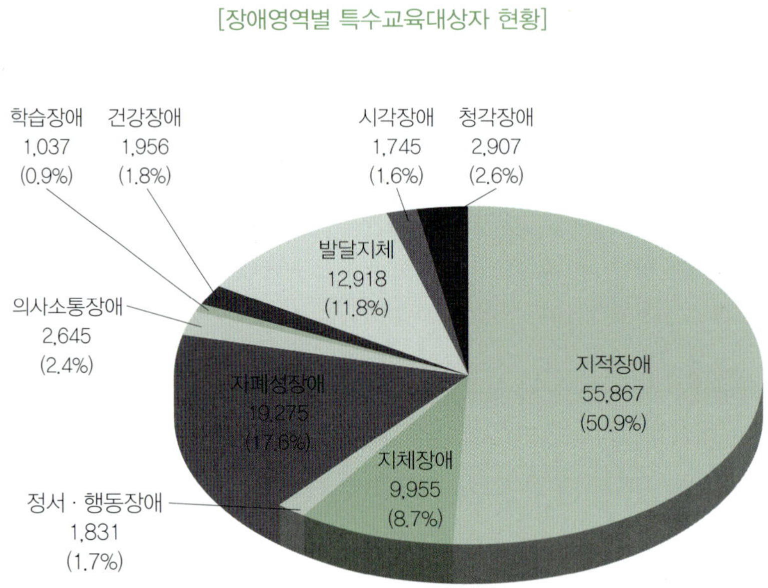

※계: 109,703명

[그림 1-1] 장애영역별 특수교육대상자 현황

출처: 교육부(2023). 특수교육 연차보고서. p.23.

3) 학교과정 및 기관별 배치현황

[학교급별 특수교육대상자 현황]

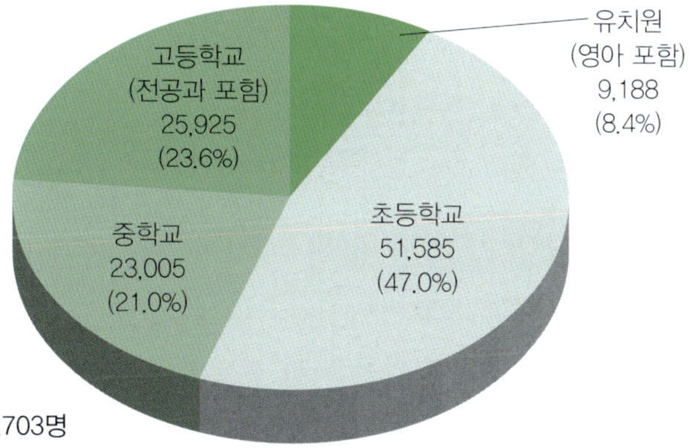

※계: 109,703명

[교육환경별 특수교육대상자 현황]

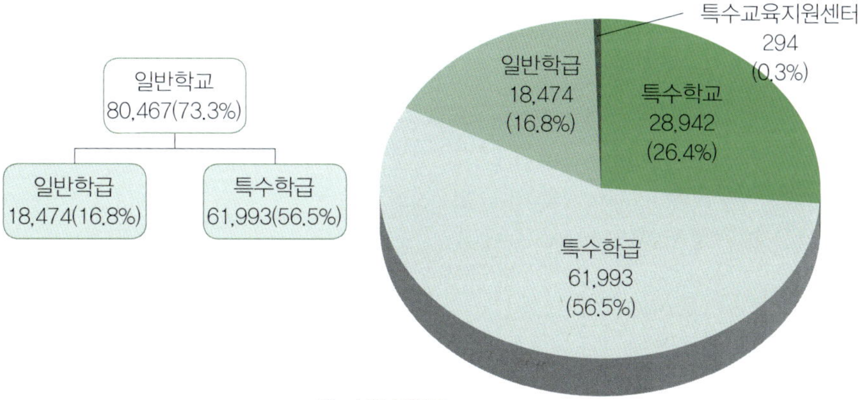

※계: 109,703명

[그림 1-2] 학교급별 및 교육기관별 특수교육대상자 현황

출처: 교육부(2023). 특수교육 연차보고서. p.22.

[그림 1-2]에서와 같이, 2023년 현재 특수교육대상자가 가장 많이 배치되어 있는 곳은 일반학교 특수학급(56.5%)이고, 일반학급(16.8%)과 합하면 73.3%가 되어 일반학교에서 통합교육을 받는 특수교육대상자의 수가 많음을 알 수 있다. 또한, 장애의 정도가 심한 중도나 중복장애 학생의 25.4%가 특수학교에 재학하고 있음을 알 수 있다.

5. 특수교육대상자의 선정과 배치

특수교육대상자의 진단 및 평가를 위한 선별 및 진단평가 도구는「장애인 등에 대한 특수교육법」제14조 1항에 따라 <표 1-11>과 같이 구성되어 있다.

〈표 1-11〉 특수교육대상자 선별검사 및 진단 · 평가 영역

<table>
<tr><th colspan="2">구분</th><th>영역</th></tr>
<tr><td colspan="2">장애조기발견을 위한 선별검사</td><td>• 사회성숙도검사 • 적응행동검사 • 영유아발달검사</td></tr>
<tr><td rowspan="5">진단 및 평가 영역</td><td>시각장애, 청각장애, 지체장애</td><td>• 기초학습기능검사 • 시력 검사
• 시기능검사 및 촉기능검사(시각장애 한함)
• 청력검사(청각장애 한함)</td></tr>
<tr><td>지적장애</td><td>• 지능검사 • 사회성숙도검사 • 적응행동검사
• 기초학습검사 • 운동능력검사</td></tr>
<tr><td>정서 · 행동장애, 자폐성장애</td><td>• 적응행동검사 • 성격진단검사 • 행동발달평가
• 학습준비도검사</td></tr>
<tr><td>의사소통장애</td><td>• 구문검사 • 음운검사 • 언어발달검사</td></tr>
<tr><td>학습장애</td><td>• 지능검사 • 기초학습기능검사 • 학습준비도검사
• 시지각발달검사 • 지각운동발달검사 • 시각운동통합발달검사</td></tr>
</table>

특수교육대상자의 선정 및 배치는「장애인 등에 대한 특수교육법」에 정하는 절차와 함께 장애의 특성과 교육적 요구를 고려하여 이루어져야 한다.「장애인 등에 대한 특수교육법」의 제16조(특수교육대상자의 선정절차 및 교육지원 내

용의 결정)에 따라 특수교육대상자의 선정 절차는 [그림 1-3]과 같다.

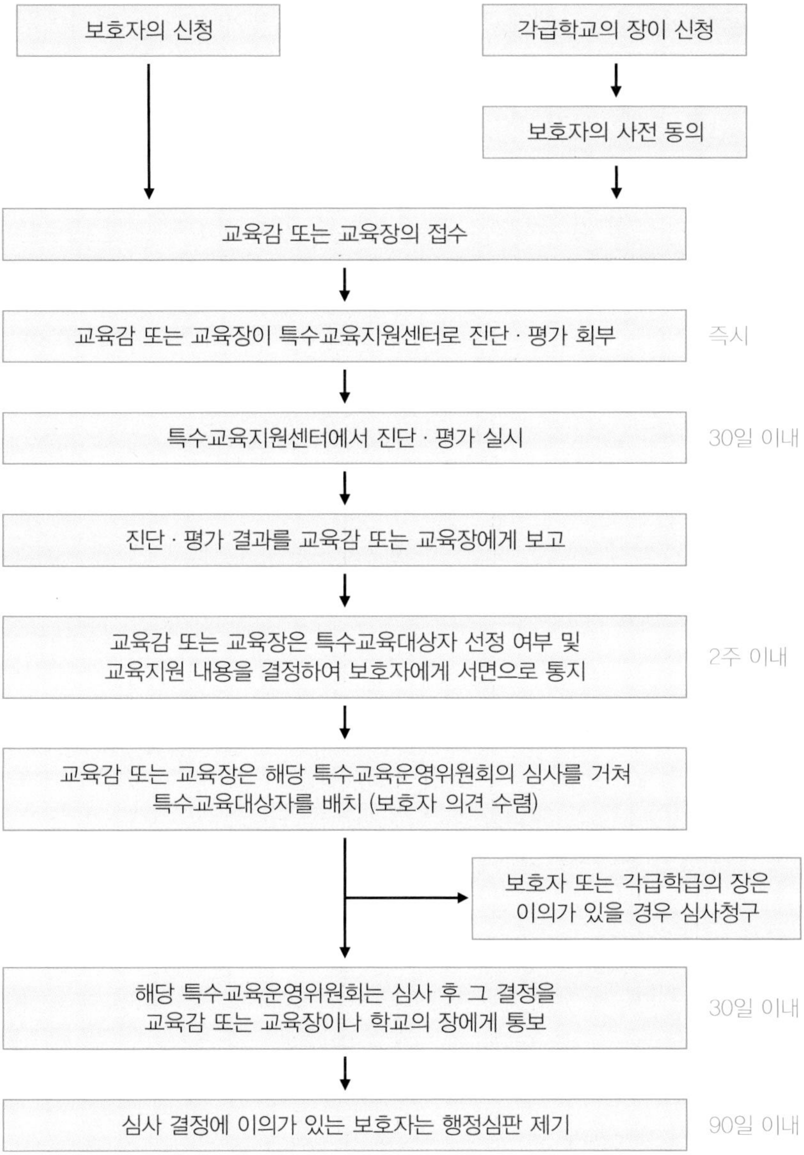

[그림1-3] 특수교육대상자의 선정 및 배치 절차

출처: 교육과학기술부 (2008) p.116

특수교육대상자 선정과정에 있어 부모나 보호자 또는 각급학교의 장은 장애를 가지고 있거나 장애를 가지고 있다고 의심되는 영유아 및 학생을 발견했을 때 교육장 또는 교육감에게 진단 · 평가를 의뢰하여야 한다. 여기에서 각급학교의 장이 진단 · 평가를 의뢰하는 경우 반드시 부모나 보호자의 사전동의를 받아야 한다. 또한, 선정 과정에 대해 부모나 보호자는 자녀교육에 있어 충분히 의견을 낼 수 있고, 선정배치 결과를 통보받은 후에도 진단 · 평가에 대한 결과에 만족하지 못할 경우에 재심을 청구할 수 있어 절차에 대한 권리를 보장받을 수 있다.

학습문제

1. 장애의 정의를 설명하시오.
2. 특수교육과 특수교육 대상자의 정의를 설명하시오.
3. 특수교육대상자의 특성을 설명하시오.

제2장

특수아동의 교육방법과 행동중재

1. 특수아동의 교육방법

1) 개별화교육

(1) 개별화교육 프로그램의 개념

개별화교육 프로그램(Individual Educational Program: IEP)은 미국의 장애인 교육법(Individual with Disabilities Education Act: IDEA)에 규정되어 있는 법적인 문서로, 특수교육의 대상자로 지정된 3세 이상의 아동에게 적절한 교육을 제공하기 위해 다학문적 진단 및 계획을 통해 작성되는 교육프로그램을 의미한다. 즉, 특수아동 개인의 독특한 교육적 요구와 특성에 맞는 교육을 수행하기 위해 특별히 고안된 교육적 활동의 문서이다. 일반적으로 IEP(Individual Educational Program)라고 불리는데, 국가마다 용어 표현에 조금씩 차이를 보인다. 미국은 개별화교육 프로그램, 영국은 개별화교육계획, 일본은 개별화지도계획으로 명명한다. 한국에서는 주로 미국의 개별화교육 프로그램(IEP)에서 나타내는 이념과 형식 등을 반영하고 있다.

개별화교육 프로그램을 그 용어에 따라 풀어서 설명하면, 다음의 세 가지 차원에서 설명할 수 있다. 첫째, 개별화(Individual)라는 말은 특수아동 개인의 교육적 요구를 의미한다. 둘째, 교육(Education)은 아동에게 제공되는 특수교육 및 관련 서비스를 의미한다. 셋째, 프로그램(Program)은 아동에게 실제로 제공되는 프로그램에 대한 진술을 의미한다. 앞에서 정의한 대로 특수아동 개인의 고유하고 독특한 교육적 요구에 맞게 제공되는 특수교육 서비스를 위한 프로그램이 바로 개별화교육 프로그램이다.

예전에는 개별화교육을 특수아동 개인과 교사와의 일대일 수업으로 이해하는 경우가 많았다. 개별화교육은 일대일 교수의 형태로 제공되기도 하지만 소집단 교수, 대집단 교수 등 아동의 교육적 요구에 따라 다양한 형태로 제공되며, 특정한 하나의 수업 형태만을 강조하지는 않는다. 최근의 교육현장은 학생 개인의 능력을 최대한으로 개발하기 위해 개인이 가진 고유한 능력을 존중하여 그에 맞는 교육을 실시해야 함을 강조하고 있다. 집단 중심 교육에서 개인 중심 교육으로 변화되고 있는 것이다. 이에 따라 특수아동 개인의 필요를 충족시키는 교육이 되기 위해서 개별화교육 계획을 세우고 실천하는 일이 무척 중요함을 알 수 있다.

개별화교육의 기능은 3가지로 설명된다(이소현 · 박은혜, 2011). 특수아동으로 하여금 체계적인 교육을 받을 수 있도록 하는 관리 도구의 기능, 특수아동의 발달과 성취를 알아볼 수 있도록 하는 평가도구의 기능, 특수아동의 교육과 관련된 모든 사람에게 의사소통을 할 수 있게 하는 의사소통 도구의 기능이 개별화교육이 가지는 기능인 것이다.

(2) 개별화교육의 법적 당위성

개별화교육 프로그램은 법적인 문서이다. 그러므로 그 당위성을 법적인 근거로부터 찾을 수 있다. 여기에서는 미국과 한국의 특수교육에 관련된 법을 통해 개별화교육의 당위성을 살펴보도록 한다.

① 미국

1975년 장애인교육법의 모체가 되는 「전장애아교육법」(PL 94-142)에서 모든 장애아동에게 무상의 적절한 공교육 제공을 위해 개별화교육 프로그램을 제시하였다. 이때 사용된 개별화교육 프로그램이라는 용어는 특수아동 개인의 개별화교육 프로그램을 개발하기 위한 회의를 통해 결정된 내용을 기록한 문서와 개별화교육 프로그램을 실천하기 위한 과정의 두 가지 내용을 내포한다.

「전장애아교육법」은 특수아동과 그 가족을 위한 대헌장과 같은 역할을 한 법령으로 특수아동의 교육에 대하여 6가지 원칙을 제시하였다. 그 내용으로는 완전취학, 공평한 평가, 개별화된 적절한 교육프로그램, 최소 제한적 환경, 적합한 절차, 부모의 참여로 그 구체적인 내용은 다음과 같다.

- 완전취학(Zero rejection): 어떤 아동도 장애가 있다고 입학을 거부할 수 없다.
- 공정한 평가(Nondiscriminatory evaluation): 아동의 장애진단 및 평가를 하는 과정에서 인종, 문화, 언어 등에 편견이 없어야 한다.
- 개별화된 적절한 교육프로그램(Individualized and appropriate education): 아동 개인의 필요에 따른 개별화교육 프로그램을 제공해야 한다.
- 최소 제한적 환경(Least restrictive environment): 일반아동과 함께 교육받는 통합교육을 추진해야 한다.
- 적합한 절차(Due process safeguards): 아동의 교육 배치에 따른 결정에 있어 전문가와 부모 사이의 합의를 위한 절차가 합당하게 이루어져야 한다. 부당한 판정일 경우에 부모는 거부할 수 있다.
- 부모의 참여(Parental participation): 아동을 위한 교육프로그램을 실행함에 있어서 부모의 참여와 동의가 있어야 한다.

② 한국

우리나라의 경우, 1977년 제정된 「특수교육진흥법」에서는 개별화교육 프로그램에 관한 내용이 명시되지 않았다. 하지만 1994년 「특수교육진흥법」의 개정 당시, 처음으로 개별화교육 프로그램과 관련한 규정을 명시하였으며, 2007년 새롭게 제정된 「장애인 등에 대한 특수교육법」에서도 개별화교육과 관련한 내용을 명시하였다. 그 구체적인 내용은 <표 2-1>과 같다.

〈표 2-1〉 개별화교육 관련 규정

장애인 등에 대한 특수교육법 제2조(정의)

"개별화교육"이란 각급 학교의 장이 특수교육 대상자 개인의 능력을 계발하기 위하여 장애유형 및 장애특성에 적합한 교육목표, 교육방법, 교육내용, 특수교육 관련 서비스 등이 포함된 계획을 수립하여 실시하는 교육을 말한다.

장애인 등에 대한 특수교육법 제22조(개별화교육)

① 각급 학교의 장은 특수교육 대상자의 교육적 요구에 적합한 교육을 제공하기 위하여 보호자, 특수교육교원, 일반교육교원, 진로 및 직업교육 담당교원, 특수교육 관련 서비스 담당인력 등으로 개별화교육지원팀을 구성한다.

② 개별화교육지원팀은 매 학기마다 특수교육대상자에 대한 개별화교육계획을 작성하여야 한다.

③ 특수교육대상자가 다른 학교로 전학할 경우 또는 상급학교로 진학할 경우에는 전출학교는 전입학교에 개별화교육계획을 14일 이내에 송부하여야 한다.

④ 특수교육교원은 제1항부터 제3항까지의 규정에 따른 업무를 수행하기 위하여 각 업무를 지원하고 조정한다.

⑤ 개별화교육지원팀의 구성, 개별화교육계획의 수립, 실시 등에 관하여 필요한 사항은 교육과학기술부령으로 정한다.

장애인 등에 대한 특수교육법 시행규칙 제4조(개별화교육지원팀의 구성 등)

① 각급 학교의 장은 법 제22조 제1항에 따라 매 학년의 시작일로부터 2주 이내에 각각의 특수교육대상자에 대한 개별화교육지원팀을 구성하여야 한다.

② 개별화교육지원팀은 매 학기의 시작일로부터 30일 이내에 개별화교육계획을 작성하여야 한다.

③ 개별화교육계획에는 특수교육대상자에 대한 인적사항과 특별한 교육지원이 필요한 영역의 현재 학습 수행 수준, 교육목표, 교육내용, 교육방법, 평가계획 및 제공할 특수교육 관련 서비스의 내용과 방법 등이 포함되어야 한다.

④ 각급 학교의 장은 매 학기마다 개별화교육계획에 따른 각각의 특수교육대상자의 학업성취도 평가를 실시하고 그 결과를 특수교육대상자 또는 그 보호자에게 통보하여야 한다.

출처: 정동영 외(2011). 특수교육학개론.

우리나라에서 「장애인 등에 대한 특수교육법」외 개별화교육의 또 다른 법적인 근거로 「교육기본법」이 있다. 「교육기본법」 제12조(학습자) 제2항에 '교육내용, 교육방법, 교재 및 교육시설은 학습자의 인격을 존중하고 개성을 중시하여 학습자의 능력이 최대한으로 발휘될 수 있도록 마련되어야 한다.'라고 명시되어 있다.

(3) 개별화교육 프로그램의 구성 요소

① 인적 사항

아동의 기본적인 정보라고 할 수 있는 아동의 이름, 생년월일, 보호자, 주소, 연락처, 장애 진단명, 장애로 인해 요구되는 지원 등을 기록한다.

② 현재 수행수준

아동이 보이는 현재 수행 수준을 교육 계획을 위한 정보로 전환하여 기록한다. 아동의 언어, 사회성, 인지, 자조기능, 운동기능, 감각, 놀이기능 등의 영역별로 보이는 성취 수준을 서술한다. 아동에게 적절한 교육을 제공하기 위한 정보가 필요하므로 정확한 진단을 통해 서술해야 한다. 아동이 가진 장애로 인한 교육적 어려움, 교사 및 친구와의 관계, 일반교육에의 참여 등에 대해 분명하게 기록해야 한다. 아동의 현재 수행수준을 파악하는 것이 개별화교육을 위한 교육목표 수립의 첫 단계일 뿐 아니라, 이후 교육을 통해 변화를 살펴볼 수 있는 기초선이 되므로 분명하고 간결하게 작성해야 하며, 개별화교육 각 요소에 직접적 연관을 줄 수 있도록 해야 한다. 또한, 아동의 약점뿐 아니라 강점도 서술하므로 긍정적 관점에서 기록이 되도록 해야 하며, 개별화교육 프로그램을 작성하는 현재 시점에서의 아동의 수행수준을 기록해야 한다.

③ 장 · 단기 교육목표

장기목표는 대상 아동이 1년 동안 수행해야 할 목표이며, 단기목표는 장기목표인 연간목표를 수행하기 위해서 교수해야 할 각 단계를 계열적이고 측정

가능한 문장으로 작성한 목표이다. 장기목표는 연간목표이며 단기목표는 월간목표, 주간목표로 작성된다. 장기목표를 세워서 작성할 때는 아동의 과거에 성취했던 수준과 현재 수행수준을 함께 고려해야 하며, 진단을 통해 밝혀진 아동의 필요에 따른 우선순위는 무엇인지, 아동의 선호도, 교수목표가 얼마나 아동에게 실제적 효과를 줄 것인지 등에 대해서도 함께 고려해야 한다. 장기목표의 설정은 아동에게 교육을 제공함으로써 어떤 변화가 어느 정도 있는지를 파악하기 위함이다. 장기목표는 각 교과영역마다 포괄적인 문장으로 작성한다.

단기목표는 현재 수행 수준에서 장기목표를 성취하기까지 과정들을 구체화하여 순차적으로 서술한다. 즉, 장기목표를 체계적으로 과제분석하여 작성되는데, 아동이 장기목표를 성취하기 위한 진보를 평가하는 기준이 되기도 한다. 대상 아동의 교육 목표를 설정할 때 고려할 사항으로는 다음과 같다.

첫째, 아동의 연령에 적절한 기술 및 교과 내용을 고려하라.

둘째, 아동에게 기능적인 목표를 세울 수 있도록 하라.

셋째, 부모를 비롯한 아동 주변 사람들에게 가치를 인정받은 목표가 되게 하라.

넷째, 아동이 현실적으로 성취 가능한 내용을 목표로 하라.

다섯째, 아동의 학습단계에 따라 목표를 다양하게 설정하도록 하라.

④ 특수교육 및 관련 서비스

특수교육은 일반교육과 달리 장애를 가진 아동에게 장애로 인한 부정적 영향을 방지 및 최소화시키기 위해 특별히 고안된 교수이다. 예를 들면, 표현어휘가 부족한 자폐성장애 아동이 자신의 요구가 있을 때, 책상 위에 설치된 버튼을 사용하거나 의사소통판을 활용하여 표현할 수 있다(이소현, 2003). 관련 서비스는 특수아동에게 교육 경험을 통해 최대한의 혜택을 받을 수 있게 제공되는 추가적 지원 서비스를 말한다. 예를 들어, 수화를 사용하는 청각장애 아동이 통합학급에서 구어에 의해서 이루어지는 수업의 이해를 위해 수화 통역사의 통역, 뇌성마비 아동이 휠체어를 타고 이동할 때 휠체어 관리를 위한 보조공학 전문가의 도움 등이 있다.

관련 서비스가 요구되는 경우, 서비스의 유형과 제공 빈도 및 시간, 제공자에 대해 구체적으로 명시해야 한다. 보충 서비스는 교육목표의 성취를 위해 요구되는 부가적인 도움 및 서비스를 의미하는데, 특수교육대상자가 최대한 통합교육에 참여할 수 있도록 하기 위한 교수 방법의 수정 및 다양한 지원이 이에 포함된다고 할 수 있다. 이를테면, 시각장애 아동이 시험을 치를 때, 답안을 대필할 자원봉사자를 붙여 주는 경우나 잔존청력이 있는 청각장애 아동을 앞자리에 앉게 하는 것 등을 예로 들 수 있다. 교수 방법뿐 아니라 아동의 주변을 둘러싼 교실 환경의 수정 및 조절, 과제나 평가 방법의 조절, 행동조절, 보조공학 프로그램의 제공, 상담 등이 보충서비스에 속한다.

⑤ 통합교육의 정도

앞에서 살펴보았듯이 전장애아교육법에서 제시하는 6가지 원칙 중, '최소제한적 환경'의 원칙이 있다. 장애가 있는 특수아동도 가능한 한 최대한으로 통합된 교육환경에서 교육을 받도록 해야 한다는 원칙이다. 전장애아교육법이 개정된 장애인교육법(IDEA)에서도 최대한으로 장애가 없는 또래들과 함께 교육받도록 규정하고 있다. 개별화교육 프로그램에 일반교육에 참여하지 못하는 정도와 그 이유에 대해서 기록해야 하며, 일반교육에 참여할 수 있도록 필요한 부가적인 서비스에 대해서도 제시해야 한다.

⑥ 진단을 위한 수정

일반아동이 참여하는 활동에 장애를 가진 특수아동이 참여할 때는 그들에게 필요한 지원 및 수정되어야 할 내용에 관하여 기술해야 한다. 혹여나 이러한 진단에 참여하기 어려운 경우에는 그 이유를 제시하고 대안적인 진단 방법을 제시하도록 해야 한다.

⑦ 시작 및 종료일

개별화교육 프로그램에는 교육을 시작과 종료한 날을 기록해야 한다. 보통 시작부터 종료까지 1년인 경우가 통상적이지만, 아동에 따라 조금씩 차이가 있다.

⑧ 전환계획

전환(transition)이란, 학교교육을 마치고 사회에 잘 적응하기 위한 여러 교육 및 활동들을 의미하는데, 직업교육, 성인서비스, 주거생활 훈련, 지역사회 훈련 등이 해당된다. 우리나라에서는 전환에 관한 규정이 없지만, 미국은 반드시 전화교육과 관련한 내용을 명시하도록 규정하고 있다.

⑨ 평가계획

평가계획은 장기목표 및 단기목표의 성취와 관련하여 평가 방법, 평가 기준, 평가 일정에 대해서 제시해야 한다. 평가 방법에는 교육목표의 성취를 측정할 수 있도록 사용되는 검사도구와 방법이 해당된다. 평가 기준은 어느 정도의 수준까지를 교육목표를 성취한 것으로 볼 것인지에 대한 기준이다. 평가 실시는 최소한 1년에 한 번은 하도록 규정하고 있다.

(4) 개별화교육 프로그램의 개발 과정

① 개별화교육 운영팀의 구성

개별화교육 프로그램을 작성하여 실시하는 과정은 특수교사와 일반학급 교사, 아동의 부모, 교육행정가 등 다양한 사람들의 협력이 필요하다. 「장애인교육법」에 따르면 개별화교육 프로그램을 개발하기 위한 사전 회의에 참여하게 되는 구성원들로는 아동의 부모, 일반학급 교사, 특수교사, 재활치료 전문가(언어치료사, 물리치료사 등), 교육행정가(지역교육청 담당자, 소속 학교의 교장 혹은 교감), 아동의 검사 결과를 해석하여 설명할 수 있는 전문가(심리학자, 아동심리전문가 등), 그리고 본인이 원할 경우, 대상 아동도 참여 가능하다.

개별화교육 운영팀의 구성원들은 직접 만나서 이루어지는 운영위원회에서의 의사소통뿐 아니라, 서면이나 전화상으로 이루어지는 비공식적인 의사소통에도 상호존중과 정직한 태도로 이루어질 수 있도록 최선을 다해야 한다. 전문가들은 아동과 가족들의 권리가 침해받지 않도록 옹호자의 역할을 수행한다.

② 개별화교육 프로그램의 작성

개별화교육 프로그램 운영위원회를 통해서 아동의 교육에 대한 전반적인 사항이 결정되면 문서로 작성하는 과정을 거치게 된다. 문서작성 과정은 먼저 아동의 배경정보를 기록한 후, 아동의 현행수준, 장기교육목표와 단기교육목표, 특수교육 및 관련/보충 서비스, 일반교육에 참여하지 못하는 정도와 그 이유, 아동이 진단에 참여하는 방법, 부모에게 정기적으로 상태를 전하는 방법, 부모의 서명 및 작성날짜의 순서대로 기록한다.

③ 개별화교육 프로그램의 실행

개별화교육 프로그램의 작성이 끝난 후, 더욱 중요한 것은 개별화교육 프로그램을 얼마나 잘 효과적으로 실시할 수 있느냐이다. 교사는 아동에게 가장 효과적인 교수학습방법을 선택하여 적용할 수 있도록 해야 하며, 아동 개인의 교육적 요구에 적합한 교수-활동을 제공한다. 수업은 아동의 장애와 수행 능력, 교육환경 등에 따라 일대일, 소집단, 대집단, 또래학습 등으로 이루어진다.

④ 개별화교육 프로그램의 평가

아동의 장기목표와 단기목표의 성취 여부를 평가하게 된다. 개별화교육 프로그램에 제시된 대로 평가 방법 및 평가도구, 평가 기준, 평가 일정에 따라 평가를 진행한다. 교사는 평가를 통해 목표가 어느 정도 성취되었는지를 확인하고 아동의 성취 수준에 따라 월별목표나 교수 방법을 수정하도록 한다. 원칙적으로 종합적인 평가는 최소한 1년에 한 번 이상 실시하도록 하고 있으며, 일반적으로는 학기별로 '연 2회' 하도록 한다. 교사는 날마다 수업 장면에서 계속해서 평가를 할 수 있다.

시 · 도 및 지역 교육청의 담당자 및 담당 교사로 하여금 점검팀을 구성하여 개별화교육 프로그램을 점검하여 보고하게 하므로 개선 방향을 제시하도록 한다.

⑤ 개별화교육 프로그램의 양식

〈표 2-2〉 개별화교육 프로그램의 예

<table>
<tr><th colspan="4">아 동 정 보</th><th colspan="2">가 족 정 보</th></tr>
<tr><td>이 름</td><td></td><td>성 별</td><td></td><td>아버지(연령)</td><td></td></tr>
<tr><td>주 소</td><td colspan="3"></td><td>아버지 직업</td><td></td></tr>
<tr><td>주민번호</td><td colspan="3"></td><td>어머니(연령)</td><td></td></tr>
<tr><td>학년 반</td><td colspan="3"></td><td>어머니 직업</td><td></td></tr>
<tr><td>장애유형
(등급)</td><td colspan="3"></td><td>형제 및 자매</td><td></td></tr>
<tr><td>약물복용</td><td colspan="3"></td><td>연락처</td><td></td></tr>
<tr><td>병력 및
조기교육</td><td colspan="3"></td><td>비상연락처</td><td></td></tr>
<tr><td rowspan="3">진단검사</td><td>검사영역</td><td>검사도구</td><td>검사일자</td><td>검사자</td><td>검사 결과</td></tr>
<tr><td></td><td></td><td></td><td></td><td></td></tr>
<tr><td></td><td></td><td></td><td></td><td></td></tr>
<tr><td>아동의 흥미 및 강점</td><td colspan="5"></td></tr>
<tr><td>아동의 약점</td><td colspan="5"></td></tr>
<tr><td>보호자 희망사항</td><td colspan="5"></td></tr>
</table>

<table>
<tr><th colspan="8">( ) 학기 목표 및 지도계획</th></tr>
<tr><td>성명</td><td></td><td>통합학급</td><td></td><td>실시기간</td><td></td><td>지도교사</td><td></td></tr>
<tr><td>현재
수행능력</td><td colspan="7"></td></tr>
<tr><td>연간목표</td><td colspan="7"></td></tr>
<tr><td>학기목표</td><td colspan="7"></td></tr>
<tr><td>월</td><td>주</td><td>월간목표</td><td>교육내용</td><td>교육방법</td><td>평가준거</td><td colspan="2">월 평가결과</td></tr>
<tr><td rowspan="4"></td><td></td><td rowspan="4"></td><td rowspan="4"></td><td rowspan="4"></td><td rowspan="4"></td><td rowspan="4" colspan="2"></td></tr>
<tr><td></td></tr>
<tr><td></td></tr>
<tr><td></td></tr>
<tr><td rowspan="4"></td><td></td><td rowspan="4"></td><td rowspan="4"></td><td rowspan="4"></td><td rowspan="4"></td><td rowspan="4" colspan="2"></td></tr>
<tr><td></td></tr>
<tr><td></td></tr>
<tr><td></td></tr>
<tr><td rowspan="4"></td><td></td><td rowspan="4"></td><td rowspan="4"></td><td rowspan="4"></td><td rowspan="4"></td><td rowspan="4" colspan="2"></td></tr>
<tr><td></td></tr>
<tr><td></td></tr>
<tr><td></td></tr>
<tr><td rowspan="4"></td><td></td><td rowspan="4"></td><td rowspan="4"></td><td rowspan="4"></td><td rowspan="4"></td><td rowspan="4" colspan="2"></td></tr>
<tr><td></td></tr>
<tr><td></td></tr>
<tr><td></td></tr>
<tr><td colspan="3">학기 평가 결과</td><td colspan="5"></td></tr>
</table>

2) 통합교육

(1) 통합교육의 개념과 배경

통합교육에 대한 관심과 움직임은 우리나라뿐 아니라 세계적으로 나타나고 있다. 통합교육에 대한 정의는 전문가들에 의해 다양하게 표현되고 있지만, 대부분의 일반교육 과정 및 환경에 특수아동을 포함시키는 것이 공통적이다.「장애인 등에 대한 특수교육법」의 제2조 제6항에 따르면 통합교육은 '특수교육 대상자가 일반학교에서 장애유형 및 장애정도에 따라 차별을 받지 아니하고 또래와 함께 개개인의 교육적 요구에 적합한 교육을 받는 것'으로 정의된다. 학문적 정의에서는 다양한 능력을 가진 아동들을 학교교육의 모든 장면에 완전 통합을 통해 함께 교육받게 하는 것을 의미한다. 다시 말해, 모든 아동을 위해 제공되어야 하는 교육으로, 모든 아동이 다양한 학습 환경이 구축된 학교에서 각자의 독특한 교육적 요구에 맞는 교육을 제공하는 것이 통합교육이다.

「장애인 등에 대한 특수교육법」의 통합교육에 관한 규정에서 통합교육의 법적 대상은 특수교육의 대상자와 동일하게 규정하고 있다.「장애인 등에 대한 특수교육법」 제2조 제3항과 제15조 제1항에 의하면 시각장애, 청각장애, 지적장애, 지체장애, 정서 · 행동장애, 자폐성장애, 의사소통장애, 학습장애, 건강장애, 발달지체, 기타 대통령령이 정하는 장애로 선정되어 특수교육을 필요로 하는 사람을 모두 특수교육 대상자로 지정하고 있다.

1960년대 스칸디나비아에서 주장된 정상화(normalization) 원리가 첫 배경이 되었다. 장애인의 사회통합에 가장 기본적인 원리가 된 정상화의 기본 내용은 문화적으로 정상적인 개인의 행동 및 특성을 형성하고 유지하기 위해 가능한 한 문화적으로 정상적인 수단을 사용해야 한다는 철학적 믿음이었다. 이와 같은 정상화 원리는 특수교육에 적용되어 장애를 가진 특수아동 역시 일반아동과 동일하거나 최대한으로 유사한 환경에서 교육받도록 해야 하며, 교육방법 역시 일반아동과 가장 유사한 방법이 적용될 수 있도록 하고 있다. 즉, 장애아동의 정상적인 사회로의 통합을 의미한다. 정상화 원리는 최소 제한적 환경의 개념에 영향을 끼치게 되었다.

또한, 1960년대의 유사한 시점에서 장애인을 시설에서 수용하여 살아가도록 하는 것에 대한 강한 반발로 연결되어 탈시설화(deinstitutionalization), 지역사회통합(community integration)운동으로 확대되었다. 탈시설화는 지역사회에서 분리된 대규모 시설에만 거주하던 장애인들이 가족과 함께 살거나 그룹홈과 같은 소규모의 시설에서 살 수 있도록 사회통합이 추진되었다.

정상화 개념은 1970년대에 들어서서 최소 제한적 환경(least restrictive environment: LRE)의 원리로 발전하게 된다. 최소 제한적 환경은 장애가 있는 특수아동이 일반아동과의 상호작용을 최대한으로 할 수 있는 최소로 제한된 환경인 일반학급과 가장 유사한 환경에서 교육을 받도록 해야 한다는 의미를 담고 있다. 다시 말해, 불가피한 경우를 제외하고는 통합환경에서 함께 교육을 받는 것이다. 이러한 최소 제한적 환경의 원리는 이후에도 특수아동의 교육 배치에 있어서 기본원리가 되었다.

1980년대에는 최소 제한적 환경의 원리에 기초한 주류화(mainstreaming) 개념이 등장하게 된다. 주류화는 특수아동이 가능한 한 비장애 또래와 함께 일반학교 및 일반학급에서 교육받을 수 있도록 학교 교육프로그램을 재구조화할 것을 의미한다. 그 후 일반교육주도에 의한 특수아동의 통합에 관한 주장이 등장하였다. 이 통합(integration)은 '합침'을 의미하는 것으로, 물리적 차원에서의 통합이었다. 1990년대 초반에 통합(inclusion)의 개념이 등장하게 되어 특수아동을 일반학급에 통합하여 교수적 통합을 통한 질적인 성장을 시도하게 되었다. 그러다가 1990년대 중반 이후로 통합의 개념이 더욱 발전하여 완전통합(full inclusion)으로 확대되었다. 이는 장애의 유형이나 정도에 상관없이 모든 아동은 원래부터 일반학급의 구성원으로서 교육을 받도록 주장하고 있다. 진정한 통합교육의 실현에 있어서 많은 전문가들이 분리교육을 포함하는 현재의 교육제도로는 실행의 어려움을 호소하고 있으며, 이러한 문제의 해결을 위해 일반교육과 특수교육 모두 새롭게 재구조화의 필요성을 주장하고 있다.

(2) 통합교육의 유익

① 특수아동

통합교육으로 가장 많은 혜택을 받게 되는 것은 특수아동이다. 특수아동은 통합교육을 통해 전형적인 비장애 또래 아동들과 함께 교육받게 되는데, 또래 아동들의 언어와 행동의 모방과 학습을 통해 연령에 적합한 행동을 습득할 수 있다. 사회성 발달이 통합교육을 통해 얻을 수 있는 가장 큰 혜택이라 할 수 있다(Westling & Fox, 2009; 이소현, 박은혜 2011 재인용). 그리고 일반아동들과 함께 생활하므로 특수아동은 부모에게서 의존하던 것에서 벗어나 자발적으로 활동하는 모습으로 변해가며(김용주, 1988; 이민주, 2001 재인용), 학업성취에서도 분리된 환경보다 훨씬 더 나은 학업성취를 보이는 것으로 드러났다. 또한, 통합교육을 받게 되면 특수아동에 대한 낙인과 편견이 줄어드는 것으로 나타났다(Sainato & Lyon, 1989). 통합교육은 경도장애 아동뿐 아니라, 중도장애 아동에게도 학업 및 사회성 영역에서 향상을 보였다.

② 일반아동

일반아동과 일반아동의 부모가 통합교육을 반대하는 가장 큰 이유는 일반아동에게 부정적 영향을 주거나 부적응 행동을 모방하게 되지 않을까 하는 염려 때문이다. 그렇지만 지금까지 통합교육 사례를 통해서 살펴보았을 때, 일반아동의 교육적 성취와 사회성 발달에 긍정적 영향을 끼쳤을 뿐 아니라, 장애인에 대한 인식이 긍정적으로 나타나게 되었음을 알 수 있다. 이는 통합교실에서의 수업에서 교과과정이나 교육방법에 대한 신중한 배려로 인한 교육적 성취의 향상이 있게 되며, 특수아동과의 통합에서 협력자 및 모델 역할을 하게 되므로 상대방을 배려하고 양보하며 돕는 마음 등을 보다 효과적으로 익히게 될 수 있기 때문이다. 장애아동을 도우면서 개인의 차이에 대한 이해 향상 및 도와주는 행동에서 성취감을 경험하게 된 것으로 나타났다. 더불어, 장애를 극복하는 모델을 제공받게 되므로 긍정적 인격 형성에 도움을 주는 것으로 나타났다(이소현, 2003).

③ 교사

통합교육은 특수교사와 일반교사 모두 영향을 끼치게 된다. 통합학급의 일반교사는 특수아동에 대한 교수를 통해 교수에 대한 자신감 획득 및 다양한 교수법 개발능력 향상, 장애아동에 대한 긍정적 인식으로의 변화, 특수교사와 협력적 관계 형성 등의 유익을 얻는 것으로 드러났다. 특수교사는 일반교육과정에 대한 이해의 증가, 일반교사와의 팀워크 역량의 강화, 학교 구성원으로서 전체적으로 아동을 체계적으로 이해하고 교수할 수 있음에 대한 자신감 획득 등이 있다(박수정, 노진아, 2010).

④ 부모

장애아동의 부모는 통합교육을 통해서 자신의 장애자녀가 일반아동과 함께 교육받음으로 인해 자녀에 대한 긍정적인 태도를 가질 수 있게 된다. 일반아동들 속에서 자신의 자녀를 현실적으로 바라볼 수 있으며, 정상적인 발달 단계에 대한 정보를 얻을 수 있다. 일반아동의 부모는 장애아동과 그 가족에 대한 이해를 하게 되며, 이와 더불어 자신의 자녀에게 장애를 가진 아동을 이해하며 서로의 차이를 인정하도록 가르칠 수 있게 된다. 그리고 장애아동의 부모와 함께 관계를 형성하고 그들의 어려움을 지원할 수 있다(Biley & Winston, 1987; 유수옥, 2010 재인용).

⑤ 지역사회

지금까지 우리나라에서는 장애인에 대한 편견과 차별이 장애인의 사회통합을 방해하고 있는 중요한 요인이 되었다. 그러나 통합교육을 통해 점차 사회적으로 장애인에 대한 편견 및 차별이 감소하는 추세이다. 통합교육을 받은 특수아동이 성인으로 성장하여 사회 구성원으로 살아갈 수 있는 장애인의 사회통합을 촉진시키는 환경이 준비될 수 있다.

(3) 통합교육을 위한 준비

특수아동을 통합교육에 배치한다고 하여 무조건 학습을 성공적으로 수행하고, 또래 아동에게 수용되는 것을 의미하는 것은 아니다. 오히려 준비되지 못한 통합교육은 특수아동에게 좋지 못한 영향을 주기도 한다. 일부 특수아동은 또래 친구들과 사회적 상호작용의 곤란, 자신이 또래들과 다르다는 것으로 인한 낮은 자아존중감, 고립감, 또래들로부터의 놀림과 학대 등 어려움을 겪기도 한다. 그러므로 통합교육이 특수아동과 일반아동 모두에게 성공적인 교육환경이 되기 위해서 환경적 준비, 특수아동과 일반아동 및 교사의 준비가 필요하다.

① 환경적 준비

「장애인 등에 대한 특수교육법」 제21조 3항에서 특수학급을 설치 및 운영에는 시설 및 설비, 교재 · 교구를 갖출 것을 명시하고 있다. 그러므로 통합교육의 실행을 위해서는 먼저 물리적 환경의 조성이 요구됨을 알 수 있다. 교실의 물리적 환경이 특수아동뿐만 아니라 일반아동까지 전체 아동의 필요를 채워 줄 수 있는 환경이 되도록 해야 한다. 이를 위해서는 모든 아동의 활동과 움직임이 자유로울 수 있도록 환경을 조성해야 하며, 또한, 특수아동의 경우에 자신이 가진 장애로 인해 학습에 방해를 받지 않는 환경이 되도록 한다.

무엇보다 교실 환경을 체계적으로 잘 정리하여 산만함을 불러오지 않도록 하는 것도 중요하다. 교실 환경은 규칙적인 일과에 맞게 구성되어야 하며, 교사는 아동들을 잘 관찰할 수 있는 위치에서 수업을 진행하도록 해야 한다. 자리 배치에 있어서 특수아동은 특별한 경우를 제외하고는(예: 저시력, 난청) 일반아동과 구별되지 않도록 한다. 무조건 맨 앞에 앉게 한다든지, 맨 뒤에 앉도록 하는 것은 오히려 특수아동에게 스트레스를 일으키거나 학급에서 또래와의 상호작용 기회를 줄일 수 있다.

② 특수아동의 준비

성공적인 통합교육이 되기 위해서 특수아동이 익혀야 할 기본적인 기능으로는 교실에서 규칙 준수, 교사의 지시 따르기, 신변자립기술, 기능적 의사소통 기술, 독립적 과제수행 기술, 주의집중기술, 또래와의 놀이기술, 조용히 자리에 앉아 있기 등이 있다. 특수교사와 일반교사는 통합의 대상이 되는 특수아동에 대한 지속적인 관찰과 부모면담 등을 통해 개별 특성과 학업성취 수준, 사회적 기술 등에 대한 충분한 정보를 파악해야 한다. 통합교육에 필요한 기술들을 지도해야 하며, 통합교육을 저해하는 요소를 해결하는 방법에 대해서도 사전에 인지할 수 있도록 해야 한다(김종현 외, 2015).

③ 일반아동의 준비

무엇보다도 장애와 장애인에 대한 올바른 인식과 이해 및 긍정적인 태도를 형성하는 것이 가장 필요하다. 일반교사와 특수교사는 통합학급에서 장애인식 및 장애체험 등의 여러 교육활동을 통해 일반아동이 자신의 학급에 있는 특수아동을 편견 없이 대하며, 상황에 따라 적절하게 도와줄 수 있도록 한다.

④ 교사

일반교사의 경우, 자신이 담당하게 된 특수아동의 장애특성과 교육적인 요구를 정확하게 이해한 후, 일반아동과 동등하게 대하도록 해야 한다. 특수아동을 위한 교육과정 및 교육방법을 검토해야 하며, 일반아동 앞에서 특수아동을 대하는 모델링을 제공한다. 또한, 특수아동의 부모, 특수교사 및 특수교육 보조원과 열린 의사소통을 통해 협력적 관계를 유지하도록 해야 한다.

반면, 특수교사는 특수아동의 개별화교육 프로그램이 원활하게 진행되도록 해야 하며, 특수아동이 속한 학급에 아동과 관련된 정보를 제공하여 통합교육과 관련된 일반교사와 아동들의 어려움을 도와줄 수 있도록 한다. 아동의 부모나 일반교사 및 특수교육 보조원과 함께 협력하며, 특수아동의 문제행동에 대한 개별중재를 적용하고, 교육적 수행이 계획대로 진행되기 어려울 때는 교육과정 및 교육방법에 대한 검토를 통해 수정할 수 있도록 한다.

3) 특수아동을 위한 교수 방법

특수아동을 위해 일반학급과 특수학급에서 사용되는 교수 방법은 무척 다양하다. 그중에서 일반적인 교수 방법에 대해서만 간단히 설명한다.

(1) 직접교수

직접교수는 아동에게 필요한 학업적 기술들을 교사가 직접 가르치는 교사 주도적인 교수 방법으로, 행동주의에 기초를 두고 있다. 교사는 아동에게 분명한 교수목표들을 제시하고 그 목표에 있는 기술들의 습득이 이루어질 때까지 가르친다. 연속적이고 구조화된 자료를 제공하고 모델링, 촉구 등의 방법을 사용한다. 아동의 수행에 대해 즉각적인 피드백을 제공한다. 또한, 교사는 교수를 위해 충분한 시간을 확보해야 하며, 아동이 목표를 향해 잘 수행하는지를 계속 점검하게 된다.

(2) 과제분석

과제분석은 아동이 습득해야 할 내용을 직접 수행하면서 습득하도록 하는 지도방법이다. 습득할 기술을 분석하여 그 기술들을 순서대로 가르치도록 하는 교수 방법이다. 학습목표에 따라 아동이 학습해야 할 학습과제를 결정한 후, 그 과제를 달성할 수 있도록 단계를 나눈다. 아동이 한 번에 하나의 기술을 숙달할 수 있도록 지도한다. 한 기술의 습득이 되면, 다음 기술로 넘어간다. 과제분석 방법은 읽기, 쓰기, 연산, 운동 등을 지도하는 데 적용될 수 있다.

(3) 자기교수

자기교수는 내적언어의 영향력을 강조한 인지학습 중 하나로 특정 과제의 수행 시, 단계별로 수행 순서를 직접 말하면서 실행하도록 하는 방법이다. 순서는 '① 교사가 먼저 과제의 단계를 큰 소리로 말하면서 수행한다. ② 교사가 다시 과제를 수행할 때, 아동은 각 단계를 큰 소리로 말한다. ③ 교사가 큰 소리로 각 단계를 말하면, 아동은 단계별로 과제를 수행한다. ④ 아동 스스로 각 단계를 큰 소리로 말하면서 과제를 수행한다. ⑤ 아동이 각 단계를 작은 소리로 말하면서 과제를 수행한다. ⑥ 아동은 각 단계를 속으로 생각하면서 과제를 수행한다.'로 구성되어 있다.

(4) 또래교수

또래교수는 또래 아동으로 하여금 교수자의 역할을 하게 하여 특수아동에게 학습과제를 수행할 수 있도록 특정 기술들을 가르치는 것이다. 읽기, 쓰기, 수학 문제 풀기 등의 학습과제를 포함하여 사회성 기술, 자조 기술을 학습할 때 주로 활용된다. 또래교수는 가르치는 아동과 배우는 아동 모두 유익을 얻을 수 있다. 배우는 아동은 지적 성취가 빠르게 나타날 수 있는데, 성인보다 생각하는 과정이 유사한 또래로부터 더욱 효과적으로 배울 수 있기 때문이다. 가르치는 아동 역시 가르치기 위해 준비하는 과정에서 지적 능력의 향상이 일어난다. 그리고 가르치는 아동은 또래 아동을 가르치면서 성취감을 경험하게 된다. 그 외에 또래교수를 통해 얻을 수 있는 유익으로는 가르치는 아동과 배우는 아동 사이에 우정과 친밀감을 형성할 수 있다. 특수아동에 대한 오해와 편견을 감소시키는 기회가 되기도 한다.

(5) 협동학습

일반아동과 특수아동이 한 팀이 되어 과제를 공동으로 수행하는 방법이다. 특수아동과 일반아동은 또래와의 상호작용하는 기회가 늘어나며 공동으로 과제를 수행하는 과정에서 성취감을 경험하게 될 뿐 아니라, 특수아동이 교실에서 고립되는 것을 막아 준다. 협동학습은 경쟁보다는 협력을 통해 학습을 촉진하므로 일반아동과 특수아동 사이에 긍정적 관계를 형성하도록 유도하며, 교실에서의 사회적 통합을 자연스럽게 이룰 수 있는 역할을 한다. 하지만, 교사에 의해 충분히 준비 및 감독이 되지 않을 경우, 자칫 잘못하면 의견충돌로 서로 싸움이 나거나, 특수아동을 집단에서 소외시키는 문제가 나타날 수 있다.

(6) 인지학습이론에 따른 기억전략

인지심리학에 기초를 둔 기억전략은 다음과 같다.

① 시연

새로운 정보를 계속 입으로 반복해서 말하는 전략으로, 장기기억으로 가져갈 수 있도록 돕는다.

② 군집화

분리된 정보들을 그룹화시켜서 더 잘 기억하도록 돕는 전략으로, 대표적인 예로 주민등록번호를 두 그룹으로 군집화시키거나, 전화번호는 세 그룹으로 군집화시키는 것이 있다.

③ 조직화

의미 있는 방법을 사용하여 암기해야 할 정보들을 조직하는 전략이다. 예를 들어, 음식을 곡류, 과일, 채소, 육류, 인스턴트류의 4개의 집단으로 조직화시킬 수 있다.

④ 정보의 시각적 제시

암기해야 할 정보를 그림을 활용하여 더 잘 기억할 수 있게 하는 전략이다. 특히, 특수아동의 경우, 시각적 정보에 민감하게 반응하는 경우가 많은데, 문자보다는 오히려 그림을 통한 정보가 눈에 더 잘 띄면서 오래 기억된다.

⑤ 보기(예)와 배경지식의 활용

아동이 기억해야 할 정보의 예(example)를 제공하거나 이미 알고 있거나 경험하고 있는 배경지식과 연관하여 설명함으로써 기억력을 높일 수 있다.

2. 특수아동의 행동중재

특수아동의 대부분이 행동 문제를 가지며 이는 종류와 정도가 다양하다. 특히, 통합학급의 특수아동들은 또래와 다른 자신의 모습과 학업성취의 곤란, 사회적 관계 맺기의 어려움 등으로 인해 문제행동을 일으키는 경우가 종종 발생한다(예: 수업 시간에 소리 지르기, 친구 때리기, 돌아다니기 등). 이러한 특수아동의 부적응 행동이 오히려 통합을 방해하고, 일반교사나 또래 아동이 특수아동을 거부하게 만드는 요인이 되고 있다.

특수아동이 원만한 학교생활과 함께 나아가 지역사회 속에서 일반인들과 관계를 유지하도록 하기 위해서는 이를 저해하는 문제행동이 해결되어야 한다. 특수아동이 보이는 문제행동의 유형과 문제행동의 원인은 무엇이며, 효과적인 행동중재전략은 무엇인지에 대해서 살펴보도록 하겠다.

1) 문제행동의 이해

어떤 행동을 문제행동이라고 할 것인가? 문제행동을 규정하기 전에 우리가 기억해야 할 것은 문제행동은 상대적이라는 것이다. 모든 행동은 그 행위자가 누구이며, 그 행동을 한 장소에 따라 다르게 평가되기 때문이다.

행동은 분명한 목적을 가진다. 문제행동 역시 목적이 있는데, 일반적으로 전문가가 말하는 문제행동의 목적은 좋아하는 것을 얻어내기 위해, 싫어하는 것을 회피하기 위해, 감각적 즐거움을 얻기 위한 세 가지로 설명할 수 있다.

지금까지 여러 분야에서 인간의 행동을 설명하기 위한 시도가 있었다. 특히, 문제행동에 대한 설명을 위한 이론들을 살펴보면, 인간의 부적응 행동은 신체적 불균형 및 신체의 호르몬, 생화학적 물질, 뇌손상 등과 깊은 관련을 지닌다는 신체-생리학적 이론에 의한 설명, 발달 단계에서의 문제로 인한 문제행동이 발생한다는 발달 이론에 의한 설명, 모든 문제행동은 학습되는 것이며 행동 후 뒤따르는 보상과 처벌이 영향을 끼친다는 행동주의 이론에 의한 설명 등이 있다.

2) 긍정적 행동지원

그동안 문제행동에 대한 대처 전략으로 아동의 행동 자체를 강조하며 바람직한 행동은 강화를 통해 증가시키고 문제행동은 벌을 통해 감소시키는 행동수정이 이루어져 왔다. 그런데 행동수정은 문제행동에 대한 단편적인 면만을 강조하고 행동의 결과만을 강조하며, 벌의 사용에 대한 부적절함으로 인해 비판의 대상이 되어 왔다. 그래서 그 대안으로 긍정적 행동지원이 등장하였다.

긍정적 행동지원은 행동의 긍정적인 측면에 초점을 맞추고 아동을 존중하는 인간 중심 접근을 통해 교사와 아동 간의 바람직한 관계를 형성하면서 긍정적 행동을 조성하기 위해 노력하는 행동 중재 전략이다. 긍정적 행동지원은 문제행동을 예방하고 중요한 사회적 및 학습 성과를 얻기 위한 체계적이고 개별화된 광범위한 전략으로 정의된다. 긍정적 행동지원은 팀접근으로 이루어지는데, 교사를 포함하여 심리치료사, 상담가, 아동의 부모 등 다양한 사람들로 이루어진다. 긍정적 행동지원의 수행 과정은 다음과 같다(정대영, 2009).

첫째, 중재 목표가 되는 행동을 확인한다. 문제행동은 무엇인지, 그리고 그 행동의 유형과 빈도, 강도 등을 확인하는 과정을 거친다.

둘째, 문제행동과 관련된 모든 정보를 수집하고 기능을 분석한다. 문제행동과 관련하여 정보를 수집하기 위한 방법에는 대상 아동에 대한 관찰, 부모와의 면담, 심리검사 등의 여러 방법이 있다. 정확한 진단을 통해 문제행동이 무엇인지 분명하게 밝혀야 한다. 그리고 문제행동에 대한 기능분석을 통해 행동이 언제, 어디서, 누구와 있을 때 가장 많이 발생하며 가장 적게 발생하는지 등에 대해서도 밝혀야 한다. 문제행동 발생 후, 뒤따르는 결과와 그 결과를 통한 문제행동의 유지 요인에 대해서도 분명하게 밝히도록 한다.

셋째, 수집된 자료를 바탕으로 요약문을 작성한다. 문서에는 행동의 기능에 대한 분석 내용을 체계적으로 정리한다.

넷째, 행동지원에 대한 계획을 세워야 한다. 행동을 지원하고 중재하기 위한 전략에는 문제행동이 발생한 후의 결과나 환경의 조정, 문제행동을 대체하는 기술의 교수 등이 있다.

다섯째, 행동지원 계획에 따라 중재를 실시하고 점검한다. 행동지원팀은 협력을 통해 일관성 있는 중재를 실시하고 목표에 맞게 이루어지는지 점검해야 한다.

3) 행동중재 기법

(1) (긍정적인)행동 증가를 위한 방법

긍정적인 행동을 증가하기 위한 방법은 다양하다. 특수교육현장에서 활용하는 방법에는 크게 강화제, 행동 계약, 토큰경제, 수준체계 등으로 구분된다. 그중 대표적 방법인 강화제에 대해 설명하도록 한다. 강화를 위해 주어지는 강화 요인을 강화제라고 부른다. 강화제의 종류에는 사탕, 과자, 음료수와 같은 생물학적인 요인인 1차 강화제, 칭찬과 같은 2차 강화제로 나눈다. 그리고 토큰 강화가 있는데, 이것은 아동이 바람직한 행동을 했을 때, 즉시 강화제를 주지 않고 '스티커'나 '도장 찍은 종이' 등을 준다. 일정항 양이 되었을 때, 자신이 원하는 것과 교환하도록 한다. 강화 시에 지켜야 할 원칙으로는 다음과 같다.

첫째, 행동 후 즉시 강화가 이루어져야 한다.

둘째, 일관성 있는 강화가 되도록 해야 한다.

셋째, 행동을 형성하기 위한 단계에서는 조금 부족하더라도 노력하는 모습이 보이면, 강화를 자주 하는 것이 좋다.

넷째, 처음에는 강화를 얻기 위한 목적으로 아동이 바람직한 행동을 하지만, 나중에는 아동 스스로 바람직한 행동을 좋아해서 할 수 있도록 유도하고 강화제의 사용을 점차적으로 줄이도록 한다.

(2) (부정적인)행동 감소를 위한 방법

부정적인 행동을 감소방법은 점점 체계화되어 가고 있다. 대표적인 방법으로 벌과 반응대가를 제시한다.

우선 벌은 바람직하지 못한 행동을 했을 때 주어지는 자극으로, 바람직하지 못한 행동을 감소시키는 목적으로 이루어진다. 벌을 사용하기 위해서 기억해야 할 점으로는 일관성 없는 벌, 교사의 감정이 개입된 벌의 과잉사용은 아동의 심리에 부정적 영향을 주기 때문에 신중히 고려해서 실시되어야 한다. 그리고 가능하면 제일 마지막 수단으로 사용되어야 한다.

반응대가는 아동이 문제행동을 했을 때, 아동이 가지고 있는 강화제를 빼앗은 것이며, 타임아웃은 아동이 정적 강화를 받지 못하도록 일정한 시간 동안 차단하는 것이다. 그리고 혐오자극의 제시는 아동이 싫어하는 것(예: 신체적 체벌)을 제공하므로 문제행동의 발생을 감소시킨다. 벌의 사용 중에서도 특히 혐오자극의 제시는 가장 나중에 사용할 수 있도록 해야 한다.

학습문제

1. 개별화교육프로그램 작성의 필요성과 구성요소를 함께 설명하시오.
2. 통합교육의 정의를 설명하고, 통합교육이 주는 유익도 함께 제시하시오.
3. 특수아동을 위한 다양한 교육방법을 제시하고 그 특성을 설명하시오.
4. 긍정적 행동자원의 정의를 제시하고, 수행과정도 함께 제시하시오.

제3장

지적장애

지적장애를 나타내는 용어는 장애인에 대한 태도나 관점의 변화 및 시대에 따라 다양하게 변화되어 왔다. 과거에는 바보, 멍청이, 무능한, 얼간이를 비롯한 백치, 치우, 우둔, 천치, 박약을 거쳐 1950년대까지는 정신박약(Feeble-minded)과 정신결함(Mental Deficiency)이라고 했다. 1960년 정신지체, 1970년대 이후 공교육 체제로 변화로 1977년 제정된「특수교육진흥법」에는 정신박약아, 2007년「장애인복지법」에서는 지적장애로 변경되었으며, 세계적인 흐름을 반영하여 2016년 2월 3일「장애인 등에 대한 특수교육법」에서 지적장애로 칭하게 되었다.

1. 지적장애 아동의 정의 및 원인

1) 지적장애 아동의 정의

(1)「장애인 등에 대한 특수교육법」에서의 정의

지적장애(intellectual disability)란 '지적기능과 적응 행동상의 어려움이 함께 존재하여 교육적 성취에 어려움이 있는 사람'으로 「장애인 등에 대한 특수교육법」에서 정의하고 있다.

(2) 「장애인복지법」에서의 정의

'정신 발육이 항구적으로 지체되어 지적 능력의 발달이 불충분하거나 불완전하고 자신의 일을 처리하는 것과 사회생활에 적응하는 것이 상당히 곤란한 사람'으로 「장애인복지법」에서 정의하였다. 2021년 「장애인복지법」 개정을 통해 장애인 분류를 장애가 심한 장애인과 장애의 정도가 심하지 않은 장애인을 분류하고, 지적장애인의 경우에는 장애가 심한 장애인으로 분류하면서 '지능지수가 70 이하인 사람으로서 교육을 통한 사회적 · 직업적 재활이 가능한 사람'이라고 제시하고 있다.

(3) 미국 지적 및 발달 장애 협회의 정의

미국정신지체협회(AAMR)는 1921년 처음으로 정신지체를 정의하고 다양한 연구를 통해 편람을 발간 후 대략 10년 주기로 새로운 편람을 개정 · 출판하고 있다. 2007년에 미국 지적 및 발달 장애 협회(American Association on Intellectual and Developmental Disabilities: AAIDD)로 명칭을 바꾸었으며, 2010년 11차 정의는 10차 정의를 그대로 계승하면서 정신지체를 지적장애 용어로 대체했다. 20021년 12차 정의에서 큰 변화를 거쳐 아래와 같이 제시하였다.

> 지적장애(intellectual disability)란 지적 기능성과 개념적 · 사회적 · 실제적 적응기술로 표현되는 적응행동 양 영역에서 심각한 제한성을 보이는 것이다.
> 이 장애는 발달기 동안 발생하며, 발달기는 한 개인이 22세가 되기 전이라고 조작적으로 정의하였다.

지적장애의 정의를 적용하기 위해 전제되어야 할 가정은 다음과 같다.

1. 현재 기능성에서의 제한성은 개인의 동년배와 문화에 전형적인 지역사회 환경의 맥락에서 고려되어야 한다.
2. 타당한 평가는 의사소통, 감각과 운동 및 행동적인 측면에서의 차이뿐만 아니라 문화와 언어의 요인도 함께 고려되고 실시 되어야 한다.
3. 한 개인은 제한성만 갖고 있는 것이 아니라 동시에 강점도 갖고 있다.
4. 제한성을 기술하는 중요한 목적은 그 개인에게 필요한 지원이 무엇인지 파악하기 위해서다.
5. 개별화된 적절한 지원이 장기간 제공된다면, 지적장애인의 생활기능은 일반적으로 향상될 것이다.

이와 같은 지적장애 정의에서 필수적인 전제조건은 지적 결함과 적응 행동의 문제가 동시에 존재해야 하며, 이러한 두 가지가 22세가 되기 전에 일어난 경우여야 한다는 것이다. 이는 지적장애를 인간 기능의 다차원적 모델접근으로 지적장애 아동의 개별적인 특성과 요구를 고려한 교육과 지원의 중요성을 강조하고 있다.

① 지적기능의 제한

미국의 IDEA(2020)는 지적장애를 '지적 능력과 적응 행동의 발달이 정상 수준보다 현저히 낮아 일상생활이나 사회생활에 중대한 제약을 받는 상태'라고 정의한다. 지적장애는 지적기능, 자기관리, 대인 관계, 학습, 직업, 여가, 건강 및 안전과 같은 적응 행동의 발달이 정상 수준보다 현저히 낮아 일상생활이나 사회생활에 중대한 제약을 받는 상태로 정의한다. 지적기능은 개념 이해, 문제해결, 추론, 학습, 의사소통, 자기 관리, 사회적 상호작용 등의 영역에서 나타난다. 다시 말하면 지적장애 진단에 세 가지 준거가 적용한다. 첫째, 지능이 유의미하게 평균 이하여야 한다. 즉, 유의미하다는 것은 표준화된 지능검사 결과 IQ 지수가 -2 표준편차(대략 IQ 70) 이하를 의미한다. 둘째, 지적기능과 적응행동이 동시에 평균 이하여야 한다. 셋째, 다른 장과 구분하기 위해 지적기능과 적응 행동의 결함은 발달기에 발생되어야 한다. 즉, IQ 검사만으로 유일한 요소가 아니므로 전문가의 임상적 판단조건을 중요하게 고려한다(표 3-1).

〈표 3-1〉 지적장애의 지적기능과 적응행동 기준

적응행동 기능 수준		지적 기능 기준(IQ)	
		낮음	높음
적응행동 기준	낮음	지적장애 (○)	지적장애 (×)
	높음	지적장애 (×)	지적장애 (×)

지적장애 정의로 판별받은 아동의 실제 비율은 1~1.5% 정도로 나타난다. 연구자들은 지적장애의 진단을 위한 지적 능력으로 지능지수보다는 지능에 대한 좀 더 광범위한 정의나 혹은 적응 행동을 고려해서 학령인구를 추정하기 때문에 이같이 낮은 출현율을 보일 수 있다. 아울러 IQ 70 정도인 아동일 경우 부모나 교직원들이 지적장애로 판별받는 것보다 학습장애로 판별받기를 선호하는 경향이 있기 때문일 수도 있다(Hallahan & Kauffman, 2003).

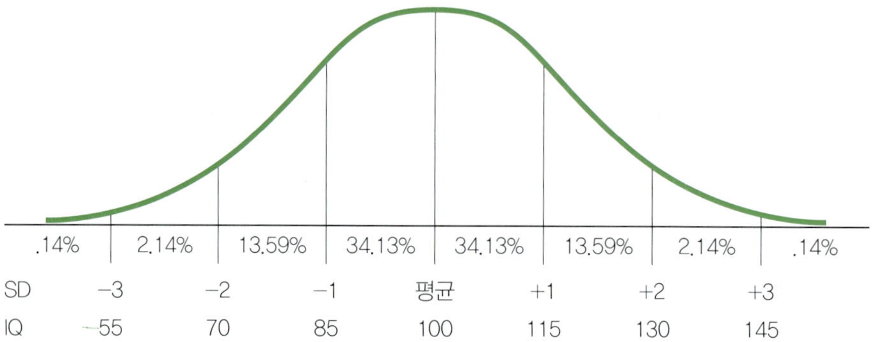

[그림 3-1] 지능지수의 정규분포 곡선

② 적응능력의 제한성

가. 적응행동

적응행동은 개인이 생활 및 사회 · 학교생활 등의 일상생활을 하는 데 필요한 기술을 총칭하는 말이다. 환경적 요구에 원활히 대처하기 위해 학습해 온 개념적 · 사회적 · 실제적 기술 기술의 집합체이다. AAIDD(2021) 체계에서는 적응 행동의 개념을 일상생활 능력뿐만 아니라 삶의 변화 및 환경적 요구에 반응하는 능력에 영향을 미친다고 하면서 개념적 · 사회적 · 실제적 적응 행동에 기술에 대한 세 가지를 〈표 3-2〉와 같이 제시하였다.

〈표 3-2〉 개념적 · 사회적 · 실제적 적응 행동

적응행동 영역	대표적 기술
개념적	• 인지적 문제 해결이나 의사소통과 학업에 사용될 수 있는 기술 • 언어(수용 및 표현언어)와 문해 기술(읽기, 쓰기), 금전개념, 시간 관리, 수에 대한 개념, 자기 지시 포함
사회적	• 사회적 기대와 다른 사람의 행동을 이해하고 사회적 상황에서 적절하게 행동하는 데 필요한 기술 • 대인관계, 책임감, 자아존중감, 속기 쉬움, 규칙 준수, 법률 준수, 희생되는 것을 피하는 것 등에 해당
실제적	• 평범한 일상생활에서 독립된 인간으로서 자신을 유지하고 보호하며 도구를 활용할 수 있는 기술 • 일상생활 활동(식사, 신변 처리, 옷 입기, 이동 등) 작업 기술, 금전 사용, 건강과 안전, 여행/ 대중교통 이용, 일과 계획, 전화 사용 등에 사용되는 기술 포함

나. 일상생활 수행 능력

기본적 일상생활 활동 기능과 수단적 일상생활 기능은 이동성과 인지 수준의 영향을 받기 때문에 〈표 3-3〉과 같이 일상적 신체활동과 운동기능을 강화함으로써 이동성을 증진시키고 유지하여야 한다.

〈표 3-3〉 기본적 일상생활 활동 기능과 수단적 일상생활

기본적 일상생활 활동	• ADL: activities of daily living • 기본적 기술을 요구함 • 자기관리, 기능적 이동성, 성적 표현, 수면과 후식 등이 포함됨
수단적 일상생활 활동	• IADL: instrumental activities of daily living • 더 진보된 문제해결 능력과 사회적 기술, 기리고 더 복잡한 환경적 상호작용을 요구함 • 의사소통 도구 사용, 건강관리 유지, 재정 관리, 음식 준비와 청소하기, 지역사회로의 이동성 등이 포함됨

다. 적응행동의 심각한 제한성(AAIDD, 2021)

개념적, 사회적, 실제적 적응행동 기술에 대해서는 표준화된 적응행동 검사에서 〈표 3-4〉의 적응 행동 유형 중 최소한 하나의 영역 점수가 평균보다 대략 2 표준편차 이하의 점수를 보여야 한다. 또한, 이 점수를 해석하기 위해서는 진단 시 사용한 특정 검사도구의 측정의 표준오차를 고려해야 한다.

〈표 3-4〉 4가지 적응 행동 영역

자기 관리	• 목욕, 옷 입기, 식사하기, 배설하기, 이동하기, 옷 갈아입기, 취침하기, 기상하기 등과 같은 개인적인 관리와 신체적 활동에 필요한 기능
대인 관계	• 가족, 친구, 동료 등과 함께 관계를 형성하고 유지하는 데 필요한 기능
학습	• 새로운 정보를 습득하고, 기술을 개발하고, 문제를 해결하는 데 필요한 기능
직업	• 직업에 필요한 기술 습득하고, 직업 생활 유지에 필요한 기능

(4) 장애 발생의 시기

미국의 경우는 AAIDD 12차 정의(2021)에서 지적장애의 발생 시기에 대하여 이 장애는 발달기 동안 발생하며, 발달기는 한 개인이 '22세가 되기 전'이라고 정의하였다. 그러므로 지적장애 발생 시기는 22세 이전이어야 한다.

(5) 지적장애 정의를 위한 인간 가능성의 다차원적 모델

지적장애를 AAIDD 11차 지원 모델에서 '인간 가능성에서의 제한성'이라는 관점에서 정의하면서 생태학적이고 다면적인 관점에서 장애를 개념화하면서 개인의 기능 향상을 위해 개별화된 지원의 역할의 중요성을 ICF 모델과의 연관성을 [그림 3-2], [그림 3-3] 같이 제시하였다.

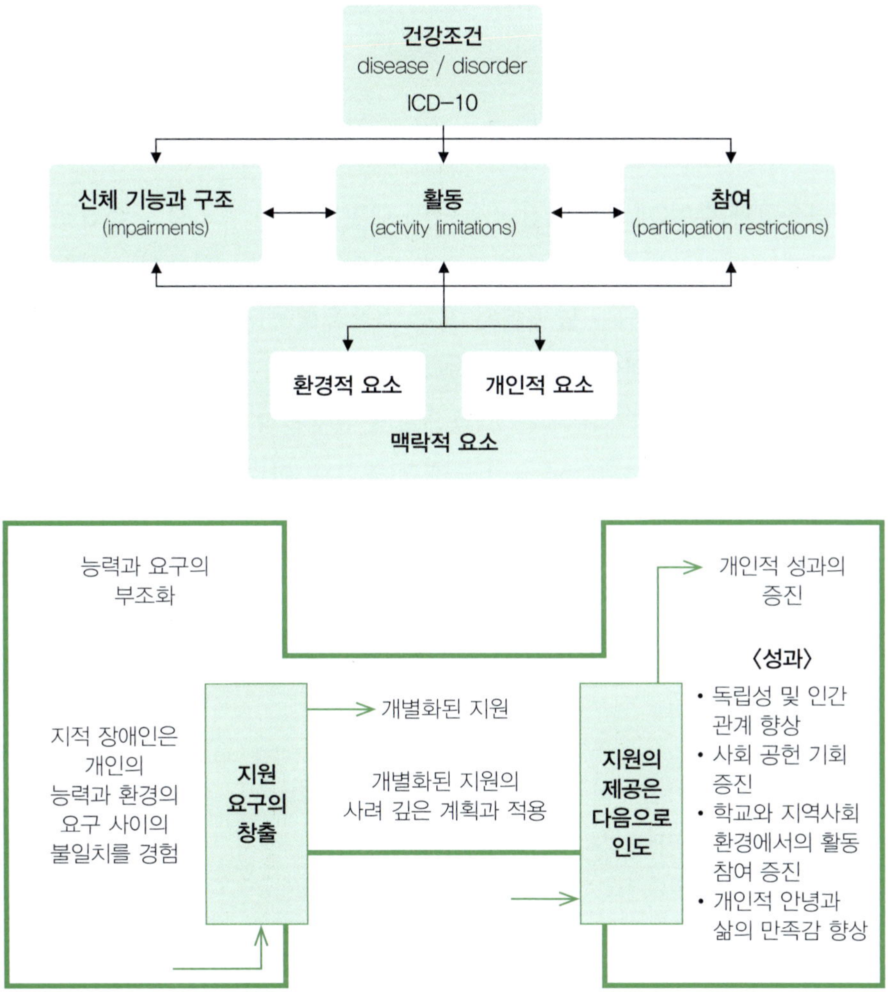

[그림 3-2] ICF 모델과 AAIDD 11차 지원 모델

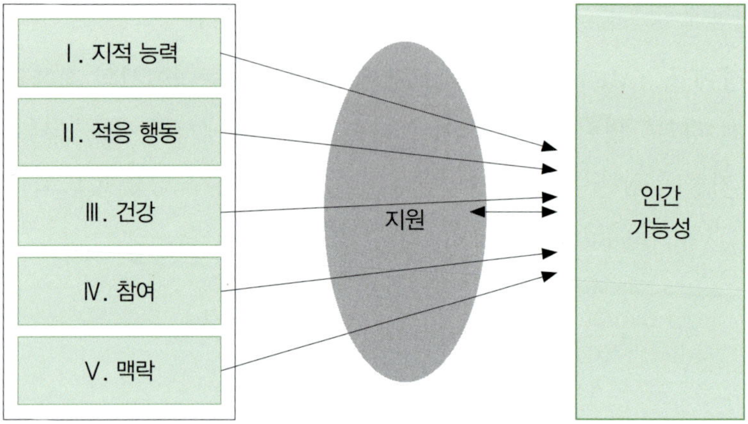

[그림 3-3] 인간 기능성의 개념의 틀

[그림 3-3]과 같이 제시된 인간 기능성에 대한 다차원적 모델은 인간의 기능성과 장애에 대한 ICF 모델을 보면 이해할 수 있다. 장애는 단순한 손상이 아닌 신체 기능과 구조(지능)는 활동에서 제한성(적응행동)과 상호작용할 수 있으며, 이것이 사회적 참여에 영향을 미친다. 그림 왼쪽에 다섯 가지 요인이 제시되어 있고 그림 중앙과 오른쪽은 지적장애의 다차원적 측면과 인간의 가능성과 성과를 위한 지원 체계는 중요한 중재적 역할로, 아래 〈표 3-5〉와 같이 구성되어 있다.

〈표 3-5〉 AAIDD 다차원적 모델을 구성하는 요인

요인	내용
지적 능력 (지적 기능성)	• 일반적인 정신적 능력을 의미로 지능검사 결과를 통해 측정할 수 있으며, 개념 이해, 문제 해결, 추론, 학습, 의사소통, 자기 관리, 사회적 상호 작용 등의 영역
적응행동	• 일상생활에서 학습하고 수행하는 개념적, 사회적, 실제적 기술의 종합이며 자기 관리, 가사, 직업, 여가, 사회 관계 등의 영역
건강	• 신체적 건강, 정신적 건강, 감정적 건강, 사회적 건강의 네 가지 영역
참여	• 가정, 직업, 교육, 여가, 종교, 문화적 활동 등의 영역에서 자신의 역할과 책임을 수행하는 것을 의미
맥락	• 개인이 속한 환경과 문화를 의미하며 지적장애 아동의 맥락은 가족, 학교, 지역사회, 문화 등 다양한 요인으로 구성

인간 기능성의 다차원적 모델은 지적장애를 단순히 지적기능의 저하로만 보는 것이 아니라, 인간의 다양한 기능과 능력을 고려하여 이해한다. 이 모델은 지적장애 아동의 개별적인 특성과 요구를 고려한 교육과 지원의 중요성을 강조하고 있다.

2) 지적장애 원인

지적장애의 원인을 명확하게 밝혀내기는 불가능하다. 전통적으로 생의학적, 심리학적 측면에서 최근은 다원인적 접근으로 이해하면서 현재까지 밝혀진 지적장애 원인은 100가지가 넘는다. 즉, 단일 원인은 없고 여러 요인의 상호작용에 의해 발생된다(Tayonr et al., 2005). 다중위험 요인 접근법(multipie risk factor approach, AAMR)(2002)은 지적장애 원인이 될 수 있는 위험 요인을 발생 시기별 범주로 제시하였다.

첫째, 생의학적 위험 요인은 생물학적 처리 과정과 관련된 위험 요인으로, 출생 전 염색체의 이상, 유전자 장애, 출생 전후 뇌손상, 가족질병을 말한다.

둘째, 사회적 위험 요인은 아동발달에 영향을 주는 자극과 상호작용의 질을 좌우하는 위험 요인으로, 출생 전 빈곤, 산모의 영양실조, 산모가 겪는 가정폭력, 출생 전후 부적절한 관리, 출산 후 빈곤이나 자극의 부족한 환경을 말한다.

셋째, 행동적 위험 요인은 당사자와 부모의 부적절한 행동인 부모의 약물복용, 음주, 흡연, 부모의 육아 거부, 아동학대, 가정폭력, 아동의 위험한 행동을 말한다.

넷째, 교육적 위험 요인은 지적 발달을 위한 정보 제공과 교육적 지원의 부재로 인한 위험 용인인 지원받지 못한 지적장애 부모, 의료서비스 부재, 양육기술 부족, 특수교육 부재를 말한다.

지적장애의 위험 원인을 발생 시기별로 나누어 제시한 내용은 〈표 3-6〉과 같다. 원인은 임신 중, 출산 과정, 발달 과정 중 어느 때나 다양하다는 것을 알 수 있으며, 이는 인지적 손상을 나타내는 경우이며, 시간에 걸쳐서 원인 간 상호작용하고 있음을 나타내 주고 있다.

〈표 3-6〉 지적장애의 원인

시기	생물의학적	사회적	행동적	교육적
출생 전	1. 염색체 이상 2. 단일 유전자장애 3. 증후군 4. 대뇌 이상 5. 모체 질병 6. 부모의 나이	1. 가난(빈곤) 2. 산모영양결핍 3. 가정폭력 4. 출생 전 관리 부족	1. 부모의 약물 사용 2. 부모의 음주 3. 부모의 흡연 4. 부모의 미성숙 5. 태아의 알콜 중독	1. 부모의 인지적 장애 2. 부모가 될 준비 부족
출생 중	1. 조산 (미숙) 2. 출산 시 손상 3. 신생아 이상	1. 출생 관리 결여	1. 부모의 양육 거부 2. 부모의 자식 포기	1. 퇴원 시 중재 서비스에 대한 의학적 지식 부족
출생 후	1. 외상성 뇌손상 2. 영양실조 3. 뇌수막염 4. 발작 장애 5. 퇴행성 장애	1. 잘못된 보호자 2. 적절한 자극 부족 3. 가정의 빈곤 4. 가족의 만성질환 5. 시설 수용	1. 아동학대 및 방임 2. 가정폭력 3. 적절한 안전조치 4. 사회적 박탈 5. 아동의 문제행동	1.잘못된 양육 2. 진단 지연 3. 부적절한 조기중재 4. 부적절한 특수교육 5. 부적절한 가족지원

(1) 출생 전 원인

출생 전 원인의 대표적으로 염색체 이상을 제시하며, 구체적인 내용은 다음 〈표 3-7〉에 제시하였다.

〈표 3-7〉 염색체 이상으로 인한 원인과 특성

	증후군	원인	특성
염색체 수 이상	다운증후군 (Down's Syndrome)	21번 상염색체 이상 (21번 염색체가 정상 염색체보다 1개가 더 많은 3개로 형성)	• 독특한 신체적 특징, 즉 코가 전체적으로 낮고, 두개골이 작고 납작하거나, 혀가 커서 튀어나와 보이고, 키가 작음 • 외모가 몽고인과 비슷해서 '몽고리즘'이라 부르기도 함 • 산모의 나이가 많은 경우 출생률이 높게 나타남 • 표현언어 능력보다 수용언어 능력이 상대적으로 우수함 • 명랑하고 사람을 잘 따름 • 심장질환, 백혈병, 치매, 소화기관의 미숙 등을 동반하는 경우가 많음 • 21번 염색체는 치매와 밀접한 관계가 있는 것으로 추정

	증후군	원인	특성
염색체 수 이상	클라인펠터 증후군 (Klinefelter syndrome)	성염색체 이상 (남성이 XXY의 염색체 모형)	• 남성에게 발생하며, 남성 성기관의 발달 미숙 • 빈약한 체모와 고음, 여성형 유방증, 무정자증 • 운동 및 언어발달 지연, 읽기 장애 발생
	터너 증후군 (Turner syndrome)	성염색체 이상 (여성이 X 염색체 하나만 있는 모형)	• 여성에게 발생, 2차 성징이 발달되지 않거나 미약 • 골다공증, 갑상선 기능 저하증에 취약 • 사회성 결여 동반
	묘성 증후군 (Cri du chat syndrome)	5번 염색체 (5번 염색체 단완의 부분 결실)	• 후두 결함으로 고양이 울음소리를 내나 영아기 후반에는 사라짐 • 과잉행동 및 자기자극 행동 및 자해행동을 나타냄 • 소두증, 둥근 얼굴, 넓은 콧등, 양안 격리증, 사시 등의 신체적인 이상소견을 보임 • 심한 지적장애를 보임
	윌리엄스 증후군 (Williams syndrome)	7번 염색체 (7번 염색체 장완의 미세결실)	• 긴 인중, 큰 입, 두툼한 입술 등의 신체적 특성 • 소리에 매우 민감 • 매우 사교적이며, 또래보다 어른들과 더 친숙하려는 경향을 보임 • 형광동소보합법(Fluorescence In Situ Hydridization: FISH)을 이용하여 98% 이상 발견 가능
	프레더-윌리 증후군 (Prader-Willi syndrome)	15번 염색체 이상 (아버지로부터 물려받은 15번 염색체의 장완 부분의 결손)	• 과도한 식탐과 유아기부터 중증 비만 증상이 나타남 • 중증 비만으로 인해 당뇨, 고혈압, 수면장애 등 여러 가지 합병증 유발 • 짧은 신장, 성기 발달 부전 증상을 보임 • 운동발달 지연
	안젤만 증후군 (Angelman syndrome)	15번 염색체 (어머니로부터 물려받은 15번 염색체의 이상)	• 생후 6~12개월에 발달지연 및 언어장애가 나타남 • 표현언어 기술보다 수용언어 기술이 더 뛰어남 • 상황과 관련 없이 부적절한 웃음발작을 보임 • 과잉행동 및 수면장애 보임
	취약X증후군 (fragile X syndrome)	성염색체 이상 (23번의 X 염색체의 장완 끝부분이 끊어져 발생)	• 유전됨 • 외형적인 특징은 고환이 크고, 얼굴이 길고, 귀가 큼 • 주의집중력 결핍, 부주의, 과잉행동, 반향어 사용 등 자폐 스펙트럼 장애와 유사한 습성을 보임

출처: 임경옥, 박경화, 조현정(2017). 특수교육학개론.

신진대사 이상은 지방, 단백질, 탄수화물 등과 관련이 있으며, 페닐케톤뇨증(phenylketonuria: PKU)과 갈락토스혈증(Galactosemia)이 대표적이다. 신진대사

장애는 출생 후 일주일 이내에 병원에서 혈액검사를 통해 발견될 수 있으며, 그 원인과 특성은 〈표 3-8〉과 같다.

〈표 3-8〉 신진대사 이상으로 인한 원인과 특성

	명칭	원인	특성
상염색체 열성 유전장애	페닐케톤뇨증 (phenylketonuria: PKU)	상염색체 열성으로 유전됨. 만약 부모가 이 유전자를 가지고 있다면 자녀 4명 중 1명은 PKU가 될 수 있음	• 조기진단으로 지적장애 예방 가능 • 치료하지 않으면 대부분의 영아는 아주 심한 지적장애를 보이게 됨 • 발작(seizures), 과다행동, 공격적인 행동, 정신과적 장애 등과 같은 여러 가지 증상 동반 가능
	갈락토스혈증 (Galactosemia)	모유와 일반 우유에 포함되어 있는 당분인 갈락토스를 포도당으로 전환시키는 능력이 손상되어 나타나는 열성 유전질환에 해당하는 탄수화물 대사 장애	• 지적장애, 백내장, 행동적인 문제들이 발생할 가능성이 있음 • 조기발견으로 유제품을 제외한 식이요법을 하면 정상로 성장

출처: 임경옥, 박경화, 조현정(2017). 특수교육학개론.

모체의 감염 이상은 감염과 중독, 임신 중 감염 및 약물복용의 원인과 특성은 〈표 3-9〉와 같다.

〈표 3-9〉 모체의 감염 이상으로 인한 원인과 특성

명칭	원인	특성
풍진	산모의 풍진 감염	감염된 태아의 30~60%에서 심한 뇌성마비 및 지적장애, 심장질환, 청각장애 등 유발
매독과 에이즈	산모의 감염	지적장애 및 여러 가지 장애 수반
약물과 흡연	산모의 약물복용과 흡연	조산의 가능성 및 지적장애 유발 가능성
태아 알코올 증후군 (fetal alcohol syndrome: FAS)	부모의 알코올 남용 또는 중독	지능저하, 얼굴기형, 심장결함, 저체중, 소두증 가능성

출처: 임경옥, 박경화, 조현정(2017). 특수교육학개론.

(2) 출생 중 원인

출생 중 원인으로 조산(미숙) 및 무산소증과 질식(출산 시 충분한 산소를 공급받지 못하는 상태), 저체중, 분만 중 손상(탯줄 사고, 뇌 외상) 등이 있으며, 원인과 특성은 <표 3-10>에 제시되어 있다.

〈표 3-10〉 출생 중의 원인과 특성

명칭	원인	특성
조산 (37주 전 출산)	쌍생아 임신, 임산부의 저체중, 산모의 나이, 흡연, 전치태반 등	낮은 지능지수 및 뇌성마비, 주의집중력 결핍, 기타 신경학적 · 의학적 문제 유발
저체중 (체중이 2.5kg 미만)	태아에게 산소와 영양을 공급하는 혈액순환과 태반의 기능 문제 및 산모의 흡연 또는 약물 복용, 바이러스 감염 등	낮은 지능지수 및 뇌성마비, 주의집중력 결핍, 기타 신경학적 · 의학적 문제 유발
질식 (무산소증)	산모의 혈압이 떨어지는 경우, 태아가 태반으로부터 너무 빨리 분리되는 경우 등	지적장애나 뇌성마비, 시각장애 등 다양한 유형의 장애 유발
분만 중 손상	태아의 머리나 몸이 산모의 골반 크기에 비해 너무 크거나 태아의 위치 부적절	두개골 손상 및 두뇌 손상 등

출처: 임경옥, 박경화, 조현정(2017). 특수교육학개론.

(3) 출생 후 원인

출생 후 원인은 아동 본인과 직접적으로 관련된 요인으로, 아동 개인의 사고, 질병 및 감염, 중독, 외상성 뇌손상, 영양 결핍, 환경 박탈 등이 있으며, 원인과 특성은 <표 3-11>과 같다.

〈표 3-11〉 출생 후의 원인과 특성

명칭	원인	특성
질병 및 감염	고열, 홍역, 수두, 뇌막염, 뇌염 등	정상적인 성장과 발달 방해
중독	납, 수은 등	지적장애, 시각장애, 경련장애, 뇌손상 등
외상성 뇌손상	자동차 사고, 화재 사고 등	지적장애 및 다양한 유형의 장애 유발
영양 결핍	영양 불량 및 영양 결핍 등	운동기능 협응과 소뇌에 영향
환경 박탈	가족 내의 불안정성, 부적절한 보살핌, 산모의 육아 교육에 대한 이해 부족과 그로 인한 부적절한 양육환경 등	직접적 요인은 아니지만 다른 요소들과 복합적으로 작용하여 장애 유발 기능

출처: 임경옥, 박경화, 조현정(2017). 특수교육학개론.

그 외 다중위험 요인이 있는 가정 출신의 아동이 특히 발생률이 높다. 다중위험 환경으로부터 받는 스트레스, 스트레스에 대처하는 가족원, 이러한 요인을 공유하는 아동, 아동의 지적·사회적 능력과 관련된 부모의 양육태도 등이 원인이다. 지적장애 중 뇌손상이 일어나는 시기 및 원인을 제시해 보면 아래의 [그림 3-4]와 같다.

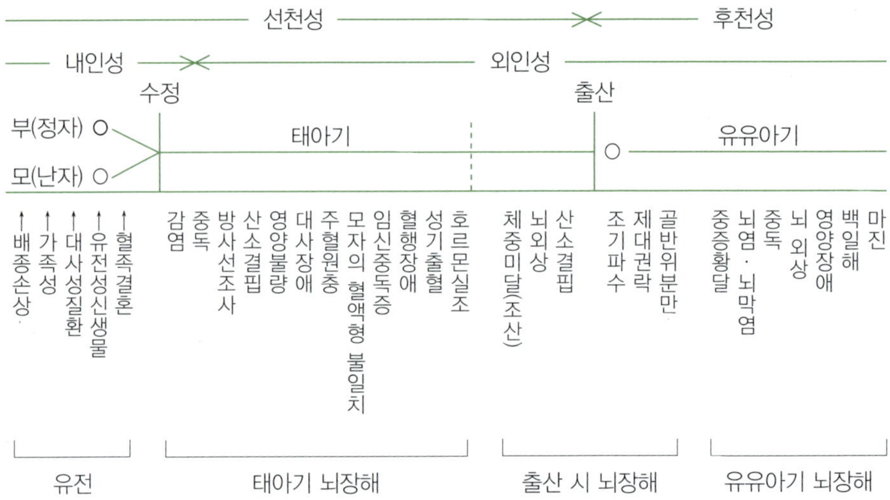

[그림 3-4] 뇌손상 시기별 원인

지적장애의 출현율은 지역에 따라 차이가 있지만, 일반적으로 2~3%로 알려져 있다. 2023년 기준으로 우리나라의 경우 지적장애 학생 수는 60,000여 명으로 추정되며, 지적장애 아동 출현율은 2.5%로 추정된다. 이는 2021년 2.4%에서 소폭 증가한 수치이고 지역에 따라 차이가 있으며, 도시보다 농촌에서 더 높게 나타나고 있다.

2. 지적장애 아동의 분류 및 특성

1) 지적장애 아동 분류

미국 정신의학협회「정신장애 진단 및 통계편람」DSM-5에서 지적장애 진단 기준은 인지능력(IQ)과 적응기능 전체 평가의 필요성을 강조하면서 심각도는 인지능력 점수보다 적응기능에 따라 결정된다고 했으며, 미국정신지체협회(AAMR)에서 지능지수를 기초로 하여 지적장애 용어와 정의뿐만 아니라 분류 체계도 여러 가지 제시하였다. 여러 가지 관점에서 IQ검사와 적응 행동에 따른 발달 특성을 기초하여 Grossman(1983)이 제한하였던 IQ검사 결과에 기초한 경도(mild), 중등도(moderate), 중도(severe), 최중도(profound)의 4수준으로 지능지수 분류를 주로 사용하고 있다. 지적장애를 규정하기 위해 앞의 [그림 3-1]에서 제시한 정상 분포곡선(종형곡선)에서 평균으로부터 2 표준편차 이하로 절충점을 제시하였다. 지능지수에 따른 지적장애 아동은 <표 3-12>와 같이 분류할 수 있다.

〈표 3-12〉 지능지수에 따른 지적장애 아동의 분류

지적장애정도	IQ 점수범위	특성
경도 (가벼울 정도)	50–55~70 (85%)	• 일상 대화를 나눌 정도의 언어 구사 및 언어 이해 가능 • 일상적 활동은 연령에 기대하는 수준에 근접하는 정도로 수행 가능 • 최소한의 감독 또는 약간의 도움이 제공될 경우 직업 유지 가능 • 성인기에 이르면 대략 초등학교 6학년 수준의 학업 기술 습득
중등도 (중간 정도)	35–40~ 50–55 (10%)	• 사회적 행동이나 의사소통에서도 상당한 지장 초래 • 읽기, 쓰기, 산술 능력, 시간 개념이나 돈에 대한 개념의 습득이 매우 더딤 • 숙련을 요하지 않는 작업 또는 반숙련 작업 수행 가능 • 초등학교 저학년 수준을 넘어서기는 어려움
중도 (심한 정도)	20–25~ 35–40 (3–4%)	• 유아기에서부터 학령전기까지 일상적 의사소통에 필요한 언어 습득이 매우 제한적이거나 또는 언어를 전혀 습득하지 못함 • 감각-운동기능의 결함이 흔히 나타남 • 일상생활에서의 기본적인 판단 및 의사결정 불가능 • 성인이 되어서도 밀착된 지도 감독과 상당량의 지속적인 도움 필요

지적장애정도	IQ 점수범위	특성
최중도 (아주 심한 정도)	20–25 미만 (1–2%)	• 유아기와 아동기 동안 언어능력은 물론이고 감각–운동 기능 및 여타 신체 기능에서 상당한 결함 • 언어적 의사소통은 거의 불가능하며 관습적 수준의 제스처 사용이 일부 가능 • 형태, 크기, 색상과 같이 사물의 물리적인 속성에 근거해 대상을 구별하는 경우가 있기는 하지만 매우 한정됨 • 전적으로 지속적인 보호, 밀착된 지도 감독 필요
정도를 세분할 수 없음 (unspecified)		• 표준화된 검사에 의해 측정을 할 수 없음

미국 지적장애 협회(AAIDD)는 개인에게 필요한 지원 프로파일에 따라 지적장애를 기능적 분류할 수 있는 개념적 및 절차적 권고안을 제시하였다. 개인의 학교, 가정, 사회, 지역사회 및 작업환경에서 기능 향상을 위해 필요한 지원 강도에 기초하는 방법에 따른 분류 특성은 〈표 3-13〉의 네 단계로 설명한다.

〈표 3–13〉 지원의 요구에 따른 지적장애 아동의 분류

요구되는 지원	특성
간헐적 지원 (intermittent)	• '필요할 때' 에 기초한 지원으로 일시적 지원을 의미. 인생의 전환기에 단기간의 지원이 필요함(예 실직, 심각한 의료적 위기).
제한적 지원 (limited)	• 일정한 시간 동안 일관성 있게 지원이 필요하며 지원시간은 제한적임(예 시간 제한적인 고용 훈련, 학교에서 성인기로서의 전이 지원 제공 등)
확장적 지원 (extensive)	• 몇몇 환경(직장 또는 가정)에 정기적으로(매일) 지원을 제공함. 시간에 제한적 않은 (예 장기간의 가정생활 지원) 수준임
전반적 지원 (pervasive)	• 지속적, 전반적 모든 환경에 항구적으로 고강도로 지원. 잠재적으로 삶을 유지하는 데 필요한 주요 지원의 성격 특성을 가짐 • 확장적 및 시간 제한적 지원보다 더 많은 수의 요원을 필요로 하며, 개인에게는 더 개입적일 수 있는 지원을 포함함

2) 지적장애 아동의 특성

지적장애 아동은 모두 지적, 학습적, 사회 · 정서적, 신체 · 운동적 특성이 같지 않으며, 개인의 다양한 특성이 있음을 알아야 한다. 즉, 지적 수준과 적응 행

동의 능력 정도에 따른 개인 간 차이와 개인 내 차이가 존재한다는 것을 생각해야 한다. 지적장애 아동을 올바르게 교육하자면 그들의 행동 특성이나 요구를 정확하게 이해할 필요가 있으며, 교육적 틀을 제공할 수 있는 일반화된 행동 특성을 이해하고자 노력해야 한다. 지적장애 특성의 이해는 어디까지나 개인차의 관점에서 이루어져야 하며, 본질적인 지적 결함과 파생된 이차적 장애에 대한 이해가 이루어져야 그들의 교육적 요구를 잘 파악할 수 있다.

(1) 신체 및 운동 특성

신체적 · 운동적 특징은 일반아동과 비교해 경도 지적장애 아동은 크게 다르지 않다. 사회심리적으로 혜택을 받지 못하는 경도 지적장애 사이에서 뚜렷한 신체적 · 운동적 특징은 보이지 않는다. 전반적으로 신체적 능력과 건강에 있어 경도 지적장애인과 일반인과의 차이점에 대해 다음과 같이 제시할 수 있다.

① 신체발달: 경도 지적장애인은 일반아동에 비교해 키, 몸무게, 골격의 성숙이 비교적 평균 이하이다.
② 운동발달: 경도 지적장애 연구에서 보면 모든 운동 분야에서 또래의 일반인보다 상당히 저조하게 성취된다.
③ 신체적 손상: 어떤 지적장애아는 대개 중복장애나 신경학적 손상-뇌성마비, 발작적인 이상, 감각 손상, 그리고 어린이 학대에서 오는 상해와 같은 신체적 문제를 동시에 보인다.
④ 건강문제: 부적절하고 불균형적인 식사, 질병에 감염되기 쉬운 부적당한 건강 관리, 그리고 치아의 이상 등이 지적장애아의 일반적 특징으로 알려져 왔다.

(2) 사회 및 정서적 특성

지적장애 아동은 낮은 사회인지로 또래 아동과 상호작용이 원만하지 못하고 여러 상황에서 적절하게 대처하지 못한다. 어렸을 때부터 자신이 친구들과 다르다는 것을 인식하고 자신에 대한 자아개념이 낮아져서 낮은 동기와 실패에 대한 예상, 낮은 학습 동기, 학습된 무력감을 나타낼 수 있다. 즉, 사회적 기술 결함으로 공유하기, 순서 지키기, 미소 짓기, 주목하기, 지시 따르기 등 낮은 사회적 능력이 드러나며, 이러한 이 지적장애 아동의 사회 및 정서적 특성은 지적장애 아동의 통합교육을 방해하는 중요한 요인이 된다.

① 실패에 대한 기대

인지적 결함 및 사회적 능력의 부족으로 지적장애인이 초기 학교 학습에 빈번한 실패에 대한 경험에 기초하여 학습 난이도에 관계없이 미리 실패를 예상한다. 실패의 경험은 환경이나 사건 내에서 스스로 행동을 조절하지 못하고 자신에 대해 매우 낮은 기대로 과제 상황을 빨리 포기하는 경향이 있고, 결과적으로 학습된 무기력, 자신의 능력보다 낮은 성취기대와 목표를 설정하게 된다. 그것이 결국 동기유발에 부정적인 영향을 미친다.

② 낮은 학습 동기

일반적으로 외적 통제소, 외부 지향적인 성격, 낮은 자기효능감, 부정적인 자아개념 등의 특성을 보인다. 통제소란, 한 개인이 자신이 한 행동과 결과를 지각하는 방식을 말하는 것으로서, 지적장애 아동은 많은 실패의 경험으로 인해 외적 통제소의 특성을 더 많이 보인다(Clark & Kolstore, 1995). 부정적인 생각은 부정적인 경험의 축적으로 나타날 수 있으므로 보다 긍정적 경험을 많이 할 수 있도록 환경적 배려를 해 줄 필요가 있다(Zigler, 1993). 즉, 실패의 원인을 운명이나 요행, 타인 등과 같은 외부적 요인으로 돌리는 것을 의미하며, 이로 인해 “나는 이것을 못 해요.” 하거나 “이것은 너무 어려워요.”라고 한다. 대부분 이런 유형의 반응은 선생님이나 또래 친구들의 보조가 필요한 의존 경향으로 문제를 해결하려는 외부 지향성을 보이게 되는 것이다. 사람은 성숙하면서 내적 통제소를 갖게 되지만 지적장애 아동은 여전히 외적 통제소 상태에 머물러 있는 경향이 있다. 이러한 사회 · 정서적 특성으로 인해 지적장애 아동은 성취 경험이 중요한 학습에 있어서 낮은 학습 동기를 가질 수밖에 없다.

③ 학습된 무기력

지적장애 아동은 학급에서 잦은 실패를 경험하게 되면서 누군가가 주위에서 많은 것을 대신해 주기도 한다. 이로 인해 지적장애 아동은 외적 통제소를 가지게 됨으로써 하고자 하는 의욕 상실로 학습된 무력감(learned helplessness)을 가지게 된다. 학습된 무력감이란, 새롭거나 어려운 과제를 받았을 때 쉽게 포기하거나 문제를 전혀 해결하려고 시도하지 않는 것을 말한다. 원인과 상관없이 학습된 무력감은 개인이 유년기에서부터 성인의 삶에 적응할 때 강한 영향력을 미치게 된다(신종호 외, 2008).

(3) 지적 특성

① 정보처리 과정

정보처리 과정은 외부 세계의 어떠한 정보를 지각, 분석, 중앙처리 과정, 표현의 단계로 나누어진다. 지적장애 아동은 대체로 정보를 지각하고, 분석하고, 표현하는 정보처리 과정에 어려움이 있다. 즉, 지각에 있어 결함이나 저장된 기억을 상황에 맞게 적용하는 판단 능력에서 부족함이 있다. 특히, 처리 단계에서는 문제를 정확하게 파악하는 능력의 결핍, 필요한 자극이나 정보를 선택할 수 있는 능력의 부족, 정보를 비교할 수 있는 능력의 결핍, 자료를 종합하여 평가할 수 있는 능력의 결핍, 추론 능력과 가설검증 능력의 결핍 등의 특성을 보인다.

② 감각 수용과 주의집중력

감각적으로 자극이 무뎌 주의를 기울이는 능력의 결여로 예민성이 떨어진다. 즉, 지적장애 아동은 주의집중이 곤란하고 지속력이 약하여 3가지 주요 구성요소에서 심한 어려움을 가진다. 주의집중 지속시간(일에 대한 시간의 길이), 주의집중의 범위와 초점(산만한 자극이 억제 및 한 자극에 집중하기), 그리고 선택적 주의(주요 자극의 특성 변별 및 집중)에 심한 어려움을 갖기 때문이다. 그러므로 지적장애 아동의 개인 특성에 맞게 과제를 제시하고 학습 자극으로 자연스럽게 과제를 수정할 수 있도록 한다. 또한, 주의집중행동에 대한 적절한 보상을 제공하여 학습에 성공적인 도움을 주도록 한다.

③ 기억

기억(memory)은 일상에서 경험하는 정보를 저장하는 기능으로, 모든 학습의 주요 요소가 된다. 일반적으로 지적장애 아동은 단기 기억(short term memory) 혹은 작동기억(working memory) 분야에 어려움을 가지고 있다는 증거가 많이 있지만, 실제로 그들의 장기 기억(long term memory)은 일반아동에 비교할 때 심한 차이가 나타나지 않는다(Belmont, 1996). 정보처리 모형의 구성요소인 실행통제와 초인지에서 지적장애 아동은 보통 실행통제 과정을 자발적으로 이용하지는 못하지만, 효과적으로 활용하도록 가르치면 효과가 있다(Merrill, 1990). 그러므로 반복적인 학습 및 기억을 높일 수 있는 다양한 전략을 사용하여 단기기억을 장기 기억으로 전환시켜 주어야 한다.

④ 학습의 전이와 일반화 및 추상화

전이(transfer)란 이전에 학습한 내용과 경험을 가지고 새로운 학습에 영향을 주는 현상이며, 일반화(generalization)는 다른 상황에 적용하여도 동일한 반응을 보이는 것을 말한다. 지적장애 아동은 선행경험과 내용을 가지고 있지만, 이를 활용하지 못하여 미래의 비슷한 상황이나 문제해결에 어려움을 가진다. 즉, 대부분의 비장애 아동은 배운 지식을 비슷한 과제나 다른 상황에서 활용할 수 있어 학습의 전이와 일반화가 가능하지만, 지적장애 아동은 이러한 전이와 일반화에 많은 어려움을 겪는다. 그리고 우발학습 능력도 부족하며, 추상적으로 사고하는 능력이나 추상적 자료를 사용하여 일하는 능력 및 상징적 사고가 제한되어 있다.

(4) 언어발달 특성

언어발달은 지적장애 아동의 인지발달과 밀접하게 연관되어 있어 비장애 아동보다 말과 언어에 있어서 더 많은 문제로 언어발달에 지체를 보인다. 그래서 지적장애 아동은 언어의 구조와 내용이 빈약할 뿐만 아니라 복문의 사용과 주제의 세련됨에서도 큰 결함을 보인다. 그리고 조음장애 및 구어 발달의 지연과 제한된 어휘, 발음의 문제, 부적절한 문법사용 등이 나타난다. 중등도 지적장애의 언어발달 문제는 훨씬 더 심각한 경향이 보이며, 통합교육을 받기 위해서 극복해야 하는 가장 큰 방해 요소 중 하나라고 할 수 있다. 지적장애 아동의 언어발달 특성을 정리하면 <표 3-14>와 같다.

〈표 3-14〉 지적장애 아동의 언어발달 특성

구분	특성
언어기능 (화용론)	• 요구하기 몸짓과 의도가 지체 • 몸짓과 의도의 발달 양상은 일반아동과 유사함 • 또래와 일반아동보다 명료화 기술이 떨어짐 • 대화 역할이 주도적이지 않음
언어내용 (의미론)	• 단어의 의미가 보다 구체적인 단어 사용 • 어휘발달이 느림 • 다양한 의미론적 단위 사용에 제한됨 • 또래의 일반아동보다 수용언어기술이 떨어지나 또래의 일반아동처럼 상황에 노출됨으로써 단어 의미를 학습할 수 있음
언어 구성 구문론/형태론 /음운론)	• 학령전 일반아동과 유사한 문장 길이와 복잡성 • 일반아동과 동일한 문장 발달 과정 • 일반아동보다 주어를 정교화하거나 비교하는 절이 더 적고 더 짧으며, 덜 복잡한 문장을 사용 • 단어 관계보다는 문장 내 단어 순서를 우선시 • 자신의 가능성보다는 더 낮은 수준의 형태에 의존 • 학령전 일반아동과 유사한 음운론과 형태를 나타내거나 더 높은 수준으로 할 수 있으면서도 자신의 가능성보다는 더 낮고 덜 성숙한 형태에 의존 • 학령전 일반아동과 유사한 음운 규칙을 보임

3. 지적장애 아동의 진단 및 판별

지적장애 아동을 진단 및 판별하는 작업은 대단히 어려운 과업이다. 인간의 심리 현상은 직접 측정이 거의 불가능하고 대부분 간접측정에 의존하고 있다. 지적장애 아동의 진단 및 판별은 실제 사회 · 적응 기술을 위한 교육적 조치에 그 목적이 있기 때문이다. 따라서 진단 및 판별은 지적장애 아동의 교육에 개별적으로 행해져야 하고 과학적 연구의 기초가 되어야 한다.

1) 지적장애 아동의 진단

진단평가의 일반적 과정은 ① 아동 발견, ② 선별검사, ③ 진단, ④ 교육적 사정, ⑤ 수행 능력점검, ⑥ 프로그램의 평가 순으로 진행된다.

아동이 지적장애라는 명칭을 부여하기 위한 증거를 확보하기 위해서는 지적장애의 진단 준거에 따라 다양한 관점에서 아동을 진단하여야 한다. 평가는 크게 표준화 검사와 비표준화 평가 절차로 나누어 볼 수 있다. 표준화 검사는 일반적으로 장애를 진단하기 위해 수행되는데 또래의 평균에서 어느 정도 이탈되어 있는지 또는 대상 아동의 또래에 비추어 보아 상대적으로 발달 수준이 어느 위치에 있는지를 진단하기 위한 검사이다. 검사 결과는 장애 여부를 진단하고 장애의 특성을 알아볼 수 있으며, 때로는 아동의 발달 영역별 장단점을 파악하는 데도 도움을 줄 수 있다. 지적장애를 진단하기 위한 대표적인 표준화 검사 도구는 다음과 같다.

① **지능검사:** 지적기능의 기본지표 척도는 언어 이해 지표, 시공간 지표, 유동 추론 지표, 작업기억 지표, 처리속도 지표와 추가적인 임상적 활용을 위한 여러 소 검사와 처리점수 및 지표점수를 포함하여 인지기능을 파악할 수 있는 지능검사 도구를 <표 3-15>에 제시한다.

〈표 3-15〉 지능검사

지능검사	• 한국 웩슬러 아동지능검사(K-WISC-Ⅴ) • 국립 특수교육원 한국형 개인 지능검사 • 한국 카우프만 아동용 지능검사(K-ABC Ⅱ) • 한국판 그림 지능검사 • 한국 웩슬러 유아지능검사

② **적응행동검사:** 의사소통, 가정생활, 자조, 이동, 자기관리, 자기 지시, 여가 등의 적응 행동 영역에서 두 가지 이상의 영역에서 의미 있는 낮은 점수를 보인다. <표 3-16>에 적응행동검사 목록이 제시되었다.

〈표 3-16〉 적응행동검사

적응행동검사	• 사회성숙도 검사 • 한국판 적응행동검사 • 지역사회적응 검사 • 국립 특수교육원 적응행동검사

2) 지적장애 아동 판별

지적장애 아동을 올바로 판별하기 위해서는 형식적 · 비형식적 검사, 면접, 관찰 누가기록 등 다양한 기법을 통해 광범위한 정보의 수집이 필요하다. 정보수집 과정에서 지적기능, 학업성적, 사회적(생육력, 병력, 가정환경조사) 정서적 행동과 차원, 적응행동, 의학적 상태, 그리고 언어발달 등을 조사해야 한다.

지적장애 아동을 판별 대상 작업: ① 아동이 지적장애이냐 아니냐를 알아내는 일, ② 지적장애라면 어떤 유형이며, ③ 지적장애의 정도는 어떠하며, ④ 지적장애에 수반해서 일어나는 여러 기능의 결함, ⑤ 결함은 치료가 가능한 결함인지 또 가능하다면 그 방향은 어떻게 해야 할지 등 다섯 가지 측면을 고려하여야 한다.

(1) 판별 과정

지적장애의 정의에는 지적기능과 적응 행동 두 가지를 동시적으로 고려하도록 규정하고 있지만 아직도 지적기능에 초점을 두고 적응 행동 평가를 가볍게 여기는 경향이 있다. 정확하고 다양한 정보수집으로 지적장애 아동의 사정이 이루어져야 하며, 어떠한 경우에도 차별을 받아서는 안 된다. 이를 위한 절차는 다음과 같다.

첫째, 아동을 직접적으로 관찰하여 지적장애 가능성을 확인하여야 한다. 우선 의학적인 관점에서 관찰하여 또래 아동에 비추어 적절한 발달 기준에 도달하고 있는지와 지적장애와 연관된 특정 증후군을 가지고 있는지 확인하여야 한다. 다음은 교사와 부모의 관찰로 아동이 지적장애로 진단받지는 않았지만 또래 아동보다 학습에 어려움이 있는지, 학습된 기술을 일반화에 어려움이 있는지, 적응 행동에 더 많은 어려움이 있는지 확인하여야 한다.

둘째, 학교에 입학하기 이전 지적장애 가능성이 있는지를 알아보기 위해 의학적 전문가를 통해 다양한 발달 선별검사를 받는다. 일반적인 교실학습에 어려움이 있는지를 알아보기 위해 읽기, 이해, 수학적 추리 적용에 제한을 받는지 평가해 보거나, 집단지능검사나 집단성취도 검사를 통하여 읽기 능력을 알아본다. 또한, 시력 및 청력 선별검사를 통하여 시청각으로 인한 문제인지 확인한다.

셋째, 만일 아동이 이상의 테스트를 통하여 교과학습에 지속적인 문제를 보이거나 적응 행동에 문제가 있다고 판단되면 학교에서 평가팀을 구성하여 구체적인 종합진단평가를 의뢰하여야 한다.

(2) 교육적 평가

교육적 평가는 앞에서 제시한 진단을 위한 표준화 검사 이후에 실시하게 된다. 즉, 앞으로의 교육을 위하여 아동에 대한 더 구체적인 정보와 특성을 파악하고자 하는 것이다. 평가 결과는 앞으로 아동을 위한 개별화교육계획에 기초

자료로 사용하게 된다. 아동에 대한 정보는 규준지향검사와 교육과정 중심 평가 그리고 일화 기록 등 직접 관찰로 정보를 얻을 수 있다.

교육과정 중심 평가는 관점에 따라 공통으로 운영하는 교육과정이나 프로그램을 아동 개개인이 어느 정도 수준까지 성취하고 있는지를 알아보는 것이다. 따라서 교육과정 중심 평가는 준거 지향검사의 형태이며 여러 하위 영역별 목표에 어느 정도 도달하고 있는지를 평가하여 개인의 영역별 교육 목표를 설정하는 데 영향을 받는다. 평가는 자주 하고 그 결과를 도표화하기도 한다. 다른 방법으로는 아동의 일상생활 활동에 대한 일화 기록을 하여 목표에 대한 도달 정도를 알아볼 수 있는데, 대부분 직접 검사에 의한 관찰 결과로 이루어진다. 직접 검사의 방법은 질문에 말이나 글로 답하기, 모델링 하기, 올바른 답을 선택하기, 틀린 것 찾아내기 등으로 이루어진다. 때로는 과제수행과정에 대한 관찰 결과를 기술하여 성취 여부를 알아볼 수도 있다. 그리고 직접 관찰을 통해 아동이 일반적인 교실 상황에서 어떤 어려움을 겪거나 좌절의 경험이 있는지를 알아볼 수 있다.

(3) 적절한 교육적 배치

지금까지 알아본 사정 절차에 따라 지적장애로 판별되면 그에 적절한 특수교육과 관련 서비스가 제공되어야 한다. 특수학교나 특수학급에 배치한다는 의미가 아니라 아동의 지적 능력, 학습 수준, 사회성, 행동 문제, 가족의 의견을 반영하여 적합한 교육적 상황에 배치하여야 한다는 의미이다. 교육적 측면에서 사정은 지적장애라는 명칭을 붙이기 위해서가 아니라 그 아동에 적절한 특수교육과 관련 서비스를 제공하기 위해 실시한다. 이를 위해서는 교육과정을 중심으로 구체적인 평가가 이루어져야 하며, 아동이 주변 환경에 잘 적응할 수 있도록 하기 위한 행동 관찰 및 행동 분석이 뒤따라야 한다. 지적장애 아동에게 가장 적합한 학습환경을 어떻게 조성해 주어야 할 것인지를 고려하여야 하며, 특별한 사유가 없는 한 일반학교에 배치하여 공부할 수 있도록 배려하여야 한다. 아울러 현 교육상황에서 어떠한 방법으로 지원해 주어야 할 것인지에 대한 전략을 마련하여야 한다.

4. 지적장애 아동의 교육적 지원

지적장애 아동을 위한 교육의 목표는 지적 능력 향상, 적응능력 향상, 자립생활 향상, 사회참여 능력 향상이다. 대상 아동 개인의 특성에 따른 알맞은 학업 수행을 위해서 교육과정에 따른 교육적 배치, 교육방법상 선택의 다양성이 요구된다. 따라서 개인 및 집단에 대한 서비스의 다양성과 현존하는 서비스의 유효성이라는 측면을 고려하여 유연하게 교육적 조치를 할 수 있도록 올바른 지원이어야 한다. 아동의 개별화 요구에 접근하여 최소로 제한된 환경에 배치하여 통합적 교육을 지원해야 하며, 상황이 변하면 다른 환경으로 옮겨갈 수 있도록 배치에 융통성이 허용되어야 한다.

1) 연령단계에 따른 교육적 조치

(1) 학령전기

기본적인 신체 조절 및 의사소통을 통한 생활기술과 사회성 발달을 중점으로 이루어진다. 「장애인 등에 대한 특수교육법」에서 만 3세 미만의 장애 영아 교육은 무상으로 하며 유치원 교육은 의무교육을 받도록 규정하고 있다(「특수교육법」 제3조). 그리고 장애의 조기발견, 교원양성, 교육시설 · 설비의 확충 등 조기특수 교육에 필요한 시책을 강구하도록 규정하고 있다. 그러나 대부분의 경도 지적장애 유아는 일반 초등학교에 들어가 일정 기간의 교육을 받기 전까지 판별되지 않을 상태일 수 있다. 조기에 판별된 유아일지라도 일반 어린이집이나 장애 전문 어린이집, 일반유치원의 특수학급, 일반학교 병설 유치원의 특수학급에 배치되어 통합교육을 받을 경우도 있다. 이와 같이 다양한 유아교육

프로그램에서 서비스를 제공받게 되는데, 그 프로그램 중에는 특수교육과 관련이 없는 것도 있다. 연구 결과에 의하면 조기발견으로 인한 초기 교육적 조치는 경도 지적장애 아동의 후기 성장과 발달에 지대한 영향을 미칠 수 있다고 한다(Lemer et al., 2003). 조기 특수교육 프로그램에 등록된 아동의 초기 효과를 유지시키기 위해 실시한 사후 지도 평가에서 조기교육이 아동 발달에 보다 더 큰 효과가 있다는 증거이다.

(2) 학령기

학령기는 기본적인 학습능력을 습득하고 사회생활에 필요한 기술 습득을 중점으로 한다. 특수교육 대상자(유치원, 초등학교, 중등학교)는 의무교육을 하고 전공과 교육은 무상으로 하게 되어 있다(「특수교육법」 제3조). 경도 지적장애 아동을 위한 학교 교육 체제는 다양한 프로그램을 선택할 기회를 제공해준다. 가장 일반적인 교육 배치는 일반학급 배치, 몇 시간만 특수교육환경에서 보내는 학습 도움실(Resource Room) 서비스, 대부분 또는 전 시간 특수교육 서비스를 제공받는 독립된 특수학급, 그리고 특수학교 프로그램이 그것이다. 그리고 많은 장애 아동은 관련 서비스도 받을 수 있다. 현재의 경향은 장애 정도와 관계없이 지적장애 아동을 일반교육환경에 통합시켜 특수교육 서비스를 제공하는 경향이다. 좀 높은 기능을 가진 경도 지적장애 아동은 학습장애로 재분류되어 일반학급 또는 학습 도움실에 배치되어 교육받고 있는 경우도 많다(Lerner, 2003).

(3) 청소년기

청소년기는 자립 생활을 준비하고 진로 설정에 중점을 두어야 한다. 경도 지적장애 아동은 일반학급, 학습 도움실, 특수학급 등에 배치되어 교육받을 수 있으며, 중도나 최중도 지적장애 아동은 학습 도움실, 특수학급, 또는 특수학교에 배치되는 경우가 많다. 중증 · 중복장애 아동은 병원이나 가정에서 순회교육 서비스를 받는 경우도 있다. 초등학교 수준의 교육과는 달리 중등학교 프로그램은 기능적 교과교육보다는 학교 졸업 후의 사회적응을 위한 진로지도나 직업교육 중심의 전환 교육에 치중하는 경향이다. 전환(transition)이란 협의의 개념으로 일정한 조건이나 장소로부터 다른 조건이나 장소로 이행하는 과정을 의미한다. 전환 교육은 장애 아동이 학교 교육을 마치고 가능한 한 생산적이고 자립적인 성인 생활을 할 수 있도록 학령기 동안 필요한 교육 프로그램과 지원서비스를 제공하는 것을 의미한다(조인수, 2008). 모든 지적장애 아동이 학교를 졸업한 후에 일상생활과 사회에 성공적으로 적응하는 것은 아니다. 교육적인 차원에서 부가적 서비스가 요구되는 지적장애 아동에게 새로운 직업적 기술을 습득하여 자립 생활을 위한 지속적 훈련 및 재교육 지원이 필요하다.

지역사회에 생활하고 있는 지적장애 성인은 ①생계 유지, ② 성의 관리, 성생활, 결혼, ③ 여가 활용 등 일상생활의 주요 영역에 특히 문제가 있는 것으로 알려졌다. 지적장애인은 집을 구입 및 유지하고, 공적 승인을 받고 다른 사람들과 의미 있는 관계를 맺는 데 어려움이 많다. 지적장애 성인을 위한 교육의 목적은 지속적인 직업적 · 경제적 안정에 있다. 지적장애 성인의 직업적 재활 서비스에 첨가할 수 있는 재활상담원들은 그러한 서비스를 확대하여 직업 선택의 기회를 확충시키는 역할을 한다. 지적장애 성인을 위한 서비스와 훈련 기회는 지역사회의 많은 곳에 존재하나 선택의 폭이 좁고 오래 기다려야 한다. 지역사회 대학의 사회교육원에서 경도 지적장애 성인에게 직업 보장을 위한 여러 가지 혁신적인 프로그램을 개발할 수 있는데 아직 관심이 부족한 형편으로 더욱 많은 교육적 · 제도적 배려가 필요하다.

지적장애 정도에 따른 교육 조치 내용이 [그림 3-5]에 제시되었다.

[그림 3-5] 지적장애 정도에 따른 교육 조치

2) 교육과정

지적장애 아동에 대한 교육은 국가 수준의 교육과정으로 일반학급과 특수학급에서 통합교육을 받고 있으며 특수학교 및 순회교육을 하는 학교 등 학교 교육과정에서 편성 · 운영하여 공통적이고 일반적 기준에서 장애 아동을 대상으로 실천하고 있다.

지적장애 아동을 위한 교육과정의 구성은 아동특성과 요구에 따른 개별화 교육계획으로 적응능력의 신장에 주안점을 두어 실생활 적응에 도움을 주는 생활 중심의 교육으로 구성되어야 한다. 개인이 사회생활을 하고 생계를 유지하려는 생활 중심 교육과정(life-centered curriculum)이다. 직업교육의 잠재적 가능성을 충분히 발휘할 수 있는 생활 중심 교육과정으로 계획해야 한다.

예를 들면 어려운 수학 문제보다는 간단한 수학능력(물건을 세고, 분류 · 기록하기), 노동법에 대한 지식, 직업에 대한 정보, 작업실습, 위탁직업교육, 상사의 명령에 복종하고 지시에 따르는 것, 일을 마치고 정리하는 습관과 간단한 과학지식, 자기의 건강관리와 안전에 관한 지식 등이 더 필요하며, 여가선용 및 바람직한 상호작용으로 주변 사람들과 함께 생활하는 실제 생활 중심의 기술을 가르치는 교육이 되어야 할 것이다.

누구나 가진 자기 결정력을 가지고 어디서 살고, 어디서 일하고, 어떤 교육을 받고, 누구와 친구가 될지 등을 스스로 결정하는 것이 중요하다. 지적장애 학생도 일반인과 같이 자신의 삶을 개인적으로 조절할 줄 알아야 한다. 자기 결정력 기술을 학습하는 것은 그것 자체가 교육과정의 목표가 될 뿐만 아니라 다른 학습을 성취하도록 돕는 수단이 될 수 있다. 교사는 지적장애 학생에게 자기 결정력 기술을 가르치고 이러한 기술을 연습할 수 있는 학급 분위기를 만들어 주어야 한다(송준만 외, 2022; 추연구, 김은영, 2017).

(1) 통합학급 교육과정의 운영

교육과정의 운영에 있어 아동의 능력과 특성 및 학부모의 요구를 바탕으로 전문영역 협력에 따른 평가와 계획을 거쳐서 개별화교육계획(IEP)을 작성하여 지도하도록 한다. 운영 방법은 아동의 능력과 특성에 전문영역(다학문적, 간학문적, 초학문적) 형태로 다양하게 운영하도록 규정하고 있다. 순회교육 대상 아동에 대해서는 특수교사의 방문지도 학습과 과제학습으로 하고 있다. 아동평가는 아동의 능력과 특성을 고려한 개별화교육계획을 중심으로 평가하도록 하고 있으며, 이러한 평가는 아동의 목표 도달의 확인과 지도계획의 작성 자료로 활용하도록 규정하고 있다. 그리고 학교와 지역교육청은 특수학급 교육과정 편성과 운영실태를 정기적으로 파악하고 효율적인 교육과정의 운영과 개선 및 질 관리에 필요한 적절한 지도 조언과 행 · 재정적 지원을 하도록 하고 있다. 평가방법에 있어서 교육내용의 계획 및 진행과 정의 분석, 관찰, 일화 기록, 면담, 자기평가 등 다양한 방법으로 실시하도록 하고 있으며, 이 평가에 있어 표준화 검사에 의한 평가보다는 매 지도시간에서의 지도내용의 도입, 전개, 종결과정에서의 단계별 평가가 이루어지도록 하며, 평가 결과는 다음 시간을 위한 지도계획 작성의 자료로 활용하도록 하고 있다. 그리고 평가 결과의 기록은 아동 개인별 성취목표 달성 여부를 평가하는 목표 지향적 평가가 되도록 하고, 그 결과는 서술식으로 기술하도록 하고 있다.

(2) 개별화교육 프로그램

개별화교육 프로그램(IEP)은 각급의 학교에 장애가 있는 특수 교육대상자의 능력을 발전시키기 위하여 장애특성 및 장애유형에 맞는 교육 목표, 교육 내용, 교육방법, 특수교육과 관련한 서비스 등이 포함되어 있는 계획을 수립하여 실행하는 개인별 수준 교육이라고 할 수 있다. 아동의 장애 정도, 특성, 유형에 맞는 적절한 교육 관련 서비스를 포함한 계획을 구성하며 실시하는 교육인 것이다. 개별화교육 프로그램이 기본적으로 고려할 사항은 첫째, 선행 연구된 여러 관련 이론과 실천 사례를 참고하여 우리 실정에 적합한 개별화교육 프로그램을 구안해야 한다. 둘째, 특수교육법 등 관련 법규들에 근거하여 구안하도록 한다. 셋째, 학교 교육과정과 연계하여 지도할 수 있도록 구안한다. 넷째, 실제 수업시간에 활용될 수 있도록 교수 · 학습지도안을 통합된 형태로 개발한다. 다섯째, 장애유형별로 통합하여 적용할 수 있도록 한다. 여섯째, 현재의 교육여건을 감안하여 교사가 심리적 · 시간적으로 큰 부담을 느끼지 않는 범위에서 수립 · 실천하도록 한다. 일곱째, 가능한 한 현재 학교에서 사용하고 있는 제 양식들을 최대한 활용할 수 있도록 구안한다. 개별화교육 접근을 위한 프로그램의 내용은 〈표 3-17〉과 같다.

〈표 3-17〉 개별화교육 접근을 위한 프로그램 내용

구분	프로그램의 내용
접근방법	• 평가 사정에 기초한 교수 목표 • 교육과정에서 다양한 도입 지점 수립, 시작점 수준의 다양화 • 다양한 수준의 학습 속도 • 아동의 의사결정에 적극적 참여 지원 • 과제와 학습 수준의 기능으로 교수 배치의 다양성 • 준거 참고 검사의 시행 등으로 개별화교육계획으로 촉진하는 교육적 접근
목적	• 장애 아동 각 개인의 올바른 학습목표 설정 • 장애 아동 각 개인에게 제공할 서비스 명시

구분	프로그램의 내용
내용	• 장애 아동 각 개인의 현재 학업성취도 • 교육적 환경, 장소 • 연간 개별화교육 계획안 및 월별, 주별 수정 교육 계획안 • 평가 시 평가방법에 대한 설명 • 각 장애의 유형별 개인에게 제공되는 교육 관련 서비스 • 특수교육 관련 서비스의 시작 시점과 기간 • 14세 때 성인기로의 전환에 다른 필요한 서비스 설명
작성 시기	• 특수교육 관련 서비스가 시작되면 IEP 작성 • 주, 월, 년 매년마다 재검토, 재검토에 다른 학생의 요구도 조정 • 각 개인별 목표설정에 따른 성과 점검
구성원	• 부모, 장애 반 교사, 일반학급 교사 • 학생의 평가 결과를 해설해 줄 전문가 • 성인기 전환 본인 참석

출처: 이미선 외 (2023). 특수아동교육.

(3) 교육과정 운영

일반학급에서 성공적인 통합으로 경도의 지적장애 아동을 위한 교육과정의 절차는 다음과 같이 일반형, 수정형, 대안형의 세 가지로 [그림 3-6]과 같다.

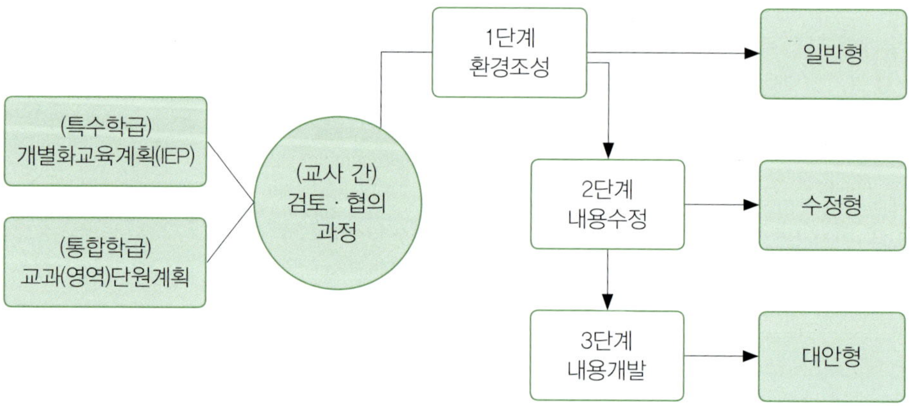

[그림 3-6] 교육과정 유형의 결정 절차 및 단계

출처: 권순우 외(2023). 특수교육학개론 2판. 창지사.

3) 교육방법

지적장애 아동에게 사용할 수 있는 다양한 교육방법이 있으며, 교사는 교수학습 변인(능력, 과제, 책략 변인)에 따라 다양한 방법을 활용해야 한다.

(1) 또래교수법

또래교수(Peer tutoring)는 최근 지적장애 아동의 교육 분야에서 가장 광범위하게 활용되고 있는 중재법의 한 가지로서, 그 결과에 대한 긍정적인 효과가 주목을 받고 있다. 또래교수에 관한 많은 문헌과 연구 결과를 검토해 보면 학습수행능력을 개선시키는 데 강력한 도구가 될 수 있다는 것을 알 수 있다(Topping & Ehly, 1998). 예컨대, 통합학급에서 지적장애 아동을 가르치기 위해 지도력이 있는 우수한 아동을 짝지어 주고, 그 짝으로부터 보충설명과 피드백을 받도록 하는 방법이다. King-Sears와 Cummings(1996)는 또래교수의 이점을 다음과 같이 제시하고 있다. ① 주어진 과제에 반응하고 연습할 기회를 증가시킨다. ② 아동들이 학습과제에 참석하는 시간을 증가한다. ③ 자신의 학업성취에 대한 피드백을 수시로 받을 수 있다. ④ 과제이탈 및 과잉행동 등의 문제가 감소한다. ⑤ 아동들이 기초 학습기술을 용이하게 습득시킬 수 있다. ⑥ 아동들이 정착한 반응이 증가한다.

① 또래교수 프로그램의 유형

또래교수 프로그램은 주의 깊게 계획되고 체계적으로 실시하면 큰 교육 효과를 거둘 수 있는 교수 방법이다. 또래교수는 연령에 따라 '혼합연령 교수(cross-age tutoring)'와 '동일연령 교수(same-age tutoring)'로 나눌 수 있다.

- **혼합연령 또래교수:** 나이 많은 아동이 나이 어린 아동이나 기능적으로 낮은 수준의 지적장애 아동을 위해 교사로 역할을 한다. 이때 지적장애 아동은 교사로부터 더 많은 것을 배울 수 있는 한편, 교사 아동은 장래 직업으로 교육 분야, 아동 보육 분야를 경험할 수 있으므로 직접 혹은 간접적인

도움이 될 수 있다.

- **동일연령 또래교수:** 동일연령의 아동 교사가 또래 아동을 가르치는 경우로서 특수학교나 특수학급 또는 통합학급에서 다양하게 활용할 수 있다. 동일연령 또래교수의 경우, 특정 영역에 좀 더 높은 기술을 익힌 아동이 수준이 낮은 아동을 가르칠 수 있다.

또래교수 프로그램의 계획과 수행에 관한 절차는 다음과 같다.

첫째, 동료 교수의 가치를 부여한다.

둘째, 동료 교수의 절차를 소개한다.

셋째, 성공적인 동료 교수에 필요한 의사소통 기술과 교수단계를 시범 보여야 한다.

넷째, 특수교육을 필요로 하는 아동의 진전과정을 반드시 기록한다.

다섯째, 동료 교수 학습프로그램의 성과에 관한 토론을 한다.

여섯째, 동료 교사를 위한 보상체제를 마련한다.

(2) 협력학습

협력학습(cooperative learning)전략은 다양한 학습자들의 통합교육을 촉진하는 교수-학습방법으로, 지금까지 학교학습에서 광범하게 권장되었다. 협력학습은 일련의 아동이 공통된 목적을 달성하기 위해 함께 학습하는 방법으로서 상호협력과 책임이 전체 집단 구성원들에게 요구된다(Meese, 1994). 교사는 집단의 다양한 구성원에게 다양한 책임을 부여하거나 아동이 특정 역할을 하도록 요구할 수 있다(기록자, 보고자, 조사자, 격려하는 사람). 집단수업에서 아동이 또래와 상호작용하는 방법을 배우고, 또래로부터 배우므로 교사의 노력에서 경제적이기 때문에 일대일 수업보다 더 많은 장점이 있다. 협력학습을 통해 학습자의 학업성취 수준이 크게 증진되었고, 학습과제에 대한 학습자의 태도가 많이 개선되었다는 연구가 축적되어 있다(Slavin & Karweit, 1991). 협력학습에서 아동은 소집단에 배정되고 전체적으로 집단 활동에서 협력적으로 활동을 하게 된다. 협력학습 프로그램은 다양한 방법으로 구성되어 사용될 수 있다. Johnson(1991)은 협력학습 프로그램을 시행할 때 중요한 5가지 사항들을 다음 〈표 3-18〉과 같이 제시하고 있다.

〈표 3-18〉 협력 학습의 5가지 주요 전략

- 학습할 주제를 명확하게 기록한다.
- 학습을 시작하기 전에 학습집단에 배정될 인원수를 결정한다.
- 아동들에게 과제와 긍정적인 상호의존성, 그리고 학습활동에 관해 정확하게 설명한다.
- 교사는 집단의 협력학습 효과를 관리하고, 질문에 대답하고, 과제를 수행하는 기술을 가르치는 등의 과제수행 절차를 제시해 주거나 아동들의 대인관계 및 집단활동 기술을 증가시키기 위한 중재를 한다.
- 아동들의 성취도를 평가하고, 아동들이 각자 서로 어떻게 협력을 잘 했는지 토론하도록 조력한다.

① 협력학습의 유형

협력학습 활동은 다양한 방법과 과제 유형에 적용될 수 있다. 협력학습의 집단배열과 활동에 관해 몇 가지 유형을 제시하면 다음과 같다. 학생집단 성취모형, 토너먼트식 학습, 집단보조개별학습, 과제분담학습 등이다.

그리고 교사가 협력학습 집단 활동을 시작할 때 유용한 몇 가지 사항을 제시하면 다음과 같다(Johnson et al., 1991).

첫째, 3~5분 정도 옆에 있는 친구와 단원에 대해 질문하고 확인하고 토의하도록 한다.

둘째, 자료를 읽고 질문에 답하는 대표자, 기록자, 점검자의 역할을 3명의 아동에게 부여한다.

셋째, 아동들이 숙제를 점검하고 어떤 질문에 대해 서로 다른 대답들이 나오도록 토의하고 문제를 해결하는 데 알맞은 소집단을 구성하도록 한다.

넷째, 아동들이 집단 활동에서 각자 다른 종이에 학습한 내용을 고치고 비판하도록 하고, 고친 내용에 대해 다시 정정하도록 한다.

다섯째, 아동들이 특정한 시험을 준비할 때 소집단으로 하도록 한다.

② 지적장애 아동을 위한 협력학습

일반아동은 집단점수나 집단 보상이 주어지는 협력학습 활동에서 지적장애 아동과의 통합은 때로는 자신이 집단이 성공할 수 있는 기회에 지적장애 아동이 걸림돌이 된다고 걱정한다. 이런 경우 구성원들의 기준을 서로 다른 차이가 있는 아동들로 집단을 만들거나 아동 수만큼 자료를 준비하여 아동들이 각자 나름대로 학습과제를 달성하도록 할 수 있다. 예를 들면, 한 집단에서 글쓰기 활동을 한다면, 지적장애 아동은 그 글자들의 목록 중에서 좀 더 쉬운 단어만을 학습하도록 과제를 제한해서 부과해 줄 수 있다. 이때 학습활동에 대한 평가는, 지적장애 아동이 그 활동을 통해 얼마나 많은 단어를 학습했느냐보다는 그 활동을 하기 전과 비교해서 협력학습 후에 얼마나 개선되었는가를 고려한 평가를 할 수 있다.

협력학습 활동에 지적장애 아동을 통합시키기 위해서는 준비가 필요하다. 사전 준비가 이루어지지 않으면 원만한 협력학습 효과를 거두기가 어려울 수도 있다. 이에 '지적장애 아동의 준비'와 '일반아동의 준비'에 대해 언급하고자 한다.

③ 지적장애 아동의 준비

협력학습은 아동들이 집단에 도움을 주기도 하지만, 지적장애 아동이 또래로부터 추가적인 관심과 도움을 받을 수 있기에 통합교육을 위한 중요한 전략으로 자주 거론되었다(Scruggs & Mastropieri, 1994). 그러나 일반아동이 협력학습 집단의 구성원으로 지적장애 아동이 들어오는 것에 대해 싫어하거나 회피하는 경우가 있다. 그러한 경우에는 교사의 주의 깊은 설명이 중요한데, 교사가 사전에 일반아동에게 협력학습의 절차와 역할을 설명해 주면 일반아동은 이해하고 활동하게 된다. 협력학습 활동을 시작하기 전에 역할 놀이를 통해 아동이 가정된 자신의 역할 수행을 해 봄으로써 협력학습 활동에 도움이 될 수 있다. 이때 아동들이 집단 상황에서 맡게 되는 역할은 그들의 현재 기술적 수준에 적합해야 한다. 예를 들면, 지적장애 아동이 그 학년의 수준에 맞게 읽기를 잘 하지 못한다면, 그 아동은 협력 학습한 활동의 내용을 요약해서 이야기하도록 하거나, 다른 친구들이 보고한 내용이 무엇이었는지를 다시 이야기하도록 하는 역할을 부여할 수도 있다. 만일 지적장애 아동이 집단에서 기능하는데 중요한 특정 사회적 기술이나 학습기술이 부족하다면, 그 아동을 집단에 배정하기 전 특수교사가 그러한 기술들의 부분을 가르칠 수도 있다.

④ 일반아동의 준비

교실에서 또래들은 통합교육 장면에서 지적장애 아동이나 다른 장애 영역 아동의 통합을 완전하게 하는 역할을 한다. 이때 일반아동은 지적장애 아동이나 다른 장애 영역의 아동과 어떻게 적절히 상호작용 해야 하는지를 배워야 하고, 학습할 때 나타나는 개인의 차이를 어떻게 받아들일 것인가에 대해서도 배워야 한다.

(3) 협동교수법

협동교수법(co-teaching)은 종래의 팀티칭과 유사한 교수형태로서, 통합된 장애아동의 학습과 사회적 기술의 증강을 돕기 위한 교수형태이다. 이 같은 교수모형은 협동하는 형태에 따라 여러 유형으로 나눌 수 있다.

- 협동교수 모형: 전형적인 모형으로서 특수교사가 일반교사와 함께 교수하는 형태
- 공동 교수: 특수교사가 일반학급의 한쪽에서 소집단의 특수교육 대상 아동들을 가르치는 형태로 완전통합학급에서 흔히 활용하는 방법
- 교수자문 모형: 특수교사는 일반교사가 통합학급의 모든 아동을 가르칠 수 있도록 조력을 제공하는 형태

- 팀티칭 모형: 특수교사와 2~3명의 일반교사가 협동팀을 형성하고 통합학급의 모든 아동에 대해 공동책임을 지는 형태
- 교사모형: 일반학급에 통합된 장애 아동을 맡고 있는 특수교사가 일반교사와 함께 직접교수를 제공하고, 시범을 보이고, 자문을 하는 형태
- 복수자격증 교사: 특수교사와 일반교사 자격증을 모두 갖추고 있는 교사가 통합학급 전 아동을 가르치는 형태

(4) 예술 활동을 통한 교육

음악, 춤, 그림 그리기 등은 아동의 감정과 생각을 표현하는 수단을 제공한다. 지적장애 아동을 위해 이것들은 의사소통과 함께 할 수 있는 강력한 수단을 제공한다. 예술은 교사에게도 소중한 교수 재료이다. 일부 아동은 말로 설명하는 것보다 그림이나 사진으로 보여 주면 훨씬 더 잘 이해할 수 있다. 예술을 통해서 아동은 자기 결정을 실천하고 경험할 수 있다. 학습에 제한을 지닌 지적장애 아동은 여러 예술 활동을 통해서 자기 나름대로 자기 계발의 특별한 기회를 찾을지도 모른다.

연극은 장애 아동이 일반아동과 상호작용을 할 수 있는 또 다른 강력한 기회를 제공한다. 지적장애 아동이 상징적인 역할을 할 수 있는 능력을 지니고 있으며, 연극은 집단 활동에 참여하는 데 내포된 위험을 배제할 수 있다(Miller et al., 1993). 가상을 통해, 아동은 공부에서 자아의식을 촉진시킬 수 있고, 실수에 대한 두려움을 제거할 수 있으며, 가상의 역할에 자신을 몰입시킬 수가 있음을 밝혔다. 역할 놀이는 새로운 개념을 표현하는 데 자주 사용되는 기술이고 지적장애 아동으로 하여금 새로운 시도를 해 보고 새로운 기술을 완성시키도록 해 준다. 성공적인 역할 놀이를 가능하게 해 주는 아동의 능력은 다른 연극이나 가상 상황에 적용될 수 있고 모든 아동이 함께 웃고 통합된 지역사회 삶을 위한 토대를 제공하는 관계망을 만들 수 있다(Crane, 2002).

5. 지적장애 아동 교육의 이슈

진정한 통합교육의 실현, 다양한 교수 방법의 실천, 전환 교육의 실천, 자기 결정과 자기 권리 주장, 통합적 진로교육 등을 중심으로 살펴본다.

1) 진정한 통합교육의 실현

통합교육이라는 용어는 일찍이 Integration이라는 말을 사용한 이래 Normalization 혹은 Mainstreaming 또는 Least Restrictive Environment라는 용어를 사용해 왔으나 1990년대에 와서는 가능한 한 중증장애 아동도 일반학교에 통합시키고자 하는 적극적 의미로 REI(Regular Education Initiative)가 사용되었다. 최근에는 완전 통합 교육(Full Inclusion)이라는 용어가 주로 사용되고 있다.

진정한 통합교육 실천은 지적장애 아동이 일반학교에서 일반아동들 함께 교육을 받고, 사회 구성원으로서 살아갈 수 있는 능력을 키울 수 있도록 하는 교육이다. ① 통합교육의 철학적 이념을 구현, ② 분리교육 대 통합교육의 대립에 대한 적절한 타협과 조치, ③ 지역사회 실질적 통합을 위한 실천조치 강구, ④ 통합교육 내실화를 위한 과제 실천(조인수, 2005) 등의 특단의 노력이 필요하다.

특히, 통합교육의 내실화를 위한 과제로는 ① 지적장애인의 독특한 요구 이해와 진정한 통합의 필요성 인식, ② 법적 · 제도적 뒷받침과 실천 의지, ③ 특수교육 서비스 체계의 개선과 확립, ④ 일반학급 규모의 적정화, ⑤ 특수학교의 역할 변화에 대한 대비, ⑥ 교육과정과 프로그램의 다원화, ⑦ 특수학급 운영의 내실화와 전환 교육 강화, ⑧ 통합교육환경 구축을 위한 시설 · 설비 확충, ⑨ 부모-전문가의 협력 등을 들 수 있다.

2) 다양한 교수 방법의 실천

앞서 교육방법에서 또래 지도, 협력학습 등을 언급하였지만 교수학습의 재구조화에 따른 능력, 과제의 단위, 난이도, 분량을 수정 및 개인 맞춤식을 통해 성취감을 얻는 다양한 교수전략이 아동의 특성에 따라 제공되어야 한다. 특히, 특수교육공학적 접근으로 컴퓨터 보조수업, 초학문적 실천, 직접 교수 기법, 적응 교수, 예능을 통한 교육, 다중접근법을 이용한 새로운 아이디어를 창출하여 아동의 학업성취에 대한 교사 자신의 노력 결과를 평가해야 한다.

3) 전환 교육의 실천

지적장애 아동의 결과 중심 전환 교육 없이는 교육의 극대화를 기대할 수 없다. 전환 교육은 지적장애 아동의 실질적인 사회통합을 의미하여 종합적인 전환서비스를 제공해 줄 수 있는 총체적인 진로교육 체제로 간주된다.

효율적인 전환 교육 실천을 위해서는 먼저 개별전환 교육계획(ITP)이 수립되어 지원 중심의 훈련, 배치 등 연속적 서비스 활동들이 고용, 이동, 자기 결정, 사회적 기술 영역과 내용에 맞게 추진되어야 한다.

올바른 전환 교육 실천을 위해서는 ① 학제적 접근으로 초학문적 지원 체제의 팀 협력방식이 필요하고 ② 기관 간 협력을 통한 서비스 전달 간의 간 학문적 협력 인적 전문가들의 협력, ③ 기관 간 협력 정보의 공유, ④ 자료수집 및 평가의 협력 등이 매우 중요하다. 전환 교육의 실천적 과제는 ① 전환 교육의 이념 증진, ② 전문인력 구축, ③ 생활기능 중심 교육과정의 개발, ④ 학교와 관련 기관 및 전문가의 협력 구축, ⑤ 장애 아동 부모와 아동의 적극적인 참여, ⑥ 진단평가를 포함한 전환 교육계획 훈련, 배치 및 사후서비스에 이르기까지 결과 중심의 과정적 구조화, ⑦ 전환 교육 중도 탈락자에 대한 대안 교육서비스 제공대책 등이 필요하다.

4) 자기 결정과 자기권리 주장

자기 결점 문제는 지적장애인 결과 중심 교육의 핵심과제이자 자기 주도적인 질적 삶의 핵심요소이다. 최근 들어 지적장애인의 자기 결정기술 함양을 위한 교수방략들이(조인수 외, 2008) 소개되고 있다. 지적장애인에게도 의도적이고 체계화된 방략을 제공하면 자기 결정능력(자율성, 자기 규칙, 심리적 역량, 자아실현)을 함양할 수 있다. 최근 들어 지적장애인에게 자기권리 주장(Self-advocacy) 능력을 배양하자는 운동이 이슈화되고 있다. 이들의 질적인 삶을 배가하고 자신이 주체가 되어 스스로 의사를 결정하고 권리를 주장 획득할 수 있게 하는 교육을 실천할 수 있게 하자는 운동이 전 세계적으로 확산되고 있다. 우리나라에서는 '더불어 사는 국민'이라는 단체 명칭으로 자기권리 주장 운동이 활발히 전개되고 있다.

5) 통합적 진로교육

통합적 진로교육은 ① 직업지도와 준비, ② 개인 사회적 기술, ③ 일생생활기술 등 지역사회 생활 적응을 위한 실질적 '사회적 적응기술'을 배양하는 것이 지적장애아 교육의 핵심적 과제라고 해도 과언이 아니다.

사회적 기술은 개념적, 사회적, 실천적 기술 16개 하위 영역 과제들의 습득이 지적장애인의 결과 중심의 전환 교육 목표이기도 하다. 통합적 진로교육의 핵심요소는 중도 지적장애인을 위한 독립 생활기술 교수와 교육과정의 구조화가 체계적으로 이루어져야 하고 지역사회 중심교수를 통한 지적장애 아동의 적응 행동기술 향상을 꾸준히 시스템화해야 한다.

학습문제

1. 지적장애의 정의를 설명하시오.
2. 지적장애의 특성을 설명하시오.
3. 지적장애 아동을 위한 교육방법을 설명하시오.

제4장

학습장애

일반적으로 교육현장에서 출현할 수 있는 학습에 어려움을 겪는 집단은 크게 세 집단으로 분류할 수 있다. 첫째, 인지발달은 정상이지만 아동 개개인이 가진 다양한 문제(예: 게임중독, 심리적 장애, 가정환경의 문제, 교우관계 갈등 등)로 인해 학습성취도가 낮은 집단은 학습부진아이다. 둘째, 다소 낮은 지적기능과 그로 인한 정보처리문제를 보이는 집단으로 학습지진아로 명명할 수 있다. 셋째, 지적기능에 결함이 없고, 다른 장애가 있거나 환경적 문제가 없음에도 불구하고 낮은 학업성취를 보이는 경우로, 바로 학습장애아이다.

학습장애는 아동의 학습능력이 기대수준에 미치지 못하여 학업이나 일상생활에 어려움을 겪는 상황을 의미한다. 보편적으로 아동의 나이와 학교 교육, 개인의 지능지수를 고려했을 때 읽기나 쓰기, 산수 등의 학습적 능력이 기대수준에 미치지 못하여 학업이나 일상생활에 장애를 나타내는 경우, 즉 아동이 평균적인 지능을 지니고 있으면서도 특정 학습기술인 읽기, 쓰기, 셈하기 기술의 학습에 심각한 문제를 보이는 것이라 할 수 있다.

우리가 알고 있는 위인 중 조각가 로댕이나 미술가 레오나르도 다빈치, 정치가 윌슨 대통령, 발명왕 에디슨, 상대성 이론으로 유명한 아인슈타인 등이 학습장애가 있는 것으로 소개할 수 있다. 이들이 보였던 주된 어려움과 문제는 읽기와 쓰기 및 계산하기의 어려움과 그로 인해 학교생활과 대인관계에서의 어려움이었다. 학습장애아는 과거에도 존재해 왔고 오늘날에도 계속 출현하고 있다. 특수교육연차보고서에 따르면 2023년 전체 특수교육대상자 109,703명 중에서 학습장애로 진단받은 대상자는 1,037명(009%)으로 제시되었다. 앞으로도 계속 학습장애를 가진 특수교육대상자는 출현할 것으로 예상되므로 학습장애에 대한 구체적인 이해가 필요하다.

학습장애의 역사적 배경을 살펴보면 1800년대 유럽에서 시작하여 지속적으로 학습장애 관련 특성이 소개되면서 연구되기 시작하였다. 1900년대에 들어와서는 지각이나 주의집중능력을 결함을 보이는 뇌손상 성인과 읽기 및 언어 결함을 보이는 아동을 대상으로 연구가 활발히 이루어졌다. 이 당시 학습장애를 나타내기 위하여 사용된 용어는 90개가 넘었는데, 그중 가장 많이 사용된 용어는 미세 뇌기능 이상(minimal brain dyfunction: MBD), 뇌손상 언어지체, 중앙정보처리기능 이상 등이다. 1960년대 Samuel Kirk(1962)가 학습장애라고 명명함으로 학습장애라는 용어가 사용되었다.

학습장애 아동은 지적기능에 큰 문제가 없으므로 읽기나 쓰기 같은 일부 학습영역에서 어려움을 보이더라도 시간이 지나면 개선될 것이라고 생각하여 중재의 적절한 시기를 지나쳐 버리는 경우가 많다. 결국 학교 입학 이후에 학습문제가 본격적으로 나타나게 되면서 학습에서의 누적된 실패경험과 또래관계에서의 문제 등으로 학교부적응이 심각해질 수 있다. 그러므로 학습장애를 조기에 발견하여 적절한 중재를 실시하는 것이 학습장애 아동의 학교부적응을 예방하는 데 도움이 될 것이다.

이 장에서는 학습장애 아동의 이해와 지도를 위해서 학습장애의 정의 및 원인, 학습장애의 특성, 학습장애 진단 및 판별, 학습장애 교육전략을 중심으로 살펴본다.

1. 학습장애의 정의 및 원인

학습장애는 다양한 특성에 의한 이질적인 집단이므로 명확하고 널리 수용될 수 있는 정의를 제시하기가 쉽지 않는 실정이다(변찬석, 2011). 본 절에서는 학습장애의 정의와 관련하여 가장 많이 언급되고 있는 미국의 「장애인 교육법」(IDEA, 2004)과 학습장애공동협회(National Joint Committee on Learnig Disabilities: NJCLD), 정신장애 진단 및 통계 편람(Diagnostic Statistical of Mental Disorder-5th edition: DSM-5), 한국의 「장애인 등에 대한 특수교육법」의 학습장애 정의 등을 제시하기로 한다.

1) 학습장애의 정의

- 일반적 규정: 특정학습장애(Specific learning disabilities)라는 용어는 언어, 즉 구어나 문어로 표현된 언어를 이해하거나 사용하는 것과 관련된 한 가지 혹은 그 이상의 기본적인 심리적 과정에서의 장애를 의미하는 것으로, 듣기, 생각하기, 말하기, 읽기, 철자 쓰기 혹은 수학 계산 등에서 불완전한 능력으로 나타날 수 있다.
- 포함된 장애: 특정학습장애는 지각장애, 뇌손상, 미세 뇌기능 이상, 난독증, 발달적 실어증 등과 같은 상태를 포함한다.
- 포함되지 않는 장애: 특정학습장애는 시각장애, 청각장애, 운동장애, 정신지체, 정서장애 또는 환경적 문화적 경제적 불이익으로 초래된 결과가 일차적으로 작용함으로써 발생된 학습상의 문제는 포함하지 않는다(Individuals with Disabilities Education Improvement Act: IDEA, 2004).

(1) 미국 장애인교육법(IDEA)의 정의

미국의 장애인교육법(IDEA)에서는 학습장애 아동은 학업 수행에 있어서 영역 간 불균형한 성취를 보이는데, 특정영역의 결함을 보이는 아동을 지칭하기 위해 특정학습장애(Specific learning disabilities)로 명명한다.

(2) 미국 학습장애공동협의회의 학습장애 정의

미국의 학습장애공동협의회(NJCLD)의 정의는 다음과 같다.

> 학습장애는 듣기, 말하기, 읽기, 쓰기, 추론하기나 수학 능력을 획득하고 사용함에 있어 상당한 어려움을 나타내는 이질적인 장애 집단을 일컫는 일반적인 용어다. 이러한 장애은 개인 내적으로 발생하며, 중추신경계 기능 이상에 따른 것으로 추정되고 있고, 전 생애에 걸쳐 나타날 수 있다. 자기조절 행동, 사회적 지각이나 사회적 상호작용에서의 문제들이 학습장애와 함께 나타날 수 있지만, 이러한 문제만으로는 학습장애로 판별되지 않는다. 학습장애가 다른 장애(예: 감각장애, 지적장애, 심각한 정서장애)나 외부적인 영향(예: 문화적 차이, 불충분하거나 부적절한 교수)과 함께 발생할 수 있지만, 이러한 장애나 영향의 직접적인 결과로 발생하는 것은 아니다(National Joint Committee on Leaning Disabilities, 1989. p. 1: NJCLD).

미국 학습장애공동협의회(NJCLD)에서는 학습장애를 이질적 장애 집단으로 제시하면서 중추신경계 이상으로 원인을 제시하고 있는 반면 앞서 제시한 미국 장애인교육법(IDEA)에서는 학습장애의 원인을 기본적인 심리과정에서의 장애로 인한 결과로 제시한다.

(3) DSM-5(정신장애의 진단 및 통계편람-5)의 학습장애 정의

정신장애의 진단 및 통계편람(DSM-5)에서는 학습장애를 특수학습장애(Specific Learning Disabilities)로 명명하며 정상 수준의 지능을 가지고 있지만 학습과 학업 기술에서의 어려움을 보이는 상태로 제시하고 있다. 읽기, 쓰기, 산술 영역 중 1가지 이상의 영역에서 6개월 이상 어려움을 보일 때 진단을 내릴 수 있다. 구체적인 진단기준은 다음과 같다.

A. 학습기술을 배우고 사용하는 데 있어서의 어려움, 이러한 어려움에 대한 적절한 개입을 제공하는데도 불구하고 아래에 열거된 증상 중 적어도 한기 이상이 최소 6개월 이상 지속된다.

1. 부정확하거나 느리고 힘겨운 단어 읽기(예: 단어를 부정확게 말하거나, 느리게 말하며 더듬더듬 소리 내어 읽기, 자주 추측하며 읽기, 단어를 소리 내어 읽는 데 어려워함.)
2. 읽은 것의 의미를 이해하기 어려움(예: 본문을 정확하게 읽을 수 있으나 읽은 내용의 순서, 관계, 추론 또는 깊은 의미를 이해하지 못함)
3. 맞춤법의 어려움(예: 자음이나 모음을 추가하거나 생략 또는 대치하기도 함)
4. 쓰기의 어려움(예: 한 문장 안에서 다양한 문법적, 구두점 오류, 문단 구성이 엉성함. 생각을 글로 표현하는 데 있어 명료성이 부족함)
5. 수 감각, 단순 연산값, 또는 연산 절차의 어려움(예: 숫자의 의미, 수의 크기나 관계에 대한 빈약하니 이해, 한 자릿수 덧셈을 할 때 또래들처럼 단순 연산값에 대한 기억을 이용하지 않고 손가락을 사용함. 연산을 하다가 진행이 안 되거나 연산 과정을 바꿔 버리기도 함)
6. 수학적 추론의 어려움(예: 양적 문제를 풀기 위해 수학적 개념, 암기된 연산 값 또는 수식을 적용하는 데 심각한 어려움이 있음)

B. 보유한 학습기술이 개별적으로 실시한 표준화된 성취도 검사와 종합적인 임상 평가를 통해 생활연령에 기대되는 수준보다 현저하게 양적으로 낮으며, 학업적, 직업적 수행이나 일상생활의 활동을 현저하게 방해한다는 것이 확인되어야 한다. 17세 이상인 경우 학습의 어려움에 대한 과거 병력이 표준화된 평가를 대신 할 수 있다.

C. 학습의 어려움은 학령기에 시작되나 해당 학습기술을 요구하는 정도가 개인의 능력을 넘어서는 시기가 되어야 분명히 드러날 수도 있다(예: 주어진 시간 안에 시험 풀기, 길고 복잡한 보고서를 촉박한 마감 기한 내에 읽고 쓰기, 과중한 학업 부담)

D. 학습의 어려움은 학령기에 지적장애, 교정되지 않은 시력이나 청력 문제, 다른 정신적 또는 신경학적 장애, 심리 사회적 역경, 교수에 사용되는 해당 언어에 능숙하지 못한 경우, 불충분한 교육지도 등으로 더 잘 설명되지 않는다.

주의점: 네 가지의 진단 항목은 개인의 과거력(발달력, 의학적 병력, 가족력, 교육력), 학교의 보고와 심리 교육적 평가 결과를 임상적으로 통합하여 판단한다.

부호화 시 주의점: 손상된 모든 학업 영역과 보조 기술에 대해 세부화할 것, 한 가지 이상의 영역에 손상이 있는 경우 다음의 세부진단에 따라 개별적으로 부호화할 것.

출처: 아동 청소년 정신병리학 제3판(2017), E. J. Mash et al., 시그마프레스.

(4) 한국의 학습장애 정의

한국의 학습장애 정의는 「장애인 등에 대한 특수교육법」의 정의와 한국특수교육학회 정의 두 가지로 제시하고자 한다. 먼저 「장애인 등에 대한 특수교육법」에서 제시하는 학습장애의 정의는 아래와 같다.

> 개인의 내적 요인으로 인하여 듣기, 말하기, 주의집중, 지각, 기억, 문제해결 등의 학습기능이나 읽기, 쓰기, 수학 등 학업성취 영역에서의 현저하게 어려움이 있는 사람(「장애인 등에 대한 특수교육법 시행령」 제10조 특수교육대상자 선정기준, 2020)

다음은 한국특수교육학회(2008)에서 제시하는 학습장애 정의이다.

> 학습장애란 개인 내적 원인으로 인하여 일생 동안 발달적 학습(듣기, 말하기, 주의집중, 지각, 기억, 문제해결 등)이나 학업적 학습(읽기, 쓰기, 수학 등) 영역들 중 하나 이상에서 심각한 어려움을 겪는 것을 말한다. 이 장애는 다른 장애조건(감각장애, 정신지체, 정서장애 등)이나 환경실조(문화적 요인, 경제적 요인, 교수적 요인 등)와 함께 나타날 수 있으나 이러한 조건이 직접적인 원인이 되어 나타난 것은 아니다(한국 특수교육학회, 2008).

지금까지 다양한 학습장애의 정의를 살펴보았다. 대부분의 학습장애 정의에서 공통적으로 포함되는 주요 구성 요소로는 학습장애의 원인은 내적 원인이라는 것(기본적 심리과정에서의 장애, 중추신경계 결함 등), 학습장애가 이질적 집단이며 학습의 실패, 심리적 과정상의 결손, 학습에서의 기대치와 성취도의 불일치, 다른 장애 및 환경적 결핍의 직접적인 결과가 아니라는 배제요소 등이 있다(김애화, 김의정, 김자경, 최승숙, 2012; 도명애 외, 2021).

2) 학습장애의 분류

학습장애의 분류는 다양하게 제시할 수 있는데, 본 장에서는 한국특수교육학회에서 제시하는 분류체계를 제시한다. 학습장애의 발현 시점에 따라 발달적 학습장애와 학업적 학습장애로 구분하며, 손상 영역에 따라 언어성 학습장애와 비언어성 학습장애로 구분한다.

발달적 학습장애는 학령전 아동 중에서 학습과 관련된 기본적 심리과정에 현저한 어려움을 보이는 경우이며, 구어장애, 주의집중장애, 지각장애, 기억장애, 사고장애로 분류한다. 학업적 학습장애는 학령기 이후 학업과 관련된 영역에서 현저한 어려움을 보이는 경우로 읽기장애, 쓰기장애, 수학장애로 분류한다.

언어성 학습장애는 뇌의 좌반구가 가진 문제로 말미암아 언어능력에 현저한 어려움을 보이는 경우이다. 주로 말하기, 듣기, 읽기, 쓰기 등의 언어영역 중 한 가지 이상에서 현저한 문제를 보이게 되면서 학습의 곤란함을 나타낸다. 비언어성 학습장애는 뇌의 우반구 문제로 인해 비언어적 영역인 운동기능, 공간지각 및 조직화, 사회적 기술, 감각 기능 등에 어려움을 나타낸다. 하지만 언어능력에는 강점을 보인다.

(1) 학습장애 발현 시점(한국특수교육학회, 2008)

① 발달적 학습장애

학령전기 아동 중 학습과 관련된 기본적 심리과정에 현저한 어려움을 보이는 아동으로 구어장애, 주의집중장애, 지각장애, 기억장애, 사고장애로 구분된다.

② 학업적 학습장애

학령기 이후 학업과 관련된 영역에서 현저한 어려움을 보이는 장애로 읽기장애, 쓰기장애, 수학장애로 구분된다.

③ 언어성 비언어적 학습장애

언어성 학습장애(Verbal Learning Disabilities)는 언어영역, 말하기, 듣기, 읽

기, 쓰기 영역의 한 가지 이상의 문제가 있어 학습에 결함을 보이는 것을 말하며, 비언어성 학습장애(Nonverbal Learning Disabilities)는 언어능력에는 강점을 보이나 운동 기능장애, 시각 공간 조직화 기능장애, 사회성 기능장애, 감각 기능장애 등의 기술과 같은 비언어적 능력에서 결함을 보인다.

(2) 학습부진, 학습지진, 학습장애 아동의 구분

① 학습부진아동(underachiever)

정상지능을 가지고 있으며, 신경계에 이상은 없으나 정서 문제나 사회 환경적인 원인으로 인하여 학업성취도가 떨어지는 아동으로, 환경적인 요인이 제거되거나 치료적 개입을 통해 교정되면 정상적인 학습능력과 성취도를 보일 수 있다.

② 학습지진아동(slow learner)

선천적 지적 능력의 결핍이나 타 장애로 인하여 학습능력이 떨어지는 아동으로, 일반아동집단의 하위 15~20%에 해당하며, 경도 지적장애 아동과 비슷한 학습상 문제를 가지나 그 정도가 가볍다.

③ 학습장애 아동(learning disabilities)

정상 또는 정상 이상의 지능을 가지고 있으며, 정서 및 사회 환경적인 문제 등의 원인이 없음에도 불구하고 학업성취도가 떨어지는 아동으로, 대개 신경학적 기능장애로 인하여 유발되는 것으로 추정한다.

3) 학습장애의 원인

학습장애의 정확한 원인을 명확하게 제시하기는 어렵다. 학습장애의 원인이 무엇인지 규명하려는 연구는 의학, 심리학, 교육학 등 다양한 분야에서 오랫동안 연구해 왔지만 아직까지도 명확하고 합의된 원인이 제시되지 않고 있다. 그렇지만 오랫동안 여러 연구자들에 의해 제시된 신경학적, 유전적, 환경적 관점에서 학습장애 발생의 가능성이 있는 요인들을 제시하고자 한다.

(1) 신경학적 요인

많은 의학 전문가들은 학습장애 아동은 중추신경계 기능 이상이 있는 것으로 간주하고 있으며, 뇌의 활동을 좀 더 정확하게 진단할 수 있는 컴퓨터 단층촬영(CAT), 자기공명촬영(MRI), 기능성 자기공명촬영(fMRI), 양전기 방출 단층촬영(PET-scan) 등의 의학기기들의 발달은 학습장애가 신경학적 요인이 있음을 뒷받침하고 있다(도명애 외, 2016). 선천적인 신경계 손상은 아동의 출생 전에 영향을 끼치며, 산모와 관련되어 있다. 산모의 영양 결핍 문제나 질병 감염, 약물 문제 등이 대표적인 요인이다. 후천적인 신경계 손상은 주로 출산 중에 발생하거나 출생 이후에도 발생 가능성이 있다. 출산 시 요인으로는 조산에 따른 미숙, 태아의 산소결핍 등이 있으며, 출생 이후 요인으로는 아동이 겪은 사고(예: 교통사고 등)나 질병에 의한 뇌손상이 해당된다(김원경 외, 2009).

(2) 유전적 요인

학습장애의 유전적 요인 관련 연구는 가계와 쌍생아 연구를 통해 계속되고 있다. 대표적으로 부모 중 난독증이 있는 경우에 자녀가 난독증을 보일 확률이 30% 이상으로 제시되고 있다(Smith, 2004). 특히, 쌍생아 중에서도 일란성 쌍생아가 이란성 쌍생아보다 더 가능성이 높은 것으로 제시된다.

(3) 환경적 요인

어떤 장애이든지 특정 장애로 인해 특별한 교육적 요구를 가진 아동은 그 아동의 장애 원인에서 환경적 요인을 무시할 수 없다. 학습장애 아동 역시 마찬가지로 이들을 둘러싼 환경이 학업적 수행을 더 악화시킬 수도 있고, 긍정적으로 회복하도록 도와줄 수도 있다. 학습장애 아동의 환경적 요인에는 부모의 낮은 사회적 · 경제적 지위, 빈곤한 환경, 아동 개인의 영양결핍, 열악한 교육환경, 심리적 자극의 결핍 등이 제시되고 있다. 또한, 학습장애 아동의 환경적 원인으로 교사의 질적인 문제로 교사의 부적절한 교수도 제시할 수 있다.

2. 학습장애의 특성

학습장애 아동은 인지, 학습, 정서 · 행동, 사회성 등의 발달 영역에서 다양한 특성을 나타낸다. 하지만, 학습장애 아동의 이러한 특성은 정해져 있지 않고 개인차에 따라 다양하게 나타날 수 있다(Hallahan, Kauffman, & Lloyd, 1999). 학습장애 아동의 특성이 동일하게 나타나지는 않더라도 공통적인 특성이 있음을 인지해야 한다. 이 절에서는 학습장애 아동의 공통적인 특성을 이해하기 위해 인지적 특성, 학습 특성, 정서 · 행동적 특성, 사회적 특성에 대하여 살펴볼 것이다.

1) 학습장애의 특성

(1) 인지적 특성

다수의 학습장애 아동은 평균 이상의 지적기능이 있음에도 불구하고 기억, 주의, 지각, 및 개념형성 등 기본적 인지처리 과정에서 결함을 보인다. 또한, 초인지 관련 전략 사용에 융통성이 부족하여 문제를 해결할 때, 깊이 생각하지 않고 행동하기도 한다(도명애 외, 2021).

특히 학습장애 아동은 자신의 연령보다 어리거나 미숙한 아동의 기억과 유사한 형태를 보이는 것으로 나타났다. 실제로 기억은 읽기, 쓰기, 수학, 언어, 학습, 조직기술, 과학, 사회 등 여러 교과의 학습에서 중요한 역할을 한다. 그래서 기억의 결함은 낮은 학업성취도로 나타난다. 또한, Hallahan 등(1985)은 학습장애 아동이 빈약한 기억능력을 보이는 이유를 기억을 잘 할 수 있는 전략을 사용하지 못하기 때문인 것으로 제시하였다(도명애 외, 2021).

학습장애 아동은 정보처리에서 정보의 부호화와 자동화에서의 문제와 주의집중의 어려움도 함께 보일 수 있다. 또한, 이들은 시지각 및 청지각에 대한 문제도 나타날 수 있는데, 특히 시지각의 결함으로 인해 문자나 단어의 시각적 식별이 곤란하거나 청지각의 결함 때문에 글자의 음성학적 인식이나 단어의 분석 및 통합과 같은 어휘 학습에 어려움을 겪을 수 있다. 그 외에도 지각에서의 결핍은 교통신호, 위험신호, 방향표시, 단어, 그림 등을 인지, 변별하고 해석하는 데 어려움을 줄 수 있어서 학습뿐 아니라 일상생활에도 어려움을 나타낼 가능성이 높다.

(2) 학습특성

학습장애 아동의 인지적인 문제점으로 인하여 학습을 하는 과정에서 여러 가지 어려움을 가진다. 학습장애 아동이 학습에서의 어려움을 보이는 대표적인 영역은 읽기, 쓰기, 말하기, 셈하기 등이다. 이들 영역 중 한두 영역에서 문제를 보이기도 하지만 종종 여러 영역에서 함께 결함을 보이는 아동도 있다.

① 읽기

읽기장애는 학습장애의 유형 중 가장 많은 비율을 차지하며, 학습장애 아동 중 80% 이상이 읽기장애로 분류된다. 읽기장애 아동에게는 주로 문장을 읽을 때 단어나 단어의 일부분을 빠뜨리고 읽는 생략, 제시된 문장에 없는 단어나 문장을 추가해서 읽는 첨가, 문자나 단어의 좌우를 바꾸어 읽는 도치, 단어와 문장을 반복하여 읽는 것 등이 나타난다.

읽기의 유창성에 문제가 있는 아동은 글을 읽는 속도가 현저하게 느리고, 글을 읽고 나서도 그 뜻을 요약하거나 설명할 수 없는 문제를 보인다. 또한, 글자의 형태가 비슷한 단어를 혼동하여 읽거나, 개별 단어 읽기와 문장 읽기에서 어려움을 보일 수도 있다. 또한, 단어를 하나씩 천천히 읽거나 읽을 수 없는 단어는 생략하고 빨리 읽음으로 인해 독해력에 어려움을 보이기도 한다.

② 쓰기

읽기와 쓰기는 동전의 양면처럼 연관성이 깊다. 그러므로 읽기에 어려움을 보인다는 것은 결국 쓰기에서도 어려움을 보일 수밖에 없다. 쓰기장애가 있는 학습장애 아동은 글씨를 쓰는 초기단계에서 작문에까지 다양한 어려움을 나타낸다. 일반적으로 연필과 같은 필기구 잡는 방법에서부터 문제를 나타내는 경우가 많다. 필기구를 잡는 방법과 각도 및 자세가 어색하고, 글자를 쓸 때에 획순을 틀리게 써서 글자 모양이 바르지 못할 뿐 아니라 정해진 칸에 맞게 쓰지 못하는 경우도 많다.

받아쓰기에서는 문법적인 규칙을 이해하지 못해서 소리 나는 대로 쓰거나 모음 'ㅐ'와 'ㅔ'를 혼동하기도 한다. 또한, 책이나 칠판의 글자를 보고 따라서 쓰기를 할 때도 'ㅁ', 'ㅂ', 'ㅍ'처럼 모양이 비슷한 글자를 구별하지 못해 읽기에서처럼 비슷한 글자끼리 대치시켜 쓰기도 한다. 전체적으로는 글자를 쓰는 속도가 느리고, 받침을 빼고 쓰는 경우도 많다.

작문에서는 구두점, 맞춤법 등과 같은 기술적인 측면이 부족하며, 부적절한 접속사를 많이 쓰기도 한다. 또래 아동에 비해 구사하는 어휘 수가 빈약하므로 산출하는 단어 수가 작아서 문장의 길이가 짧다. 작문한 단락에서 문장끼리 논리적 연결과 구성에서도 문제를 보이고 있다.

③ 수학

수학장애는 수 개념 및 연산 과정에서 어려움을 보이거나 문장제 연산에 어려움을 보이는 경우로 분류할 수 있다. 연산을 위해서는 기초적인 수학적 지식인 수 개념, 숫자, 수 세기 등이 필요하고, 연산에 대한 인지가 되어야 하는데, 학습장애 아동은 이러한 영역에서 결함이 나타난다.

또래 아동보다 연산의 속도와 정확성도 떨어지는데, 연산을 위한 효율적인 전략 사용에 어려움을 겪는 것이 주요 원인으로 나타났다. 또한, 연산 시에 숫자를 시공간적으로 조직화하는 능력이 부족하여 자릿값에 따른 숫자의 배열에 어려움을 느끼며, 6과 9, 18과 81 등의 비슷한 모양의 숫자를 혼동하는 경우도 많다. 연산 규칙에서는 받아올림이나 받아내림의 개념을 이해하지 못하거나, 방향을 고려하지 않고 연산하는 경우와 받아올림과 받아내림을 생략하는 등의 문제도 나타날 수 있다.

문장제 연산은 주어진 문장을 읽고 해당하는 연산의 유형에 적절한 수식을 설정한 후 연산을 수행하여 답을 산출해야 한다. 수학장애를 보이는 학습장애 아동의 다수가 문장제 연산에도 어려움을 보인다. 앞서 제시한 바와 같이 연산을 위한 기능에 어려움을 가지고 있는 것 외에도 문장을 읽고 해석하는 문장이해능력에도 어려움을 가지고 있기 때문이다.

(3) 정서 · 행동적 특성

Heath(1992)는 학습장애 아동의 우울장애 관련 연구에서 다수의 학습장애 아동이 비장애 아동보다 높은 수준의 우울 문제를 보일 뿐 아니라, 자신의 실패에 대한 귀인성향이 자신이 가진 능력의 결핍과 자신의 노력보다는 다른 사람의 조력 부족으로 돌리는 경향이 많다고 제시하였다. 그리고 다수의 학습장애 아동이 우울장애 외에 불안장애와 낮은 자아존중감 및 위축된 모습을 보이는 경우가 많다.

주된 이유는 자신이 가진 학습장애로 인한 학업적 실패 때문이다. 학교생활에서 학업이 차지하는 비중은 학년이 올라갈수록 더욱 증가하는데, 학습장애 아동은 학업적 실패로 인해 앞서 제시한 다양한 정서 및 행동 문제가 나타날 가능성이 크다.

또한, 학습장애 아동은 인내심이 부족하거나 어려운 일을 경험할 때, 쉽게 좌절하는 경우가 많으며, 타인의 감정을 이해하고 적절하게 반응하지 못하여 또래와의 상호작용에 어려움을 보이기도 한다. 그리고 학습장애 아동은 상대방으로부터 거부를 당하거나 부정적인 피드백을 받을 때에 충동적인 공격행동을 나타내는 경우도 많다.

학습장애 아동에게 자주 나타나는 행동 문제로는 주의집중 문제와 과잉행동이 지적된다. 다수의 학습장애 아동은 주의집중의 부족으로 말미암아 주어진 과제의 처리 속도가 느리고 과제를 끝까지 완수하기 어렵다. 그리고 학습과 관련된 것과 관련되지 않는 자극을 구별하는 것에도 어려움이 많아서 학습과 제수행의 효율성도 낮다. 또한, 사고의 경직성이 있어서 한 가지 자극에서 다른 자극으로 주의를 이동시키는 데 어려움을 가지고 있으며, 연속된 학습과제에 주의를 지속적으로 기울이지 못하여 학습과제를 끝까지 수행하지 못하는 경우가 많다. 학습장애 아동의 이러한 주의집중의 문제는 결국 주어진 교과학습에서 지식 및 기술의 습득을 어렵게 만들고 학업성취도 저하로 이어진다.

(4) 사회적 특성

다수의 학습장애 아동이 사회성 관련 기술의 문제를 보이는 경우가 많다. 학습장애 아동의 75% 이상이 사회적 기술 사용의 어려움으로 인해 사회적으로 고립되어 있으며, 또래에게 인기가 없는 것으로 나타났다(Kavale & Forness, 1996). 또한, 학습장애 아동은 타인의 감정을 이해하는 기술이 부족해서 대인관계가 원만하지 못하고, 상황에 맞지 않는 행동을 하기도 한다. 또한, 또래들 간에 사회적 또는 비구어적 단어를 잘못 해석하는 경우도 많다.

무엇보다 학습장애 아동이 가진 학습의 문제가 앞서 살펴본 대로 정서 및 행동의 문제와 연관되어 나타나고 이로 인해 또래로부터 놀림을 당하는 등의 어려움이 함께 나타날 수도 있다.

3. 학습장애의 진단

학습장애 아동의 진단이나 판별은 일치된 정의의 부재로 구체적인 절차와 방법에서 논란이 되고 있으며, 그동안 학습장애 아동을 판별하기 위해서 학습 잠재력과 학업성취 수준 간의 불일치 모델(ability achievement discrepancy)이 많이 이용되어 왔다. 최근에 불일치 모델의 문제점을 제시하며 중재반응 모델(response to intervention: RTI)이 제기되고 있다. 본 절에서는 학습장애 진단과 관련된 다양한 모델을 제시하고자 한다.

1) 학업잠재력과 학업성취 수준 간 불일치모델

(1) 잠재능력과 성취수준 간의 불일치 모델(= 능력-성취 불일치)

학습 잠재력과 학업성취 수준 간 불일치모델은 표준화된 지능검사에서 측정되는 잠재능력과 실제로 나타난 성취도 사이에 현저한 차이가 있는 것을 확인하여 학습장애를 진단한다. 다시 말하면, 지능검사와 학업성취도 검사에서 심각한 불일치가 나타나면 그 아동은 학습장애를 가진 특수교육 대상자로 진단되는 것이다. 불일치를 결정하는 방법으로는 학년 수준의 편차, 학년 및 연령점수에 기초한 불일치, 표준점수 비교에 기초한 불일치, 회귀분석을 통한 방법 등이 있다.

학년 수준 불일치모델은 학생의 현재 학년과 성취점수 간의 차이에 의해 학습장애를 판별하는 방법이며, 기대 불일치모델은 학년 수준 불일치모델에서 학령기 이전의 기간에 대한 차이를 인정하지 않은 문제를 해결하기 위한 방법이다. 표준점수 불일치모델은 능력을 지능지수(IQ)로 나타내고 성취도의 차이점수를 사용하여 판별하는 방법이다. 지능과 성취점수는 각각 평균 100, 표준편차 15로 나타낼 수 있어야 한다는 전제하에 두 가지 점수의 차이가 최소 15점일 때를 심각한 불일치 준거로 설정한다는 점이다(Kavale, 2002). 회귀 불일치모델을 IQ 점수가 평균으로 회귀하려는 통계적 흐름을 고정시켜 학생이 성취점수가 IQ 점수와 관련하여 합리적인 것으로 고려되는 범위에 있는지를 조절하여 불일치는 계산하는 방법이다.

(2) 불일치 모델의 비판점

불일치 모델의 비판점으로는 지능검사를 통해 얻은 점수가 아동이 가진 정확한 지능의 수치인지에 대한 의문, 아동 간 개인차를 고려하지 않은 점, 학령 전기 아동의 학습장애 진단 곤란, 통계적 기준으로만 학습장애를 진단하게 되어 과도한 학습장애 진단의 우려 등이 있다(김용욱 외, 2002; 도명애 외, 2016; 전헌선 외, 2012).

2) 중재반응모델

학습장애를 진단하는 데 가장 기준이 되었던 불일치모델이 학습장애를 진단 유일한 기준이 되어서는 안 된다는 주장과 함께 여러 가지 대안적인 진단 방법이 연구되어 왔는데 그중 중재반응모델(response to intervention: RTI)을 제시할 수 있다.

중재반응모델은 효과적인 중재 및 수업에 대한 아동의 반응을 파악하여 학습장애를 진단한다. 중재반응모델은 아래의 <표 4-1>에 제시된 바와 같이 3단계로 이루어진다.

〈표 4-1〉 중재반응모델에 의한 학습장애 진단절차

단계	선별 및 진단활동 내용	결정기준
1단계	• 모든 학생 대상 국어와 수학을 중심으로 표준화된 학력평가실시, 또래에 비해 심각하게 낮은 성정(하위 25% 혹은 평균 1.5 표준편차 미만)소지자 판별	또래에 비해 심각하게 낮은 성적인가?
2단계	• 교과 영역(주로 국어와 수학)에서 평상시의 통합교육에 각 학생들이 어떻게 반응하는지를 교육과정중심측정(CBM)을 통해 점검 • 소집단 중심의 효과적인 수업을 일정 기간(보통 10~15주 정도) 체계적이고 집중적으로 투입하면서 역시 그 반응도를 교육과정중심측정(CBM) 방법을 사용하여 추적	또래에 비해 심각하게 낮은 반응을 보이는가?
3단계	• 1~2단계를 통과한 학생은 잠재적으로 학습장애로 규정하고 다학문적 평가팀에 장애 정도 및 특수교육대상자 여부 확인을 위한 정밀 판별절차 의뢰	배제요인 제외

출처: 도명애 외 (2021). 특수교육학.

3) 학습장애 진단검사

학습장애 아동의 진단을 위한 검사의 목록은 아래의 <표 4-2>와 같다.

〈표 4-2〉 학습장애 진단 검사

검사명	평가도구명	저자	출판사/ 출판연도	특징
지능 검사	K-WPPSI-IV~V	박혜원 곽금주 박광배	특수교육 1996	만 3세 0개월~만 7세 3개월 아동 대상
	K-WISC III~V	곽금주 박혜원 김청택	특수교육 1996	6세 0개월~16세 11개월 아동 대상
개별 학력 검사	기초학습기능검사	박경숙 윤점룡 박효정	한국교육 개발원 1991	아동의 학습수준이 정상과 어느 정도 떨어지는가를 알아보거나, 학습 집단 배치에서 어느 정도 수준의 집단에 들어가야 하는가를 결정하기 위해서 사용함
	KISE기초학력검사도구 (BAAT)	박경숙 김계옥 송영준 정동영 정인숙	국립특수 교육원 2005	학습, 특히 국어와 수학에서 부진을 나타내는 아동을 선별 또는 진단하고 이들의 부진을 나타내는 영역과 수준을 파악하기 위해 사용함
	기초학습기능 수행평가 (BASA:읽기검사)	김동일	학지사 2008	읽기능력을 진단하고, 형성평가로 활용이 가능하며, 읽기능력을 직접 측정할 수 있음
	기초학습기능 수행평가 (BASA:수학검사)	김동일	학지사 2008	학습부진아동이나 측수교육 대상자의 수학 수행수준을 진단, 평가할 수 있음
	기초학습기능 수행평가 (BASA:쓰기검사)	김동일	학지사 2008	학습부진아동이나 특수교육 대상자의 쓰기 표현 능력을 진단하고, 형성평가로 활용이 가능하며, 쓰기 능력을 직접측정 할 수 있음
평정 척도	KISE학습장애 선별척도	정대영 정동영	국립특수 교육원 1996	교육현장에서 학습부진으로 여겨짐으로써 교육적 조치를 받지 못하는 학습장애 학생을 간단히 선별해 낼 수 있음

출처: 도명애 외 (2021). 특수교육학.

「장애인 등에 대한 특수교육법」에서는 학습장애 아동의 진단 및 평가를 위해서 지능검사, 기초학습기능검사, 학습준비도검사, 시지각 발달검사, 지각운동발달검사, 시각 운동 통합발달검사 등을 사용하도록 규정하고 있지만 구체적인 방법과 판별기준은 제시되지 않고 있다.

4. 학습장애 아동에 대한 교육전략

1) 조기교육적 접근

학습장애 아동을 위한 조기교육적 접근은 대근육 촉진 활동, 소근육 촉진 활동, 신체인식활동, 감각활동으로 제시할 수 있다(김용욱 외, 2002).

(1) 대근육 촉진 활동

- 걷기: 바닥에 직선이나 곡선의 모양을 표시해서 아동으로 하여금 표시된 길을 따라 걷도록 한다.
- 던지기: 아동이 선호하는 공이나 풍선 등의 물건을 목표지점까지 던지도록 한다.
- 잡기: 누군가가 던진 물건을 아동이 잡도록 한다.
- 공을 활용한 활동: 공 굴리기, 공 주고 받기, 공을 바닥에 튀기기, 큰 공 위에 눕거나 누워서 움직이기, 두 사람이 큰 공을 굴리기 등
- 공을 활용한 스포츠: 야구, 축구, 피구 등

(2) 소근육 촉진 활동

- 가위 사용하기: 종이에 선을 그리고 그려진 선을 따라 가위로 자른다.
- 물 따르기: 주전자에 담긴 물을 컵에 표시된 선까지 따르도록 한다.
- 끈 묶기: 신발 끈 묶기

- 선 긋기: 직선, 곡선 등의 다양한 모양의 선 긋기
- 도형 그리기: 삼각형, 사각형, 원 등의 다양한 모양의 도형 그리기
- 색칠하기: 그려진 다양한 모양에 색칠하기
- 젓가락 사용하기: 젓가락을 사용하여 콩 등의 음식물을 다른 접시로 옮기기
- 빨래집게 꽂기: 선이나 박스에 빨래집게 꽂기

(3) 신체인식활동

- 신체 부분 가리키기: 아동이 누워서 눈을 감은 후에 교사가 지시하는 부분을 손가락으로 가리키도록 한다.
- 사람의 신체 그림을 보여 주고 아동이 그림에 없는 신체 부위가 무엇인지 말하도록 한다.
- 신체 그림 그리기: 아동을 큰 종이 위에 눕도록 한 후에 다른 아동이나 교사가 주위의 윤곽을 그린 다음에 색칠하도록 한다.

(4) 감각활동

- 소리 인식: 교사는 아동에게 녹음된 다양한 소리(자동차 소리, 비행기 소리, 칼로 음식을 써는 소리, 가위로 자르는 소리 등)를 들려주고 무슨 소리인지 말하도록 하거나, 자명종이나 소리 나는 장난감을 숨기고 소리를 들려준 후에 아동이 찾도록 하기 등
- 청각 자극 기억: 교사가 제시한 문장에 대한 지시 따르기 수행, 숫자나 단어의 목록을 들려준 후에 따라서 외우도록 하거나, 교사가 들려준 이야기에 대한 질문에 답하기 등
- 시각 자극 기억: 퍼즐 맞추기, 숨은그림찾기, 틀린 그림 찾기, 물건의 짝 맞추기, 교사가 보여 준 동영상에 대한 질문에 답하기 등
- 촉각에 대한 경험 활동: 다양한 자극을 제시하여 해당하는 촉각의 경험(젖은 수건, 솜, 사포, 금속 등), 온도 경험(뜨거운 물이 담긴 컵이나 얼음이 담

긴 컵 등을 만져 보게 함), 무게 경험(통에 물이나 쌀, 모래 등을 넣고 흔들거나 직접 손으로 무게를 느끼도록 함), 촉감에 의한 인지(아동의 손바닥에 그림을 그리거나 글씨를 쓰고 무엇인지 맞혀 보게 함) 등

2) 교수적 접근

(1) 직접교수

직접교수는 학습자의 특성보다는 가르쳐야 할 교수의 내용에 초점을 맞추는 전략으로, 특정 학업 영역의 기술을 성취하게 하는 목적이 있다. 직접교수법은 교사주도적인 교수법으로 행동주의적 접근을 따른다. 직접교수는 교사가 미리 준비한 교안에 따라 진행되며 교사가 주도하는 연습과 훈련을 중요시한다(김동일 외, 2009).

직접교수의 과정은 첫째, 과제를 작은 단계들로 나누기, 둘째, 조사 실시하기, 셋째, 피드백 제공하기, 넷째, 과제에 대한 아동의 이해를 향상시키기 위해 도표나 그림과 같은 그래픽 조직자 제공하기, 다섯째, 충분한 독자적 연습을 제공하기와 같은 과정을 통해 아동의 학습을 지원할 수 있다.

(2) 또래교수

또래교수는 교사가 지정한 아동이 교사의 역할을 대신하여 학습장애 아동을 지도하는 것을 의미한다. 학급 전체를 대상으로 하는 학급 차원의 또래교수와 성취수준이 높은 아동과 낮은 아동이 일대일 짝짓기를 통하여 이루어지는 또래 보조학습전략이 있다.

또래교수의 장점은 또래교사(tutor)는 가르치면서 내용을 보다 확실하게 파악하게 되고 또래학습자(tutee)는 사고과정이 비슷한 또래를 통해 더욱 효과적으로 배울 수 있다(Anderson, 2007). 무엇보다 또래교수를 통해 학습장애 아동은 학급에서 사회적 관계를 만들어가는 기회가 될 수 있다. 하지만 또래교수가 성공적으로 이루어지기 위해서는 교사의 주의 깊은 계획과 실행이 필요함을

기억해야 한다.

3) 학습영역별 지도전략

학습장애 아동에 대한 학습영역별 지도전략은 읽기, 쓰기, 연산으로 나누어 제시하고자 한다.

(1) 읽기

읽기능력을 향상시키는 실제적인 전략으로, 단어인식 능력 향상 시키기, 유창성 형성하기, 읽기이해 증진 시키기, 특별한 재활 접근 사용하기, 특별한 읽기문제 다루기, 읽기 지도를 위한 컴퓨터 활용하기 등을 들고 있다. 읽기에서 가장 중요한 하위기술은 단어 재인과 이해력이다. 읽기기술을 가르치는 방법은 부호중심접근법과 의미중심접근법으로 구분할 수 있다. 부호중심접근법은 부호를 해석하는 방법을 먼저 가르치고 난 다음 이해력을 가르치며, 부호를 해석하는 방법을 가르칠 때는 낱글자와 소리 간의 관계를 강조하면서 가르친다. <표 4-3>은 읽기기술을 향상시키기 위한 구체적인 방법을 제시하고 있다.

〈표 4-3〉 읽기기술을 향상시키기 위한 구체적인 방법

방법	내용
단서 사용	• 해독하기 어려운 단어 해독을 돕기 위해서 단서를 사용한다. (예: 아동이 읽기 어려워하는 글자를 눈에 잘 띄는 색으로 표시하거나 밑줄을 그어 표시한다.)
줄 따라가기	• 읽기 도중 줄을 놓치는 아동을 위해서 손가락으로 따라 갈 수 있는 선을 문장 밑에 긋는다.
내용 미리 알려 주기	• 읽기의 목적과 읽은 후에 무엇을 할 것인지를 미리 알도록 한다. (예: 주요 등장인물과 사건 순서를 알기 위하여 이야기 책을 읽거나 중요한 내용을 학습하기 위하여 교과서의 한 장을 읽을 때 내용을 미리 점검하는 것은 읽기 이해력을 증진시키는 효과적인 전략일 수 있다. 읽을 내용을 미리 안내해 주는 일련의 질문들과 답을 찾을 수 있는 쪽수를 미리 제공해 주는 것도 좋은 방법이다.)
또래교수	• 일견 단어 연습을 위하여 또래교수자나 자원 봉사자를 활용한다.
교재의 난이도 및 흥미도 조절	• 내용은 흥미롭지만 어휘는 쉬운 읽기 교재를 사용하면, 특히 소리 내지 않고 읽는 연습을 할 때 도움이 된다.

방법	내용
녹음교재 사용	• 녹음교재를 이용하여 단어의 정확한 발음과 문장의 흐름을 들으면서 읽게 한다.
컴퓨터 활용	• 기초읽기 기술의 교수를 위하여 컴퓨터를 사용한다. (예: 컴퓨터 프로그램을 통하여 일견 단어를 읽고 들으면서 학습)
반복 읽기	• 유창하게 읽게 하기 위하여 문단을 여러 번 반복해서 읽게 한다. • 반복 읽기는 읽는 속도와 정확도를 증진시키기 때문에 조금 더 어려운 문단으로 진행하는 데 도움을 준다.
읽기 이해력 연습을 위한 교재	• 읽기 이해력을 연습할 수 있도록 구성된 교재를 사용한다. 본문에서 단서를 찾아 활용하기, 질문에 대한 답 찾기, 지시 따르기, 주제 찾기, 결론 찾기 등을 할 수 있도록 교재에 다양한 활동을 포함시켜 읽기 이해력을 연습시킨다.
이해력 증진을 위한 전략	• 읽기 이해력 증진을 위해서 특정 전략을 사용한다. 예를 들어, 각 문단을 읽을 때마다 '가장 중요한 사람 이름 대기'와 중요한 사건 이야기하기를 한다.
대화를 사용한 상호교육적 교수	• 교사와 아동이 대화를 통하여 상호 교류적으로 교수한다. 내용을 읽고 난 후에 교사는 문단의 내용 요약, 주제 질문하기, 이해하기 어려운 부분 찾기, 다음에 일어날 사건 예측하기의 네 가지 단계로 나누어 대화를 통하여 아동의 이해력을 증진시킨다.
SQ3R방법	• 내용중심교과의 설명문으로 구성된 교재를 읽을 때 도움이 되는 방법으로, SQ3R[조사(Survey), 질문(Question), 읽기(Read), 암송(Recite), 검토(Review)]방법을 사용한다.

출처: Lrwis & Doorlag(2011), 이소현, 박은혜(2011) 특수아동교육(3판) 수정 인용.

(2) 쓰기

쓰기는 글씨 쓰기, 철자 쓰기, 작문으로 분류할 수 있다. 글씨 쓰기의 선행기술로 근육운동 조정이 필수적이며, 눈과 손의 협응력도 필요하다. 그러므로 소근육 운동기능을 향상하기 위해 가위로 자르기, 색칠하기, 모양 그리기, 글씨 쓰기 등의 훈련이 선행되어야 한다.

쓰기에 관련된 교수전략으로는 직접교수와 개별화교수 등이 있다(김승국, 1998). 아동 개개인의 요구에 부응하는 다양한 방법으로, 일주일에 몇 시간씩 자주 지도하고 교사나 학부모가 글씨 쓰기의 모델이 되어 주고 글씨 쓰기 기술은 지속적으로 연습하며, 익힌 글자는 일상생활에서 활용하면서 정기적으로 점검하는 것이 효과적이다.

교사나 부모의 시범과 연습	• 교사나 부모의 모델링 • 아동이 베껴 쓴 문자의 이름 교수 → 아동의 독립적인 연습 • 번호가 매겨진 화살표 단서를 보고 글자 따라 쓰기 → 단서 없이 글자 따라 쓰기, 단어 쓰기, 쓰기 유창성을 향상시키기 위하여 문장 빨리 베껴 쓰기
강화	• 아동이 목표로 정한 문자, 숫자, 또는 단어를 정확하게 쓸 때 강화한다. 틀리게 쓴 경우 아동이 고치도록 한다.
자기 교수 훈련	• 자기 교수와 자기 기록과 같은 인지행동수정 기술 사용

(3) 수학

수학은 연계성이 강한 학문이므로, 수학적 기본 개념이나 선수기술을 익히지 못하면 다음 과제로 넘어가기 어렵다. 따라서 수 개념, 순서, 숫자, 수 가르기와 모으기 등과 같은 기본적인 수에 관련된 개념과 선수기술을 숙달할 수 있게 지도해야 한다.

기본적인 수학 개념을 이해하기 위해서는 일반적으로 구체물(Concrete)-반구체물(Semiconcrete)-추상물(Avstract) 등의 CSA순서에 따라 보조교재나 교구 또는 구체물을 사용하는 것이 효과적이다. 아래의 <표 4-4>에 수학 기술 향상을 위한 구체적 방법이 제시되었다.

〈표 4-4〉 수학 기술을 향상시키기 위한 구체적인 방법

방법	내용
시각적 촉진	• 연산 문제를 해결에 도움이 되는 시각적 촉진 제공하기
네모 칸 또는 보조선 이용	• 연산 문제를 풀 때 자릿수를 잘 맞추지 못하는 아동을 위하여 네모 칸이나 보조선을 이용하여 쉽게 자리를 잡을 수 있게 해 준다.
문제의 수 조절	• 한 면에 동시에 제시되는 여러 개의 문제로 혼란스러워 아동을 위하여 한 면에 2~3개의 문제만 제시한다.
자동 암산	• 아동이 더 이상 셈하기 전략에 의존하지 않게 될 때 자동적인 암산을 할 수 있게 된다. 이를 위하여 한 번에 두세 개를 넘지 않는 연산 문항을 세시하고, 질문하면 즉시 답을 말하도록 연습시킨다.
자가-채점교재	• 연습문제를 푼 후에 스스로 답을 교정할 수 있는 자가-채점이 가능한 교재를 활용한다.

방법	내용
구체물 조작	• 아동에 따라서 기본적인 수 개념 및 관계를 학습하기 위하여 구체적인 조작물을 사용하는 것이 도움이 된다. (예: 콘, 블록, 나무젓가락, 바둑알, 껌, 사탕 등)
언어적 촉진	• 직접 말로 계산을 도와주는 방법으로 언어적으로 촉진한다. (예: "곱셈이지?", "먼저 오른쪽 수끼리 곱해야지.", "자릿수 잘 맞춰야 하는 것 잊지 말자!" 등)
실제 상황 활용	• 문제해결 계산 문제에서 실제 상황을 활용하여 아동의 이해를 돕는다. (예: 아동의 이름, 나이, 시험 점수, 친구 이름 등)
단서적 단어 인식	• 문장제 연산식의 단서가 되는 단어 익히기

출처: Lrwis & Doorlag(2011). 이소현, 박은혜(2011) 특수아동교육(3판) 수정 인용.

학습문제

1. 학습장애의 정의를 설명하시오.
2. 학습장애 아동의 특성을 설명하시오.
3. 학습장애 아동을 위한 교육방법을 설명하시오.

제5장

정서 · 행동장애

1. 정서·행동장애의 정의

인간은 누구나 정서를 가지고 있다. 정서를 나타내는 영어 단어 'emotion'은 라틴어 'emove'에서 비롯되었고 영어 동사 'move'의 어원이 된다. 그 의미는 '뒤흔들다', '교란시키다', '휘젓다' 등이다. 이를 통해 '정서'는 흥분되고 뒤흔들려서 교란된 상태이거나 반응의 일시적인 혼란 상태 혹은 흥분된 상태를 나타냄을 알 수 있다. 또한, 정서는 신체적 각성(예: 심장박동)과 외향적 행동(예: 미소)을 동반하는데, 이를 통해 정서와 행동은 동전의 양면처럼 연결되어 있음을 알 수 있다.

이러한 정서의 특성과 관련하여 정서장애, 행동장애를 구분하지 않고 정서 · 행동장애로 명명하는 것이 바람직하다. 정서 · 행동장애는 내면세계의 문제와 외향적인 문제를 모두 포함하고 있다(정대영, 2011). 따라서 정서 · 행동장애는 다른 장애와 달리 명확한 정의가 어려울 수밖에 없다. 정서 · 행동장애의 정의가 어려운 구체적인 이유는 다음과 같다(김미숙, 김향지, 2011; 도명애 외, 2016).

첫째, 정서를 직접 측정하는 것이 어렵다. 사람의 정서를 측정하는 것은 행동 표현을 통해 간접적으로 이루어지는 경우가 많은데 행동의 빈도 및 강도에 따라 정서 · 행동장애인지 아닌지를 판별해야 한다. 이 과정에서 관찰자의 주관이 개입될 우려가 크며 객관적인 기준을 마련하기가 쉽지 않다.

둘째, 정서 · 행동장애에 개입되는 학문 및 전문가들의 범위가 다양하다. 누가, 무엇 때문에 정서 · 행동장애의 정의를 필요로 하는가에 따라 그 정의가 달라지는 것이다. 예를 들면, 의사가 바라보는 정서 · 행동장애는 정신병리적 관점으로 정의될 것이고, 사회학자는 정서 · 행동장애를 일탈 혹은 비행의 관점으로 정의할 것이다. 따라서 정서 · 행동장애와 관련된 학문적 범위와 정의가 전문가에 따라 다르게 제시된다.

셋째, 정서 · 행동장애와 관련된 사회문화적 요인의 다양함을 들 수 있다. 정서 · 행동장애는 시대와 국가 및 사회에 따라 다르게 정의되는데 이는 인간이 행동을 바라보는 사회문화적 요인이 다양하게 적용되기 때문이다. 그래서 미국에는 정서 · 행동장애의 범주에 포함되는 유형의 행동이 한국에서는 포함되지 않을 수 있다.

넷째, 정서 · 행동장애의 양상은 단일 증상이 아닌 복합적으로 나타나거나 다른 장애와 동시에 나타나기도 하여 이를 장애의 공존 및 동시 발생이라고 부른다. 정서 · 행동장애는 어느 장애가 주된 장애인지 파악하기에 어려움이 있다. 예를 들어, 지적장애를 가진 아동 중에서 정서 · 행동장애의 유형 중 하나인 불안장애를 동반한다고 가정했을 때, 그 아동이 지적장애로 말미암아 불안장애가 나타나는 것인지, 불안장애가 지적장애와는 별개인지 정확하게 밝혀내기에 어려움이 있는 것이다. 이와 같이 장애의 공존 및 동시 발생으로 인해 명확한 정의가 어렵다.

다섯째, 누구나 일시적으로 정서 · 행동장애와 관련된 증상을 보일 수 있다. 기질 및 환경적 요인 등에 의해 정서 · 행동장애의 증상이 나타날 수 있는데, 예를 들어 우울장애가 아님에도 가족과의 사별, 시험점수의 하락, 이성친구와의 이별 등의 이유로 우울증상을 보일 수 있으며, 품행장애가 아님에도 가족 간의 갈등으로 인해 가출을 하거나 기물파손의 문제를 보일 수 있는 것이다.

이처럼 정서 · 행동장애는 명확한 정의를 내리기 쉽지 않으므로 진단과정에서 특수교사를 포함한 전문가의 정확한 관찰 및 아동 주변 사람들과의 협력이 필요하다. 본 장에서는 이와 같은 정서 · 행동장애 정의의 어려움을 고려하여 그동안 제시되어 온 다양한 정의 중 가장 영향력 있는 세 가지를 제시한다.

1) 미국 장애인교육법(Individual with Disabilities Education: IDEA)

미국 장애인교육법(IDEA)에서는 정서 · 행동장애가 '정서장애'로 명명된다(1999). IDEA에서 제시하는 정서장애의 정의는 아래의 <표 5-1>과 같다.

〈표 5-1〉 정서장애의 정의

① 정서장애는 다음 중 한 가지 이상의 특성이 장기간 동안 현저하게 나타나며, 교육수행에 불리한 영향을 미치는 상태를 의미한다.
- 지능, 감각적, 건강상의 요인으로 설명할 수 없는 학습의 어려움
- 또래 및 교사들과 만족스러운 대인관계를 형성하거나 유지하지 못함
- 일반적인 상황에서 부적절한 행동이나 감정의 표현
- 전반적인 불행감이나 우울한 감정의 지속됨
- 개인 혹은 학교 문제와 관련하여 나타나는 신체적 통증이나 극심한 두려움

② 정서장애는 정신분열증을 포함하며, 심한 정서장애로 판명되지 않는 사회적 부적응 아동은 포함하지 않는다.

2) 미국 행동장애아동협회(Coucil for Children Behavioral Disorders: CCBD)

미국 행동장애아동협회(CCBD)에서는 정서 · 행동장애를 다음의 <표 5-2>와 같이 정서 또는 행동장애로 정의하며, 구체적인 내용은 다음과 같다.

〈표 5-2〉 정서 또는 행동장애의 정의

① 정서 또는 행동장애는 학교에서의 행동 및 정서 반응이 적절한 연령, 문화, 인종적 규준과 너무 달라서 학업, 사회성 기술, 직업 또는 개인 기술을 포함한 교육 수행에 불리한 영향을 미치는 장애이다.

- 환경 내의 스트레스 사건에 대한 반응이 지나치게 나타나고
- 서로 다른 두 장면에서 일관되게 나타나는데 적어도 한 가지는 학교와 관련되며
- 일반교육의 중재에 의해서는 반응하지 않고 불충분하다.

② 정서 또는 행동장애는 다른 장애들과 함께 동시에 나타날 수 있다.

③ 이 범주는 ①에서 기술된 바와 같이 교육 수행에 불리한 영향을 미치는 정신분열증, 주의력결핍 과잉행동장애, 불안장애, 기타 품행장애나 적응장애를 지닌 아동이나 청소년이 포함된다.

3) 한국의 장애인 등에 대한 특수교육법

한국은 2007년 5월 25일 「장애인 등에 대한 특수교육법」이 법률 제8483호로 공포되면서 이전의 「특수교육진흥법」은 폐지되었다. 따라서 정서 · 행동장애를 지닌 특수교육대상자에 대한 새로운 법률상의 정의가 제시되었고, 여러 변화가 나타났다. 용어상으로는 정서장애에서 정서 · 행동장애로 변경되었다. 「특수교육진흥법」에서 정서장애에 포함되었던 자폐범주성장애가 정서장애로부터 독립되어 새로운 범주를 형성하였다.

「장애인 등에 대한 특수교육법」에서 제시하는 정서 · 행동장애를 지닌 특수교육대상자 정의는 미국의 IDEA에서 제시하는 정서장애의 기준과 유사하나, 각 항목마다 정서 · 행동장애 선정 기준으로 '학습상의 어려움'이 포함되어 있다. 그리고 IDEA에서 제시한 정신분열증이나 사회적 부적응 아동에 대한 언급이 없다.

「장애인 등에 대한 특수교육법」에서 제시하는 정서 · 행동장애를 가진 특수교육대상자 선정기준은 다음의 <표 5-3>과 같다.

〈표 5-3〉 정서 · 행동장애를 지닌 특수교육대상자

• 장기간에 걸쳐 다음의 각 항목 중 하나에 해당하여 특별한 교육적 조치가 필요한 사람 가. 지적 · 감각적 · 건강상의 이유로 설명할 수 없는 학습상의 어려움을 지닌 사람 나. 또래나 교사와의 대인관계에 어려움이 있어 학습에 어려움을 겪는 사람 다. 일반적인 상황에서 부적절한 행동이나 감정을 나타내어 학습에 어려움이 있는 사람 라. 전반적인 불행감이나 우울증을 나타내어 학습에 어려움이 있는 사람 마. 학교나 개인 문제에 관련된 신체적인 통증이나 공포를 나타내어 학습에 어려움이 있는 사람

「장애인 등에 대한 특수교육법」이 시행된 지 10년을 경과하면서 특수교육현장에서는 정서 · 행동장애 정의에 대한 문제점이 다음과 같이 제기되고 있다(도명애 외, 2021).

첫째, '장기간'이라는 용어에 대한 모호함과 더불어 빈도, 강도에 대한 내용이 정확하게 언급되어 있지 않다.

둘째, 모든 항목에서 '학습상의 어려움'이 있어야 함을 제시함으로써 정서 · 행동장애와 관련된 증상이 나타남에도 불구하고 학습에 어려움이 없기에 특수교육 대상자로 진단되지 못하는 아동이 많다.

셋째, IDEA와 달리 조현병(정신분열증), 사회적 부적응 문제에 대한 언급이 없다. 최근 교육현장에서 증가하고 있을 뿐 아니라 특수교육 서비스를 필요로 하는 아동이므로 이들에 대한 내용도 언급되어야 할 것이다.

2. 정서·행동장애의 원인

정서 · 행동장애의 원인을 정확하게 규명하는 것은 쉽지 않다. 왜냐하면 정서 · 행동장애는 단일 요인이 아닌 복합적 요인에 의해 발생되기 때문이다. 그러므로 정서 · 행동장애의 원인은 다양한 학문적 관점을 통해서 설명될 수 있다. 이러한 학문적 관점을 모델이라고 명명하는데, 본 장에서 정서 · 행동장애 원인으로 다음의 모델들을 제시하고자 한다.

1) 신체생리학적 모델

신체생리학적 모델은 생물학적 모델이라고도 부르며, 정서 · 행동장애 발생의 원인으로 개인의 신체 및 생물학적 요인을 제시한다. 신체생리학적 모델에서 제시하는 대표적 요인으로는 유전적, 신경학적, 생화학적 요인이 있다.

정서 · 행동장애를 일으키는 요인으로 생물학적 요인을 단일 증거로 제시하거나 특정한 신체 및 생물학적 요소를 제시하기에는 근거가 미약하다(이성봉, 방명애, 김은경, 박지연, 2011). 그러나 정서 · 행동장애를 일으킬 수 있는 다양한 생물학적 요인에 대한 주장이 끊임없이 계속되고 있다. 세 가지 관점에서 정서 · 행동장애의 신체생리학적 관점에 해당하는 요소들을 제시할 수 있는데, 유전적 요인, 신경생리학적 요인, 기질적 요인이 이에 해당한다.

유전적 요인으로는 인간의 유전자가 장애에 어느 정도 영향을 끼치는지, 특정 장애를 발생시키는 유전자가 있는지, 유전자가 어떤 경로를 통해 행동에 영향을 미치는지를 밝히려는 행동유전학 관련 연구들을 그 예로 제시할 수 있다. 가족 유전연구, 쌍생아 유전연구, 입양아 유전연구 등이 여기에 해당한다.

신경생리학적 요인은 뇌와 신경학적 요인이 정서 · 행동장애의 원인이 될 수 있다고 본다. 신경생리학적 요인이 정서 · 행동장애와 관련이 깊다는 연구 또한 여러 차례 제기되고 있다. 강박 및 충동장애를 가진 아동의 경우 전두엽 피질의 이상이 있음을 밝혔다. 정신분열증 환자의 경우에도 뇌의 구조에 문제가 있음과 전두엽 및 측두엽, 소뇌, 간뇌의 크기가 작아서 신경생리학적 결함이 나타남을 보고하였다(Asarnow & Asarnow, 2003). 그 외에도 다양한 신경전달물질과 수용기관의 문제로 정신분열증, 우울장애 등이 초래될 수 있음에 대한 주장도 제기되었다.

기질은 인간이 가진 기본적인 성향으로, 주어진 환경에 적응 및 반응 정도와 관련이 있다. 일반적으로 인간의 기질은 유순한 기질, 까다로운 기질, 반응이 느린 기질로 구분한다. 많은 연구자는 까다로운 기질의 아동이 성장하면서 정서 · 행동장애를 보일 가능성이 크다고 주장한다.

이렇게 생물학적 요인들이 정서 · 행동장애의 원인으로 제시되지만, 생물학적 요인 자체만으로 정서 · 행동장애를 일으키는 것으로 보기는 어렵다. 여러 연구로부터 생물학적 취약함과 더불어 환경적 문제들이 함께 영향을 끼치므로 정서 · 행동장애 발생의 가능성이 높아짐을 알 수 있다(이승희, 2017).

2) 심리역동적 모델

심리역동적 모델은 정신분석 심리학에 기반을 둔다. 대표적인 학자로 프로이트와 에릭슨이 있다. 프로이트는 인간이 심리성적 발달단계를 거치면서 단계 내의 갈등을 해결하지 못하거나 단계 내에서 해결해야 할 욕구를 충족시키지 못하면 무의식적 갈등이 나타남을 제시하였다. 인간의 이상행동이나 장애는 이 무의식적 갈등을 해결하지 못할 때 일어나는 것이다.

프로이트는 출생 후부터 청소년기까지 5단계의 심리성적 발달단계를 제시하였다. 구강기(출생 후 2년), 항문기(2~4세), 남근기(4~6세), 잠복기(6~12세), 생식기(12세 이후)의 단계를 거치면서 단계별로 갈등을 원만하게 처리하지 못하고 무의식에 남겨 두면 이 무의식적 갈등이 계속 남아서 인간의 성격과 행동에 영향을 끼치게 된다.

프로이트가 성적 에너지와 욕구에 집착한 반면, 에릭슨은 대인 간 상호작용에 초점을 맞추었는데, 인간의 발달단계를 출생 이후부터 노년기까지 8단계로 구분하면서 단계마다 달성해야 할 과업을 제시하였다. 에릭슨은 각 단계에서 발달과업을 완수하고 위기를 성공적으로 극복하면 순조로운 발달이 이루어지지만 그렇지 않으면 퇴행이 나타남을 주장하였다. 그러므로 단계마다 위기를 해결하는 것이 중요시함을 알 수 있다. 에릭슨의 심리사회적 발달단계는 다음의 <표 5-4>와 같이 제시할 수 있다.

〈표 5-4〉 에릭슨의 심리사회적 발달단계

1. 신뢰 대 불신(0~1세)
2. 자율성 대 수치심과 의심(2~3세)
3. 주도성 대 죄책감(4~5세)
4. 근면성 대 열등감(6~12세)
5. 정체성 대 정체성 혼란(13~18세)
6. 친밀감 대 고립감(20대)
7. 생산성 대 침체(30대~50대)
8. 자아통일(통합감) 대 절망감(60대 이상)

프로이트와 에릭슨의 이론을 종합하여 심리역동 모델에서 정서 · 행동장애의 원인을 요약하자면, 결국 발달단계에서의 과업 실패로 인한 갈등을 원만하게 해결하지 못한 것으로 제시할 수 있다.

3) 행동주의 모델

행동주의 모델은 정서 · 행동장애를 아동이 속한 환경에서 문제행동이 모방 및 학습되어 발전한 것으로 간주한다. 행동은 주어진 환경의 다양한 자극에 의해 유도되며, 행동 이후 어떤 반응이 오는가에 따라 행동의 지속 여부가 결정된다. 즉, 아동이 속한 환경에서 문제행동을 유도하는 다양한 요인과 문제행동 관련 동기가 영향을 끼쳐 문제행동을 발생시키게 된다. 문제행동의 후속 결과가 아동을 만족시키면 아동은 계속 그 행동에 집착하게 되는데, 결국 그 결과가 정서 · 행동장애로 연결되는 것이라고 볼 수 있다. 이를 통해 행동주의 모델에서는 아동이 속한 가정환경과 학교환경에서 정서 · 행동장애의 원인이 있음을 알 수 있는데 그 요인을 정리하면 다음의 <표 5-5>와 같다.

〈표 5-5〉 가정 및 학교의 관련 문제

환경	관련 문제
가정	부모의 부재, 빈곤, 일관성 없는 부모의 양육 태도, 부모의 무관심 및 방임, 가족 갈등, 부모의 장애, 가정폭력 등
학교	아동의 개별성에 대한 교사의 무감각, 교사의 비일관적인 훈육 및 체벌, 학업에 대한 지나친 강요, 아동의 성취에 대한 교사의 지나치게 높거나 낮은 기대, 분명하지 않은 규칙, 일탈행동을 모방하게 되는 학교환경 및 또래관계 등

4) 인지적 모델

인지적 모델은 정서 · 행동장애의 원인을 아동의 왜곡된 인지구조에서 찾는다. 인간은 누구나 자신의 생각을 행동으로 표현한다. 다양한 실패의 경험 및 부적응 행동의 모방에 따른 비합리적 신념이 자리 잡게 되고, 그러한 왜곡된 생각이 계속해서 행동에 영향을 끼쳐 정서 · 행동장애가 유발될 수 있음을 제시한다. <표 5-6>이 선행사건과 신념 및 결과에 따른 관계(A-B-C체계)를 제시하고 있다.

〈표 5-6〉 A-B-C체계

A	선행사건	개인이 경험한 상황 및 그에 따른 사건
B	신념	개인의 경험에 대한 평가 및 그로 인한 특정 상황에 대해 형성된 신념
C	결과	신념에 따른 행동

5) 생태학적 모델

생태학적 모델은 브론펜브레너의 생태학적 발달이론에 근거를 두고 있다. 브론펜브레너는 인간의 발달이 스스로 이루어지는 것이 아닌 개인을 둘러싼 환경 체계들과의 상호작용을 통해서 이루어짐을 제시하였다. 개인의 주변 환경체계들은 미시체계, 중간체계, 외체계, 거시체계로 명명한다. 개인의 가정과 학교, 또래관계, 지역사회 기관, 미디어, 문화, 정책 등 발달에 영향을 주는 모든 환경체계와의 원만한 상호작용이 이루어지지 못할 때 장애가 되는 것으로 볼 수 있다. 즉, 이 모델에서는 아동 개인의 문제 및 아동을 둘러싼 주변 모든 환경체계가 함께 문제를 가진 것으로 해석할 수 있다. 다음의 [그림 5-1]은 생태학적 체계와 그에 따른 요소들을 나타내고 있다.

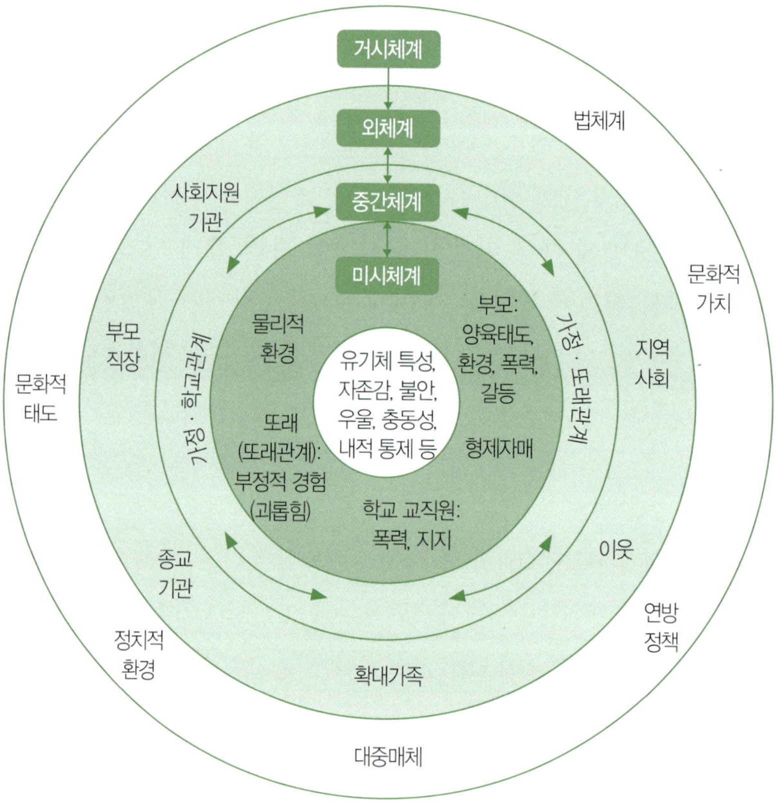

[그림 5-1] 생태학적 체계

출처: 이성봉, 방명애, 김은경, 박지연 (2022). 정서행동장애.

3. 정서·행동장애의 진단

정서 · 행동장애의 진단은 다른 장애에 비해서 보다 더 주의가 요구된다. 왜냐하면 앞에서 제시한 대로 누구나 정서 · 행동장애 관련 특성을 보일 수 있으며, 장애의 공존 및 동시 발생이 나타날 수 있기 때문이다. 그래서 정서 · 행동장애의 진단은 체계적으로 이루어져야 한다. Walker(1997)는 정서 · 행동장애 아동을 진단할 때, 반드시 두 가지 이상의 방법과 두 가지 이상의 장소, 두 명 이상의 관련 인물을 포함해서 이루어져야 함을 강조했다.

1) 선별검사

선별(screening)은 정서 · 행동장애의 증상이 나타나거나 장애의 위험이 크다고 판단되는 아동을 구별하는 과정을 의미한다. 선별을 통해 정서 · 행동장애의 위험이 큰 것으로 확인된 아동은 특수교육에 대한 적격성을 확인하기 위해 더 구체적인 평가를 하게 된다. 많이 사용되고 있는 정서 · 행동장애의 선별검사로는 다음의 세 가지가 있다(전헌선 외, 2012; 윤선오, 김우호, 서보준, 2013).

(1) 아동행동체크리스트 검목표(CBCL)

본 검사는 4~17세까지의 아동을 대상으로 이루어지며, 사회성과 학업 수행을 평가하는 사회능력척도와 내재화 문제 및 외현화 문제를 평가하는 문제행동증후군척도로 구분되어 사용된다.

(2) 행동평정파일척도(BRP-2)

본 검사는 여섯 개의 하위검사로 이루어져 있으며, 개별적으로 몇 개만 선택해서 사용할 수 있다. 교사평정척도와 부모평정척도로 나누어져 있으며, '매우 좋아함'에서 '좋아하지 않음'까지 4점 척도로 평가한다. 문항 수는 30문항이다.

(3) 행동장애 종합선별검사(SSBD)

본 검사는 정서 · 행동장애 아동을 선별하는 체계적인 도구로, 심각한 문제행동을 가진 아동을 3단계의 과정을 통하여 선별한다. 1단계는 학급의 교사가 외현화 문제와 내면화 문제와 같은 두 가지 차원의 행동 프로파일에 따라 교실에서 모든 아동의 순위를 평가한다. 그다음 각 교사의 목록에서 상위 3명의 아동이 2단계 평가에 들어가게 된다. 주요 사건지표에서 규범적 준거를 넘어서는 아동은 쉬는 시간에 교실에서 의자에 앉아 있거나 운동장에 있을 때 직접관찰을 통해 3단계 평가를 하게 된다. 관찰된 측정점수가 경계선 점수를 초과하는 아동은 전문적 평가에 의뢰된다.

2) 투사검사

투사라는 말은 '들여다보다'라는 의미를 지니고 있다. 즉, 투사검사는 아동의 내면을 알아보기 위한 검사로, 잉크 반점 같은 모호한 자극이나 미완성 문장을 완성하게 하거나 그림을 그리는 것으로 구성된다. 대표적 투사검사 중 하나인 로샤검사는 잉크 반점으로 이루어진 카드를 보여 주고 그 카드가 무엇으로 보이는지 대답하게 하여 내면세계를 추론하는 방법이다.

주제통각검사는 인물 그림이 있는 카드를 보여 주고 그림 속의 사람이 누구이며, 무엇을 하고 있는지, 무슨 생각을 하는지, 이후에 무슨 일이 일어날 것인지를 말하도록 한다. 문장완성검사는 문장의 앞부분을 읽고 뒤에 어떤 말이 올 것인지 이야기하도록 한다. 그림을 활용한 대표적 투사검사에는 집 · 나무 · 사람 그림검사(HTP)가 있다. 검사자가 아동에게 위의 세 가지 그림을 그려 보도록 지시한 후 아동이 그린 그림을 통해 내면을 알아보게 된다.

이러한 투사검사들은 인지 및 의사소통에 어려움을 가지고 있거나 연령이 어린 아동의 내면 문제나 갈등을 다루는 데 어느 정도 효과가 있지만 검사의 객관성 관련 부분에서 문제가 되고 있다.

3) 관찰

정서 · 행동장애 아동의 진단 과정으로 직접관찰이 있다. 직접관찰은 검사를 통하여 밝히기 어려운 아동의 행동 특성을 직접 눈으로 확인하여 기록하는 것으로, 장애 진단의 객관성을 높일 수 있다. 아동의 행동을 관찰하여 기록하는 기법으로 일화 기록, 지속시간 기록, 강도 기록, 빈도 기록 등이 있다. 정확한 관찰을 위해서 교실과 학교에서 아동의 행동을 관찰하기 위한 두 명 이상의 관찰자가 있어야 하며, 관찰자 간의 신뢰도도 높아야 한다.

4) 면담

면담은 정서 · 행동장애가 의심되는 아동의 부모를 포함한 관련 인물들과 검사자와의 이야기를 통하여 장애 여부를 확인하는 과정이다. 면담은 검사나 관찰을 통해 얻기 어려운 정보를 확인하는 데 유용하다. 면담의 대표적인 예로 아동의 생육사가 해당된다. 이 방법 역시 아동의 부모를 포함한 다양한 인물을 대상으로 실시할 필요가 있다. 이는 정확한 정보를 파악하는 데 도움이 되기 때문이다. 면담의 유형은 다음의 <표 5-7>과 같다.

〈표 5-7〉 면담의 유형

구조화된 면담	면담을 위한 질문지가 정해져 있으며, 질문지에 제시된 질문의 순서대로만 면담을 진행한다. 질문의 순서를 바꾸거나 질문을 생략 및 추가하는 것이 허용되지 않는다.
비구조화된 면담	면담을 위한 질문지가 정해져 있지 않으며, 자유로운 분위기에서 이루어지는 면담으로, 시간에 구애받지 않고 특정한 형식 없이 진행된다.
반구조화된 면담	면담을 위한 질문지가 정해져 있지만, 질문지의 질문의 순서대로 진행하지 않아도 되고, 질문의 순서를 바꾸거나 질문을 생략 및 추가하는 것이 허용된다.

4. 정서·행동장애의 분류 및 특성

정서 · 행동장애의 분류는 다양한 관점에서 이루어진다. 아동기에 자주 나타나는 장애를 중심으로 DSM-5(2013)의 진단기준을 중심으로 한 임상적 차원과 정서행동장애 학생의 특성을 통계적 절차에 따라 밀접한 관련성이 있는 행동 특성끼리 묶어서 제시한 교육적 차원으로 분류한다. 본 절에서는 교육적 차원에 의해 정서 · 행동장애를 분류하고자 한다. 교육적 차원의 분류에는 외현화 장애와 내면화 장애로 구분하며, 외현화 장애로는 주의력결핍 · 과잉행동장애, 품행장애, 적대적 반항장애 등이 있고, 내면화 장애에는 불안장애와 우울장애로 구분한다. 본 절에서는 불안장애 중에서도 유아기 및 아동기에 주로 출현하는 분리불안장애, 선택적 함구증, 반응성 애착장애, 특정 공포증에 대해 제시하며, 우울장애의 대표적인 주요 우울장애에 대해 제시하기로 한다.

1) 주의력결핍 · 과잉행동장애(ADHD)

주의력결핍 · 과잉행동장애(Attention-Deficit/Hyperactivity Disorder: ADHD)는 아동기에 흔히 발생하는 장애로, DSM-5에서 신경발달장애군에 포함되어 있다. 지속적인 부주의 및 과잉행동과 충동성이 적어도 두 개의 장면 이상에서 그 특성이 나타난다. 진단기준은 <표 5-8>과 같다.

〈표 5-8〉 주의력결핍 · 과잉행동장애 진단기준

A. 기능이나 발달을 방해하는 부주의 혹은 과잉행동-충동성이 지속되며 1 혹은 2로 특성지워진다.

1. 부주의: 다음 증상 중 6가지 이상이 발달수준에 맞지 않게 적어도 6개월 이상 지속되어 사회 및 학업/직업 활동에 부정적인 영향을 준다.

   a. 세부사항에 면밀하게 주의집중하지 못하거나 학교 공부, 일이나 다른 활동에서 부주의한 실수를 한다(예: 세부사항을 간과하거나 실수함, 일이 부정확함).

b. 과제나 놀이 활동에 지속적으로 주의집중하지 못한다(예: 강의, 대화, 장문 읽기 중에 집중하지 못함).

c. 다른 사람이 직접 말을 할 때 듣지 않는 것 같다(예: 주의산만 요소가 없는데도 마음이 다른 곳에 있는 것처럼 보임).

d. 지시를 따르지 못하거나 학교 공부, 집안일이나 일터에서 임무를 수행하지 못한다(예: 과제를 시작은 하지만, 쉽게 집중하지 못하고 곁길로 빠짐).

e. 과제와 활동을 조직하는 데 어려움이 있다(예: 실질적으로 과제를 수행하지 못함, 물건이나 소유물을 순서적으로 보관하지 못함, 번잡하고 분산된 일 시간관리를 잘 하지 못함, 마감시간을 지키지 못함).

f. 정신적 노력이 요구되는 과제를 피하거나 싫어하고 거부한다(예: 학교 공부나 숙제, 청소년 및 성인의 경우에 레포트 작성하기, 모형 완성하기, 긴 논문 개관하기 등).

g. 과제나 활동에 필수적인 것들을 잃어버린다(예: 수업 자료, 책, 도구, 지갑, 열쇠, 서류, 안경, 핸드폰 등).

h. 외부 자극에 의해 쉽게 산만해진다(예: 청소년 및 성인의 경우 비관련 사고를 함).

i. 일상활동을 잘 잊어버린다(예: 심부름, 전화 걸기, 세금 내기, 약속 지키기 등).

2. 과잉행동 및 충동성: 다음 증상 중 6가지 이상이 발달수준에 맞지 않는 정도로 적어도 6개월 이상 지속되어, 사회 및 학업/직업 활동에 부정적인 영향을 준다.

a. 손발을 만지작거리고 자리에서 꼼지락거린다.

b. 가만히 앉아 있어야 하는 상황에서 자리를 이탈한다(예: 교실, 사무실, 작업장에서 자리 이탈).

c. 부적절한 상황에서 지나치게 뛰어다니거나 기어오른다(주: 청소년이나 성인의 경우, 참을 수 없는 느낌으로 제한될 수 있음).

d. 조용히 여가활동에 참여하거나 놀이하지 못한다.

e. "끊임없이 활동하거나", 마치 "자동차에 쫓기는 것"처럼 행동한다(예: 회의장 같은 곳에서 오랜 시간 조용히 있는 것을 불편해함, 끊임없이 활동하거나 따라가기가 곤란).

f. 지나치게 말을 많이 한다.

g. 질문이 채 끝나기 전에 불쑥 대답한다(예: 다른 사람의 말이 끝나기 전에 말하기, 차례로 대화하기 위해 기다리지 못함).

h. 순서나 차례를 기다리지 못한다(예: 줄지어 기다리기).
i. 다른 사람의 활동을 방해하고 간섭한다(예: 대화나 게임에 참견하기, 허락받지 않고 타인의 물건 사용, 타인이 하고 있는 일을 간섭하기).

B. 부주의 혹은 과잉행동-충동성 증상들이 12세 이전에 나타난다.

C. 부주의 혹은 과잉행동-충동성 증상들이 2개 이상의 장면(예: 학교, 가정, 직장, 친구와 친척, 기타 활동들)에서 나타난다.

D. 그 증상들이 사회, 학업, 직업 기능을 방해하는 분명한 증거가 있다.

E. 증상이 전반적으로 발달장애, 정신분열증, 기타 정신병 경과 중에 발생하지 않으며, 다른 정신장애(기분장애, 불안장애, 해리성장애, 인격장애, 물질중독이나 금단)로 잘 설명되지 않는다.

〈세부유형〉

- ADHD복합형: 지난 6개월 동안 진단기준 A1과 A2를 모두 충족시킨 경우
- ADHD부주의 우세형: 지난 6개월 동안 진단기준 A1은 충족시키지만 A2는 충족시키지 못할 경우
- ADHD과잉행동-충동 우세형: 지난 6개월 동안 진단기준 A2는 충족시키지만 A1은 충족시키지 못할 경우

출처: DSM-5(2013).

주의력결핍 · 과잉행동장애(ADHD) 아동의 주요 특성은 부주의, 과잉행동, 충동성으로 나타난다. 부주의는 쉽게 산만해짐, 귀 기울여 듣지 않음, 끝맺음을 하지 못함, 물건을 잘 잃어버림, 주어진 자극에 집중하지 못함 등으로 표현할 수 있다. 부주의 관련 증상은 학령기 및 청소년기에 많이 나타나며, 학업성취도의 저하를 가져오는 요인이 되기도 한다(안동현, 김세실, 한은선, 2004). 과잉행동의 특성은 모터가 달린 것과 같은 움직임, 잠시도 가만히 있지 못하고 꼼지락거림, 불필요한 말이나 움직임 등으로 나타난다. 이러한 과잉행동은 연령이 증가하면서 대근육 운동에서 소근육 운동으로, 외적행동에서 내적행동

으로 변화해 간다. 충동성은 과잉행동과 함께 출현한다. 충동성의 양상은 지시를 끝까지 기다리지 못하고 급하게 반응하는 것, 차례를 기다리지 못하는 것 등으로 나타난다.

ADHD 아동에게 수반되는 장애로 학습장애, 우울장애, 불안장애 등이 있다. 또한, ADHD 아동의 90%가 학습상 곤란을 가진 것으로 보고된다. 학습 곤란에는 학업성취도가 낮은 것을 포함하여 글씨 쓰기의 곤란이나 수학문제 풀이에서의 잦은 실수 등이 있다. 그 외 일부 아동은 적대적 반항장애, 품행장애를 보이는 경우도 있다.

2) 품행장애

품행장애(Conduct Disorder: CD)는 DSM-5(2013)에서 파괴, 충동통제 및 품행장애군에 포함되어 있다. 품행장애는 상습적인 규칙 위반과 타인에게 상해를 입히는 행동이 지속되는 것이다. 품행장애의 진단기준은 <표 5-9>에 제시되었다.

〈표 5-9〉 품행장애의 진단기준

A. 타인의 기본 권리나 동일 연령의 사회적 규범이나 규칙을 위배하는 반복적 · 지속적 행동이 다음의 15개 항목 중에서 적어도 3개가 과거 12개월 동안 지속되어야 하고, 적어도 1개의 기준이 과거 6개월 동안 지속되어야 한다.

- 사람과 동물에 대한 공격성

1. 자주 남을 못살게 굴거나 위협하거나 협박한다.
2. 자주 신체 싸움을 건다.
3. 신체 상해를 입힐 수 있는 무기를 사용한다(예: 방망이, 벽돌, 깨진 병, 칼, 총).
4. 사람을 신체적으로 잔인하게 대한다.
5. 동물을 신체적으로 잔인하게 대한다.
6. 피해자와 대면한 상태에서 훔친다(예: 강탈, 날치기, 약탈, 무장강도).
7. 타인에게 성행위를 강요한다.

- 재산파괴
  8. 재산상 손해를 입히기 위해 고의로 방화한다.
  9. 타인의 재산을 일부로 파괴한다.
- 사기 및 도둑질
  10. 다른 사람의 집, 빌딩이나 차에 침입한다.
  11. 제품이나 선호 물건을 얻기 위해 혹은 책임을 회피하기 위해 자주 거짓말한다.
  12. 피해자와 대면하지 않은 상태에서 귀중품을 훔친다(예: 가게 털기, 위조화폐).
- 심각한 규칙위반
  13. 13세 이전에 부모의 허락을 받지 않고 자주 밤에 가출한다.
  14. 부모나 양육자와 집에 살면서 적어도 두 번 심야에 집을 나간다.
  15. 13세 이전에 자주 무단결석한다.

B. 이러한 행동문제가 사회, 학업, 직업 기능에 임상학적으로 심한 손상을 초래한다.

C. 만일 18세 이상이라면, 이 기준들은 반사회적 인격장애에 부합되지 않는다.

〈세부유형〉

- 아동기 발병형: 10세 이전에 품행장애 증상 중 적어도 한 개를 보이는 경우
- 청소년기 발병형: 10세 이전에 품행장애 증상이 없을 경우

〈세부심도〉

- 경도: 거짓말, 무단결석, 허락 없이 밤에 가출, 규칙위반 등
- 중등도: 피해자와 대면하지 않은 상태에서 훔치기, 문화예술 파괴 등
- 중도: 성 강요, 잔인한 신체공격, 무기사용, 피해자와 대면한 상태에서 강탈하기 등

출처: DSM-5(2013).

품행장애의 주요 특성은 공격 행동, 파괴 행동, 사기 및 도둑질, 심각한 규칙 위반으로 제시할 수 있다. 공격 행동은 사람과 동물에 대한 공격 행동을 모두 포함하며, 언어적 위협과 신체적 폭력 등이 해당한다. 파괴 행동은 타인의 재산이나 공공의 재산을 일부러 파괴하는 행위로, 상습적인 기물파손과 방화 등이 해당한다. 사기 및 도둑질은 일부러 타인의 물건을 상습적으로 훔치거나 문

서 등을 위조하는 것, 자신의 잘못한 행동에 대해 책임을 다른 데로 돌리는 것 등이 해당한다. 규칙위반은 가출, 무단결석을 포함한 규칙위반이 해당한다.

품행장애 아동은 학업 문제, 사회적 기술의 결핍, 낮은 자아개념 등을 가지고 있으며, 상당수가 규칙을 위반한 상황에서 죄책감이 아닌 즐거움을 느끼는 경우가 많은 것으로 드러났다(이희정, 2001; 서석진, 2012). 우울장애와 불안장애, 주의력결핍 · 과잉행동장애 등이 중복되어 나타날 수도 있다. 특히, 최근 교육현장뿐 아니라 사회적인 문제로 확대되고 있는 학교폭력 관련 행동 역시 품행장애에 속하는 경우가 많으며, 품행장애가 청소년기 비행이나 성인기의 범죄와도 연관되어 영향을 끼치게 될 수 있다. 그러므로 품행장애에 대한 진단과 교육이 필수적임을 알 수 있다.

3) 적대적 반항장애

적대적 반항장애(Oppositional Defiant Disorder: ODD)는 DSM-5(2013)에서 파괴, 충동통제 및 품행장애군에 포함시키고 있다. 필수 증상은 권위를 가진 성인에 대한 거부 및 도전과 불복종, 적대행위가 적어도 6개월 이상 계속되며 자주 화를 내고 원망하거나 악의에 차서 복수심을 품는 것 등이다.

구체적으로 적대적 반항장애의 특성을 살펴보면, 거부적이고 반항적인 행동은 지속적인 고집과 지시에 대한 저항 및 성인이나 친구들과 타협이나 양보를 하지 않는 것으로 드러난다. 또한, 명령을 무시하는 것, 논쟁, 실수에 대한 비판을 수용하지 못하는 것으로 반항의 유형을 설명할 수 있다. 적개심은 성인이나 친구에게 직접 표현하거나 고의로 귀찮게 굴거나 언어적 공격이 나타난다. 품행장애와의 차이점으로 심각한 규칙위반이나 타인에 대한 권리침해가 나타나지 않는다. 까다로운 기질이나 활동성이 높은 아동에게서 많이 나타나고, 자아존중감이 낮으며, 욕을 잘하고, 기분의 변동이 심한 특성도 있다. 적대적 반항장애가 나중에 품행장애나 일탈행동으로 연결되는 경우가 많으므로 진단과 교육이 중요하다. 취학 전 아동이나 사춘기의 청소년에게서 반항장애 관련 행동이 흔하게 나타나므로 적대적 반항장애의 진단에 신중할 필요가 있다. 적대적 반항장애의 진단기준은 <표 5-10>에 제시되었다.

〈표 5-10〉 적대적 반항장애의 진단기준

A. 화난/격한 기분, 논쟁/반항행동, 복수심 등이 적어도 6개월 이상 지속되고 다음 범주 중에서 적어도 4개가 나타나야 한다.

- 화난/격한 기분
  1. 자주 화를 참지 못한다.
  2. 자주 신체접촉하거나 괴롭힌다.
  3. 자주 화를 내며 원망한다.
- 논쟁/반항행동
  4. 자주 권위인물 혹은 아동이나 청소년, 성인과 논쟁한다.
  5. 자주 권위인물의 지시나 규칙을 무시하거나 거부한다.
  6. 자주 고의로 남을 괴롭힌다.
  7. 자주 자신의 실수나 잘못에 대해 남을 비판한다.
- 복수심
  8. 6개월 이상 적어도 두 번 원한을 품거나 복수심으로 가득 차 있다.

B. 이러한 행동문제가 자신의 사회적 맥락(예: 가족, 또래집단, 직업동료)의 개인 혹은 타인의 고통과 연관되거나 사회, 교육, 직업 혹은 중요 영역에 부정적 영향을 준다.

C. 이런 행동은 정신병, 물질 사용, 우울 혹은 양극성장애가 있을 때 나타나지 않아야 한다. 또한, 이 기준은 파괴성 우울기분조절장애를 충족시키지 않아야 한다.

〈세부심도〉

- 경도: 한 장면(예: 가정, 학교, 일터, 또래)에서만 증상들이 확인될 경우
- 중등도: 적어도 두 장면에서 여러 증상들이 지속될 경우

출처: DSM-5(2013).

4) 분리불안장애

분리불안장애(Separation Anxiety Disorder: SAD)는 DSM-5(2013)에서 불안장애군에 속하며, 집이나 부모를 포함한 주요 애착 대상과 분리되는 것에 심각한 불안을 보이는 장애이다. 또래 아동에게서 보이는 일반적인 불안과는 정도가 심하게 나타나는데, 적어도 분리불안 관련 증상이 4주 동안 지속되며 사회, 학업(직업), 기타 중요 기능 면에서 임상적으로 심각한 손상을 일으키게 된다.

주요 특성으로 집이나 애착 대상과 분리될 때 심각한 고통을 반복적으로 경험하게 된다. 애착 대상과 떨어져 있을 때, 애착 대상이나 자신에게 사고나 질병이 발생하지 않을까 심각한 두려움을 겪게 된다. 분리불안장애 아동은 집에서 떠나는 것을 극도로 두려워해서 학교에서 실시하는 체험학습, 수학여행, 소풍, 야영 등에 참여하지 않으려 하고 심지어 심부름하거나 친구 집에 가는 것도 불안해한다. 애착 대상이나 집과 분리될 때 두통, 복통, 설사, 구토 등의 신체적 통증이 함께 나타나기도 한다. <표 5-11>에 진단기준이 제시되어 있다.

〈표 5-11〉 분리불안장애의 진단기준

A. 애착 대상의 분리와 관련하여 발달적으로 부적절하고 과도한 두려움이나 불안이 다음 중 3가지 이상이 분명하게 드러난다.

1. 집 또는 주 애착 대상과 분리되거나 분리가 예상될 때, 반복적인 심한 고통
2. 주 애착 대상의 상실, 질병, 상해, 재난 혹은 죽음과 같이 해로운 일이 발생할 것이라는 지속적인 심한 염려
3. 주 애착 대상과 분리될 만한 불행한 사건(예: 상실, 유괴, 사고, 질병)을 겪을 것에 대한 지속적이고 심한 염려
4. 분리에 대한 두려움 때문에 집, 학교, 일터나 그 외 장소에 나가기를 지속적으로 거부
5. 주 애착 대상이 없이 혼자 있거나 집이나 다른 장소에 있기를 거부 혹은 지속적인 심한 두려움

6. 주 애착 대상이 가까이 있지 않을 때 잠을 자거나 집을 떠나 잠을 자는 것에 대한 지속적인 거부
7. 분리의 주제와 연관된 반복적인 악몽
8. 주된 애착 대상과의 분리가 예상될 때 반복적인 신체 증상(예: 두통, 복통, 오심, 구토)

B. 두려움, 불안 혹은 회피가 아동과 청소년에게 적어도 4주 이상 지속되고 성인은 6개월 이상 지속된다.

C. 이런 문제는 사회, 학업(직업), 다른 중요한 기능영역에서 임상적으로 심각한 고통이나 손상을 가져온다.

D. 이런 문제는 자폐스펙트럼장애의 경우 변화에 대한 심한 저항 때문에 집 떠나기를 거절하기, 정신병의 경우 분리에 관한 망상이나 환각, 광장공포증의 경우 믿을 만한 동반자 없이 밖에 나가기를 거절하기, 일반화된 불안장애의 경우 중요한 사람의 질병이나 상해에 대한 염려, 병적 불안장애의 경우 병에 걸릴 것에 관한 염려 등과 같이 또 다른 정신장애로 설명되지 않는다.

출처: DSM-5(2013).

5) 선택적 함구증

선택적 함구증(selective mutism)은 DSM-5(2013)에서 불안장애군에 포함시키고 있다. 주요 증상은 익숙한 장소에서는 말을 잘하지만, 특정한 사회적 상황(예: 학교, 유치원 등)에 있을 때 말을 하지 않는 것이다. 선택적 함구의 문제가 적어도 1개월 이상은 지속되어야 하지만, 새로운 교육기관에 입학한 첫 1개월은 포함되지 않는다. 선택적 함구증의 특성은 심각한 수줍음과 위축, 사회적 기술의 문제 및 대인관계의 결핍 등이 있다. 선택적 함구증이 지속될 경우 학업성취도의 저하 및 학교 부적응 행동으로도 연결될 수 있다. 구체적인 진단기준은 <표 5-12>와 같다.

〈표 5-12〉 선택적 함구증의 진단기준

A. 다른 상황에서는 말을 할 수 있음에도 불구하고 말하기가 예상되는 특정 상황(예: 학교)에서는 시종일관 말하지 않는다.

B. 이런 문제가 학업, 직업 성취나 사회적 의사소통을 저해한다.

C. 이런 문제가 적어도 1개월은 지속되어야 한다(입학 후 처음 1개월은 포함되지 않음)

D. 말하지 않는 이유가 사회생활에서 요구되는 언어에 대한 지식이 없거나 불편한 관계에 기인하지 않는다.

E. 이런 문제가 의사소통장애(예: 말더듬)로 잘 설명되지 않아야 하고, 자폐스펙트럼장애, 정신분열증, 다른 정신장애의 경과 중에 발생하지 않아야 한다.

출처: DSM-5(2013).

6) 반응성 애착장애

반응성 애착장애(Reactive Attachment Disorder)는 DSM-5(2013)에서 외상 및 스트레스 관련 장애군에 포함되어 있다. 주된 증상은 애착 관계의 실패로 인한 발달적으로 사회적 관계 맺기의 심각한 결함을 나타낸다. 아동이 가져야 할 기본적인 감정 및 신체 욕구에 대한 무관심과, 양육자에게 억제되고 위축된 행동을 지속적으로 표현한다. 반응성 애착장애는 안정된 애착 형성을 방해하는 양육자의 빈번한 교체 등과 관련이 깊다. 아동의 반응 없는 모습과 사회적 관계 형성의 문제가 자폐성장애와 유사한 경우도 있으므로 진단에 주의가 요구된다. <표 5-13>에 구체적인 기준이 제시되었다.

〈표 5-13〉 반응성 애착장애의 진단기준

A. 양육자에게 억제되고 정서적으로 위축된 행동이 지속되는데, 다음과 같이 두 가지로 나타난다.

1. 아이가 고통받을 때 거의 위로를 받으려고 하지 않는다.
2. 아이가 고통받을 때 위로해 주어도 거의 반응하지 않는다.

B. 지속적인 사회적 및 정서적 문제가 다음과 같은 것 중에서 적어도 두 개가 나타난다.
  1. 타인에 대한 미미한 사회적 및 정서적 반응
  2. 긍정적 애정의 제한
  3. 양육자와의 비위협적인 상황에서도 설명할 수 없는 과민성, 슬픔, 두려움

C. 아동은 극도의 불충분한 양육을 경험하였고 적어도 다음 중 한 가지의 증거가 있다.
  1. 양육자로부터 위로, 자극, 애정 등 기본 정서적 욕구가 충족되지 못하는 사회적 학대나 박탈
  2. 일차 양육자가 자주 바뀌어 안정 애착을 형성할 기회가 제한됨(예: 양육에서의 잦은 변화)
  3. 비정상적인 장면에서 양육되어 선택적 애착을 형성할 기회가 심하게 제한됨(예: 양육자의 아동 양육 비율이 높은 시설)

D. 기준 C가 기준 A 문제행동의 원인이 된 것으로 예상된다(예: 기준 A의 문제행동은 기준 C의 적절한 양육의 결여 후 시작됨)

E. 이 장애는 자폐스펙트럼장애를 충족시키지 않아야 한다.

F. 이 문제행동은 5세 이전에 두드러진다.

G. 아동은 발달연령이 적어도 9개월이 되어야 한다.

출처: DSM-5(2013).

7) 우울장애

우울장애는 전반적으로 슬픔의 감정이 지속되어 일상생활에 어려움을 초래하는 장애이다. 대부분의 사람은 다양한 상황에서 슬픔의 감정을 경험하지만, 슬픔에 계속 빠져 있는 것은 아니다. 하지만 우울장애의 경우, 자신이 가진 슬픔에서 빠져나오지 못하고 학업 및 직업, 사회적 상호작용, 일상생활 등에 심각한 어려움을 동반하게 된다. 우울장애는 다른 장애에 비해서 발견이 다소 어려운 경우가 있는데, 주된 증상이 외적으로 직접 표현되는 경우보다 내면화되어 있기 때문이다.

우울장애는 주요 우울장애와 지속적 우울장애, 파괴적 기분조절장애로 구분되는데, 주요 우울장애의 진단기준은 <표 5-14>에 제시되어 있다. 파괴적 기분조절장애는 만성적이고 지속적인 성마름(참을성이 없고 조급한 성격)과 짜증이 욕구가 좌절될 경우 언어적 및 행동적 패턴으로 나타난다. 지속적 우울장애는 우울 증상이 2년 이상 지속되어 만성화된 경우이다.

〈표 5-14〉 주요우울장애의 진단기준

A. 다음의 증상 가운데 5가지(또는 그 이상)의 증상이 2주 연속으로 지속되며 이전의 기능 상태와 비교할 때 변화를 보이는 경우, 증상 가운데 적어도 하나는 (1) 우울 기분이거나 (2) 흥미나 즐거움의 상실이어야 한다.

주의점: 명백한 다른 의학적 상태로 인한 증상은 포함되지 않아야 한다.

1. 하루 중 대부분, 그리고 거의 매일 지속되는 우울한 가분에 대해 주관적으로 보고(예: 슬픔, 공허감 또는 절망감)하거나 객관적으로 관찰됨(예: 눈물 흘림)
   주의점: 아동, 청소년의 경우는 과민한 기분으로 나타나기도 함]
2. 거의 매일, 하루 중 대부분, 거의 또는 모든 일상 활동에 대해 흥미나 즐거움이 뚜렷하게 저하됨
3. 체중 조절을 하고 있지 않은 상태에서 의미 있는 체중의 감소(예: 1개월 동안 5퍼센트 이상의 체중 변화)나 체중의 증가, 거의 매일 나타나는 식욕의 감소나 증가가 있음
   (주의점: 아동에서는 체중 증가가 기대치에 미달되는 경우)
4. 거의 매일 나타나는 불면이나 과다 수면
5. 거의 매일 나타나는 정신운동 초조나 지연(객관적으로 관찰 가능함, 단지 주관적인 좌불안석 또는 처지는 느낌뿐만이 아님)
6. 거의 매일 나타나는 피로나 활력의 상실
7. 거의 매일 무가치감 또는 과도하거나 부적절한 죄책감(망상적일 수도 있는)을 느낌(단순히 병이 있다는 데 대한 자책이나 죄책감이 아님)
8. 거의 매일 나타나는 사고력이나 집중력의 감소 또는 우유부단함(주관적인 호소나 객관적인 관찰 가능함)
9. 반복적인 죽음에 대한 생각(단지 죽음에 대한 두려움이 아닌), 구체적인 계획 없이 반복되는 자살 사고, 또는 자살 시도나 자살 수행에 대한 구체적인 계획

B. 증상이 사회적, 직업적, 또는 다른 중요한 기능 영역에서 임상적으로 현저한 고통이나 손상을 초래한다.

C. 삽화가 물질의 생리적 효과나 다른 의학적 상태로 인한 것은 아니다.
주의점: 진단기준 A부터 C까지는 주요 우울삽화를 구성하고 있다.
주의점: 중요한 상실(예: 사별, 재정적 파탄, 자연재해로 인한 상실, 심각한 질병이나 장애)에 대한 반응으로 진단기준 A에 기술된 극도의 슬픔, 상실에 대한 반추, 불면, 식용 저하 그리고 체중 감소가 나타날 수 있고 이는 우울 삽화와 유사하다. 비록 그러한 증상이 이해될 만하고 상실에 대해 적절하다고 판단된다 할지라도 정상적인 상실 반응 동안에 주요 우울 삽화가 존재한다면 이는 주의 깊게 다루어져야 한다. 이러한 결정을 하기 위해서는 개인의 과거력과 상실의 고통을 표현하는 각 문화적 특징을 근거로 한 임상적인 판단이 필요하다.

D. 주요 우울삽화가 조현장동장애, 조현병, 조현양상장애, 망상장애, 달리 명시된 또는 명시되지 않은 조현병 스펙트럼 및 기타 정신병적 장애로 더 잘 설명되지 않는다.

E. 조증 삽화 혹은 경조증 삽화가 존재한 적이 없다.
주의점: 조증 유사 혹은 경조증 유사 삽화가 물질로 인한 것이거나 다른 의학적 상태의 직업적인 생리적 효과로 인한 경우라면 이 제외 기준을 적용하지 않는다.

출처: DSM-5(2013).

8) 특정 공포증

과거에 단순 공포증으로 불렸던 특정 공포증은 DSM-5(2013)에서 불안장애군에 속한다. 주된 특성으로는 특정 대상이나 상황에 대한 과도한 불안 및 공포가 지속되는 것이다. 특정 공포증의 대상은 동물, 자연환경, 주사, 상황(예: 비행기나 엘리베이터 타기 등), 기타(예: 큰 소리, 전설적 인물 등) 등이 있다. 특정 공포증의 대표적인 유형으로 학교공포증이 있다. 학교공포증은 학교에 대한 과도한 공포로 인해 등교를 거부하는 것으로, 6개월 이상 증상이 지속되어야 한다. 공포증으로 인한 반응으로 땀이 흐르거나 심장박동수가 증가하거나 복통이 일어나는 생리적 반응과 두려워하는 대상에 노출되면 나쁜 일이 생길 것이라는 인지적 반응, 두려워하는 대상을 항상 염려하고 경계하는 행동적 반응이 있다.

특정 공포증 외에 불안 관련 장애로 자신이 평가받는 상황이나 다른 사람들 앞에 노출되는 것에 대한 극심한 공포인 사회적 공포증, 심각한 사건 이후 나타나는 외상 후 스트레스장애 등이 있다. <표 5-15>에 진단기준이 제시되었다.

〈표 5-15〉 특정 공포증의 진단기준

A. 특정 대상이나 상황(예: 비행기 타기, 높이, 동물, 주사맞기 등)에 관한 두려움이나 불안이 뚜렷하다(아동의 경우, 두려움이나 불안이 울기, 기질적 짜증, 표정 굳기, 매달리기로 나타날 수 있다.)

B. 공포 대상이나 상황이 항상 즉각적인 두려움이나 불안을 야기하지 않는다.

C. 공포 대상이나 상황을 적극적으로 회피하거나, 심한 두려움이나 불안을 경험한다.

D. 두려움이나 불안은 특정 대상이나 상황 및 사회문화적 환경에 의해 야기된 실제 위험의 일부이다.

E. 두려움, 불안 혹은 회피가 전형적으로 6개월 이상 지속된다.

F. 두려움, 불안 혹은 회피가 사회, 직업 혹은 기타 중요한 영역에서 임상적으로 심한 고통이나 손상을 일으킨다.

G. 이런 문제가 공황 유사 증상이나 기타 꼼짝 못 하게 만드는 증상(광장공포증), 강박증과 연루된 대상이나 상황(강박충동장애), 외상적 사건의 기억(외상 후 스트레스장애), 집 혹은 애착 대상과의 분리(분리불안장애), 사회적 상황(사회적 불안장애)에 대한 두려움, 불안, 회피를 포함하여 또 다른 정신장애의 증상으로 설명되지 않아야 한다.

〈세부유형〉

- 동물형(예: 거미, 곤충, 개)/자연환경형(예: 높이, 폭풍, 물)
- 파-주사-손상형(예: 주삿바늘, 의료절차)
- 상황형(예: 비행기, 엘리베이터, 밀폐 장소)

출처: DSM-5(2013).

5. 정서·행동장애의 교육

1) 사회성 기술

정서 · 행동장애 아동에게 가장 중요한 부분이 있다면 바로 사회성과 관련된 부분일 것이다. 왜냐하면, 대부분의 정서 · 행동장애 아동이 자신이 가진 장애로 인해 대인관계에서 다양한 문제를 보이기 때문이다. 대표적 유형으로 또래들과 집단 활동 시 감정조절 실패, 타인의 말에 대한 잘못된 해석과 타인의 평가에 대한 위축 및 분노 표출, 대화기술의 부족, 친밀감 표현 및 유지기술의 부족 등이 있다.

그러므로 정서 · 행동장애 아동이 원만한 학교생활을 하기 위해서 먼저 사회성 관련 기술을 교육하는 것이 필요하다. 사회성 관련 기술의 대표적인 몇 가지를 제시하면 타인과 어울리는 방법(지시 따르기, 욕과 괴롭힘 다루기, 도움 요청하기 등), 주어진 역할 수행(대화, 의사소통, 자기표현, 협력하기, 또래와 놀기 등), 친사회적 기술 교수(가족, 또래 관계를 향상시키기 위한 주요 활동) 등이 있다.

사회성 기술 지도를 위한 전략으로 상황맥락중재(contexualist intervention)를 제시할 수 있다. 상황맥락중재는 학교나 가정 등 아동이 생활하는 상황 속에서 요구되는 기술을 직접 지도한다. 상황맥락중재에 해당하는 기술로 대인관계 문제해결중재에 해당하는 FAST전략, SLAM전략이 있다.

(1) FAST 전략

대인관계 속에서 갈등이 있을 때, 아동으로 하여금 문제를 주의 깊게 생각하고 해결책이 될 수 있는 대안을 모색한 후에 각 대안의 결과를 예측하고 나서 최선의 결과를 줄 수 있는 대안을 선택하게 한다. 각 단계의 머리글자를 따서 FAST전략으로 명명한다. 각 단계는 <표 5-16>과 같다.

〈표5-16〉 FAST 전략

Freeze and Think (멈추고 생각한다)
Alternatives (대안을 모색한다)
Solution Evaluation (최적의 대안을 찾는다)
Try it! (선택한 대안을 실행한다)

출처: 김애화, 김의정, 김자경, 최승숙 (2012). 학습장애 이론과 실제. p.389.

(2) SLAM 전략

SLAM 전략은 타인에게 부정적인 피드백을 받았을 때, 적절하게 수용할 수 있도록 지도하는 전략이다. 각 단계의 머리글자를 따서 SLAM전략으로 명명한다. 각 단계는 <표 5-17>과 같다.

〈표 5-17〉 SLAM 전략

Stop whatever you are doing (지금 하고 있는 일을 멈춰라)
Look the person in the eye (상대방의 눈을 바라보라)
Ask the person a question to clarify what he or she means (상대방이 말한 것이 어떤 의미인지 명확하게 말해 줄 것을 요청하라)
Make an appropriate response to the person (상대방에게 적절한 반응을 하라)

출처: 김애화, 김의정, 김자경, 최승숙 (2012). 학습장애 이론과 실제. p.390.

2) 학업 기술

정서 · 행동장애 아동은 다수가 일반 지능을 보유하고 있으나, 행동 및 사회성 기술 관련 문제와 학교에서의 부적응 등 다양한 이유로 인해 학업성취도가 저하되어 있는 경우가 많다. 그러므로 교사와 부모 및 전문가는 대상 아동에 대한 학업 기술을 체계적으로 지도해야 한다.

읽기, 쓰기, 계산하기와 같은 기본적 학습기능에서부터 교과별 주요 내용과 문제풀이기술 등 아동에 따라 지도할 내용에 차이가 있으므로 개별화교육계획을 작성하기 이전에 미리 수준을 파악해야 한다.

3) 행동관리

(1) 긍정적 행동지원

긍정적 행동지원은 정서 · 행동장애 아동에게 문제행동의 감소 및 예방과 더불어 친사회적 행동을 학습시킴으로써 일상생활에 원만한 적응을 위한 행동접근법이다(정대영, 2009). 과학적 행동분석에 기초하여 아동의 문제행동을 유발하는 환경 변화와 더불어 아동의 삶의 질을 향상시키는 데 궁극적 목표를 두고 있다. 긍정적 행동지원은 대상 아동의 문제행동을 확인하고 관련 정보를 수집한 후, 문제행동 관련 문서 작성과 행동지원계획을 수립하여 직접 실천한다.

긍정적 행동지원은 교사와 부모, 심리치료사 등 다양한 전문가에 의한 팀을 구성하여 이루어지며, 아동의 문제행동 자체에만 초점을 두지 않고 문제행동을 유발하는 모든 요인을 철저히 분석하여 중재함으로써 결과에만 초점을 두는 행동수정과 달리 중재 효과가 무척 높게 나타난다. 긍정적 행동지원과 관련하여 아동에게 적절한 행동을 가르치고 문제행동을 감소 및 예방하기 위한 학교체제의 특성은 다음과 같다.

- 행동적 기대를 진술한다.
- 행동적 기대를 정의하고 가르친다.
- 적절한 행동을 인정한다.
- 행동 문제를 사전에 예방한다.
- 팀에 의한 평가
- 개별 아동지원체제를 학교훈육체제로 통합한다.

(2) 교실관리

교실에서 정서 · 행동장애 아동을 위한 전략으로는 학급의 규칙을 그들의 상황에 맞게 수정한 후, 분명히 제시하여 규칙에 따른 행동관리를 일관성 있게 해야 한다. 교사의 기대에 맞는 바람직한 행동을 잘 수행한 경우에는 보상을 통한 강화를 실시하고, 규칙을 어긴 경우에는 그에 따른 반응대가와 타임아웃 등을 실시한다. 중요한 것은 교사의 주관에 따라 아동의 행동을 관리하는 것이 아닌, 아동의 분명한 동의하에 규칙을 함께 정해서 실천하도록 해야 한다. 그리고 아동이 규칙을 지킬 수 있도록 사전 교육과 교실 환경을 구조화시키는 것이 중요하다.

(3) 자기관리

정서 · 행동장애 아동에게 자신의 생활을 직접 관리하고 통제할 수 있는 기술을 가르치도록 해야 한다. 자기관리는 정서 · 행동장애 아동에게 자신의 행동에 대한 책임을 배우고 스스로 자기결정을 하도록 교수하는 것이다.

자기관리의 대표적인 예로 자신의 행동에 대해 직접 표시하도록 하는 자기점검(자기기록)이 있다. 아동이 교실에서 소리 지르지 않겠다고 교사와 약속하였다면, 교사는 아동에게 자기점검표를 만들어서 하루 동안 소리 지르기를 몇 번 하였는지를 표시하게 하는 것이다. 스스로 자신의 행동을 표시하고 관리하는 과정에서 아동은 자신의 행동을 관리할 수 있는 능력을 향상할 수 있다.

(4) 또래중재

정서 · 행동장애 아동을 위한 또래중재는 또래의 행동을 관찰하고 기록하여 피드백을 제공하도록 가르치는 또래점검, 다른 아동의 긍정적 행동에 대해 보고하는 법을 가르치고 격려하는 긍정적 또래보고, 교실이나 학교에서 필요한 사회적 기술이나 행동 등을 또래 아동이 정서 · 행동장애 아동에게 가르치는 또래교수 등이 있다.

교사는 학급에서 적절한 행동이 무엇이며 어떻게 실천하는지를 정서 · 행동장애 아동의 또래 아동집단을 활용함으로써 교사가 주도하는 것보다 더욱 친밀하게 긍정적 반응을 이끌어 낼 수 있다.

4) 정서 · 행동장애 모델별 중재전략

(1) 신체생리학적 모델

신체생리학적 모델은 정서 · 행동장애의 부적절한 행동이 유전 및 신경학적 요인, 기질 등의 신체적 요인의 영향으로 본다. 신체생리학적 모델에 따른 중재전략으로는 약물치료, 영양치료가 대표적이며, 교사는 아동이 정해진 시간에 정해진 용량의 약물을 복용할 수 있도록 지도해야 하며, 약물복용에 따른 부작용 여부를 관찰하여 의료진과 상의해야 한다.

(2) 심리역동적 모델

심리역동적 모델은 정서 · 행동장애의 주요 원인이 발달단계에서 일어나는 갈등을 원만히 처리하지 못한 무의식적 갈등에 있다고 본다. 중재전략에는 무의식적 갈등을 해결하기 위한 심리치료적 접근을 강조한다. 미술치료, 음악치료, 놀이치료, 연극치료 등이 무의식적 갈등을 처리하기 위한 대표적인 치료에 해당한다.

(3) 행동주의 모델

행동주의 모델은 정서 · 행동장애 아동의 부적응 행동이 잘못된 환경과 행동결과에 의해 학습된 것으로 간주한다. 주변이 부적응 행동을 모방하거나 부적응 행동을 했을 때 강화를 받은 경험이 계속 그 행동에 집착하게 되고, 결국 장애로 이어진다는 것이다. 행동주의적 모델에서는 아동의 문제행동 이전과 이후의 환경적 사건을 조작하여 변화를 유도하고, 다양한 행동수정 전략을 활용하여 아동의 부적응 행동을 감소하고 바람직한 행동을 증가시키도록 한다. 대표적인 행동수정 전략으로 바람직한 행동을 증가시키는 강화와 바람직하지 못한 행동을 감소시키는 벌이 있으며, <표 5-18>에 강화와 벌의 유형을 제시하고 있다.

〈표 5-18〉 강화와 벌의 유형

정적 강화	아동이 선호하는 자극을 제시함으로써 바람직한 행동을 증가시킨다. 예) 인사를 잘하면 좋아하는 사탕을 제공한다.
부적 강화	아동이 혐오하는 자극을 제거함으로써 바람직한 행동을 증가시킨다. 예) 지각을 하지 않고 정시에 등교하면 청소 당번을 면제해 준다.
정적 벌	아동이 혐오하는 자극을 제공함으로써 바람직하지 못한 행동을 감소시킨다. 예) 친구와 싸우면 화장실 청소를 하도록 한다.
부적 벌	아동이 선호하는 자극을 제거함으로써 바람직하지 못한 행동을 감소시킨다. 예) 수업시간에 떠들면, 칭찬스티커를 압수한다.

(4) 인지적 모델

인지적 모델에서의 정서 · 행동장애 원인은 아동의 비합리적 신념 및 사고의 미성숙이나 왜곡으로 설명된다. 그러므로 아동의 비합리적 생각 및 행동을 유발하는 왜곡된 사고를 변화시켜 합리적인 사고를 가질 수 있도록 하는 것에 중재의 초점을 두고 있다. 인지적 모델에서 중재전략은 합리적 정서행동치료(REBT)를 제시할 수 있다. 상담자는 아동과의 상담에서 아동이 가진 왜곡되고 비합리적인 신념을 찾아내어 반박하는 논박을 실시하고 바람직한 사고로 변화시키도록 지원한다.

(5) 생태학적 모델

생태학적 모델에서는 정서 · 행동장애를 아동을 둘러싼 환경적 맥락의 여러 요소가 복합적으로 영향을 주어 나타나는 것으로 보고 있다. 그러므로 정서 · 행동장애는 아동 개인의 문제가 아닌 아동이 속한 모든 환경체계에 문제가 있는 것으로 보고 아동의 변화를 위해서는 모든 환경의 문제 해결이 있어야 함을 강조한다.

생태학적 모델에 따른 중재전략에는 아동에게 영향을 끼치는 환경에 대한 중재와 아동 개인에 대한 중재가 모두 포함된다. 가정을 변화시키기 위한 가족 치료나 부모교육, 학교에서는 교사상담과 교사교육 및 또래 관계의 변화, 유해 환경의 차단 등이 그 예가 된다.

학습문제

1. 정서·행동장애의 정의가 어려운 이유와 함께 다양한 정의를 설명하시오.
2. 정서·행동장애의 원인을 설명하시오.
3. 정서·행동장애의 하위장애를 분류하고 특성을 설명하시오.
4. 정서·행동장애의 교육방법을 설명하시오.

제6장

자폐스펙트럼장애

1. 자폐스펙트럼장애의 정의

자폐스펙트럼장애는 Kanner에 의해 1943년 '초기 유아 자폐증(early infantile autism)'으로 소개되었다. 그는 지적장애나 다른 정신질환을 보이는 아동과는 다른 증상을 보이는 아동을 대상으로 다음과 같은 특성을 제시하였다. 첫째, 유아 초기부터 다른 사람들과 주변 환경에 대해 일반적인 방법으로 관계를 맺지 못한다. 둘째, 의사소통을 위해 언어를 사용하지 못한다. 셋째, 적절한 자발적 반응이 부족하며, 사물을 계속 그대로 놓아두는 강한 강박적인 욕구가 있다. 넷째, 특정 사물에 대한 뛰어난 조작 능력이 있다. 다섯째, 정상 이상의 인지기능을 가지고 있다(김종현 외, 2015).

이후 계속된 연구를 통해 밝혀진 다양한 내용 중에서 자폐와 관련된 사실에는 만 3세 이전에 발생하여 일생동안 지속되며, 뇌기능과 관련된 신경학적 요인에 따른 원인으로 발생하며, 여아보다 남아에게 더 많이 발견될 뿐 아니라 다양한 지역과 모든 인종에게서 발견된다는 것이다.

1) 미국 정신의학회의 정의(2013)

자폐스펙트럼장애는 1980년 미국 정신의학회의 DSM-Ⅲ에서 발달장애 하위 유형으로 분류되었다. 이후, 1994년 DSM-Ⅳ에서는 자폐성장애와 아스퍼거 장애, 아동기 붕괴성 장애를 비롯하여 '그밖의 분류되지 않은 광범위한 발달장애로 분류하여 제시하였으나, DSM-5(2013)에서는 자폐스펙트럼장애의 범주로 통합되었다. DSM-5에서는 과거 '전반적 발달장애'의 하위 장애들을 모두 자폐 관련 유형들로 제시한 것과는 달리 '신경발달장애'의 한 형태로 제시하고 있다. 이는 자폐스펙트럼장애의 특성이 개인의 신경학적 문제 즉 뇌손상에 기인하고 있음을 나타낸다. 자폐스펙트럼장애는 사회적 상호작용 및 의사소통의 결함과 행동이나 관심 및 활동의 범위가 제한적이고, 반복적인 특징을 나타낸다. DSM-5에서 제시하는 자폐스펙트럼장애의 진단기준은 <표 6-1>과 같다.

〈표 6-1〉 자폐스펙트럼장애의 진단기준

A. 다양한 분야에 걸쳐 나타나는 사회적 의사소통 및 사회적 상호작용의 지속적인 결함으로 현재 또는 과거력상 다음과 같은 특징으로 나타난다.

1. 사회적-감정적 상호성의 결함(예: 비정상적인 사회적 접근과 정상적인 대화의 실패, 흥미나 감정 공유의 감소, 사회적 상호작용의 시작 및 반응의 실패)
2. 사회적 상호작용을 위한 비언어적인 의사소통 행동의 결함(예: 언어적, 비언어적 의사소통의 불완전한 통합, 비정상적인 눈 맞춤과 몸짓 언어, 몸짓의 이해와 사용의 결함, 얼굴 표정과 비언어적 의사소통의 전반적 결핍)
3. 관계 발전, 유지 및 관계에 대한 이해의 결함(예: 다양한 사회적 상황에 적합한 적응적 행동의 어려움, 상상 놀이를 공유하거나 친구 사귀기가 어려움, 동료들에 대한 관심 결여)

B. 제한적이고 반복적인 행동이나 흥미, 활동이 현재 또는 과거력상 다음 항목들 가운데 적어도 2가지 이상 나타난다.

1. 상동증적이거나 반복적인 운동성 동작, 물건 사용 또는 말하기(예: 단순 운동 상동증, 장난감 정렬하기, 또는 물체 튕기기, 반향어, 특이한 문구 사용)

2. 동일성에 대한 고집, 일상적인 것에 대한 융통성 없는 집착, 또는 의례적인 언어나 비언어적 행동 양상(예: 작은 변화에 대한 극심한 고통, 변화의 어려움, 완고한 사고방식, 의례적인 인사, 같은 길로만 다니기, 매일 같은 음식 먹기)
3. 강도나 초점에 있어서 비정상적으로 극도로 제한되고 고정된 흥미(예: 특이한 물체에 대한 강한 애착 또는 집착, 과도하게 국한되거나 고집스러운 흥미)
4. 감각 정보에 대한 과잉 또는 과소 반응, 또는 환경의 감각 영역에 대한 특이한 관심(예: 통증/온도에 대한 명백한 무관심, 특정 소리나 감촉에 대한 부정적 반응, 과도한 냄새 맡기 또는 물체 만지기, 빛이나 움직임에 대한 시각적 매료)

C. 증상은 반드시 초기 발달 시기부터 나타나야 한다(그러나 사회적 요구가 개인의 제한된 능력을 넘어서기 전까지는 증상이 완전히 나타나지 않을 수 있고, 나중에는 학습된 전략에 의해 증상이 감춰질 수 있다).

D. 이러한 증상은 사회적, 직업적 또는 다른 중요한 현재의 기능 영역에서 임상적으로 뚜렷한 손상을 초래한다.

E. 이러한 장애는 지적장애(지적발달장애) 또는 전반적 발달지연으로 더 잘 설명되지 않는다. 지적장애와 자폐스펙트럼장애는 자주 동반된다. 자폐스펙트럼장애와 지적장애를 함께 진단하기 위해서는 사회적 의사소통이 전반적인 발달 수준에 기대되는 것보다 저하되어야 한다. 주의점: DSM-IV의 진단기준상 자폐성장애, 아스퍼거장애 또는 달리 분류되지 않는 광범위성 발달장애로 진단된 경우에서는 자폐스펙트럼장애의 진단이 내려져야 한다. 사회적 의사소통에 뚜렷한 결함이 있으나 자폐스펙트럼장애의 다른 진단 항목을 만족하지 않는 경우에는 사회적(실용적) 의사소통장애로 평가해야 한다.

다음의 경우 명시할 것:
지적 손상을 동반하는 경우 또는 동반하지 않는 경우
언어 손상을 동반하는 경우 또는 동반하지 않는 경우
알려진 의학적 · 유전적 상태 또는 환경적 요인과 연관된 경우
다른 신경발달, 정신 또는 행동 장애와 연관된 경우
긴장증 동반(정의에 대해서는 다른 정신질환과 관련이 있는 긴장증의 기준을 참조할 것)

2) 한국의 정의

한국의 「장애인 등에 대한 특수교육법」과 「장애인복지법」에 의한 정의를 제시할 수 있다.

(1) 장애인 등에 대한 특수교육법

한국에서 자폐성장애는 2007년 「장애인 등에 대한 특수교육법」이 제정되어 시행됨에 따라 과거 정서 · 행동장애에 포함되었던 자폐성장애가 분리되어 독립된 범주를 이루게 되었다. 「장애인 등에 대한 특수교육법」에서는 '자폐성장애'의 정의를 <표 6-2>와 같이 제시한다.

〈표 6-2〉 장애인 등에 대한 특수교육법 자폐성장애의 정의

사회적 상호작용과 의사소통에 결함이 있고 제한적이고 반복적인 관심과 활동을 보임으로써 교육적 성취 및 일상생활 적응에 도움이 필요한 사람

(2) 장애인복지법

한국의 장애인복지법에서는 「장애인복지법 시행령」 제2조에서 장애인의 종류와 기준을 제시하고 있다. 자폐성장애의 정의는 다음의 <표 6-3>과 같다.

〈표 6-3〉 장애인복지법 자폐성장애 정의

소아기 자폐증, 비전형적 자폐증에 따른 언어 · 신체표현 · 자기조절 · 사회적응기술 및 능력의 장애로 인해 일상생활이나 사회생활에 상당한 제약을 받아 다른 사람의 도움이 필요한 사람

2. 자폐스펙트럼장애의 원인과 출현율

1) 자폐스펙트럼장애의 원인

자폐스펙트럼장애의 원인과 관련하여 초기에는 부모와의 관계, 양육 등과 관련된 '심인론' 요인들이 제시되었다. 즉, 자폐스펙트럼장애를 가진 아동이 무신경하고 무정한 부모로 인한 원인으로 발생한다는 주장이었다. 하지만 이러한 심인론적 원인은 다양한 연구의 결과로 토대로 비판받았으며, 자폐의 발생과 부모의 양육태도는 무관한 것으로 밝혀졌다(강대옥 외, 2012).

또한, 1960년대에는 정신분석학적 접근에 따라 가족들과의 상호작용에서 자폐스펙트럼장애 아동이 가족으로부터 거부 당하고 위축됨으로 인해 심리적으로 대항하기 위하여 방어적으로 자폐 성향을 띠게 된다고 하였다. 하지만 이러한 정신분석학적 입장 역시 자폐스펙트럼장애 아동의 부모에게 원인을 두고 있다(정대영, 2011). 최근 연구에서는 자폐스펙트럼장애의 원인을 생물학적 원인에 초점을 두고 설명한다. 앞에서 제시한대로 최근의 미국 정신의학회에서 자폐스펙트럼장애를 신경발달장애의 유형으로 분류한 것은 자폐스펙트럼장애의 원인을 뇌손상 및 신경학적 요인으로 인한 것으로 보고 있는 것이다.

(1) 유전적 요인

가족 내 자폐스펙트럼장애의 발생 위험률은 50～200배까지 높은 비율로 나타나고 있으며, 일란성 쌍생아의 경우 이란성 쌍생아보다 그 확률이 높아진다. 이는 다양한 유전자들의 이상과 연관이 있다. 3～15개의 대립 유전자들이 관련되며, 다원적인 유전 형태를 나타내고 있다. 유전적 영향은 유전자 자체의 영향 또는 환경과 상호작용이 되어 증상이 발현된다. 쌍생아의 경우는 유전율이 90% 이상으로 보고되고 있으며, 가족관계가 가까울수록 그 위험도 또한 증가하고 있다. 자폐스펙트럼장애 아동 중 염색체 이상은 전체 중 약 10% 정도로 보고되고 있다.

(2) 신경학적 요인

자폐스펙트럼장애 원인 중 신경학적 요인으로는 크게 신경전달물질과 호르몬 원인으로 구분할 수 있다. 두뇌와 관련해서는 뇌간이나 전두엽 등 두뇌의 다양한 영역이 자폐스펙트럼장애와 연관된 것으로 보고되어 왔다(Muller, 2007; Strock, 2004). 중추신경계의 특정 신경화학물질과 관련된 연구에서는 신경전달물질의 경우 세로토닌과 도파민, 노르에피네프린, 아편양 펩타이드, 아미노산과 아세틸 콜린과 관계가 있으며, 호르몬의 경우는 코르티솔과 갑상선 호르몬과 관계가 있다고 보고되고 있다(Anderson & Hoshino, 2005; Dapretto et al., 2006: Garber, 2007).

(3) 환경적 요인

자폐스펙트럼장애의 원인 중 환경적 요인으로는 출생 전 산모의 스트레스로 인한 뇌의 부정적인 영향을 제시할 수 있다. 대표적으로 산모의 스트레스 호르몬이 태아의 뇌하수체-시상하부에 영향을 미칠 수 있다. 산모의 연령 또한 자폐의 주요한 요인이 될 수 있다. 또한, 산모가 임신 중 알코올을 복용하였거나 갑상선 저하 등이 자폐스펙트럼장애를 일으키는 위험요인으로 작용되기도 한다. 이 외에도 산모의 바이러스 감염, 티메로살 부작용 등 다양한 가설이 있다.

2) 자폐스펙트럼장애의 출현율

자폐스펙트럼장애의 출현율은 국가마다 다양하게 나타난다. 그 이유는 자폐스펙트럼장애 관련 특성의 진단 방법 등에 있어서 다양함이 있기 때문이다. 미국의 경우 자폐 관련 행동을 보이는 아동은 10,000명당 15명 정도로 추정하였다(정대영, 2011). 최근에는 자폐스펙트럼장애의 출현율을 전체 인구의 1%로 추정하고 있다(APA, 2013, 김종현 외, 2015 재인용).

한국은 2023년 특수교육 연차보고서에 의하면 특수교육대상자 109,703명 중에서 자폐스펙트럼장애 아동은 19,275명으로, 특수교육대상자의 17.6%로 제시하고 있다(특수교육통계, 2023). 이는 특수교육대상자 중 지적장애 다음으로 많은 비율에 해당된다. 또한, 자폐스펙트럼장애는 남아의 비율이 여아보다 높다.

3. 자폐스펙트럼장애의 진단

자폐스펙트럼장애의 진단은 DSM-5(2013)에 근거를 두고 이루어진다. DSM-5(2013)의 자폐스펙트럼장애 진단기준은 앞에서 제시하였으므로 본 장에서는 다른 검사도구에 대해 기술한다.

1) 영유아 자폐 관찰 선별 체크리스트

(1) 영아기 문제행동 관찰 선별

① 미소가 결여되어 있다.
② 과다민감성을 보인다.
③ 과소민감성을 보인다.
④ 옹알이가 거의 없다.
⑤ 낯선 사람에 대한 불안이 거의 없다.
⑥ 추종하는 행동이 미약하다.
⑦ 불러도 대답이 없다.
⑧ 무표정한 얼굴이다.
⑨ 까꿍에 무반응이다.
⑩ 자율운동적 적응력이 결여되어 있다.
⑪ 눈 맞춤이 결여되어 있다.

(2) 유아기 문제행동 체크리스트

① 손가락을 써서 가리키는 일이 전혀 없다.
② 말하기의 지연현상이 나타난다.
③ 말에 의한 표현력이 상실되고 있다.
④ 타인의 움직임에 대한 대응이 곤란하다.
⑤ 무의식적 자극행동이 있다.
⑥ 극단적 위축행동이 있다.
⑦ 놀이 중 방해받기 싫어한다.
⑧ 상상놀이가 전혀 없다.
⑨ 동일성 고집이 세다.
⑩ 과다행동이 나타난다.
⑪ 이유 없는 갑작스러운 울음과 웃음이 있다.
⑫ 불규칙하고 자주 깨는 잠버릇이 있다.

영아기와 유아기 체크리스트 항목 중에서 어느 한 가지만 해당이 되어도 자폐스펙트럼장애 조기발견을 위한 진단이 필요하다(서경희 외, 2003).

2) 영아 자폐검목표(Checklist for Autism in Toddler: CHAT)

본 검사는 Baron-Cohen, Allen과 Gillberg(1992)에 의해 개발되었다. 생후 18개월 전후 정기검진 시 자폐스펙트럼장애가 의심되는 아동을 발견하기 위해 실시한다. 본 검사에서는 가상놀이 능력과 관심 공유 능력을 중요시하여 평가하고 있으며, A 영역과 B 영역으로 나누어 실시되는데 각각 부모와 검사자의 관찰을 통해 '예/아니오'로 답하도록 구성되어 있다. 부모 작성용인 A 영역의 9문항 중 2개 이상 '예'로 체크될 경우 자폐스펙트럼장애로 진단받는 경우가 많았음을 Baron-Cohen 등에 의해 보고되었다(서경희 외, 2003). 특히, A 영역에서 2, 4, 5, 7, 9번의 문항에 '아니오'로 답한 경우는 반드시 자폐스펙트럼장애의 진단검사가 요구됨을 주장하였다. 다음의 <표 6-4>에 구체적인 내용을 제시한다.

〈표 6-4〉 영아 자폐검목표

A(부모 작성용).

1. 자녀가 그네타기처럼 흔들려지는 것이나 부모 무릎 위에서 뛰기와 같은 행동을 즐깁니까?
2. 다른 아이들에게 관심을 가집니까?
3. 계단 오르기를 할 수 있습니까?
4. 까꿍놀이나 숨기놀이를 할 수 있습니까?
5. 소꿉놀이 주전자로 컵에 물을 따르는 것과 같은 가상놀이를 합니까?
6. 무언가를 요구하기 위하여 손가락으로 가리키는 행동을 합니까?
7. 무언가에 흥미가 있음을 나타내기 위해 손가락으로 가리키는 행동을 합니까?
8. 자동차나 블록과 같은 장난감을 핥거나 그저 떨어뜨리면서 놀지 않고 적절하게 가지고 놀 수 있습니까?
9. 무언가를 보여 주기 위해서 부모에게 어떤 것을 가져오는 경우가 있습니까?

B(검사자 작성용).

1. 관찰하는 동안에 영아가 당신과 눈 맞춤을 합니까?
2. 영아를 주의집중 시키고, 방 저편에 있는 사물(예: 곰인형)을 가리키면서 "저기 봐. 곰인형이 있네!"라고 말하면 영아가 당신이 가리킨 곰인형을 바라봅니까?
3. 영아를 주의집중시키고, 장난감 주전자와 컵을 주면서 "물 한 잔 마실래?"라고 물으면 물 따르기나 컵을 들고 마시는 것과 같은 가상적 행동을 합니까?
4. 영아에게 "전깃불 어디 있지?" 혹은 "전깃불이 어디 있는지 가리켜 봐."라고 말하면, 영아가 손가락으로 전깃불을 가리킵니까? (만약 영아가 전깃불을 이해하지 못한다면 손이 닿지 않는 곳에 있는 다른 장난감이나 사물을 대상으로 질문합니다. 이 문항에서 영아는 손가락으로 사물을 가리키면서 반드시 당신의 얼굴을 쳐다보아야 합니다)
5. 영아가 블록으로 탑을 쌓을 수 있습니까? (만약 할 수 있다면 몇 개의 블록을 쌓을 수 있습니까?)

3) 자폐유아 선별 부모용 간편 체크리스트

본 검사는 홍강의, 정보인, 이상복(1997)에 의해 개발되었다. 3~6세 사이의 24,000명의 유아를 대상으로 자폐아 출현율 전수조사를 위해 부모용 1차 선별 도구로 사용되었다.

본 검사는 미국 정신의학회 자폐성장애 진단기준에 기초하였고 4개의 항목에 23개의 문항으로 이루어져 있다. 전체 23개의 문항 중 4개 영역에서 각 1개씩을 포함해 총 5개 이상의 항목에 표시가 되면 자폐 관련 행동 특성이 있는 것으로 전문적인 진단을 받도록 하고 있다. 부모를 비롯한 주양육자나 보육시설의 교사 및 아동과 관련된 사람들을 통해 작성되는데, 대상 아동의 출생 후 3년 동안을 기억하면서 해당 문항과 관련 특성이 나타나면 표시하도록 한다. 아래의 <표 6-5>에 구체적인 내용을 제시하였다.

〈표 6-5〉 자폐유아 선별 부모용 간편 체크리스트

대인관계

1. 눈을 잘 마주치지 않는다.
2. 엄마와 떨어져도 별 반응이 없다.
3. 얼굴 표정이 없거나 사람을 보고 웃지 않는다.
4. 또래와 같이 놀지 못하고 혼자 놀거나 또래에 관심이 없다.
5. 자기가 좋아하는 것을 엄마에게 보여 주거나 가리키는 행동이 없다.
6. 자신의 몸이 다른 사람에게 닿거나 안기는 것을 싫어한다.
7. 까꿍놀이를 잘 하지 않는다.

의사소통

8. 들리지 않는 것처럼 행동하여 귀가 멀지 않거나 의심하게 한다.
9. 말이 늦거나 또래에 비해 잘 하지 못한다.
10. 단어나 문장을 반복하거나 상대방이 하는 말을 의미 없이 반복한다.
11. 듣기는 하는데 말의 뜻을 모른다.
12. 말 이외의 방법(손짓, 몸짓 등)으로도 의사표현을 하는 횟수가 적다.

놀이
13. 나이에 맞는 소꿉놀이나 다른 놀이를 잘 하지 못한다.
14. 한두 가지 물건에 집착한다(예: 고무줄, 연필 등).
15. 작은 변화도 싫어하고 고집을 부린다(예: 가구 위치의 변경 등).
16. 몸을 반복적으로 움직인다(예: 손이나 손가락 혹은 몸을 흔듦).
17. 물건의 일부분에 집착한다(예: 장난감 자동차의 바퀴 등)
18. 장난감을 특별한 방법으로 가지고 논다(예: 한 줄로 늘어세움)

특이한 행동
19. 별것이 아닌 것에 자주 놀라거나 두려워한다.
20. 마땅히 놀랄 일에도 놀라지 않는다.
21. 흉내를 내려고 하지 않는다.
22. 머리를 박거나 손목을 무는 등의 자신을 해치는 행동을 한다.
23. 텔레비전을 볼 때 광고만 좋아한다.

4) 학부모 면담용 자폐아 간편 체크리스트

본 검사는 17개의 항목으로 이루어진 선별검사이다. 17개의 문항으로 이루어져 있으며, 자폐스펙트럼장애가 의심되는 아동의 부모를 대상으로 실시할 수 있다. 17개 문항 중에서 7개 이상이 해당되면 전문적인 진단이 요구된다. 본 검사의 구체적인 문항은 <표 6-6>에 제시되었다.

〈표 6-6〉 학부모 면담용 자폐아 행동 간편 체크리스트

아동이 일상생활에서 흔히 나타나는 항목에 표시하시오.

1. 정상적인 교육방법들을 받아들이지 못한다. .... □
2. 위험상황에서 실질적으로 위험을 느끼지 않는다. .... □
3. 흔히 물건을 돌리는 버릇이 있다. .... □
4. 웃어주거나 즐겁게 해 주어도 반응이 없다. .... □
5. 눈을 마주치지를 않는다. .... □

6. 쌀쌀맞은 태도를 가지고 있다. ☐
7. 엉뚱한 상황에서 소리 내어 웃는다. ☐
8. 고통에도 반응이 없다. ☐
9. 묻는 말을 그대로 따라 한다(예: "가겠니?"라고 물으면 "가겠니"라고 대답한다). ☐
10. 이상한 놀이(다른 아이들이 잘 하지 않는 놀이)에 집중한다. ☐
11. 공을 차지는 않고 그냥 가지고 논다. ☐
12. 다른 아이들과 어울리지 못한다. ☐
13. 대근육 운동과 소근육 운동의 기능이 골고루 발달되어 있지 않다. ☐
14. 일상습관의 변화를 수용하지 못한다. ☐
15. 신체적으로 과다 혹은 과소활동을 보인다. ☐
16. 별다른 이유 없이 성질을 부리거나 운다. ☐
17. 청각장애가 있는 것 같은 행동이 나타난다. ☐

5) 아동기 자폐 평정척도(Chidhood Autism Rating Scale: CARS)

본 검사는 자폐성장애 아동을 위한 평정척도이다. 미국의 노스캐롤라이나 대학 정신연구소에서 제작하였고, 한국의 여러 상황과 실정을 반영하였다. 검사는 인지, 개념, 의사소통, 사회관계, 모방, 감각 및 정서반응 등의 60개 항목으로 구성되어 있다. 각 문항마다 1점에서 4점까지 부여할 수 있으며, 최저 15점에서 최고 60점까지 산출된다. 30점 이상이면 자폐 진단을 받을 확률이 높다.

6) 자폐증 진단관찰 스케줄검사(Autism Diagnostic Observation Schedule: ADOS)

본 검사는 1989년 Lord 등에 의해 개발된 반구조화된 자폐장애 진단 도구로, 아동과의 상호작용을 유발할 수 있는 자연스럽고 흥미로운 상황을 제공함으로써 놀이를 통해 자폐스펙트럼장애와 관련된 사회성, 의사소통 및 행동의 질을 관찰할 수 있게 고안되었다.

본 검사는 네 가지 모듈로 구성되어 있으며, 모듈 1은 어구(phrase)를 일관되게 사용할 수 없는 아동을 대상으로 진행한다. 모듈 2는 어구를 사용하기는 하나 자유롭게 언어를 구사할 수 없는 아동을 대상으로 진행한다. 모듈 3은 언어표현이 자유로운 아동을 대상으로 진행하며, 장난감이 더 많이 사용된다. 모듈 4는 언어표현이 자유로운 청소년과 성인을 대상으로 진행하며, 면담용 질문이 더 강조되어 있다.

7) 자폐증 진단 면담지(Autism Diagnostic Interview-Revised: ADI-R)

본 검사는 반구조화된 면담 도구로, 발달장애가 의심되는 아동, 청소년, 성인의 부모/보호자를 면담하는 과정을 통해 자폐스펙트럼장애를 진단하는 평가도구이다. ADOS와 상호보완적으로 사용되며, 자폐스펙트럼장애 진단기준에 포함된 의사소통, 사회적 상호작용, 행동과 관심의 제한 등 영역에 아동의 행동 양상을 포괄적으로 기술하고 평가하도록 되어 있다. ADI-R은 이상행동이나 발달지연의 유무를 토대로 진단을 내리는 구조적 면담 도구들과는 달리, 면담을 실시하는 사람의 임상적 판단에 따라 유연하게 질문을 적용하고, 더 상세한 행동의 기술을 얻는 과정을 요구한다.

8) 자폐행동체크리스트(Autism Behavior Checklist: ABC)

본 검사는 18개월에서 35세 사이의 연령을 대상으로 한다. 5가지 영역(신체영역, 대인관계영역, 신체 및 사물사용영역, 언어영역, 사회성 및 자조기능영역)의 57문항으로 구성되었다. 53점부터 자폐성장애가 의심될 수 있으며, 68점 이상은 자폐 진단을 받을 수 있다.

9) 이화 자폐스펙트럼장애 아동 행동발달평가도구(Ewha-Check List for Autistic Children: E-CLAC)

본 검사는 일본의 CLAC-Ⅱ를 기초로 하여 이화여자대학교 언어청각임상센터에서 개발하였다. 자폐스펙트럼장애 아동 및 자폐가 의심되는 아동, 지적장애 등의 1~6세 사이 아동을 대상으로 실시한다. 검사는 부모를 포함한 양육자에 의해 아동의 행동발달과 병리성 수준을 평가한다. 본 검사는 척도문항 43개와 비척도문항 13개로 구성되어 있다. 척도문항은 식사습관, 배설습관, 옷 입기와 벗기, 위생, 놀이, 집단에서의 적응, 대인관계, 언어, 지시 따르기, 자율적 행동 등이고 비척도문항은 수면습관, 놀이, 운동성, 감정표현, 감각습관으로 이루어져 있다.

4. 자폐스펙트럼장애 아동의 특성

1) 인지 특성

자폐스펙트럼장애 아동의 지능은 지적장애부터 평균 이상의 우수한 능력을 보이는 수준까지 다양하게 나타난다. 일반적으로 자폐 진단을 받은 아동의 70% 이상은 지적장애를 나타낸다. 그리고 20% 정도는 평균이나 그 이상의 지능에 해당된다. 또한, 10% 이하의 아동이 특정 영역에서 뛰어난 능력을 보이는 서번트 증후군(servart syndrome)에 해당된다(마주리, 2013).

지적장애가 있는 자폐스펙트럼장애 아동의 경우, 학습과 의사소통 및 사회성 등의 일상생활 적응에 어려움과 낮은 성취를 나타낸다. 평균 이상의 지능을 가진 자폐스펙트럼장애 아동의 경우에도 자신이 가진 장애로 인한 특성 때문에 일반아동보다 더 낮은 수행을 보이게 된다. 또한, 학습 상황에서 선택적 주의집중의 어려움, 충동성, 상동행동, 감각과 관련된 비전형적 반응 등이 나타나므로 학업적 정보처리가 쉽지 않으며 과제 해결을 위한 전략 사용의 어려움과 특정 관심 영역에 대한 집중으로 인해 문제해결의 곤란 등이 나타난다.

2) 사회적 상호작용 특성

자폐스펙트럼장애 아동의 대표적인 특성이 사회적 상호작용의 질적인 결함이다. 사회적 상호작용의 어려움은 결국 대인관계를 형성하고 유지하는 데 어려움을 의미한다. 자폐스펙트럼장애 아동은 타인의 생각과 감정을 인식하는 데 곤란하며, 사람보다 특정 사물에 집착하는 경우가 많다. 출생 후 초기발달부터 이러한 관계적 어려움 및 자기만의 관심에만 집중하는 특성이 나타나지만 부모가 잘 인식하지 못하는 경우가 많다.

결국 자폐스펙트럼장애 아동의 사회성 관련 주요 특성은 타인에 대한 관심 부족, 신체적 접촉 거부, 눈 맞춤 회피, 주변 사람들과의 애착 형성 어려움, 타인의 말과 행동 모방 및 집단놀이의 부적응 등으로 나타난다. 대부분의 사람이 자폐스펙트럼장애 아동에 대해서 상호작용 욕구가 없는 것으로 이해하지만 사실은 타인과의 관계와 상호작용에서 제시되는 다양한 사회적 단서를 이해하고 그에 따라 반응하는 것을 이해하지 못하는 것으로 볼 수 있다.

3) 의사소통 특성

자폐스펙트럼장애 아동의 주요 특성 중 하나가 의사소통의 질적 결함이다. 자폐스펙트럼장애 아동은 언어의 구문과 음운, 의미적인 규칙들을 습득하고 인지하는 것에 비해 언어를 사용하는 규칙 습득에 어려움을 보이며, 이로 인해 언어적 환경에서의 효과적인 의사소통에 어려움을 보인다. 자폐스펙트럼장애 아동이 다른 사람에게 자신의 요구와 감정을 표현하고자 의사소통을 시도하는 것은 아동의 인지와 언어, 사회성 부분 발달에 긍정적 영향을 미칠 수 있으며, 성인이 되어 독립할 수 있도록 성장하는 데 매우 중요하다(김희진, 나경은, 2021).

의사소통의 어려움은 자폐스펙트럼장애 아동이 언어 및 행동 표현을 통해 타인과의 상호작용에서 곤란을 겪게 되는 경우가 빈번하게 나타난다. 언어표현이 가능한 경우, 자신의 관심사와 관련된 주제에 한정된 대화로 인해 타인과 대화를 시작하고 유지하는 기술의 부족을 나타낸다. 그리고 대명사 전도, 조음장애, 반향어 사용 등의 특성도 함께 나타난다. 언어표현이 어려운 경우 자폐스펙트럼장애 아동은 대부분 구어 사용 기술이 부족하여 행동으로 표현하는 경우가 많은데, 이 경우 자해, 자기 자극, 타인을 공격하는 행동, 소리 지르기, 울기와 같은 행동을 보인다.

4) 제한적이고 반복적인 행동 특성

자폐스펙트럼장애 아동의 행동 특성은 특정 대상에 대한 집착과 그로 인한 강박적 경향의 행동, 타인과의 관계에서 무의미한 반복적인 상동행동, 사회적 기준에 맞지 않는 부적응 행동 등으로 제시할 수 있다. 자폐스펙트럼장애 아동의 대표적인 특성으로는 '상동행동'을 예로 들 수 있다. 상동행동이란, 특정한 목적이나 기능 없이 또는 상황과 상관없는 특정한 행동을 반복하는 것을 뜻한다. 예를 들면, 손가락 움직이기, 몸을 앞뒤로 흔들기, 물건을 잡고 흔들기, 뛰어다니기 등이 있다.

자폐스펙트럼장애 아동은 일상생활에서 자신에게 익숙한 방법을 고집하고 정해진 일정의 변화에 어려움을 보이기도 하여 예상하지 못한 변수가 발생하면 불안해하거나 분노발작을 보이기도 한다. 또한, 감각자극에 예민하거나 과민반응을 보여 음식을 섭취하거나 불빛, 소리, 바람, 곤충의 날갯짓과 같은 것에 대해 부적절한 반응을 보이기도 한다.

5) 조기발견을 위한 특성

자폐스펙트럼장애 아동의 조기발견을 위한 관련 특성은 다음과 같이 제시할 수 있다.

- 감각 및 운동: 지속적인 몸 흔들기, 운동발달의 불균형, 청각장애아와 유사한 행동(불러도 반응이 없음), 반복적인 활동에 집착, 자극에 대한 반응이 없거나 일관적이지 않음, 모유나 분유에서 고정음식으로 바뀔 때에 잘

먹으려 하지 않음 등

- 언어 및 인지: 옹알이가 또래 아동에 비해 늦거나 비전형적으로 출현, 욕구와는 상관없는 울음, 제스처나 언어의 발달이 보이지 않거나 많이 늦음, 일관성 없고 욕구와 상관없는 언어 사용, TV 광고 등을 따라 하는 반향어가 지속적으로 출현, 반복적 질문, 의사소통 시도가 없거나 적음 등
- 사회성: 부모를 보고 반응이 없음(웃거나 미소 짓지 않음), 안아 줘도 울음을 그치지 않으며, 부모와의 놀이에도 반응이 없음, 장난감에 반응 및 흥미 없거나 특이한 방법으로 사용함(예: 일렬로 나열하거나 빙빙 돌리기 등), 타인과 가족을 구별하지 않음 혹은 부모와의 격리에 지나친 위축과 스트레스 표현, 혼자 있기를 좋아함 등

5. 자폐스펙트럼장애 아동의 교육

1) 일반적 접근

(1) 통합교육

자폐스펙트럼장애 아동의 주요 특성 및 어려움은 사회적 상호작용과 의사소통 관련 문제로 인한 고립이다. 이러한 어려움을 극복하고 감소시키기 위해서 또래 아동과 자연스러운 환경에서 이루어지는 통합교육을 통해 자신의 연령에 적합한 행동과 언어를 익힐 수 있다.

성공적인 통합교육을 위해 자폐스펙트럼장애 아동이 속한 학급의 교사와 특수교사 간 협력 및 일반아동을 대상으로 자폐스펙트럼장애 아동에 대한 장애이해교육이 체계적으로 이루어져야 한다. 그리고 자폐스펙트럼장애 아동 개인의 영역별 다양한 특성을 정확하게 이해하고 일관성 있는 지도가 필수적으로 뒷받침되어야 한다.

자폐스펙트럼장애 아동의 교육적 배치는 특수학교에서 특수학급과 일반

학급으로 배치가 증가하고 있다. 2023년 자폐스펙트럼장애 아동의 교육적 배치 관련하여 특수교육 대상자 중에서 자폐성장애는 19,275명, 특수학교 배치 7,781명, 특수학급 10,183명, 일반학급(전일제 통합학급) 1,307명, 특수교육 지원센터 4명으로 나타났다(특수교육통계, 2023).

(2) 개별화교육

모든 특수교육 대상 아동에게 개별적인 교육 요구가 있듯이 자폐스펙트럼장애 아동 역시 교육적 요구가 개별적으로 다양하게 나타난다. 무엇보다 자폐스펙트럼장애 아동은 발달의 개인차가 두드러지며 다른 장애의 중복 여부에 따른 차이, 자폐장애로 인한 특성의 다양함이 크다. 그러므로 자폐스펙트럼장애 아동의 개인적 요구사항을 반영한 개별화교육 프로그램의 작성 및 실천이 중요하다. 그러므로 자폐스펙트럼장애 아동 개인이 가진 강점을 강화하고 약점을 보완하기 위한 교육이 될 수 있도록 각 영역에 따른 교육적 요구 파악을 해야 하며, 관련 전문가들과의 회의를 통한 개별화교육 프로그램 작성이 이루어지도록 해야 한다. 교과중심보다는 생활중심의 교육에 중점을 두어야 한다.

2) 영역별 접근

(1) 언어 및 의사소통

① 그림교환의사소통체계(The Picture Exchang Communication System: PECS)

자폐스펙트럼장애 아동의 의사소통 기능을 향상시키기 위한 전략 중 하나로 그림을 교환하는 과정을 통해서 이루어진다. 본 프로그램은 자폐스펙트럼장애 아동이 좋아하는 선호물을 파악하는 것에서부터 시작한다. Bondy와 Frost(2001)는 다음과 같이 단계를 통한 의사소통 훈련을 제시하였다. 먼저 아동이 좋아하는 선호물을 파악하면 교환개념을 지도한다.

1단계가 바로 교환개념을 지도하는 단계이다. 아동이 좋아하는 선호물(예: 과자, 초콜릿, 인형 등)을 아동의 앞에 놓은 뒤, 아동이 손을 뻗어 잡으려고 하면, 즉시 아동의 뒤에 있던 보조교사가 아동의 손을 잡고 해당 선호물의 그림카드를 교사에게 준다. 그러면 교사는 아동이 원하는 선호물을 아동에게 주게 되는데 이러한 과정을 반복하면서 아동은 보조교사의 촉구 없이 스스로 원하는 선호물을 그림카드를 교사에게 주고 선호물과 교환할 수 있게 된다.

2단계는 그림 한 장으로 거리를 이동하여 의사소통을 하는 방법을 배운다. 다양한 장소에서 또는 여러 사람들과의 거리를 이동하면서 새로운 기술을 일반화할 수 있도록 거리를 벌려가며 그림카드를 교환하는 방법을 습득한다. 또한, 이 단계에서 아동은 그림카드가 붙어 있는 의사소통판에서 자신이 원하는 사물의 그림을 찾아 교사에게 주고 선호물을 얻게 되는데 이 과정을 보조교사의 촉구 없이 스스로 할 수 있도록 지도한다.

3단계는 그림을 변별하는 방법을 배우는 단계이다. 학생이 두 개 이상의 그림카드 중 자신이 요구하고자 하는 그림카드를 변별할 수 있도록 지도한다.

4단계는 문장으로 표현한다. 아동은 의사소통판에서 '주세요' 카드를 꺼내고 자신이 원하는 선호물의 카드를 꺼내서 두 개를 연결하여 제시한다. 이 과정에서 교사는 아동이 습득한 다양한 단어들의 카드를 활용하여 "ㅇㅇㅇ 주세요." 라고 표현할 수 있도록 지도한다.

5단계는 그림을 이용하여 질문에 답하도록 하는 단계이다. 아동이 간단한 문장으로 요구하기를 배운 후 교사가 "무엇을 줄까?"라고 질문했을 때, 자신이 원하는 것을 표현하도록 지도한다.

6단계는 지금까지 습득한 내용들을 기초로 상호작용을 확장시키게 된다. 아동은 의사소통판 없이도 자신이 원하는 것을 직접 자발어로 표현할 수 있도록 훈련받을 수 있으며, 교사는 아동이 주어진 일상환경에서 자신의 요구를 자연스럽게 표현하도록 지도한다.

② 비연속개별시도훈련(Discrete Trial Teaching: DTT)

자폐스펙트럼장애 아동에게 구조화된 환경에서 교사는 가르치고자 하는 단어의 명칭을 직접 들려준 후, 아동에게 따라 하도록 한다. 본 전략은 5단계에 걸쳐 이루어질 수 있다. 1단계는 교사가 자폐스펙트럼장애 아동을 주의집중시킨다. 그 후 2단계에서 교사는 아동에게 가르칠 단어나 문장을 제시한다. 3단계는 아동의 반응단계로 아동이 교사가 제시한 단어와 문장을 직접 표현한다. 4단계는 아동의 수행에 따른 피드백을 제공하는데, 아동이 성공했을 경우 칭찬과 보상을, 실패했을 때는 더 잘 할 수 있도록 부족한 부분에 대한 피드백을 제공한다. 5단계는 시행 간 간격의 단계로, 다음 학습자극을 제시하기 전 시간 간격을 두는 단계이다. 자폐스펙트럼장애 아동은 다음 과제로의 전환에 어려움이 있을 수 있으므로 다음 과제로 넘어가기 전에 어느 정도 간격을 둘 필요가 있다.

③ 환경중심언어중재(Milieu Teaching: MT)

본 전략은 구조화된 환경 및 교실에서 교사를 통해 직접교수의 형식으로 이루어지던 전통적 언어교수법과 달리 자폐스펙트럼장애 아동이 생활하는 일상 환경에서 자연스러운 생활을 하는 가운데 의사소통 지도가 이루어지도록 하는 전략이다. '자연언어 교수법'이라고도 한다. 환경중심언어중재는 자폐스펙트럼장애 아동이 생활하는 환경에서 주변 사람들과의 자연스러운 상호작용을 통해 언어를 습득하는 것을 강조한다. 예를 들어, 아동이 관심을 보이는 것에 대해서 교사가 언어모델을 제시하고 언어를 확장해 주는 것이다. 아동이 물을 마시고 싶을 때, 정확한 명칭을 몰라 이해할 수 없는 소리를 내는데 그때 교사는 정확한 명칭을 가르쳐 주고 아동이 따라 할 수 있도록 지도한다. 정확하게 반응을 할 때에 교사는 칭찬과 더불어 원하는 것을 아동에게 제공한다. 오반응이 나타날 때는 정확한 피드백을 제공한다.

④ 기능적 의사소통 훈련(Functional Communication Training: FCT)

기능적 의사소통 훈련은 부적절한 행동에 대한 의사소통적 기능을 포괄적이고 체계적으로 평가한 후 그 행동의 기능과 동일하면서도 사회적으로 적절하고 긍정적인 방법의 의사소통 행동을 교수하는 것을 말한다. 또한, 이를 통해 의사소통에 대한 긍정적인 반응을 강화하면서 이전에 나타나던 문제행동을 감소시키는 방법이다(원종례, 2002). 기능적 의사소통 훈련은 문제행동과 동일한 기능을 직접적으로 교수하는 방법으로, 의사소통 기술을 훈련시키기에 매우 효과적이다. 적절하고 긍정적인 의사소통 기술을 학습하게 되면 중재하고자 하는 문제행동이 빠르게 감소할 수 있으며, 향후 의사소통 기술이 일반화와 유지가 잘 이루어질 수 있다.

⑤ 보완 · 대체 의사소통 체계(Augmantative Alternative Communication: AAC)

많은 자폐스펙트럼장애 아동이 자발어 자체에 곤란을 호소하는 경우가 있다. 본 전략은 구어를 통한 의사표현이 어려운 자폐 아동을 대상으로 다른 신체적 표현이나 다양한 도구를 활용하여 의사소통을 촉진하는 전략이다. 이 방법은 얼굴 표정이나 수화, 제스처 등을 사용하는 비도구 체계와 의사소통판이나 음성출력이 되는 장치 등을 활용한 전자식 의사소통판과 같은 도구를 활용하는 도구 체계로 분류된다. 자폐스펙트럼장애 아동 중에서 말이나 글을 통한 의사소통 자체가 곤란한 아동을 위해 활용되어 온 AAC 전략은 최근 정보화 사회를 맞이하여 컴퓨터나 휴대전화 등의 발달과 관련하여 점차 그 사용이 증가하고 있다.

(2) 사회성 기술

① 사회적 상황이야기(social story)

자폐스펙트럼장애 아동의 주된 어려움이 사회성과 관련된 기술 부족, 즉 대인관계를 맺고 유지하기와 주어진 상황을 이해하고 상황에 맞는 행동으로 표현하는 부분이다. 이와 관련된 사회성 기술을 증가시키기 위한 다양한 특수교육학적 중재가 이루어져 왔다. 그중 사회적 상황 이야기는 사회-인지적 맥락에서 제시되는 중재전략으로, 자폐스펙트럼장애 아동으로 하여금 주어진 환경에서 경험하게 되는 다양한 상황을 이해하고 그에 따른 사회적 단서를 파악하여 대처할 수 있도록 하는 데 중점을 둔다(Gut & Gray, 2002). 사회적 상황이야기 전략은 자폐스펙트럼장애 아동이 사회적 상황에 대한 예측을 가능할 수 있도록 지도한다. 사회적 상황이야기는 짧은 이야기 형식으로 교사나 부모에 의해 작성된다. 아동에게 가르칠 상황에 대한 그림이나 영상 등이 제시되고 주어진 상황에 대한 정보(무엇이 일어나고 왜 그러한 일이 발생하였는지)를 제공한다. 그리고 그 상황에서 어떻게 행동해야 할 것인지에 대한 사회적 기대와 상호작용을 아동에게 교수한다. 사회적 상황이야기의 또 다른 예로 토막만화를 들 수 있다. 토막만화는 자폐스펙트럼장애 아동이 좋아하는 만화 캐릭터를 활용하여 사람들이 주어진 상황에서 어떻게 적절한 상호작용과 행동을 하는지를 보여 준다.

상황이야기는 설명문(대상, 장소, 배경에 대한 정보를 제공하는 문장), 지시문(특정 상황에서 적절한 행동 반응을 지시하는 문장), 조망문(타인의 감정이나 반응을 알게 하는 문장), 통제문(다양한 대상으로 사용하여 관련 행동과 반응을 설명하는 문장)의 4가지 문장으로 이루어진다.

② 비디오 모델링

비디오 모델링은 자폐스펙트럼 장애 아동을 위한 효과적인 중재 방법 중의 하나로, 대상 아동이 비디오영상을 통해 모델이 보여 주는 특정한 행동이나 기술을 보고 따라 함으로써 관찰학습이 이루어질 수 있도록 하는 중재전략이다. 비디오 모델링은 1980년대부터 근거기반 중재로 학습이론과 Bandura의 사회적 학습이론을 기반으로 한다. 이러한 비디오 모델링은 자폐스펙트럼장애 아동이 언어 기반의 사고보다 시각적 사고의 경향이 있다는 개념을 바탕으로 하고 있으며, 사회적 기술 및 행동, 정서 학습, 조망수용 기술, 언어 등을 포함하여 광범위한 목표행동 중재에 적용할 수 있다(함주희, 2021).

(3) 문제행동 지도

① 긍정적 행동지원(Postive Behavior Support: PBS)

자폐스펙트럼장애 아동이 통합교육 현장에서 적응하기 어려운 주된 이유 중 하나가 바로 행동문제이다. 통합학급에서 함께 생활하는 일반아동 및 교사가 자폐스펙트럼장애 아동의 독특한 행동문제에 대한 스트레스를 호소하고 있다(김미숙, 2011). 긍정적 행동지원은 자폐스펙트럼장애 아동이 보이는 문제행동에 대한 과학적 분석을 기반으로 하여 문제행동을 예방하고 바람직한 행동을 학습시키는 체계적인 행동중재 전략을 의미하며, 단순히 문제행동 자체에만 초점을 두기보다 자폐스펙트럼장애 아동의 삶의 질을 향상시키는 것을 강조하고 있다.

긍정적 행동지원은 기능평가를 통해 이루어지며, 행동 기능으로는 회피기능, (물질적)요구 기능, 관심기능, 감각기능이 대표적으로 나타난다. 긍정적 행동지원은 문제행동에 대한 원인 및 목적을 다양한 방법으로 철저히 분석하여 아동이 속한 환경에서의 변화 및 관련된 사람들을 모두 중재에 포함시키므로 아동의 문제행동 감소 및 예방과 더불어 적절한 행동을 익히도록 한다. 따라서 이와 같은 원리에 의하여 긍정적 행동지원은 문제행동의 기능평가, 중다요소의 중재, 문제행동이 발생하는 실제 환경에서의 행동지도, 문제행동 선행사건의 조작, 대안행동기술의 지도, 아동의 생활방식 및 환경의 변화 등의 구성요소가 있다. 긍정적 행동지원의 절차는 [그림 6-1]에 제시하였다.

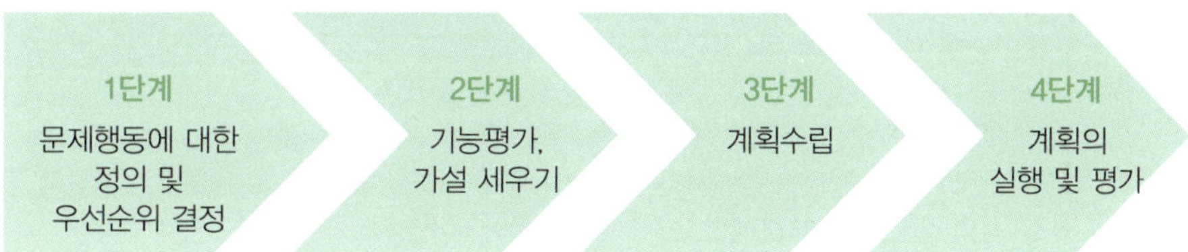

[그림 6-1] 긍정적 행동지원 절차

② 바람직한 행동의 증가

자폐스펙트럼장애 아동의 바람직한 행동을 증가시키기 위한 구체적 전략은 <표 6-7>에 제시되었다.

〈표 6-7〉 바람직한 행동 증가 기법

기법	내용
강화	아동이 바람직한 행동을 하면 좋아하는 간식, 상품, 활동 등을 제공하여 바람직한 행동을 증가시키는 정적 강화와 아동이 싫어하는 것을 제거해 주는 부적 강화가 있다. 바람직한 행동을 했을 때 스티커나 도장 같은 매개물을 제공하여 나중에 돈처럼 사용하게 하는 토큰강화도 있다. 강화란, 즉각적이고 일관성 있게 반복적으로 제공하는 것이 중요하며, 긍정적인 행동이 증가하면 강화는 서서히 줄여 주는 것이 좋다.
촉구	아동이 바람직한 행동을 할 수 있도록 직접적인 도움을 제공하는 것이다. 말을 통해서 힌트나 도움을 주는 언어적 촉구, 그림이나 사진 등을 보여 주는 시각적 촉구, 직접 신체적인 도움을 주는 신체적 촉구, 행동에 대한 시범을 보여 주는 모델 촉구 등이 있다.
행동형성	교사는 아동에게 가르쳐야 할 바람직한 행동을 결정한 후, 행동을 완수할 수 있도록 과제분석을 통해 바람직한 행동을 여러 단계로 나눈다. 그 이후 대상 아동이 각 단계별 하위행동을 완수한 후 다음 단계로 넘어갈 수 있도록 하면서 바람직한 행동을 학습하도록 교수해야 한다.

③ 바람직하지 못한 행동의 감소

자폐스펙트럼장애 아동의 바람직하지 못한 행동을 감소시키기 위한 전략은 <표 6-8>과 같다.

〈표 6-8〉 바람직하지 못한 행동 감소 기법

기법	내용
벌	아동이 바람직하지 못한 행동을 한 경우, 불쾌하고 혐오스러운 자극을 제시하여 바람직하지 못한 행동을 감소시킨다. 벌의 사용은 최소한의 수단으로 이루어져야 하며, 교사의 감정이 개입되지 않는 상태에서 이루어져야 한다.
반응대가	아동이 바람직하지 못한 행동을 했을 때 아동이 가진 권리 및 선호물을 박탈하는 것을 의미한다.
차별강화	차별강화는 바람직한 행동이 발생하면 강화물을 제공하지만 바람직하지 못한 행동을 할 때는 강화물을 주지 않는다. 차별강화의 종류에는 4가지가 있으며, 문제행동을 대체할 수 있는 바람직한 행동을 강화하는 대체행동 차별강화(DRA), 문제행동과 동시에 발생할 수 없는 행동으로 문제행동의 상반되는 행동을 강화하는 상반행동 차별강화(DRI), 특정 기간 또는 순간에 문제행동이 발생하지 않으면 강화하는 다른 행동 차별강화(DRO), 특정 기간 동안 문제행동이 기준 이하로 발생했을 때 강화하는 저비율 차별강화(DRL)가 있다.

기법	내용
소거	아동의 바람직하지 못한 행동에 대해 제공되었던 강화물이나 후속결과를 철회하는 것을 의미한다. 바람직하지 못한 행동을 했을 때 교사가 관심을 주지 않고 무시하는 것이다. 소거만 사용하는 것은 대상 아동에 대한 윤리성에 어긋날 수 있기 때문에 대부분 대체행동 차별강화와 함께 이루어진다.
비수반적 강화 (NCR)	행동과 무관하게 특정 시간마다 강화물을 제공하는 것을 말하며, 문제행동이 일어나기 전에 충분히 강화를 제공하여 강화물을 얻고자 나타나는 문제행동을 감소시키는 방법이다.
타임아웃	아동이 바람직하지 못한 행동을 했을 때 그 환경이나 활동으로부터 아동을 격리시키는 것을 의미한다.

④ 문제행동 기능별 중재 방법

자폐스펙트럼장애 아동의 문제행동은 앞서 설명하였듯이 회피기능, (물질적)요구 기능, 관심기능, 감각기능이 대표적으로 나타난다. 문제행동 기능에 따른 중재 방법을 <표 6-9>에 간단하게 제시하고자 한다.

〈표 6-9〉 문제행동 기능별 중재 방법

행동 기능	중재 방법
회피기능	회피기능은 주어진 환경이나 사람, 활동을 피하기 위해 문제행동을 나타내는 것을 뜻한다. 이 경우 교사는 회피기능으로 나타나는 문제행동을 감소시키기 위해서 시각적 스케줄, First Then, 프리맥의 원리 등을 사용하여 중재할 수 있다. 또한, 자폐스펙트럼장애 아동이 스스로 활동을 선택할 수 있도록 선택권을 제공하는 방법도 있다.
(물질적) 요구 기능	요구기능의 경우 말 그대로 자신이 원하는 물건이나 음식을 요구하고자 문제행동을 보이는 것을 뜻한다. 이 경우 교사는 학생에게 적절하고 긍정적인 방법을 통해 요구하기를 할 수 있도록 대체행동을 지도하는 것이 좋다. 의사소통이 어려운 자폐스펙트럼장애 아동을 지도할 때에는 그림카드나 단어카드를 제시하여 요구하기를 할 수 있도록 지도하거나 버저 벨을 눌러 원하는 것을 요구할 수 있도록 하는 방법이 있다. 의사소통이 가능한 자폐스펙트럼장애 아동의 경우에는 언어적으로 요구할 수 있도록 "○○주세요."를 말하여 요구하기를 할 수 있도록 지도하는 방법이 있다.
관심기능	관심기능의 경우 대부분 특정 사람에게 관심을 받고자 문제행동을 보이는 것을 뜻한다. 이 경우 교사는 관심을 받고자 하는 대상이 누구인지 파악하는 것이 중요하며, 그 대상은 자폐스펙트럼장애 아동이 문제행동을 보이기 전에 미리 관심을 많이 제공하는 방법을 사용할 수 있다.

행동 기능	중재 방법
감각기능	감각기능의 경우 자신의 감각을 추구하고자 문제행동을 보이는 것을 뜻한다. 예를 들어, 자신의 머리가 울리는 것을 느끼기 위해 손바닥으로 머리 때리기, 손의 통증을 느끼기 위해 주먹으로 책상 내려치기, 빛 깜빡임을 느끼기 위해 형광등을 쳐다보며 눈 깜빡이기와 같은 것들이 있다. 이 경우 교사는 자폐스펙트럼장애 아동이 느끼는 감각을 줄여 주기 위해 반응차단을 사용할 수 있다. 머리 때리기의 경우 자폐스펙트럼장애 아동의 안전을 위해 헤드기어를 착용하여 머리를 때렸을 때 느끼는 감각을 최대한 줄여 줄 수 있으며, 주먹으로 책상을 내려치는 행동에 대해서는 책상을 두꺼운 매트나 담요로 감싸 손의 통증을 최소화로만 느낄 수 있도록 하는 방법이 있다. 또한, 형광등을 쳐다보며 눈을 깜빡이는 행동을 줄이기 위해서 교사는 형광등을 일부 제거하여 자폐스펙트럼장애 아동이 느끼는 감각을 최소화시킬 수 있다.

⑤ 행동지도의 원칙

자폐스펙트럼장애 아동의 행동문제는 아동 개개인에 따라 다양하고 그 수준 또한 변화가 심하다. 그러므로 교사나 부모는 아동 개인의 발달수준을 정확하게 이해할 필요가 있다. 또한, 행동의 동기를 파악하여 행동 자체만을 보고 판단하지 않도록 하며, 아동과 합의한 규칙에 따라 일관성 있게 지도하도록 해야 한다.

무엇보다 자폐스펙트럼장애 아동이 일반아동에 비해 감정 기복이 심하다는 것을 이해하되, 동정 어린 태도나 시선은 삼가며, 감정적 어려움을 잘 처리할 수 있도록 하며 칭찬과 관심을 가지고 지도한다.

학습문제

1. 자폐스펙트럼장애의 정의 및 진단기준을 설명하시오.
2. 자폐스펙트럼장애의 원인을 설명하시오.
3. 자폐스펙트럼장애의 특성을 설명하시오.
4. 자폐스펙트럼장애의 교육전략을 설명하시오.
5. 자폐스펙트럼장애의 문제행동을 중재하는 방법을 설명하시오.

제7장

의사소통장애

의사소통이란, 사람이 생각, 감정, 정보 등을 메시지를 통해 화자(speaker)와 청자(listener) 간 끊임없이 상호작용하는 것을 말한다. 의사소통을 위해 말(speech)이나 언어(language)를 사용하지만, 오직 언어만 사용하는 것보다 표정, 눈 맞춤, 몸짓, 머리 움직임 등 비언어적 행동으로 표현하기도 한다. 언어는 사람과 동물을 구분하는 것이며, 의사소통 방법에는 말이나 대화뿐만 아니라 문자 언어, 자화, 수화 등 매우 다양하게 사용하기도 한다. 따라서 언어에 장애가 생기면 사회 적응에 어려움과 학습능력의 결여를 겪게 된다. 인간의 삶에서 말이나 언어를 무시하고 생활한다면 개인의 삶에 얼마나 큰 영향을 줄 것인지 짐작할 수 있다. 그러므로 의사소통장애 아동의 효과적인 교육과 지원에 대해 알아보고자 한다.

1. 의사소통장애의 정의

의사소통장애란, 다른 사람과 관계에서 다양한 정보를 주고받는 수단으로 사용되는 의사소통 · 언어 · 말에 어려움을 보이는 것을 의미한다. 오랫동안 언어장애 분야의 변화에 따라 언어장애를 의사소통장애(Communication disorder)나 말과 언어장애(Speech & language disorders)로 바꿔서 부르기도 하였다. 최근에는 speech-language disorder라는 용어가 사용됨에 따라 본서에서도 의사소통장애라고 명하였다.

1) 의사소통장애 정의

의사소통장애의 정의는 다음과 같이 제시할 수 있다.

(1) 「장애인 등에 대한 특수교육법」에서의 정의

다음 각 항목의 어느 하나에 해당하여 특별한 교육적 조치가 필요한 사람

- 언어의 수용 및 표현 능력이 인지 능력에 비하여 현저하게 부족한 사람
- 조음 능력이 현저하게 부족하여 의사소통이 어려운 사람
- 말 유창성이 현저하게 부족하여 의사소통이 어려운 사람
- 기능적 음성장애가 있어 의사소통이 어려운 사람

(2) 국립특수교육원(2009)의 정의

언어 또는 비언어적 형태의 정보를 교환하는 장애가 있는 것이다

- 언어학적 차원의 언어장애(language disorder)
- 조음기관에 의한 말 산출과 관련한 말장애(speech disorder)
- 듣는 것과 관련한 청각장애(hearing impairment)
- 표현과 관련한 의사소통장애: 말(조음, 유창성, 음성), 언어(형태적인 측면: 음운, 형태, 구문/내용적인 측면: 어휘, 사용적 측면: 화용)

(3) 「장애인복지법」에서의 정의

장애명을 '언어장애'로 규명하고 있으며, '언어장애인을 음성기능이나 언어기능에 영속적으로 상당한 장애가 있는 사람'
- 2019년 7월 1일부터 개정된 법률 시행에 따라 장애 정도의 이분화된 분류체계로 변경

- 언어장애(language disorder): 음성장애, 구어장애, 발달기에 나타나는 발달성 언어장애, 뇌질환 또는 뇌손상에 의한 언어중추의 손상에 따른 실어증을 포함
- 음성장애(voice disorder): 단순한 음성장애와 발성장애 포함
- 구어(말)장애(speech disorder): 발음 또는 조음장애와 유창성장애(말더듬)을 포함

2) 말 · 언어 · 의사소통의 정의

(1) 말 · 구어(speech)

말이란 언어의 음성 산출로, 의사소통을 위해 인간사회에서 언어 기호 양식을 귀로 듣고 이해할 수 있는 가장 보편적 상징적 체계로 음성을 나열하고 구성하여 이루어지는 행위이다. 구두 표현을 위한 가장 기본적인 도구인 말은 의사소통의 효과적인 수단으로 언어 표현에 가장 많이 사용된다. [그림 7-1]과 같이 주요 기관은 뇌의 명령을 받아 운동 및 생리학적인 호흡과 발성을 하고, 조음 및 공명 기관은 신경 전달을 통해 근육을 움직여 정확한 기능이 뒤따라야 말을 할 수 있다.

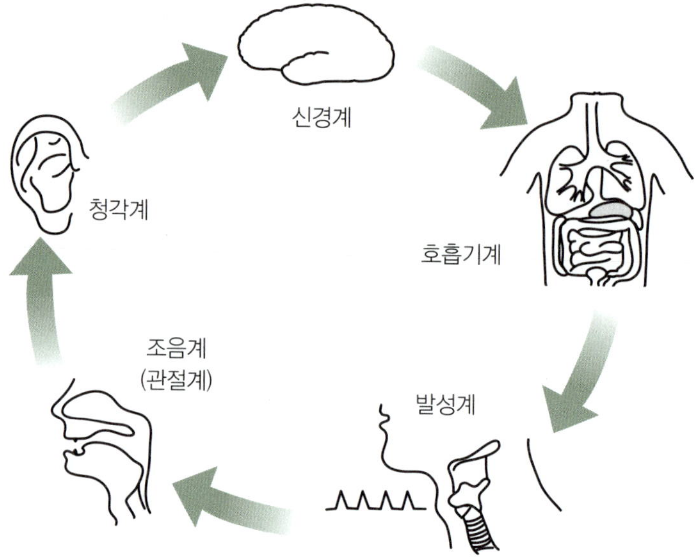

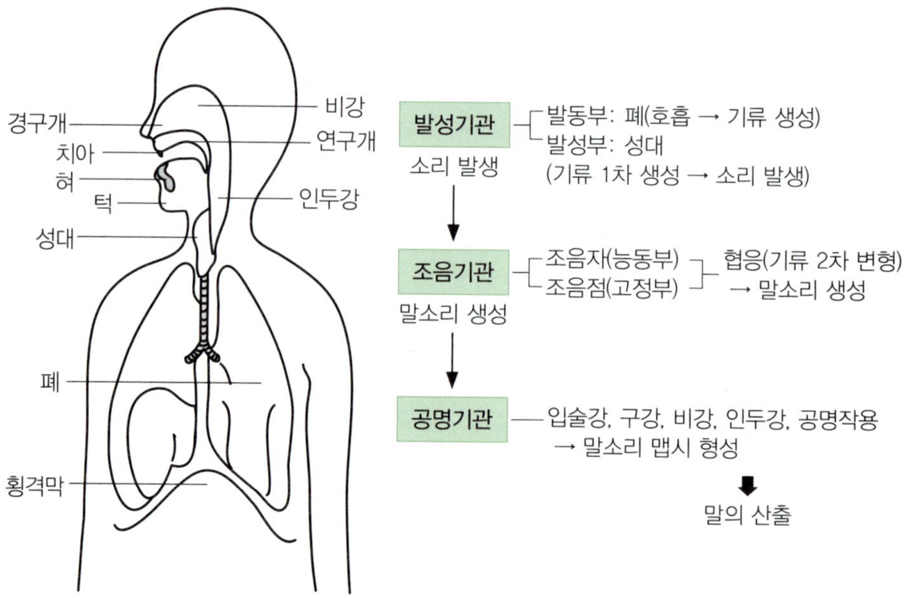

[그림 7-1] 언어에 관련된 주요 기관

출처: 김영욱 외(2009). 특수교육학.

(2) 언어(language)

언어란 생각을 표현하는 신호 및 부호를 이해하고 사용하는 방법을 포함하는 규칙을 지닌 의사소통 방법이다. 즉, 의사소통을 잘하기 위해 체계적 · 추상적인 상징체계의 의미를 나타내는 규칙적인 배열로 음운적 · 형태적 · 구문적 · 의미적 · 화용적 요소로 구성된다. 이러한 상징체계를 통해서 서로의 생각을 교환하는 것으로 표현양식에는 글, 말, 수화, 점자 등이 있다. 즉, 언어를 아는 것은 언어를 구성하는 소리, 단어, 문장, 의미 사용하는 방법 등과 관련되는 복잡한 규칙을 아는 것을 의미한다.

(3) 의사소통(communication)

의사소통이란 자신의 생각이나 느낌 그리고 정보 등을 두 사람 이상이 메시지를 교환하는 과정(process)이며, 정보를 부호화하는 전달자와 정확하게 정보를 해독하는 수신자가 포함되어야 한다. 메시지에는 구어(spoken language), 수어(sign language), 문어(written language), 의사소통환경과 같은 비언어적인 것과 체어(gestured language, 體語)와 같은 언어적인 것이 있다. 따라서 [그림 7-2]와 같이 의사소통 모델을 통한 수신자, 메시지, 송신자 요소가 중요하다.

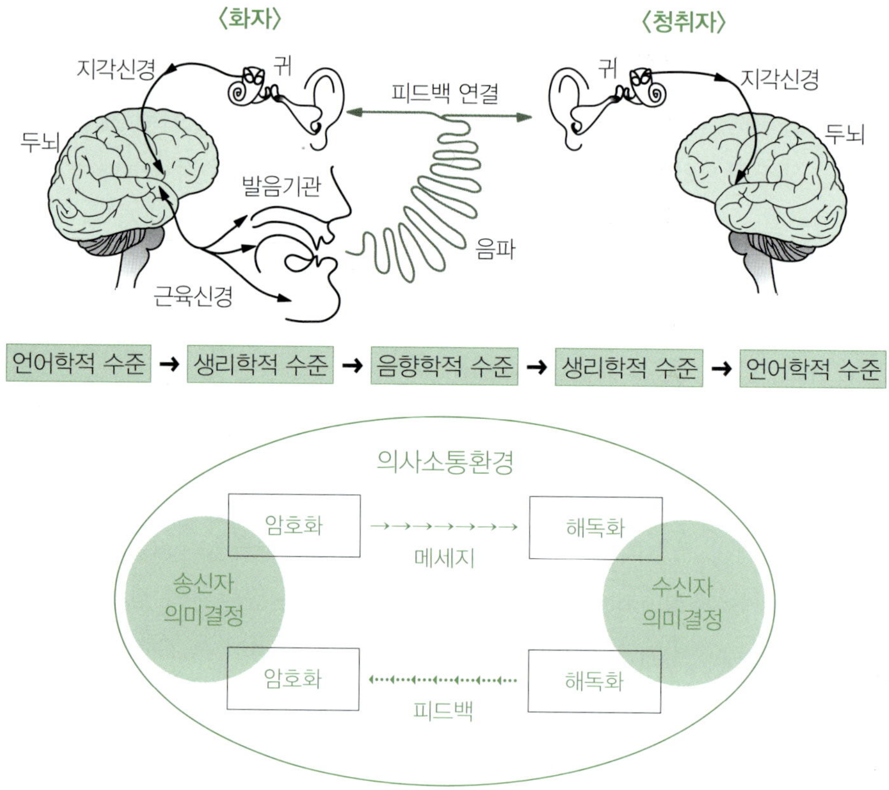

[그림 7-2] 의사소통 모델

출처: 김영욱 외(2009). 특수교육학.

의사소통이란 언어의 이해와 표현을 관장하는 뇌의 부분에서 구어(말), 언어, 글, 수어(수화), 점자, 연기, 불빛, 눈 맞춤, 표정, 체어 등의 다양한 표현양식으로 말과 언어를 포함하는 광의의 개념이며, 이들 요소의 관계는 [그림 7-3]과 같다.

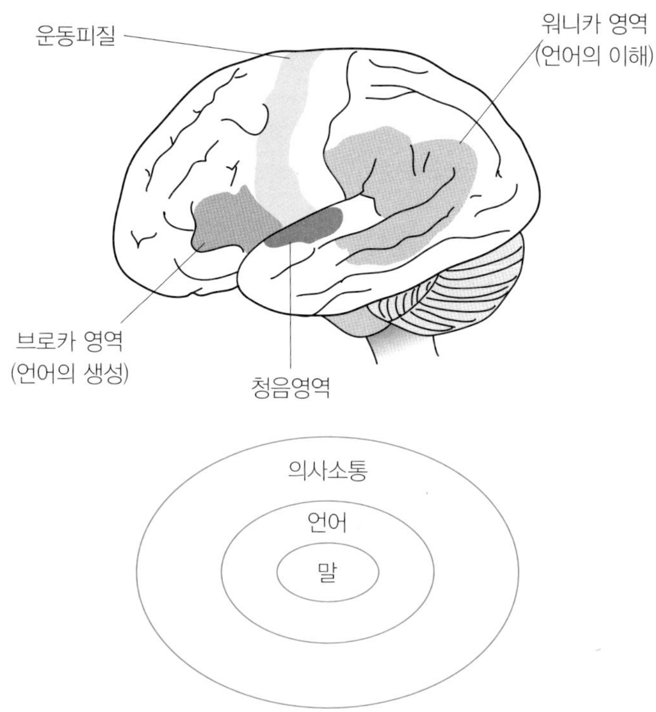

[그림 7-3] 언어의 이해와 표현을 관장하는 뇌의 부분과 의사소통 요소의 포섭성 관계
출처: 김영욱 외(2009). 특수교육학.

동물도 소리와 몸짓으로 서로의 의견을 교환하지만, 그들이 사용하는 의사소통은 진정한 의미의 언어는 아니다. 사람이 사용하는 언어가 동물과 다른 것은 사람에 따라 매우 다양하게 표현하는 행동 특성 때문이다. 따라서 말, 언어, 의사소통을 통해 이해하고 표현하는 기능과 메시지를 전달하는 사람과 전달받는 사람의 입장을 적절히 교류하는 기능이 중요하다. 이러한 기능을 수행하는 가운데 언어 기호 조직과 관련된 언어 이해, 표현에 결함이 나타날 경우, '언어장애'가 나타나고, 언어를 음성으로 나열할 때 문제가 생길 경우 '말장애'가 나타난다. 또한, 말과 언어 사용에 문제가 발생하여 의사소통에 결함이 있을 때 '의사소통장애'가 나타난다. 의사소통장애를 지닌다는 것이 그 사람의 삶에 얼마나 심각한 영향을 줄 것인지 충분히 짐작할 수 있다.

2. 의사소통장애의 분류

의사소통장애는 그 목적이나 원인, 증상 등의 기준에 따라 여러 가지 방법으로 분류할 수 있다. 의사소통장애는 크게 언어장애(language disorder), 말장애(speech disorder), 듣기장애로 나눌 수 있으며, 듣기장애는 본서의 청각장애 편에서 다루기 때문에 [그림 7-4]에서 의사소통장애 중 언어장애와 말장애를 중심으로 각각의 장애유형과 정의를 살펴보고자 한다.

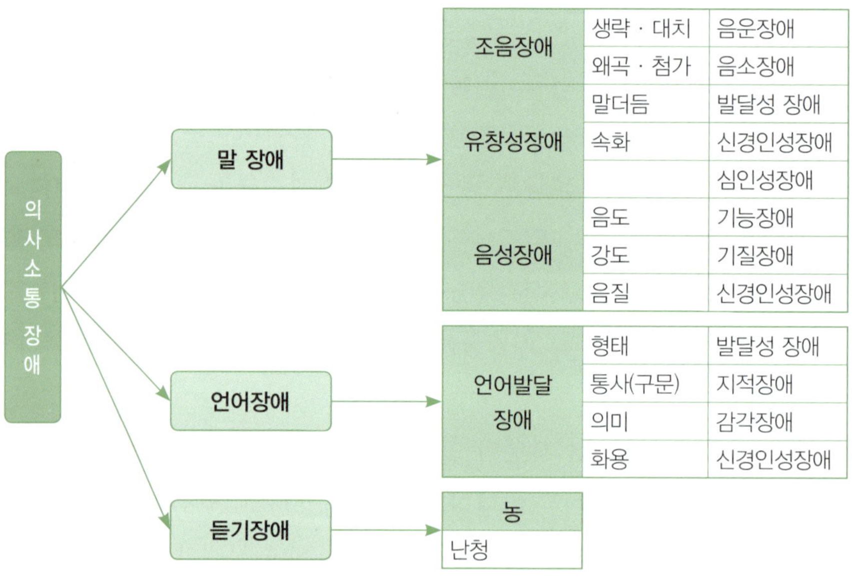

[그림 7-4] 의사소통장애의 분류

1) 말(구어) 장애(speech disorder)

말을 알아들을 수 없거나 듣기 거북하거나 의사소통을 방해하는 경우에 비정상적인 것으로 간주한다. 말장애(speech disorder)는 말소리를 산출하는 조음장애, 말의 흐름을 유지하는 유창성장애, 목소리를 조절하는 음성장애를 의미한다. 이 세 가지 형태의 증상은 분리되어 나타나기보다 중복되어 나타나기도 한다. 각 장애의 정의는 다음과 같다.

(1) 조음장애(articulation disorder)

조음장애는 조음기관(혀, 입술, 치아, 입천장)을 통하여 말소리가 만들어지는 과정에서의 결함으로 인해 불명료한 구어를 사용하게 되어 발생하는 장애로, 아동의 약 10%에서 나타난다고 알려져 있다. [그림 7-5]와 같이 말소리를 산출할 때 어려움을 지닌 장애로, 일반적으로 단어의 대치, 생략, 왜곡, 첨가 등으로 말소리가 부정확하게 산출되는 순수 조음장애뿐만 아니라 지적장애, 청각장애, 구개파열, 뇌성마비 등의 장애아에게서도 중복적인 결함으로 나타난다. 즉, 말소리를 산출할 때 조음(공기가 허파를 지나서 소리를 낼 때 성문에서 성도를 거쳐서 밖으로 나오는 동안 말소리를 산출하는 것)기관의 위치 방향, 압력 등에 의해 말소리가 부정확하게 나오는 것을 의미한다.

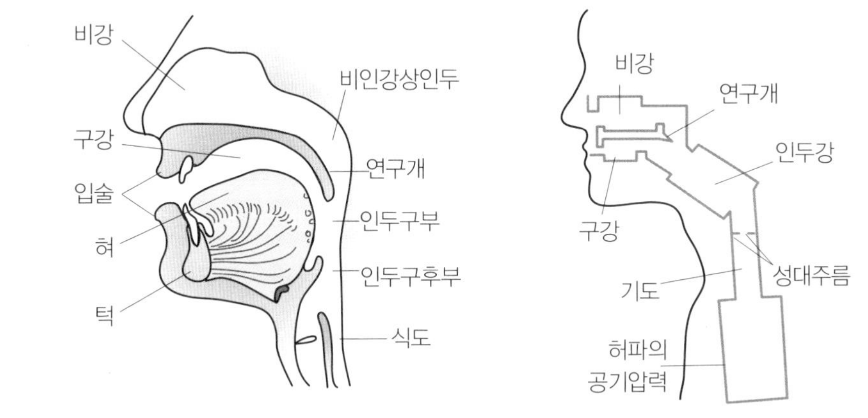

[그림 7-5] 조음기관의 구조

출처: 도명애 외(2021). 특수교육학.

- 단어의 생략(omissions): 완전한 단어에서 일부분을 제외하고 발음하는 것이다.
  (예: '고구마'를 '고마', '바다'를 '바아'로 발음하여 가운데 자를 생략하는 것)
- 단어의 첨가(additions): 목표음 외에 새로운 다른 음을 추가시키는 것이다.
  (예: '어머니'를 '어어머니', '아버지'를 '아버버지'라고 발음하거나, '형'이

나 '콩'을 '헝아'나 '콩아'라고 발음하여 '아'를 추가하는 것)

- 단어의 대치(substitution): 사용되고 있는 음 외에 다른 음으로 대신하는 경우로, 흔히 'ㅅ'을 'ㄷ'이나 'ㅌ'으로, 'ㄹ'을 'ㄷ'으로 발음하는 것이다. (예: '사탕'을 '타탕', '사랑'을 '사당', '고기'를 '고리'라고 발음하는 것)
- 단어의 왜곡(distortions): 다른 음으로 대치되는 것과는 달리 정확한 발음에 속하지 않아 잘 알아 들을 수 없는 발음으로 하는 경우이다. (예: '학교'를 '하이고', '어머니'를 '어뫄니', '해뚜기'라고 발음하는 것)

(2) 유창성(말더듬) 장애(fluency disorder)

아동이 말을 시작할 때 머뭇거림, 단어나 음절의 반복, 연장하기도 하며, 말의 흐름(리듬, 강약, 속도)에 있어서 문제를 가지고 비정상적인 방해를 나타내는 증상이다. 성인까지 만성화되면 고치기 어렵고 본인의 심적 고통이 크므로 조기진단과 조기중재가 중요하다.

- 말더듬: 말을 시작할 때 단어의 첫 글자나 어두음 또는 단어 전체를 반복하며, 음의 연장, 말의 막힘, 얼굴 찡그림, 쉼 등의 형태

  예) 반복: "나는 나는 가갔다.", "나는 가가가가갔다.", "나는 ㄱㄱㄱ 갔다."

  연장: "나는 가---았다.", "나----는 가----았다."

  투쟁: 말을 못 하고 얼굴을 찡그리거나 혀를 내미는 행동
- 속화: 말의 속도가 지나치게 빨라서 음을 빠뜨리거나 발음이 잘못되는 것

〈표 7-1〉 말더듬과 속화의 차이

내용	밀더듬	속화
장애의 인식	인식함	인식에 어려움
말 표현에 주의할 때	부정적 결과	긍정적 결과
내용을 알고 읽을 때	긍정적 결과	부정적 결과
자신의 말에 대한 태도	공포, 힘들어함	주의를 기울이지 않음

출처: 권순우 외 (2020). 특수교육개론.

(3) 음성장애(voice disorder)

말을 하고자 하면 우선 폐로 들이마신 숨을 내쉬게 되고, 내쉰 숨(날숨)에 의해 성대의 이상으로 인한 목소리 높낮이와 크기의 문제로 쉰 소리, 거친 소리 등 음성의 질적 장애이다. [그림 7-6]과 같이 성대의 진동을 통해 나온 목소리는 혀나 입술, 연구개 등 구강 내 기관의 활동에 따라 우리가 인지할 수 있는 다양한 말소리로 다듬어져 나오게 된다.

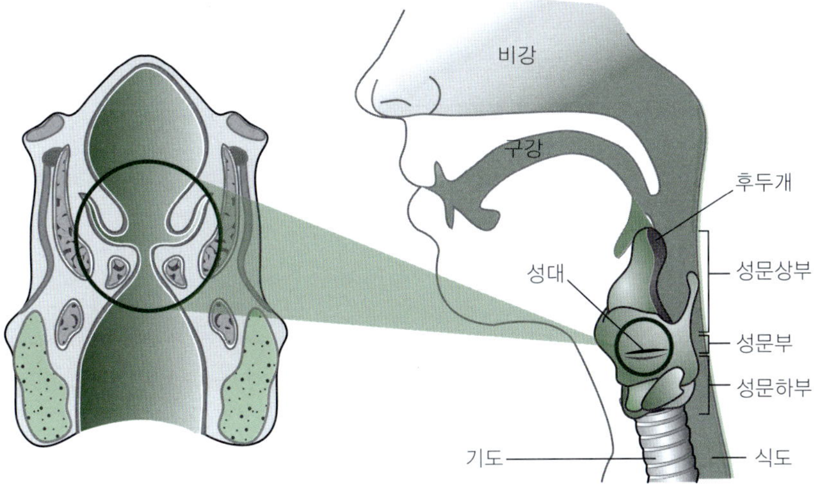

[그림 7-6] 목경부 위치와 성대근

음성장애는 화자의 음성이 나이, 성별, 체격에 비해 부적절하며, 성대와 호흡기관 및 말소리의 구조적 · 기능적 이상으로 인하여 소리의 음도, 고저, 유동성, 강도, 공명 및 지속시간이 비정상적으로 산출되는 경우로 정의한다. 음성장애의 기본적인 유형은 발성 장애(phonation disorders), 공명 장애(resonance disorders)로 나누기도 한다. 발성 장애에는 음도(pitch), 강도(intensity), 음질(Quality), 유동성(flexibility) 이상을 포함하고, 공명 장애는 과대 비성, 무 비성, 동화 비성, 맹관 공명을 포함한다. 이러한 음성의 질 변화를 초래하는 말장애의 한 유형을 지닌 아동은 해당 인구의 6~9% 정도가 쉰 목소리(hoarseness)를 내며, 조절 자체에 어려움을 겪으므로 다음과 같은 장애가 발생한다. 또한, 직업상 성대를 많이 사용하는 성악가, 교사, 변호사, 외판원 등에서는 음성장애 비율이 훨씬 더 높게 나타날 수 있다.

- 목소리의 고저 장애: 음의 높낮이에 따라 목소리가 너무 높거나 너무 낮은 경우, 또는 억양이 변하지 않고 한 가지 음으로만 말하는 것
- 목소리의 성질 장애: 쉰 목소리(hoarseness), 콧소리, 숨소리가 섞인 소리 등
- 목소리의 크기 장애: 목소리를 너무 크게 내거나, 너무 약하게 내어 알아듣기 힘든 경우

2) 언어장애(language disorders)

언어장애(language disorder)란 구어를 구사하는 대뇌 생리 과정의 결함으로 인해 의미를 해석하거나 이해하는 데 어려움을 나타내는 것으로, 언어발달지체와 실어증 등이 있다.

(1) 언어발달지체(delayed language development)

정상적인 아동에 비해 언어발달이 지체되어 언어의 이해와 표현하는 데 어려움을 느끼거나, 전혀 언어를 획득하지 못하거나 문법 구조에 오류를 범하는 경우를 의미한다. 예를 들어, 영유아가 3~4세가 되어도 언어 사용이 되지 않거나, 겨우 한두 마디를 하는 경우, 또는 언어의 조직이나 구성을 이해하지 못하여 “나는 간다. 집에”와 같은 구조의 말을 자주 사용할 때 언어발달이 지체되었다고 할 수 있다.

(2) 실어증 · 중단된 언어발달(aphasia)

언어를 습득한 후에 사고나 질병으로 뇌손상을 일으켜 표현이 단순하고, 의미 없는 말을 하며, 임의로 말을 만들고, 언어능력에 어려움을 보이는 경우를

의미한다. 실어증이 발생하면 언어기호(language symbol)가 결여됨으로써 언어라는 상징기호를 표현하기 어려우며, 단순한 지시 외에는 이해하지 못한다. 이로 인하여 말하기뿐만 아니라 읽기, 쓰기, 몸짓, 계산하기 등에서도 어려움을 겪는다. 증상에 따라 브로카 실어증(Broca's aphasia), 베로니카 실어증(Wernicke's aphasia), 전반 실어증(global aphasia), 명칭 실어증(anomic aphasia), 난독증 및 난서증 등으로 나뉜다. 특수교육통계(교육부, 2023)에 의하면 2023년 의사소통을 가진 학생 수는 2.645명, 2.4%로 밝혀졌다.

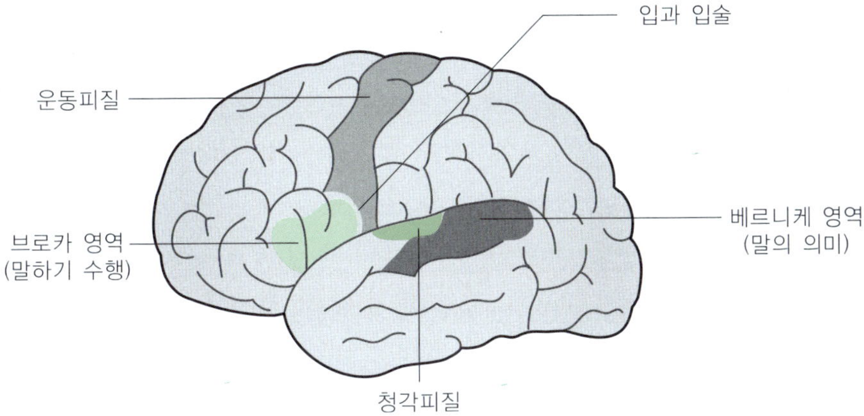

[그림 7-7] 실어증에서 뇌의 영역

3. 의사소통장애 아동의 원인

의사소통장애는 수많은 요인에 의해 영향을 받기 때문에 명확한 원인을 밝히기는 어렵지만, 구개파열과 같은 생리학적 결함과 관련된 기질적(생물학적) 요인과 스트레스와 같은 신체적인 결함으로 동반되지 않은 기능적(환경적) 요인으로 나누고 있다. 의사소통 특징에 따른 말(구어)장애 원인과 언어장애의 원인에 대해 알아보고자 한다.

1) 말(구어) 장애 원인

(1) 조음장애 원인

① 기질적 요인

기질적 요인이란, 조음기관의 선천적(구개파열, 신경학적 원인) 혹은 후천적인 요인(생후 두뇌 손상, 외상에 의한 구강구조의 손상)으로 인하여 말을 산출하는 과정에 관여하는 입술, 치아, 혀, 입천장 등의 구강 등에 이상인 요인에 속한다. 뇌손상 및 신경에 손상이 있을 때 말소리를 내는 데 어려움과 실어증 등 언어발달에 심각한 영향을 미치기도 한다. 뇌신경 조직의 결함 외에 기관 구조의 이상으로 인한 구개파열과 같이 구강구조에 이상이 있을 때도 말을 알아듣기 곤란하고, 정상적인 음성을 사용하지 못한다. 이러한 구개파열의 정확한 원인은 밝혀지지 않지만, 유전, 유전인자의 돌연변이, 염색체 이상, 모체 영양 상태, 약물중독, 방사선 노출, 태아의 산소 결핍 등에 기인한다. 따라서 말, 언어장애를 일으키는 신체적인 요인은 중추신경계나 입, 후두 등에 손상을 가져오는 질병이나 사고에 의한 것으로, 출생 전, 출생 시, 출생 후 또는 아동기나 성인기 등 모든 시기에 걸쳐서 발생할 수 있다.

② 기능적 요인

언어 자극 경험의 결핍은 아동의 발달 초기에 부정적인 영향을 미칠 수 있다. 언어의 질과 양은 전체적으로 아동의 어휘 및 발달에 영향을 미치며, 이러한 과정에서 부정적인 영향은 아동의 기능적인 요인에 악영향을 미친다. 언어의 질과 양은 아동의 어휘 및 언어발달에 분명한 영향을 미치고 말과 언어발달이 제대로 되지 않고 지연되는 원인으로 기능적인 요인을 들 수 있다. 즉, 부모가 영아기 때 울음이나 옹알이를 받아주지 않고 언어 자극 없이 방치되거나, 양육자의 적절한 미소나 목소리로 어휘놀이를 통한 모방 등에 의해 강화되지 않으면 언어능력 발달의 지체를 가져올 수 있다.

(2) 유창성장애 원인

명확히 알려진 요인은 없으나 복합적인 원인으로는 심리 사회적 요인, 심리 언어적 요인, 생리적 요인을 들 수 있다.

- 심리 사회적 요인: 말을 하는 데 있어 불안이나 공포 등과 같은 심리 사회적 원인
- 심리 언어적 요인: 음운론 측면에서 단어의 첫음절 또는 폐쇄음과 마찰음에서 기능어보다 명사 · 동사의 내용어, 문장의 길이가 길고, 익숙하지 않은 내용
- 생리적 요인: 유전과 중추신경계의 이상으로 말소리에 대한 내적 처리 과정에 원인

(3) 음성장애 원인

- 기질적 원인
  - 성대의 무게, 크기, 모양의 변화: 성대결절, 성대낭종, 유아종 등
  - 성대 운동에서의 문제: 성대마비, 경련성 부전 실성증, 성대구증
- 기능적 원인
  - 정서적 문제, 정신 신경적 문제, 후두의 음성 산출 메커니즘의 문제(성대의 지나친 긴장), 음성의 남용과 오용

말소리의 근원인 음원의 산출은 의사소통과정에서 중요한 역할을 한다. 이러한 음원 산출이 성대 변형으로 인하여 의사소통 문제의 기질적 · 기능적 문제점으로 나타나는 경우가 많다.

2) 언어장애 원인

지적장애, 뇌성마비, 자폐성 장애, 학습장애, 청력손실, 구강 구조적인 결함, 환경의 결핍을 들 수 있으며, 언어발달의 결정적 시기인 영유아기에 언어발달에 영향을 주는 환경적 결핍에서 오는 언어의 질과 양이 원인이 될 수 있다.

4. 의사소통장애의 진단

1) 진단 과정

교사는 아동의 정상적인 언어발달과 의사소통장애의 유형, 말과 언어특성에 대해서 정확히 판별하여 알아둘 필요가 있다. 일상생활에서 아동의 말하는 습관이나 사회화 과정에서 사용하는 언어 등을 유심히 관찰해야 하며, 일단 장애가 의심되면 임상 전문가나 전문 의사에게 의뢰하여 아동의 청력, 조음, 음성, 말소리의 흐름, 언어 수행의 적절성 여부를 검사받게 해야 한다. 의사소통장애의 판별에서 과정은 매우 중요한 역할을 하며, 어떠한 종류의 장애든 조기에 발견하여 적절한 치료와 교정은 매우 중요하다.

2) 선별검사와 진단 검사

선별검사는 의사소통장애를 판별하여 의사소통장애를 가진 아동과 가지고 있지 않은 아동을 구별하거나, 정밀검사의 필요성 여부를 결정하기 위해 실시하는 검사로, 형식이 없는 간단한 검사이다. 선별은 그 아동을 잘 아는 사람을 통하거나 아동의 말소리를 직접 들어봄으로써 할 수 있다. 또한, 여러 검사를 사용하여 판별할 수도 있다. 검사의 종류는 다음과 같다.

(1) 언어표현력검사

언어표현력검사는 언어 표현 방법, 사용 어휘, 화법 등을 검사하여 말더듬, 언어발달지체, 중복장애, 언어장애 등의 여부를 알 수 있는 검사이다.

(2) 언어이해력검사

언어이해력검사는 현재 언어를 이해하는 수준이 어느 정도인지 검사하며, 청각장애의 유무를 판별하는 검사이다.

(3) 조음검사

조음검사는 조음장애의 유무를 가려내어 조음장애가 있을 경우 어떤 음에 장애가 있는지 알 수 있는 검사이다. 진단 검사는 선별검사보다 더 자세하게 실시하기 때문에 많은 시간이 소요되며, 장애 유무를 재확인하는 검사이다. 장애로 발견된 아동을 치료하면서 원인을 밝히고 과거와 현재 상태를 정확히 분석하기도 한다. 진단 검사로는 병력 검사, 발음기관 검사, 청력검사, 지능검사, 성격 검사, 가족관계 검사 등 여러 가지가 있지만, 검사 목적에 따라 검사도구를 선택하여 사용하여야 한다. 현재까지 우리나라에서 개발되어 사용되고 있는 언어능력 검사도구는 아래와 같다.

〈표 7-2〉 아동 언어검사

구분		대상	목적	진행과정
학령전기	영유아 언어발달 검사 (Sequenced Language Scale for Infants)	만 4개월 ~35개월	언어발달 정도 파악	30분~1시간 아동관찰, 부모보고
	취학 전 아동의 수용·표현언어 검사 (Preschool Receptive-Expressive Language Scale, PRES)	만 2~6세	언어발달 정도 파악	30분~1시간 아동 직접검사, 부모보고
	의사소통기능 검사	만 1세 이상	의사소통 시 사용하는 기능과 효율성 파악	30분~1시간 아동관찰, 부모보고
	상징 행동발달 검사	만 9개월 ~6세	언어발달 수준과 상징 행동발달 단계 비교	30분~1시간 아동관찰, 부모보고
	파라다이스 유창성 검사 (Paradise-Fluency Assessment: P-FA)	만 2~6세	유창성장애 여부와 정도 파악	30분~1시간 아동관찰, 부모보고
	조음음운 검사 (Urimal-Test of Articulation and Phonology, U-TAP)	만 2~12세	발음문제 여부 및 정도 파악	30분 소요 아동 직접관찰

구분		대상	목적	진행과정
학령전기	자발화 수집 및 분석	만 1~6세	의미 관계 및 문법형태소, 어휘 다양도, 문장성분, 이야기 산출 능력 등을 분석하여 발달 차이 비교	30분~1시간 아동과 놀이 및 대화 상황에서 실시
학령기	수용표현 어휘력 검사 (Receptive and Expressive Vocabulary Test: REVT)	만 2세 6개월 ~16세 이하	이해 및 표현어휘 능력 파악	30분 대상자 직접검사
	구문의미 이해력검사 (Korea sentence comprehension test, KOSECT)	만 4~9세	구문이해력 파악	30분~1시간 대상자 직접검사
	언어문제 해결력 검사	만 5~12세	논리적 사고과정을 언어화하는 상위언어기술 파악	30분~1시간 대상자 직접검사
	파라다이스 유창성 검사 (Paradise-Fluency Assessment, P-FA)	만 6세 이상	유창성장애 여부와 정도 파악	1시간 이상 대상자 직접검사 부모인터뷰
	조음음운 검사 (Urimal Test of Articulation and Phonology-2, U-TAP)	만 2~6세	발음문제 여부 및 정도 파악	30분 대상자 직접검사

5. 의사소통장애의 특성

1) 언어적 특성

언어는 자신에게 말해진 의사소통의 내용을 이해하는 능력인 수용언어(receptive language)와 다른 사람에게 의미 있는 내용으로 이해되는 언어를 산출하는 표현언어(expressive language)로 나뉜다(Friend & Bursuck, 2002). 언어장애 아동의 표현언어 기술에서의 결함은 문법, 구문론, 유창성, 어휘, 따라 하기 등에서 나타나며, 수용언어 기술에서의 결함은 자신에게 말하는 다른 아동의 생각을 이해하는 반응, 추상, 암기, 기억 등에서 나타난다. 예를 들어, 교사의 지시를 잘 따르지 못하는 학생은 수용언어의 문제를 지녔을 가능성이 있으며, 불충분한 어휘나 불분명한 발음, 부정확한 문법 등으로 인하여 또래와 의사소통을 잘하지 못하는 학생은 표현언어 장애의 가능성이 있다. <표 7-3>은 언어장애 아동에게서 흔히 보이는 수용언어 및 표현언어에서의 문제이다.

〈표 7-3〉 언어장애 아동의 수용언어와 표현언어에서 관찰되는 문제

수용언어	표현언어
• 질문에 적절하게 반응하지 못한다. • 추상적으로 생각하지 못하거나 관용구에 포함된 추상적인 개념을 이해하지 못한다. • 들은 정보를 기억하지 못한다. • 구두 지시 따르기를 어려워한다. • 의사소통이 중단되는 것을 인식하지 못한다. • 말로 설명해 준 내용 중 관사와 같이 덜 구체적인 단어나 조동사 및 시제를 나타내는 단어들을 놓친다. • 말로 설명한 이야기의 순서를 기억하지 못한다. • 비슷한 소리의 글자들을 혼동하거나 단어의 소리나 음절의 순서를 바꿔서 이해한다. 유머나 은유적 표현을 이해하기 어려워한다. • 양, 기능, 크기 비교, 시공간적 관계를 나타내는 개념을 이해하기 어려워한다. • 두 개 이상의 문장이 연결된 중문이나 하나 이상의 종속절을 지닌 복합문을 이해하기 어려워한다.	• 부정확한 문법을 사용한다. • 정확하게 설명하지 못한다. • 말을 할 때 자주 멈칫거린다("있잖아, 저기, 음" 등의 주저하는 말을 자주 사용함). • 주제를 이것저것 바꾸면서 말한다. • 제한된 어휘를 사용한다. • 정확한 의미를 전달하기 위한 적절한 단어를 찾기 어려워한다. • 질문하기를 두려워하며, 무슨 질문을 해야 하는지를 잘 모르고, 어떻게 질문해야 하는지도 모른다. • 추상적이거나 시공간적 개념에 대하여 말하기 어려워한다. • 사회적 언어 사용이 빈약하다(특정 상황에 맞도록 의사소통 스타일을 변화시키지 못하며, 대화가 끊어질 때 회복시키지 못하고, 대화의 주제를 유지하지 못함). • 대화 중에 동일한 정보를 반복해서 말한다. • 상대방에게 충분한 정보를 제공하지 못한다.

출처: Bos & Vaughn(2002). Strategies, for teaching students with learning and behavioral problesm(5th ed.).

2) 심리 · 사회적 특성

말장애를 보이는 아동은 흔히 또래 아동으로부터 거절당하거나, 창피함을 당하거나, 열등감을 경험하게 되며, 심하게는 말을 제대로 하지 못한다는 이유

로 부정적인 벌을 받는 경험을 하게 된다. 이러한 부정적인 경험으로 아동은 낮은 자존감을 지니게 되며, 분노와 좌절감을 경험하게 하고, 때로는 적대감이나 위축까지 보이게 한다. 특히, 말더듬을 지닌 아동은 사회적 활동에 어려움을 더욱 심각하게 경험할 수 있다(Rauming & Shames, 2002).

의사소통장애 아동은 자신감과 자존감에 부정적인 영향으로 타인과 대화를 나눌 때 거절당하지 않을까 불안과 긴장을 나타내며, 언어 지체로 자아존중감이 낮다. 또한, 단어놀이나 수수께끼를 할 때, 농담을 하면서 웃을 때, 그 외 사회적 상호작용을 할 때 융통성이 부족하다. 다른 사람이 하는 말을 이해하고 상대방과 의사소통하는 능력은 또래와의 상호작용에서 매우 중요한 요소이다. 특히, 학교, 가정, 지역사회의 일상생활을 통하여 많은 갈등이 발생하며, 이러한 갈등은 문제를 해결하고, 다른 사람의 입장을 이해하고, 자신의 생각이나 감정을 분명하게 표현하는 등의 다양한 기술을 통하여 해결해 나가야 한다. 언어장애 중에서도 화용론적 사용에 어려움을 지닌 아동은 이러한 성공적인 갈등 해결을 위한 기술 발달에 부정적인 영향을 받게 된다(Fujiki, Brinton, Hart & Fitzgerald, 1999). 말더듬은 시간과 기간이 길어질수록 심리적 · 정서적 불안감으로 인한 부정적 경험으로 좌절감, 분노 때로는 적대감으로 인한 위축 행동을 보인다. 그러므로 성공적인 의사소통 기술을 지니지 못한 아동의 불편함을 도와주기 위해 교사와 부모, 또래 아동 및 전문가의 도움을 받아 긍정적인 상호작용과 대인관계를 잘 할 수 있도록 체계적이고 적극적인 협력이 필요하다.

3) 인지 및 학업성취

장애 아동의 대부분은 복합적인 장애를 가지고 있기 때문에 이러한 결과로 의사소통장애가 지능이나 학업성취에 어려움을 가진다고는 단정 지을 수는 없다. 하지만 말 · 언어 문제를 보이는 의사소통장애를 지닌 아동은 지적 능력이나 성취도 평가에서 평균보다 낮아 학습 영역의 성취에 어려움을 겪는다. 이는 그들이 사용하는 어휘 수가 적고 단어 인지력이나 독해력, 기존 개념의 미발달 등으로 학교 교과목을 학습하는 데 장애가 된다는 것이다. 또한, 추상적이고 상징적인 내용이 새롭게 도입된 읽기 학습에 매우 어려움이 따른다. 언어는 인지발달의 기초가 되기 때문에 언어장애는 말장애와는 달리 아동의 인지발달 및 학업성취에 영향을 미친다. 유아기에 언어장애로 진단받은 아동은 초등학교에 입학한 후 읽기를 학습하거나 나중에 학식을 갖추는 데 어려움을 보이곤 한다(Folk-Ross, 2002; Snow, Scarborough & Burns, 1999).

언어장애는 읽기 학습과 관련되어 있을 뿐만 아니라 학습장애와도 분명한 연관이 있는 것으로 알려져 있다(Bakken & Whedon, 2002). 학습장애 아동의 약 80%가 학업성취 문제의 근거가 되는 언어장애를 동시에 가지고 있으며(Wiig & Secord, 1998), 유아기에 언어장애로 진단받은 아동은 학령기가 되었을 때 학습장애로 진단받을 수 있는 것으로 주장되고 있다(Smith, 2004). 읽기 학습은 학교생활에서의 거의 모든 교과학습의 기초가 되므로 언어장애는 성공적인 학업성취를 저해하고 인지발달에도 영향을 준다.

6. 의사소통장애 아동의 지도와 교육

의사소통장애 아동은 생각을 언어로 표현하거나 상대방이 말하는 내용을 이해하지 못한다. 또한, 말을 더듬거나 이상한 음성으로 말을 하기도 하며, 소리나 어휘를 잘못 발음하여 부모, 교사, 또래 간 의사소통에 많은 영향을 주므로 통합환경에서 언어 중재가 중요하다. 그러므로 부모는 다양한 목소리로 들려주고 말을 해 줌으로써 언어 학습에 도움을 줄 수 있다. 지역사회 주민과 교사 및 또래 아동이 내는 목소리의 높낮이, 강도, 장단, 속도, 유 · 무성 등의 특성에 관심을 가지고 반응함으로써 언어기능의 향상이 중요하다. 언어는 아동을 둘러싼 환경에서 장애 아동과 가장 가까운 가족 간의 질적인 환경 중심 언어 중재는 언어 지체나 기타 장애 아동에게 중요한 역할을 한다. 일반학급 교사는 우선 의사소통장애 아동의 유형과 특성을 이해하고, 통합교육환경을 조성하여 또래 아동과 활동에서 사회적 기술을 긍정적으로 적용할 수 있는 보완대체 의사소통이 촉진되어야 한다. 또한, 효과적인 교수전략을 잘 알고 적용하며, 특수교사나 언어치료사 등과의 협력 관계도 유지해야 할 것이다.

1) 의사소통장애 유형별 지도 방법

의사소통장애 안에도 여러 유형이 있는데, 그중 음성장애, 조음장애, 유창성장애(말더듬), 언어 발달지체에 대한 일반적 지침만을 소개하고자 한다.

(1) 음성장애

음성장애는 목소리(음성)가 다른 사람과 뚜렷이 달라서 의사소통에 방해가 되거나 듣는 사람이 불안정한 느낌이 들게 한다. 예를 들어, 목소리가 높거나 낮은 사람, 크거나 약한 사람, 콧소리, 쉰 목소리 등이 여기에 포함된다. 이와 같은 경우 일반적인 지도 방법은 다음과 같다.

- 매체를 통하여 여러 가지 소리를 듣고 그 소리를 구별하게 한다. 또한, 소리에는 강약과 높낮이가 있음을 알게 한다.
- 모델을 제공한다. 즉, 적절한 억양과 발음으로 자연스럽게 이야기할 수 있는 교사나 또래가 말을 시범 보이고 반복해 준다.
- 녹음기를 활용하여 다른 사람과 자기의 말을 비교해 보고 높낮이와 속도를 조절한다.
- 일상생활 및 실제 상황에 따른 말을 할 수 있도록 지도한다(예: 식당에서 주문할 때, 은행에서 저금할 때 등).

(2) 조음장애

조음장애는 말소리가 부정확하게 산출되어 다른 사람이 듣고 이해하는 데 곤란을 느끼며, 단어를 더하거나(첨가), 빼는 것(삭제), 다른 어휘로 대체하기 등이 나타나므로 다양한 기법으로 중재교육을 해야 한다. 이 같은 문제를 보이는 아동을 위한 지도 방법은 다음과 같다.

- 교사의 말을 듣거나 입 모양을 보면서 따라 하게 한다.
- 음성을 듣고 구분할 수 있는 능력을 기른다. 예를 들어, 'ㅅ'을 'ㅌ'으로 대체하는 아동의 경우 '사 타', '사 사', '타 사', '타 타' 등 음성을 들어서 인식하고 'ㅅ'과 'ㅌ'을 구별할 수 있게 한다.
- 아동이 말실수를 하면 비판하지 말고 올바른 말로 교정하여 아동이 한 말을 다시 반복해 준다.
- 특정 음을 발음하고, 어느 글자의 소리였는지 맞추는 게임을 한다.

(3) 유창성장애(말더듬)

유창성장애는 말의 흐름에 있어 자연스럽지 못하고 너무 빠르거나 단어를 반복하는 등의 문제가 포함된다. 새로운 언어패턴의 중재로 현재의 말더듬 증상을 완화하는 것을 목적으로 호흡훈련, 지연 청각 피드백, 점진적 접근법, 연장 기법 등의 지도 방법이 있다. 말을 더듬는 것에 대한 부정적 정서와 두려움을 감소시키면서 말의 유창성이 향상되도록 한다.

- 노래하기, 속삭이기, 목소리의 높낮이를 비정상적으로 변화시키기, 다 함께 큰 소리로 읽기, 박자에 맞추어 말하기 등의 활동을 한다.
- 말을 더듬는 아동의 경우 말하는 속도가 느리고 한 문장을 완성하는 시간도 오래 걸리므로 인내심을 가지고 들어 주는 것이 중요하다. 만일 말하는 도중에 재촉하거나 말을 대신 해 주면 열등감이나 좌절감 등의 역효과를 내기 쉽다.
- 문장을 끝내는 데 시간이 오래 걸리더라도 말을 대신 해 주지 않는다.
- 아동과 함께 그림책을 소리 내어 읽거나 노래를 부른다.
- 아동이 말을 할 때 수용적인 환경을 조성해 준다. 즉, 말을 하는 도중에 실

수를 하더라도 수용될 수 있다는 따뜻한 분위기를 제공해 주고 정서적 안정감을 느낄 수 있도록 도와준다.

(4) 언어 발달지체

언어에 문제를 보이는 아동을 치료하기 위해서 언어치료사나 학급 교사의 역할은 매우 중요하다. 언어치료사는 언어를 정상적으로 획득해 나가는 언어 모델과 환경을 제공함으로써 아동 스스로 언어 규칙을 발견하도록 도와주는 역할을 한다. 학급 교사는 문법에 맞는 문자를 시범 보이고, 정확한 문법과 새로운 어휘를 익히도록 도와주며, 언어기술을 필요는 활동이나 과제를 아동에게 맞게 수정해 준다. 다음은 언어발달에서 수용언어와 표현언어의 향상을 위한 방법이다.

- 문법적으로 정확한 문장의 사용을 일관성 있게 시범 보인다. 예를 들어, “나 지금 밥 먹어.”라는 말을 할 때 “나는 지금 밥을 먹고 있어요.”라고 문법적으로 정확한 모델을 제시해야 한다.
- 말을 듣고 이해하는 ‘수용언어’ 면에서 어려움을 겪는 아동에게는 과제를 제시할 때 요점만 간단히 전달해야 한다.
- 자신의 생각을 표현하는 ‘표현언어’ 면에서 어려움을 겪는 아동에게는 개방적 질문보다 폐쇄적 질문을 하는 것이 도움이 된다. 예를 들어, “가을에는 어떤 종류의 꽃이 피니?”라고 질문하는 것보다 “코스모스는 가을에 피는 꽃이니?”라고 묻는 것이 쉬운 것이다.
- 다양한 의미를 다양한 보기를 사용해서 가르친다. 예를 들어, ‘신다’라는 단어를 지도할 때 ‘양말을 신다’, ‘구두를 신다’, ‘운동화를 신다’, ‘고무신을 신다’ 등의 여러 가지 표현을 사용한다.
- 새로운 어휘를 가르칠 때는 수수께끼와 실물을 활용한다. 예를 들어, ‘시계’라는 단어를 가르칠 때 소리를 내면서 ‘우리에게 시간을 가르쳐 주는 고마운 물건’이라고 수수께끼를 낸 후 실제 시계를 보여 주면서 가르친다.

- 동사나 전치사 등의 단어를 가르칠 때는 신체를 활용한다. 예를 들어, '달리다', '뛰다', '구르다' 등의 동사를 가르칠 때 교사가 신체로 시범을 보인 후 아동이 직접 표현해 보기도 한다.
- 잘 모르는 단어를 발견했을 때는 사전을 사용하도록 가르친다.

2) 보완 대체 의사소통 활용

보완 대체 의사소통(Augmentative and Alternative Communication: AAC)이란, 일상생활에서 독립적으로 말이나 글을 사용하며 의사소통을 할 수 없는 사람의 문제를 감소시키고 언어능력을 촉진하기 위해 사용하는 말(구어) 형태의 의사소통 방법을 의미한다. 보안은 개인의 말을 강화하기 위한 중재로 사용하는 도구를 의미하며, 대체는 말을 습득하지 못하거나 습득할 수 없는 사람을 위하여 말을 대신하여 사용되는 기술을 적용한 것이다. 따라서 보완 대체 의사교환 보조도구(의사소통판, 열쇠고리, 융판, 지갑, 음성 출력기, 컴퓨터), 사용하지 않는 특정 방법(몸짓, 수화, 발성)을 통해 아동의 의사소통 향상을 하는 모든 것에 의미가 있다. 지금까지 중복장애 및 지적장애, 자폐 및 뇌병변장애인에게 효과적인 의사소통 방법으로 사용되었으나 의사소통장애 아동에게도 활용하여 실제적 효과가 입증되고 있다.

보완 대체 의사소통장애(AAC)의 목적 및 기여도는 다음과 같다. 첫째, 여러 가지 이유로 인해 어려움을 겪고 있는 아동 또는 성인의 의사소통을 좀 더 쉽게 해 준다. 둘째, AAC의 사용으로 의사소통장애가 심한 아동의 의사소통 실패로 인한 좌절을 감소시킴으로써 문제행동을 줄이는 데 도움을 준다. 셋째, 사회성의 향상 및 더 많은 일반 활동에의 참여를 가능케 한다. 넷째, AAC 사용으로 구어 발달을 촉진한다. 다섯째, 의사소통을 지속적으로 시도함으로써 독립적인 생활을 촉진하여 취업 기회 확대에 도움을 준다(정해동, 1999).

3) 환경 중심이 자연적인 언어중재(milieu teaching)

아동에게 일반학급에 통합하여 바람직한 교실 환경을 다양하게 구조화하고 의사소통 기회를 많이 제공함으로써 바람직한 반응의 기회를 하도록 해 주는 것이 바람직하다. 왜냐하면, 또래 아동의 정확한 말이 모델이 되고, 이들의 말을 들으면서 교정되기 때문이다. 효과적인 언어 중재가 되기 위해서는 의사소통장애 아동이 자연스럽게 수용되기 위해서 교사는 아동에게 의사소통의 기회를 최대한 확장해 줌으로써 사회성과 언어기술에 도움을 주어야 한다. 환경 중심이 자연적인 언어중재(milieu teaching) 기회를 조성할 수 있는 전략이다 (Kaiser & Grim, 2006).

① 재미있는 자료 제공: 환경 내의 자료나 활동이 아동에게 관심과 흥미를 끌어낼 수 있을 때 의사소통할 가능성이 커진다.
② 원하는 것을 닿지 않는 곳에 두기: 자신이 원하는 것을 손이 닿지 않는 곳에 있을 때 의사소통할 가능성이 커진다.
③ 부족한 상황을 연출하기: 중재교육 과정에서 필요한 자료가 없을 경우 의사소통할 가능성이 커진다.
④ 선택 기회 갖기: 선택의 기회가 주어지면 의사소통할 가능성이 커진다.
⑤ 지원하기: 물건을 다루고 조작하는 상황에서 도움이 필요할 때 의사소통할 가능성이 커진다.
⑥ 예상하지 못한 상황: 예상 밖의 무슨 일이 일어났을 때 의사소통할 가능성이 커진다.

강화된 환경 중심 언어 중재는 아동이 관심을 가지는 자연스러운 언어환경을 고안하여 제공하는 교수전략이다. 아동의 언어를 촉진하기 위한 물리적 상황을 제공하는 환경 조정 전략, 놀이 상황에서 언어학습(언어적 · 비언어적)을 위한 대화적 기초를 제공하는 반응적 상호작용 전략이다. <표 7-4>의 환경 언어 중재 전략은 아동에게 일상생활 활동 기회를 많이 제공함으로써 기능적 문맥을 산출하기 위한 효과적인 언어 활동이다.

〈표 7-4〉 환경 언어 중재 전략

전략	내용
아동 중심시범	일상활동에서 관찰을 통해 아동의 흥미와 관심이 있는 놀이활동을 통한 행동, 물건들을 사용한 언어시범을 통한 중재 예) 역할 놀이: 주방에서 사용하는 도구, 모형 음식, 모형 과일
요구 모델	놀이활동 중에 언어적 요구에 반응을 본 후 시범적 언어 중재 예) 시장놀이: "무엇을 줄까요?", "무엇을 가지고 싶어요?", "○○ 주세요."
시간 지연	놀이활동 중 언어적 반응을 기다려 준 후 시범으로 중재하는 것 예) 병원놀이: 안과 · 치과 놀이 상황에서 눈치채고 적절하게 말하는 것
우발 교수	우연히 일어나는 상황에서 의사소통 및 언어학습의 기회를 준 후 반복적 언어훈련으로 중재

4) 통합교육을 위한 접근 방법

가장 중요한 것은 특수아동이 전통적인 교실 환경에서 벗어난 수정된 통합교육환경에서 가능한 한 많은 학급 활동에 참여할 수 있도록 해 주는 것이다. 특히, 말장애를 지닌 아동이 사회적 활동과 학습 활동 모두에 참여하여 의사소통 기회를 최대한으로 확장시키는 것이다. 또래 아동들 간의 수용도를 증진시킬 수 있는 한 가지 방법은 장애 아동의 자리를 또래들 중간에 배치하는 것이다. [그림 7-8]과 같이 일반적으로 많은 교사는 장애 아동을 교사와 가까이 앉도록 배치하는데 이러한 배치는 아동들 간의 상호작용을 증진시키지 못한다. 특히, 장애 아동을 담당하는 성인 보조인력(예: 자원봉사자, 특수 교육 보조원)이 있는 경우 자칫 잘못하면 장애 아동이 또래 아동들과 상호작용을 기회를 차단하게 되므로 주의를 기울여야 한다. 의사소통장애 아동이 또래 아동들에게 둘러싸여 자연적인 상호작용의 기회를 충분히 가질 수 있어 의사소통 능력이 향상할 수 있는 이러한 환경은 가장 바람직한 수정된 교실 환경이 될 수 있다.

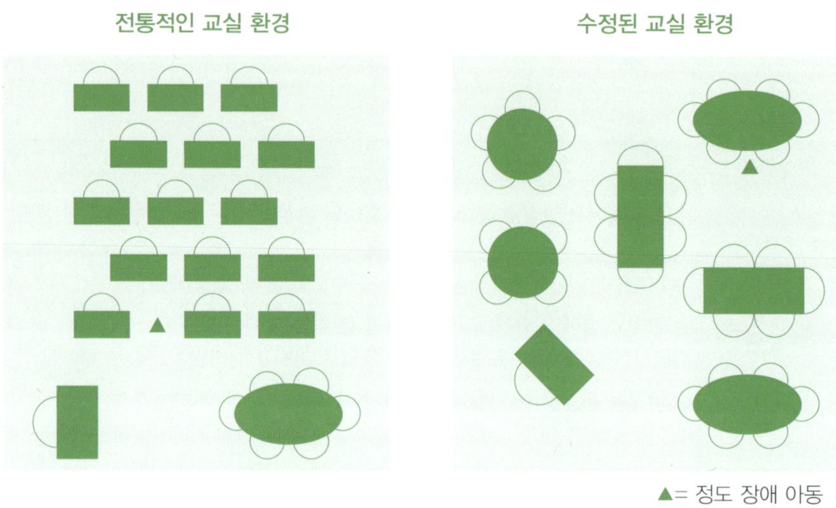

[그림 7-8] 전통적인 교실 환경과 수정된 교실 환경의 예
출처: Cohen & Plaskon(1960). Language arts for the mildly handicapped.

말이나 언어장애를 가진 아동을 위해서 수용적인 환경을 조성해 주는 것도 중요하다. 이를 위해서는 무엇보다 교사와 학급 친구들의 이해와 수용적인 태도가 필요하며, 말하는 중에 실수를 하더라도 계속해서 말을 시도할 수 있도록 배려해야 한다. 의사소통장애 아동은 수용적인 학급 분위기 속에서 누군가에게 말하는 것에 대해 편안함을 느끼고 계속해서 말을 시도할 가능성이 크기 때문이다(전경원, 권미은, 2009).

의사소통장애 아동을 위한 수용적인 학급 분위기를 만들기 위해서는 다음과 같은 점을 주의해야 한다.

- 아동이 말하는 도중 실수를 하더라도 학급 친구들이 웃거나 놀리지 말도록 주의를 기울인다.
- 말장애를 지닌 아동이 이야기할 때 교사는 관심을 가지고 잘 경청하여야 한다. 특히, 이는 다른 아동에게 긍정적인 모델이 된다.
- 교사는 아동의 말실수에 관심을 보이지 않도록 한다. 교사가 아동의 발음이나 억양의 문제에 관심을 가지지 않고 아동이 말하고자 하는 내용에 관

심을 보이면 학급 아동들도 교사와 같은 행동을 보이면서 수용하는 태도를 보일 것이다.

- 교사나 학급 아동들은 말이나 언어장애를 가진 아동의 말실수에 대해 비판하지 말아야 한다. 하지만 교사는 아동의 틀린 말을 문법상 적절한 말로 반복해 줌으로써 정확한 말을 시범 보일 수 있다.

학습문제

1. 의사소통장애 아동의 정의와 분류를 설명하시오.
2. 의사소통장애 아동의 원인을 설명하시오.
3. 의사소통장애 아동을 진단하고 특성을 설명하시오.
4. 의사소통장애 아동을 위한 지도와 교육을 설명하시오.

제8장

청각장애

청각장애교육은 16세기 후반에서 17세기 초에 걸쳐 스페인을 중심으로 이루어졌으며, 우리나라에서는 1909년 로제타 셔우드 홀(Rosetta Sherwood Hall: 1865~1951) 선교사에 의해 시작되었다(김병하 외, 2007). 청각장애교육이 시작된 이래로 청각장애교육 교사들은 '무엇을 가르칠 것인가?'보다 '어떻게 가르칠 것인가?'에 더 많은 관심을 가졌다. 즉, '교육내용'보다 '교육방법'에 관심을 두고 교육을 실시해 왔다. 이는 학교교육 형태로 청각장애교육이 시작되었던 18세기부터 그 흔적을 찾을 수 있다. 18세기 후반 프랑스에서 레뻬(I'Epee)를 원조로 한 수어주의(manualism)와 독일의 하이니케(Heinicke)에 의한 구어주의(oralism)가 청각장애교육 방법론으로 확립되면서부터 교육현장에서는 양 방법론에 대한 격렬한 논쟁이 거듭되었다. 19세기 중엽까지만 해도 전반적으로 수어주의가 우위를 점령해 오다가 1880년 밀라노 국제회의 이후 구어주의가 크게 강조되기 시작했다. 구미에서는 1970년대에 '토털 커뮤니케이션(total communication: TC)' 개념이 도입되면서 청각장애학생이 사용하는 의사소통 양식 간에 차별을 없애고, 개인에게 가장 적합하고 용이한 의사소통 양식을 존중해야 한다는 움직임이 일어났으며, 이러한 움직임은 수어와 구어를 동시에 사용하는 형태로 교육현장에서 전개되었다. 그러나 교육현장에서 '토털 커뮤니케이션'의 실천적 한계가 드러나면서 1990년대에 이르러는 농인과 청인의 언어와 문화를 동등한 입장에서 바라보고 자연수어를 1차 언어로 강력하게 투입하는 이중언어-이중문화(bilingual-bicultural: 2Bi) 접근이 긍정적으로 논의되었다.

장애인 당사자 중심에서 본 장애학(disability studies) 담론에 따르면 농문화와 농인학에 입각한 농 정체성 정립이 강조되고 있는데, 이 관점에서는 이중언어-이중문화 접근이 지지되고 있다. 반면, 청각재활의 임상적인 관점에서는 보청기나 인공와우 수술을 통한 청능 활용이 강조되면서 청각-구어법(auditory-verbal therapy)이 지지를 받고 있다. 국내에서는 2005년 1월부터 인공와우 수술이 건강보험 혜택을 적용받고 있으며, 2018년부터는 모든 신생아를 대상으로 신생아 청각선별검사에 건강보험이 적용되고 있다(보건복지부, 2015). 신생아 청각선별검사의 의의는 조기증폭과 조기중재를 통해 청각장애 아동의 의사소통 및 인지발달을 개선하는 데 있다(Halpin et al., 2010). 중고도(moderately severe: 56～70dB) 난청 미만의 청력을 가진 아동은 보청기 착용을 통해 청각적 도움을 받을 수 있으며, 보청기의 도움을 받기 어려운 최고도(profound: 91dB 이상) 난청 아동에게는 24개월 이전에 인공와우를 수술하여 언어발달의 결정적 시기를 놓치지 않도록 할 수 있다. 이 장에서는 청각장애 아동의 정의 및 원인, 교육적 이해를 위한 분류 및 특성, 진단 및 평가, 그리고 교육적 지원에 대한 내용을 기술하고자 한다.

1. 청각장애의 정의 및 원인

1) 청각장애의 정의

소리를 듣는 과정은 공기의 진동으로 발생된 음파가 외이도를 지나 고막을 진동시키고 이 진동이 고실에 있는 이소골 연쇄를 거쳐 난원창을 통해 내이의

와우각에 이르러 와우 내 림프액의 파동을 일으키게 된다. 이 파동이 와우 중간계의 코르티기에서 전기적 에너지로 바뀌게 되며, 청신경을 통해 대뇌의 청각중추에 도달되면 비로소 음을 지각하게 된다. 외이에서 내이까지의 소리 전달 경로는 [그림 8-1]과 같으며, 이러한 음의 전달 과정의 어느 부분에서라도 이상이 발생하면 소리를 듣는 데 어려움을 갖게 되는데, 이러한 현상을 청각장애(hearing impairment)라 한다.

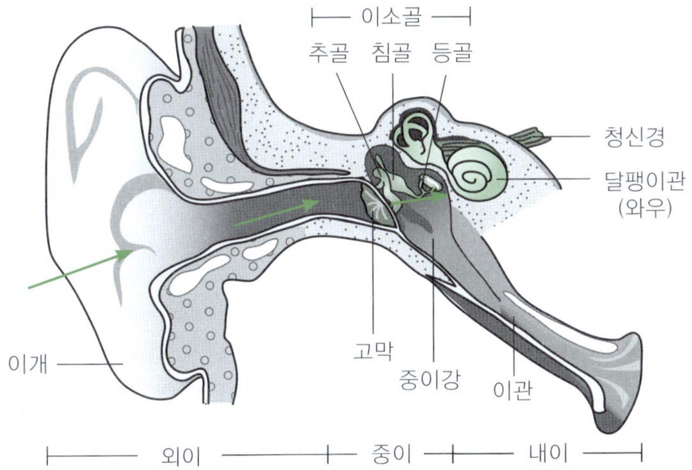

[그림 8-1] 외이에서 내이까지 소리의 전달 경로

청각장애는 청각기관의 특정 부위에 장애를 갖는 물리적 손상에 의한 단순한 감각장애이지만, 듣기의 장애는 인간생활에서 의사소통에 어려움을 초래하기 때문에 언어를 도구로 사용하는 교육적 작용에 있어서는 복잡한 문제를 야기한다. 청각장애를 분류하고 정의할 때 보편적으로 사용되는 용어는 농과 난청이다(Moores, 2001). 농(deaf)은 보청기 착용 여부와 관계없이 청각을 통하여 언어적 정보를 처리할 수 없을 정도로 청각장애가 심한 경우이고(90dB 이상), 난청(hard of hearing)은 보청기를 착용한 상태에서 청각을 통하여 언어적 정보를 처리할 수 있을 정도의 잔존청력이 남아 있는 경우(25~90dB)를 말한다. 교육적 관점에서는 대개 청력손실과 언어능력의 발달 관계에서 청각장애를 정의하고 있으며, 청각장애는 경도에서 최고도의 청력손실을 모두 지칭하는 일반적인 용어로 농과 난청을 포함하여 사용한다. 이하에서는 「장애인복지법」과 「장애인 등에 대한 특수교육법」에 명시된 청각장애 정의에 대해 다루고자 한다.

(1) 「장애인복지법」의 정의

「장애인복지법 시행령」(2018. 12. 31.) 제2조에서는 청각장애인에 대한 서비스 적격성을 판단하기 위해 청력손실 정도, 말의 명료도, 평형기능에 따라 청각장애인의 기준을 다음과 같이 명시하고 있다.

가. 두 귀의 청력손실이 각각 60dB 이상인 사람
나. 한 귀의 청력손실이 80dB 이상, 다른 귀의 청력손실이 40dB 이상인 사람
다. 두 귀에 들리는 보통 말소리의 명료도가 50% 이하인 사람
라. 평형기능에 상당한 장애가 있는 사람

더불어 「장애인복지법 시행규칙」(2019. 6. 4.) 제2조에서는 청각장애인의 장애 정도를 '청력을 잃은 사람'과 '평형기능에 장애가 있는 사람'으로 구분하고, 각각 '장애의 정도가 심한 장애인'과 '장애의 정도가 심하지 않은 장애인'으로 구분해서 제시하고 있다. 과거 「장애인복지법」에서는 청력손실 정도에 따라 장애 등급을 2급에서 6급으로 나누어 복지 서비스를 차등 제공하였으나, 이는 장애인의 개인적 욕구를 고려하지 못한 획일적 기준이라는 비판을 받았다. 이에 2019년부터 '장애등급'이 아닌 '장애정도'로 구분하였으며, 이는 장애인의 욕구와 사회 환경을 반영하여 서비스를 지원하는 방향에서 법령이 개정된 것이다. 동법에 명시된 '청력을 잃은 사람'에 대한 장애 정도는 다음과 같다.

1) 장애의 정도가 심한 장애인
두 귀의 청력을 80dB 이상 잃은 사람

2) 장애의 정도가 심하지 않은 장애인
가) 두 귀에 들리는 보통 말소리의 최대 명료도가 50%이하인 사람
나) 두 귀의 청력을 각각 60dB 이상 잃은 사람
다) 한 귀의 청력을 80dB 이상 잃고, 다른 귀의 청력을 40dB 이상 잃은 사람

(2) 「장애인 등에 대한 특수교육법」의 정의

우리나라에서는 특수교육대상자에 대한 교육권 보장을 위해 「장애인 등에 대한 특수교육법」을 마련하고 있으며, 동법 시행령(2022. 6. 28.) 제10조에서는 청각장애의 정의를 청력손실이 의사소통 및 교육적 성취에 미치는 영향에 초점을 두고 있다. 동법에 명시되어 있는 청각장애를 지닌 특수교육대상자 선정 기준은 다음과 같다.

청력손실이 심하여 보청기를 착용해도 청각을 통한 의사소통이 불가능 또는 곤란한 상태이거나, 청력이 남아 있어도 보청기를 착용해야 청각을 통한 의사소통이 가능하며, 청각에 의한 교육적 성취가 어려운 사람

「장애인 등에 대한 특수교육법」에서는 청각장애를 지닌 특수교육대상자를 선정함에 있어 청각장애가 의사소통 및 교육적 성취는 미치는 영향을 고려하고 있으므로 「장애인복지법」에 따른 청각장애인 기준에 포함되지 않더라도 특수교육대상자로 선정이 가능하다. 예를 들어, '한 귀의 청력손실이 70dB 이상, 다른 한 귀가 50dB 이상인 사람'의 경우 「장애인복지법」에 의한 청각장애인 기준에는 포함되지 못하더라도 「장애인 등에 대한 특수교육법」에 따른 특수교육대상자 선정은 가능하다. 청력검사 결과 및 의사의 진단서, 그리고 기초학력검사 결과 등을 바탕으로 특수교육적 지원이 필요하다고 판단되면 특수교육운영위원회의 심의를 거쳐 지원을 제공할 수 있다.

2) 청각장애의 원인

청각장애의 원인은 선천적인 원인과 후천적인 원인으로 구분하기도 하고, 손상 부위에 따라 외이, 중이, 내이 및 청신경으로 나누어 구분하기도 한다. 외이와 중이의 문제는 전음성 청각장애를 가져오는데, 내이 및 청신경이 원인일 경우와는 달리 대부분 의료적 치료가 가능하다. 이하에서는 손상 부위에 따라 청각장애를 일으키는 원인에 대해 살펴보고자 한다.

(1) 외이의 원인

외이의 손상으로 발생되는 청각장애는 대부분 60dB를 넘지 않는 경중도의 전음성 난청이며, 내이와 관련이 있는 외이의 문제일 경우 감각신경성이나 혼합성 난청이 나타나기도 한다(대한이비인후과학회, 2009). 이개의 문제로는 소이증(microtia), 대이증(macrotia), 무이증(anotia)이 있으며, 외이도의 문제로는 선천성으로 나타나는 외이도 폐쇄증(atresia)과 환경에 의해 발생되는 외이도염(otitis externa), 귀지가 외이도 전체를 채우고 있는 이구전색(impacted cerumen) 등이 있다.

(2) 중이의 원인

중이에서는 고막천공(perforated tympanic membrane), 고막염(myringitis), 중이염(otitis media)과 이관기능장애(eustachian tube dysfunction) 등으로 인해 난청이 유발될 수 있다. 중이의 대표적인 질환인 중이염은 유스타키오관의 기능이 비정상적일 때 발생하기 쉬운데 다운증후군과 구개파열 아동에게서 자주 발생한다(Hallahan & Kauffman, 2003). 중이염은 중이의 염증으로 발생되며, 진주빛이어야 할 고막이 붉은색으로 변하거나 붓는 경우로서 대부분 의료적 처치가 가능하나 3개월 이상 지속되면 난청을 유발할 수 있다. 유전성 또는 비유전성으로 중이장애를 유발하는 증후군에는 다운증후군, 트리처 콜린스 증후군, 알포트 증후군, 크로존 증후군 등이 있으며, 그밖에 중이에서 나타나는 청각장애로는 이소골 기형 및 탈골, 이경화증 등이 있다.

(3) 내이의 원인

① 비유전적 청각장애

비유전적이면서 선천적으로 나타나는 내이 장애는 산모가 이독성 약물(아미노글라이코사이드계 항생제 등)과 방사선에 노출되었거나, 산모의 바이러스(풍진, 사이토메갈로바이러스 등) 감염, 그리고 태아와 산모의 혈액형 불일치(RH 상반성)로 인해 나타날 수 있다. 비유전적이면서 후천적으로 나타나는 내이 장애에는 출산 시 무산소증이나 저산소증, 뇌황달을 유발할 수 있는 고빌리루빈혈증(hyperbilirubinemia), 유행성 이하선염, 홍역 등의 바이러스성 감염, 박테리아성 뇌막염, 이독성 약물과 소음에 지속적으로 노출되었을 때 발생하는 경우 등을 들 수 있다.

② 유전적 증후군

유전적 청력손실은 약 2,000명당 1명 정도로 발생하며(이필상 외, 2020), 유전적 원인으로 내이의 장애를 일이키는 증후군은 매우 다양하다. 이하에서는 내이에 장애를 일으키는 대표적인 증후군에 대해 다루고자 한다.

가. 바르덴부르크(Waardenburg) 증후군

앞머리가 하얗고 양 미간이 넓으며, 코뿌리가 낮아 코가 납작하고 눈의 색깔이 다른 홍채 이색증을 보인다. 난청의 정도는 경도에서 고도의 다양한 정도의 감각신경성난청으로 편측이거나 양측성일 수도 있고 진행성일 수도 있다.

나. 어셔(Usher) 증후군

주증상으로는 진행성 색소망막염으로, 초기에는 밤에만 시력이 떨어지고 시야가 좁아지다가 맹이 된다. 난청의 정도는 중도에서 최고도로 보통 고주파수의 청력손실이 더 심한 양측성 감각신경성을 나타내며, 보청기로 도움을 받지 못할 정도로 청력손실이 심한 경우도 있다.

다. 펜드레드(Pendred) 증후군

갑상선 기능저하와 난청이 주증상으로 나타나며, 난청의 정도는 중도에서 최고도이고, 대부분 양측 대칭성 감각신경성으로 나타난다.

라. 클리펠-파일(Klippel-Feil) 증후군

두개안면부의 기형으로 목 부위의 운동성이 저하되고 목의 길이도 짧아 머리가 어깨 위에 얹혀 있는 것처럼 보인다. 기형의 형태는 외형뿐만 아니라 외이도, 중이강, 이소골, 와우 및 전정기관까지도 나타나고 청신경 및 중추신경까지 영향을 미치기도 한다. 난청의 정도는 경도의 전음성에서 최고도의 감각신경성까지 매우 다양한 양상을 보인다.

(4) 청신경의 원인

신경섬유종증(neurofibromatosis)은 시신경과 청신경에 영향을 미치는데, 청각적으로는 편측성, 진행성, 감각신경성 난청을 동반한다. 청신경종(acoustic neuroma)은 뇌간에서 귀의 내이로 가는 청각신경(뇌신경 중 8번째 신경)에 양성종양이 자라는 것으로, 이 청각신경은 청각과 몸의 평형을 유지시켜 주는 역할을 하므로 뇌종양이 자라면서 신경을 압박하면 난청을 일으킨다.

2. 청각장애의 분류 및 특성

1) 청각장애의 분류

청각장애는 다양한 관점에서 분류되고 있으며, 가장 대표적인 방법은 청력손실 정도에 따른 분류이다. 그밖에도 청력손실 발생 시기가 언제인지, 청각장애의 손상 부위가 어디인지에 따라 분류될 수 있으며, 청각 전문가들 사이에서는 청력검사 결과 얻어진 청력도(audiogram)의 형태에 따라 청각장애를 분류하기도 한다. 이하에서는 청력손실 정도, 청력손실 부위, 청력손실 시기에 따른 청각장애 분류 방법을 다루고자 한다.

(1) 청력손실 정도에 따른 분류

청력손실 정도에 따른 분류는 청력검사를 실시하여 얻어진 청력 수준에 따라 청각장애를 분류한다. 일반적으로 0dB에서 20~25dB까지를 정상청력으로 보고, 90dB 이상을 농으로 간주하지만 연구자마다 차이가 있다. <표 8-1>은 국제표준기구(International Organization for Standardization: ISO)에서 규정하고 있는 청각장애 분류이며, 청력손실 수준에 따라 의사소통에 미치는 영향은 다르게 나타난다.

〈표 8-1〉 청력손실 정도에 따른 분류

구분	의사소통에 미치는 영향
정상(0~25dB)	의사소통에 아무런 영향을 미치지 않는 수준임
경도(26~40dB)	조용한 환경이라도 소리가 적거나 원거리에서 들려오는 말소리는 듣기 어려움
중등도(41~55dB)	일상 대화 말소리는 듣기 어렵고 아주 가까운 거리에서는 들을 수 있음
중등고도(56~70dB)	크고 명백한 말소리도 가끔 듣기 어려우며 교실과 같은 집단 상황에서는 듣기가 어려움
고도(71~90dB)	큰 말소리도 들리지 않아 많은 단어가 인지되지 않음
최고도(농, 91dB 이상)	대화 말소리를 들을 수 없으나 일부 큰 환경음(예: 트럭 경적 소리)을 들을 수 있음

출처: 유은정 외(2013), 이필상 외(2020)의 자료를 바탕으로 재구성함.

(2) 청력손실 부위에 따른 분류

청각장애는 청각기관의 손상 부위에 따라서도 분류되고 있다. 외이나 중이의 문제로 발생하는 청각장애를 전음성 난청(conductive hearing loss), 내이나 청신경에 손상이 있을 때 나타나는 청각장애를 감각신경성 난청(sensorineural hearing loss)이라 한다. 감각신경성 난청은 전음성 난청에 비해 청력손실 정도가 심하게 나타나며, 전음성과 감각신경성 청각장애가 함께 나타나는 경우를 혼합성 난청(mixed hearing loss)이라 한다. 그밖에도 청각신호의 정보처리과정에 결함이 있는 경우를 중추청각처리장애(Central auditory processing disorder, CAPD)라 하며(ASHA, 1990), 중추성 청각장애 아동의 특성으로는 청각적 변별 및 음운인식이 어렵고, 특히 소음이 있는 환경에서 구어의 이해가 곤란하며, 청각적 기억이 어려워 복잡하고 긴 지시를 잘 따르지 못한다. 청력손실 부위에 따른 청각장애 분류와 부위별 손상에 따라 의사소통에 미치는 영향은 다음의 <표 8-2>와 같다.

〈표 8-2〉 청력손실 부위에 따른 분류

구분	의사소통에 미치는 영향
전음성 난청	외이 또는 중이의 손상으로 경도나 중등도 청력손실을 보이며 보청기를 착용하면 일반적인 대화가 가능함
감각신경성 난청	내이 또는 청신경의 손상으로 청력손실 정도가 심하나, 청신경이 기능하는 경우 인공와우 이식수술과 수술 후 언어치료 및 청능훈련을 통해 언어습득을 기대할 수 있음
혼합성 난청	전음성과 감각신경성 청각장애가 혼합되어 나타나는 경우로 손실 정도에 따라 의사소통에 미치는 영향은 다양함
중추청각처리장애	청신경-뇌간-대뇌피질의 전달경로에 문제가 있어 소리는 들리나 말소리를 이해하지 못함

(3) 청력손실 시기에 따른 분류

청력손실이 발생된 시기는 청각장애 아동의 언어발달과 관련이 깊다. 이러한 이유로 청각장애를 언어습득 이전과 언어습득 이후로 분류하기도 한다. 언어습득 시기는 일반적으로 유아가 자신의 모국어를 이해하고 말하기 시작하는 시점으로 대략 3~4세경이 된다(고은, 2017). 언어습득 이전에 청력손실을 갖게 된 경우에는 언어에 대한 경험이나 정보가 없으므로 말소리에 대한 이해력이 낮기 때문에 체계적인 언어재활이 요구된다. 반면, 언어습득 후 청각장애가 발생된 경우에는 보청기 등의 청각보조기기 착용으로 의사소통이 가능하나, 점차 발음이 왜곡되므로 언어치료가 병행되어야 한다.

2) 청각장애 아동의 특성

(1) 언어발달 특성

청각장애 아동의 언어발달은 가청아동과 유사한 발달 경로를 따른다. 다만, 청각장애 아동의 언어발달은 가청아동보다 지체되고 느린 속도로 이루어지는 것이 특징이다(유은정 외, 2013). 특히, 언어습득 전 청력손실이 발생된 경우에는 구어 기술을 습득하는 데 어려움이 크다. 그 이유로는 첫째, 청각장애 아동은 자신이 내는 소리를 자신이 듣지 못하여 적절한 피드백을 받지 못하기 때문이며, 둘째, 성인으로부터 적절한 언어적 강화를 받지 못하기 때문이고, 셋째, 성인의 언어적 모델을 들을 수 없기 때문이다(이필상 외, 2020). 이하에서는 언어의 주요 구성 요소인 음운, 의미, 구문, 화용 측면에서 청각장애 아동의 언어발달 특성을 다루고자 한다.

① 음운발달

청각장애 아동은 음절성 옹알이 단계인 생후 6개월 이전까지는 건청아동과 같이 다양한 소리를 산출하나, 생후 6개월 이후부터 음소축소(phonetic contraction) 현상이 뚜렷해져 발음할 수 있는 소리의 범위가 점차 줄어들게 된다(윤미선, 심현섭, 2003). 청각장애 아동은 입의 뒤쪽에서 만들어져(연구개음, 성문음 등) 시각적으로 구분하기 힘든 자음보다 입 앞쪽에서 만들어지는 자음(양순음, 치조음 등)은 잘 발음하는 편이다. 단어의 첫소리보다 끝소리의 오류가 많고 유성음과 무성음을 혼동하거나, 자음에 과도한 비음이 섞이기도 하며, 조음점이 정확하여도 부적절한 강세와 말소리 길이 등으로 인해 소리가 왜곡되는 경우가 많다. 인공와우이식 수술을 한 청각장애 아동의 음운발달은 건청아동의 음운발달 속도나 양상과 다르며, 인공와우 수술을 하지 않은 청각장애 아동이 나타내는 음운발달 양상과도 다른 패턴을 보인다(Blamey et al., 2001; Ertmer & Mellon, 2001). 인공와우이식 아동의 자음 정확도는 인공와우 착용 2년 이후부터 급속한 발달을 보이며, 인공와우 착용 연령이 3세 이전인 아동이 3세 이후인 아동보다 자음 정확도가 높게 나타난다.

② 의미발달

건청아동은 일반적으로 생후 12개월 전후로 첫 단어를 말하고 18개월 전후로 두 단어를 연결하여 발화하며, 어휘량도 폭발적으로 증가한다. 청각장애 아동은 의미발달에 있어서 발달 패턴은 건청아동과 유사하지만, 발달속도는 지체된다. 첫 어휘를 습득하는 시기가 늦을 뿐만 아니라 새로운 어휘를 받아들이는 속도 또한 느리다(이상희, 2006). 청각장애 아동이 건청아동에 비해 어휘력이 제한적이고 빈약하기는 하나 경험이 늘어날수록 어휘력은 꾸준히 증가한다. 다만, 일상생활과 관련이 적은 어휘 습득이 어렵고, 구체적인 단어보다 추상적인 어휘를 습득하는 데 어려움을 보인다(고은, 2017). 예를 들어, 시각적으로 구체적인 정보를 제공하는 '의자', '컵', '가방' 등은 쉽게 습득하나, 눈으로 확인이 어려운 추상적인 어휘인 '부끄럽다', '정체성' 등의 단어는 그 의미를 습득하는 데 어려움을 보인다.

한편, 청각장애 아동의 경우에도 조기에 청각 · 언어재활을 시작한 경우에는 연령에 따라 표현어휘 수가 증가하고, 품사에 따른 어휘 발달 양상이 건청아동과 유사한 패턴을 보인다(서영란 외, 2007). 즉, 명사를 중심으로 어휘가 발달하기 시작하여 점진적으로 동사와 형용사가 출현하며, 어느 정도의 내용어가 표현된 이후에는 문법형태소가 나타나고, 특정 시기에 어휘 수가 급격히 증가한다. 또한, 만 2세 이전에 청각 · 언어재활을 시작한 아동의 경우 연령에 따라 품사별 다른 어휘 수(the number of different words: NDW)가 증가하며 용언의 활용도 다양해진다(서영란, 2010).

③ 구문발달

건청아동은 구문발달 초기 단계에서 조사 등의 문법형태소를 생략한 전보식 문장을 사용하다가 점차 조사 사용이 증가하면서 구문의 형태가 점점 복잡해진다. 이러한 양상은 청각장애 아동도 유사하다고 할 수 있으나(강창욱, 1994; 서영란, 2010), 청각장애 아동은 구문발달 과정에서 전보식 문장의 사용이 지속되는 경우가 많다(Davis & Hardick, 1981). 청각장애 아동의 구문발달은 나이가 어린 건청아동의 발달 패턴과 유사한 형태를 보이는 경우도 있지만, 건청아동의 발달 패턴에서 벗어나 독특한 양상을 보이기도 한다(Seyfriend & Kricos, 1996). 이러한 특징은 수어를 사용하는 청각장애 아동에게서 나타나는데, 그 이유로 예측할 수 있는 것은 수어가 음성언어와는 다른 언어체계를 갖기 때문이다.

청각장애 아동의 구문 및 형태론적 언어발달 특징으로 낱말군(word class)에 대한 지식이 부족하여 명사나 동사와 같은 내용어는 과다하게 사용하는 반면 문법적 기능어의 사용은 제한된다. 문법 구조에 대한 지식의 부족으로 정형화된 문법 구조를 과다하게 사용하는 경향이 있다. 그리고 문법형태소를 잘못 사용하거나 문장의 주요 요소를 생략 또는 잘못된 낱말 순서로 산출하는 등의 오류를 보이며, 문법 능력이 어느 정도 수준에 도달한 이후에는 정체 현상을 나타낸다(Schow & Nerbonne, 1996). 청각장애 아동이 문장을 구성함에 있어 가장 많은 어려움을 나타내는 부분은 조사의 올바른 사용과 어미의 활용이라 할 수 있으며, 그들이 갖는 문법형태소 습득의 어려움은 수어 사용에 따른 영향도 있을 수 있겠으나, 그보다는 각각의 문법형태소가 지니는 기능을 완전히 습득하지 못하는 데서 기인된다고 볼 수 있다. 따라서 의미 있는 맥락 내에서 각각의 문법형태소가 지니는 기능을 습득할 수 있는 체계적인 지도가 요구된다(박경란, 2009).

④ 화용발달

언어발달 초기 건청아동은 제스처 등의 비언어적 표현을 적극적으로 사용하며, 청각장애 아동의 경우에도 비슷한 양상을 나타낸다. 다만, 건청아동은 한 단어 발화 출현 이후 언어적인 표현이 증가하고 제스처의 사용 비율이 줄어들지만, 청각장애 아동은 늦게까지 제스처의 사용이 크게 줄어들지 않는다(Nicholas et al., 1994). 이때 수어 환경에 노출된 청각장애 아동은 제스처를 수어 동작과 자연스럽게 연계함으로써 언어발달이 촉진되고, 실제적인 언어 사용 능력도 향상된다. 화용은 실제 의사소통 상황에서의 적절한 언어 사용을 말하는데 여기에는 대화 기술, 주제 유지, 대화 순서 교대 등이 포함된다. 청각장애 아동은 대화 기술을 포함한 화용 기술에서 어려움을 보이는데 그 원인으로는 청각장애 아동이 여러 사람과 만나 이야기를 나눈 경험이 부족하여 다양한 언어구조에 익숙하지 못하기 때문이다. 또한, 부모나 다른 사람들이 일상생활에서 말하는 것을 듣지 못하므로 언어의 사용 방법을 익힐 기회가 적기 때문이다. 특히, 경어의 사용이나 상황에 맞는 말 사용법에 대해 건청아동은 부모로부터 직접적인 지시를 받게 되나, 청각장애 아동의 경우는 구어를 통한 소통의 어려움으로 인해 이러한 언어 사용에 제약을 갖게 된다.

(2) 인지발달 특성

청각장애 아동의 지적 능력이 건청아동과 차이가 있는가에 대한 논의는 오랜 과거부터 지속되었다. 1900년대 초기 청각장애 아동에게 최초로 지능검사를 실시한 핀트너(Pintner)는 청각장애 아동의 지능지수가 언어성 지능검사만으로 실시했을 때 지적장애 범위를 벗어나지 못한다고 하였고, 비언어성 지능검사를 통해서도 숫자기억범위(digit span)에서 건청아동에 비해 크게 지체되어 있다고 하였다(김병하 외, 2007). 1950년대에 이르러는 마이클러버스트(Myklebust)가 청각장애 아동의 지능은 양적인 면에서는 건청아동과 동일하다고 할지라도 질적인 면에서 차이를 보인다고 하였으며, 특히 지적기능의 폭, 정교성, 추상성 등에서 어려움이 있다고 주장하였다. 1960년대 이후부터는 청각장애 아동의 인지적 기능은 건청아동과 차이가 없다는 견해가 지지되고 있으며, 지적 과업의 수행에 있어 청각장애 아동이 보이는 결함은 청각장애 자체에서 기인하기보다 신경적 결함이나 그들이 속한 집단의 사회 · 경제적 배경의 취약성에서 기인하는 것으로 보았다. 따라서 청각장애 아동에 대한 지능검사 실시와 결과 해석에 있어서는 지능검사 문항이 건청인을 대상으로 제작되지는 않았는지, 검사문항이 농문화의 특성을 고려하고 있는지, 그리고 검사방법에 있어서 적절한 수정(수어를 활용한 검사)이 이루어졌는지에 대해 고려될 필요가 있다.

(3) 사회 · 정서발달 특성

청각장애는 사회 · 심리적으로 여러 가지 부가 장애를 가져오게 할 수 있다. 영아기에는 청각장애 아동이 건청아동과 상호작용하는 데 어려움을 나타내지 않으나, 언어를 주된 의사소통 도구로 사용하는 유아기부터는 청력손실이 심한 아동일수록 친구 관계에서 어려움을 갖게 된다. 특히, 통합된 환경에 있는 아동일수록 의사소통 문제로 인성발달에 미치는 영향이 크다. 이하에서는 청각장애가 아동의 사회 · 정서발달에 미치는 영향을 에릭슨(Erikson)의 발달단계 중 출생에서 청소년기까지를 중심으로 논의하고자 한다(김병하 외, 2007).

① 1단계: 신뢰감 대 불신감(출생~1세까지)

이 단계의 영아는 자신과 자신을 둘러싼 세계와의 상호작용을 통해 신뢰감을 형성한다. 이 시기에 양육자가 신체적 · 심리적 욕구를 일관성 있게 충족시켜 주면 영아는 신뢰감을 형성하고 그렇지 않을 경우 불신감을 갖는다. 양육자는 영아에 대한 행동에서 일관성, 예언성, 신뢰성을 가져야 한다. 신뢰감이 형성된 영아는 엄마가 보이지 않아도 지나치게 불안해하거나 걱정을 나타내 보이지 않는다. 이 시기 청각장애 자녀를 둔 건청인 부모는 청각장애 아동 출산에 따라 심리적으로 불안정한 상태를 경험하고, 이는 아동과의 온정적 관계 형성을 저해하는 요인이 되어 신뢰감 형성에 부정적인 영향을 미칠 우려가 있다.

② 2단계: 자율성 대 수치심(1~3세)

이 시기 유아는 다양한 신체적 및 정신적 능력이 빠르게 발달하고 여러 가지 상반되는 충동 사이에서 스스로 선택하는 과정을 통해 자율적으로 행동을 하려고 한다. 이 시기의 중요한 과업이 자기통제이며, 특히 배변훈련과 관련된 배설 기능의 통제가 중요하다. 배변 싸움(자율성과 문화적 사회 규제 사이의 싸움)은 자율성 대 수치심과의 갈등이라고 할 수 있는데, 이때 양육자는 유아의 배변 실수에 대해 지나치게 수치심을 주지 말아야 한다. 배변훈련뿐만 아니라 먹기, 걷기 등의 훈련과정에서 과잉 통제로 자기 통제의 상실감을 갖게 되면 유아는 수치심, 회의감을 느끼게 된다. 자녀가 청각장애가 있는 경우 부모는 자녀에 대한 거부나 과잉통제가 나타날 수 있고, 이로 인해 자율성 대신 회의감과 수치심이 형성될 가능성이 크다. 더불어 이 시기 청각장애 아동은 건청아동과는 달리 '말 훈련'의 싸움까지 해야 한다. 청각장애 아동은 말을 잘 하기를 바라는 부모의 요구에 부응하지 못해 죄책감을 가질 수 있으며, 말을 하지 못하는 것에 대한 수치심을 느낄 수도 있다.

③ 3단계: 주도성 대 죄책감(3~6세)

이 단계 유아는 활동량이 많아지고 사물이나 사람에 대한 호기심이 왕성한 시기이다. 유아는 자신의 활동을 계획하고, 목표를 세우며, 이를 달성하고자 스스로 노력하므로 자기 주도성이 강해진다. 이때 부모가 유아의 주도성을 나쁜 것으로 느끼게 한다면 유아는 죄의식을 발달하게 되고, 죄의식은 이후 모든 자기 주도적인 활동에 지속적으로 영향을 미치게 된다. 이 시기 청각장애 유아는 구어 의사소통의 어려움으로 인해 놀이나 행동을 제지당하기 쉽고, 이로 인해 자신을 외계 속으로 관입하는 기회를 상실할 수 있다. 말로 자신의 생각을 표현하더라도 정확한 조음에 제약이 있기 때문에 자신의 말에 대해 보상을 받기보다는 정확한 조음에 대한 압박감과 죄의식을 갖게 된다.

④ 4단계: 근면성 대 열등감(6~12세)

학령기에 접어들면서 아동은 읽기, 쓰기, 셈하기 등의 인지적 기술과 다양한 사회적 기술을 습득해 나간다. 이 단계의 아동은 기초교과를 배우면서 남에게 인정받는 것을 알게 되고 인정받기 위해 노력한다. 이 시기는 근면성을 결정하는 중요한 시기로서, 만약 학업에 실패하여 낮은 성취를 하게 되면 열등감을 경험한다. 건청아동은 구어뿐만 아니라 읽기, 쓰기가 어느 정도 가능한 상태에서 초등학교에 입학하여 자연스럽게 다양한 교과학습을 이루어 나간다. 하지만 청각장애 아동은 불충분한 구어 및 문어 능력 상태에서 초등학교 과정을 시작하기 때문에 교과학습에도 실패하는 경우가 많다. 이로 인해 자신의 학업성취에 대해 한계를 경험하고, 교사에게 인정받지 못함으로 인해 부정적인 자아개념과 열등감을 형성하게 된다.

⑤ 5단계: 정체감 대 역할 혼란(12~18세)

이 시기의 주요 과업은 자아정체감(ego identity)을 찾는 일이다. 많은 사람들은 청소년기에 나는 누구이며, 거대한 사회질서 속에서 나의 위치는 어디인가에 대해 고민하면서 자신의 정체성을 찾고자 한다. 정체감은 지속적인 노력을 통해 확립되며, 정체감 형성에 실패한 청소년은 정체감 혼미를 경험하게 된다. 이 시기에 청각장애 청소년은 자신의 장애에 직면하게 된다. 보청기나 인공와우를 착용하고 건청인 사회에서 생활하고 소통하면서 정체성 혼미를 겪게 된다. 한편, 수어를 주된 의사소통 수단으로 사용하는 청각장애 청소년의 경우에는 농의 세계에 몰입하여 자아정체감을 확립하기도 한다. 청각장애 청소년의 자아정체감 형성을 돕기 위해서는 사회에서 주도성을 가지고 근면하게 살아가는 농 성인과의 만남을 주선해 주는 것이 좋다. 특히, 통합학급에 있는 청각장애학생의 경우 다른 청각장애 학생 또래나 선배를 만나게 해 주는 것은 그들이 자존감을 높이는 데 크게 도움이 될 수 있다.

3. 청각장애의 진단 및 평가

1) 선별검사(Screening test)

(1) 신생아 청각 선별검사

청각장애를 조기에 발견하여 청각재활 프로그램과 연계할 경우, 청각장애로 인해 발생될 수 있는 2차 장애를 예방하고 장애 경감 효과를 높일 수 있다. 미국에서는 2000년부터 신생아 청각선별검사가 건강보험을 적용받아 실시되고 있으며, 영국, 캐나다, 호주 등의 선진국에서는 모든 신생아를 대상으로 청각선별검사를 시행하도록 권고하고 이를 지원하고 있다. 국내에서는 2007년에 신생아 청각선별검사 시범사업을 시작하였고, 이후 전국 저소득층 신생아를 대상으로 청각선별 검사비를 지원해 왔으며, 2018년부터 난청 선별검사에 건강보험이 100% 적용되고 있다(박수경, 2015).

신생아 청각선별검사에 사용되는 검사기기로는 청성뇌간반응(Auditory Brainstem Response: ABR) 검사와 이음향방사(Evoked Otoacoustic Emissions: OAE) 검사가 있다. 청성뇌간반응검사는 두피에 전극을 부착하여 소리 자극에 의해 유발되는 전기적 신호를 측정하여 청력손실 유무나 정도를 확인하고, 이음향방사검사는 와우에서 발생하는 소리 에너지가 중이강을 통해 외이도로 빠져나오는 양을 측정함으로써 와우의 상태를 평가한다. 신생아 청력검사는 생후 1개월 이전에 시행한다. 출생 직후에는 외이도에 태지나 중이의 삼출액으로 인해 선별검사에서 위양성이 나타날 수 있기 때문에 이를 방지하기 위해 적어도 생후 12시간이 지난 후에 검사를 시행하는 것이 좋다(박수경, 2015). 검사 결과는 통과나 재검으로 표시되며, 최종적인 선별검사에서 반복적으로 재검 결과가 나온 경우에는 생후 3개월 이내에 난청 확진을 위한 정밀검사가 필요하다. 농이나 난청으로 확진을 받았을 경우 생후 6개월 이전에 조기중재를 시작해야 한다(이필상 외, 2020). 한편, 청각장애 고위험군 유아를 선별하여 정기적으로 청력검사를 실시하는 것도 매우 중요한데, 미국에서는 1994년 미국영아청각통합위원회(Joint Committee on Infant Hearing: JCIH)에서 10가지 청각장애 고위험요소를 아래와 같이 제시하여 3세가 될 때까지 6개월마다 주기적인 청력검사를 실시하도록 권장하고 있다(NIH, 1995).

1. 유전성 감각신경성 난청의 가족력
2. 태아 시 감염
3. 두개안면부의 기형
4. 출생 시 체중 <1,500g
5. 교환수혈이 필요한 정도의 고빌리루빈혈증이 있는 경우
6. 아미노배당체(aminoglycosides)를 포함하는 하나 이상의 이독성 약물의 사용력이 있거나, 고리이뇨제(loop diuretics)와 함께 사용한 경우
7. 세균성 뇌수막염

8. 아프가 수치(Apgar scores)가 1분에 0~4, 5분에 0~6인 경우
9. 인공호흡기의 사용 ≥ 5일
10. 감각신경성 난청이나 전음성 난청과 관련된 것으로 알려진 증후군의 징후 혹은 임상적 소견이 있을 때

2) 청각검사

(1) 유아 청각검사

① 행동관찰 청력검사(Behavior Observation Audiometry: BOA)

행동관찰 청력검사는 아동에게 소리를 들려주고 그 반응(눈 깜박임, 소리 나는 쪽으로 고개돌림 등)을 알아보는 검사로, 신생아부터 대략 4~5개월까지의 영유아를 대상으로 실시된다. 주로 3,000~4,000Hz 범위의 주파수를 60~80dB에서부터 변조시킨 음을 사용하여 2초 정도 들려주고 두 명의 검사자가 각각 관찰하여 일치된 결과를 얻었을 때 반응으로 간주한다(대한이비인후과학회, 2009). 행동관찰 청력검사는 청력손실 유형이나 정도를 확인하기보다 고도난청 유무에 대한 선별검사의 성격을 가지고 있다.

② 시각강화 청력검사(Visual Reinforcement Audiometry: VRA)

시각강화 청력검사는 아이가 소리에 반응할 경우 빛을 깜빡이거나 장난감이 움직이도록 하여 검사하는 방법으로, 생후 6개월에서 24개월 사이의 영유아에게 적용할 수 있다. 스피커를 통해 검사가 진행되므로 좋은 쪽 귀의 반응만을 확인할 수 있다는 제한점이 있으며, 이 검사에 사용되는 소리는 유아에게 익숙한 어음, 예를 들면 '까꿍', '빠이빠이', '엄마' 등이 사용될 수 있다(고은, 2017).

③ 놀이 청력검사(play audiometry)

놀이청력검사는 2세 이후부터 5세 정도까지 유아의 청력을 측정하기 위해 놀이를 활용하여 검사하는 방법이다. 이 검사는 검사자와 아동 간에 사전 라포

형성이 중요하며, 소리가 들리면 블록을 하나씩 쌓거나, 고리를 끼우는 것과 같은 일정한 행동을 놀이 형태로 진행하면서 검사를 실시한다.

(2) 순음 및 어음청력검사

유아 청각검사와는 달리 순음 및 어음청력검사는 소리 자극에 대해 피검사자의 직접적인 반응이 요구되므로 검사방법을 인지하고 이에 따를 수 있는 연령대에서 검사 실시가 가능하다. 일반적으로 5세가 지난 아동은 검사자와의 친밀감이 형성되면 순음 및 어음청력 검사를 실시할 수 있다.

① 순음청력검사(pure tone audiometry)

순음청력검사는 전기적으로 발생시킨 순음을 피검사자에게 들려주어 각 주파수별로 피검사자가 들을 수 있는 가장 작은 소리인 역치를 측정하는 검사이다. 순음이란 하나의 주파수로 이루어진 음을 말한다. 우리가 일상생활에서 듣는 소리는 여러 주파수 성분이 모여 있는 복합음이기 때문에 청력검사에서는 주파수별로 역치를 찾기 위해 순음을 사용한다. 이 검사는 우리가 병원에서 청력을 측정할 때 흔히 사용하는 검사 방법이라 할 수 있다. 0dB은 사람이 들을 수 있는 최저 수준의 크기이며, 보통 0~120dB 사이의 크기를 들을 수 있으나, 110dB가 넘어가면 불쾌감을 느끼게 된다. 또한 말소리의 주파수는 125~8,000Hz 사이에 분포되어 있으며, 500~4,000Hz 사이에 대부분의 말소리가 집중되어 있다. 순음청력검사를 실시할 때 검사 주파수의 순서는 일반적으로 1,000Hz부터 시작하여 2,000Hz, 4,000Hz, 8,000Hz의 순으로 점차 고음역을 측정하고, 다시 1,000Hz의 음을 검사한 후 500Hz, 250Hz, 125Hz의 순으로 저음역을 측정한다. 주파수별 검사 결과치는 청력도에 표시한 후 평균청력손실 정도를 산출하게 된다(그림 8-2). 순음청력검사는 귀로 전달된 소리가 외이도를 거쳐 내이에 전달되는 과정을 측정하는 기도 청력검사와 소리가 두개골을 통해 내이에 전달되는 과정을 측정하는 골도 청력검사가 있다.

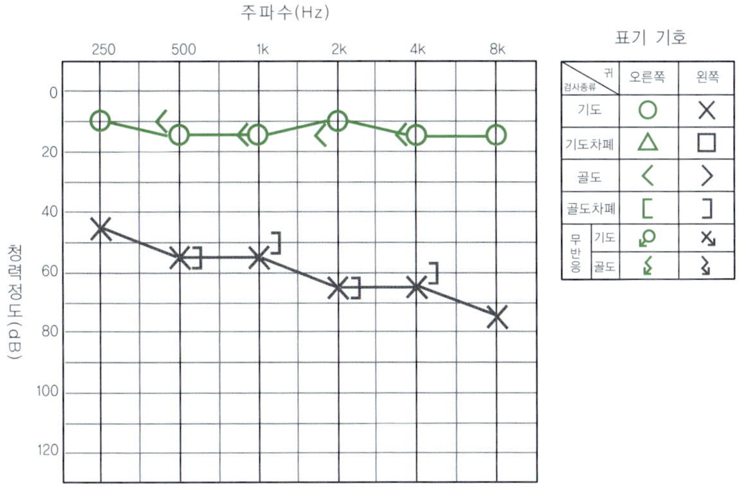

[그림 8-2] 청력도 예시

② 어음청력검사(speech audiometry)

순음청력검사는 청력손실 유무, 정도 등에 관한 정보를 제공하지만, 순음청력검사의 결과만으로 말소리의 청취 및 이해력 정도를 평가하기는 어렵다. 말소리에 대한 청각의 민감도와 인지도를 측정하기 위해서는 어음청각검사를 실시할 필요가 있다. 대표적인 어음청각검사에는 어음청취의 민감도를 측정하는 어음청취역치(speech recognition threshold) 검사와 말소리의 인지도를 평가하는 어음명료도(speech discrimination) 검사가 있다. 그밖에 청각장애 아동의 일상생활에서의 의사소통 능력을 측정하는 검사로 단어인지도검사(word recognition score: WRS)와 문장인지도검사(sentence recognition score: SRS) 등이 있다. 어음청각검사 결과는 청각적 정보뿐만 아니라 의사소통장애의 정도, 청력손실 병변부위에 대한 정보, 보청기의 적응 및 선택, 보장구의 적합 및 재활, 재활의 평가와 계획, 중추청각처리장애 판별 및 재활 등에 필요한 정보를 제공한다(이정학 외, 2010).

4. 청각장애 아동의 교육적 지원

1) 청각-구어법(auditory-verbal therapy)

(1) 청능훈련(auditory training)

청능훈련이란, 청각장애 아동이 가지고 있는 잔존청력(residual hearing)을 최대한 활용하여 상대방의 말을 통한 언어적 정보를 수용할 수 있게 하는 체계적인 과정이다. 보청기나 인공와우를 사용하는 청각장애 영유아가 소리에 반응하는 방법을 알지 못하면 보청기 조절과 인공와우 매핑에 어려움을 겪게 된다. 청능훈련을 통해 청각장애 아동이 소리에 반응하는 방법을 배우게 되며, 나아가 말소리를 듣고 이해하여 표현하는 능력을 익히게 된다. 전통적인 청능훈련은 정상 청각발달 단계에 따라 위계적이고 순차적으로 실시되며, 일반적으로 청각적 감지, 변별, 확인, 이해 단계로 진행된다.

① 청각적 감지(auditory awareness)

청각적 감지 혹은 탐지 단계에서는 단순한 음성이나 악기 소리 등을 사용하여 소리의 존재 유무를 감지하고, 소리가 들리면 반응하는 것을 학습한다. 처음에는 소리 자극과 함께 시각적 자극을 제시하여 훈련하다가 점차 청각적 자극만으로 반응을 유도한다. 환경음(예: 자동차 소리)을 들려줄 때는 아동의 청력 상태를 고려하여 아동이 잘 들을 수 있는 주파수 소리를 먼저 들려주는 것이 좋으며, 큰 소리 듣기에서부터 점차 작은 소리의 듣기로 민감도를 높인다. 어린 아동은 아동의 흥미를 유발시킬 수 있는 다양한 장난감을 활용하여 활동을 진행하고 환경음에 대한 감지가 어느 정도 가능해지면 말소리 감지 훈련으로 확대해 나간다. 이 단계에서 성인은 소리에 대한 아동의 반응을 주의 깊게 관찰하여 소리에 대한 아주 작은 반응에도 즉각적으로 피드백을 제공한다.

② 청각적 변별(auditory discrimination)

청각적 변별 단계에서는 두 개 이상의 소리 자극에 대해 유사점과 차이점을 지각하는 것을 학습한다. 소리에 대한 변별 활동이 가능하기 위해서는 훈련 대상 아동이 사물의 '같음'과 '다름'에 대한 개념을 알고 있는지 우선 확인해야 한다. 그런 다음 아동에게 두 가지 소리를 들려주고 같은 소리인지 다른 소리인지를 구분하게 한다. 변별훈련 초기 단계에서는 두 소리의 차이가 커서 변별이 용이한 환경음을 사용함으로써 성취감과 훈련에 대한 동기를 부여하고, 환경음 변별이 어느 정도 가능해진 단계에서는 말소리 변별훈련으로 이어간다. 말소리 변별훈련에서도 처음에는 주파수 차이가 큰 소리(ㅁ/ㅅ, ㄹ/ㅌ, ㅇ/ㅊ 등) 변별부터 시작하여 주파수 차이가 적은 소리(ㄷ/ㅈ, ㅅ/ㅆ, ㄱ/ㅂ 등)로 훈련 난이도를 조절해 나간다.

③ 청각적 확인(auditory identification)

이 단계에서는 새롭게 입력되는 소리 정보와 이미 알고 있는 정보를 비교하여 반응하는 것을 학습한다. 즉, 소리를 듣고 그 소리가 무엇인지를 맞추는 훈련이다. 훈련 시에는 소리를 듣고 그 소리에 해당하는 그림이나 실물 등을 지적하거나 소리를 듣고 따라 말하게 한다. 청각적 확인 단계에서도 감지훈련 및 변별훈련과 유사하게 처음에는 악기소리, 동물 소리, 탈것 등의 아동에게 익숙하고 자주 경험할 수 있는 소리와 사물을 이용하여 훈련하고, 점차 다양한 말소리를 활용하는 훈련으로 듣기 수준을 높여 나간다. 이 단계부터는 듣기훈련과 함께 언어훈련을 병행함으로써 청각장애 아동의 의사소통 능력을 촉진하도록 한다.

④ 청각적 이해(auditory comprehension)

청각적 이해 단계에서는 상대방이 하는 말을 듣고 내용을 이해할 수 있도록 하는 데 중점을 둔다. 훈련하는 사람의 말을 그대로 반복하거나 따라 하지 않도록 하고 반응하기 전에 사고하는 시간을 갖도록 유도한다. 훈련은 질문에 대해 보기가 주어진 상황(closed set)과 보기가 주어지지 않는 상황(open set)에서 진행될 수 있다. 보기가 주어진 상황에서의 훈련으로 '설명하는 단어 찾기', '지시 사항 수행하기', '문장 듣고 그림 순서 맞추기' 등이 있으며, 보기가 주어지지 않는 상황에서는 '간단한 질문에 답하기', '문장의 진위 가리기', '이야기를 듣고 질문에 답하기' 등이 있다. 문장 듣기에서는 하나의 문장에서 시작하여 문장의 수를 늘려가며 제시함으로써 질문의 난이도를 높여간다.

(2) 독화(speech reading) 지도

독화는 말읽기라고도 하며, 말의 시각적인 수용으로 상대방의 입 모양이나 표정을 보고 화자의 언어를 이해하는 기술이다. 청각장애가 발생되면 청각 경로가 제 기능을 다하지 못하므로 시각적인 단서와 통합하여 상대방의 말소리를 이해하도록 도와야 한다. 독화 지도는 잔존청력을 활용하고 대화 상황 및 맥락, 화자의 입 모양 및 얼굴 표정 등을 종합적으로 이해하여 상대방의 의사를 이해할 수 있도록 하는 데 목적이 있다. 독화에 영향을 미칠 수 있는 변인으로는 화자의 말소리인 음성단서, 화자의 조음운동에 의해 나타나는 시각단서, 전언에 수반되어 화자에 의해 표현되는 비음성 단서(얼굴 표정, 손짓과 몸짓 등), 그리고 환경으로부터 오는 단서를 들 수 있다(김영욱, 2007).

독화 지도 방법에는 분석적 방법과 종합적 방법이 있다. 분석적 방법은 입술 움직임에 주력하는 것으로서, 시각적으로 구별되는 말소리의 조음위치와 조음방법을 지도하여 상대방이 하는 말을 인지할 수 있도록 하는 것이다. 종합적 방법은 부분보다 전체의 이해에 중점을 두는 것으로 문맥 정보를 이용하여 시각적으로 구별되지 않는 개념을 추측할 수 있도록 지도함으로써 청각장애 아동의 의사소통 어려움을 줄여 주는 방법이다. 장기간에 걸쳐 독화를 지도하더라도 조음 위치가 같거나 발음이 비슷한 말소리는 구별하기 어렵고, 시각적으로 보이지 않는 입 안쪽에서 나는 소리(연구개음, 성문음 등)는 이해하기 어렵다. 이에 교사는 청각장애학생과 대화 시 정상적인 말 속도를 유지하되, 입술과 턱을 많이 움직이고(과장되지 않게), 말에 내포된 정서와 뉘앙스를 전달하기 위해 얼굴 표정을 풍부하게 하여야 한다(이필상 외, 2020).

2) 토털 커뮤니케이션 접근(total communication approach)

토털 커뮤니케이션 접근은 총체적 의사소통법이라고도 하며, 1970년대 미국을 중심으로 시작된 청각장애 아동을 위한 언어교육 방법에 대한 철학적 접근이다. 토털 커뮤니케이션은 의사소통 양식에 있어 특정 양식의 절대적 우위성보다 청각장애인 개인에게 가장 적합하고 용이한 의사소통 양식을 선택하도록 하는 데 의의가 있다(김병하 외, 2007). 이 접근법은 청각장애교육에 있어서 구화 일변도 접근에 대한 한계를 극복하기 위해 제기되었다고 할 수 있으며, 따라서 청각장애교육에 있어서 청각장애학생이 활용할 수 있는 모든 수단, 즉 구화, 수어, 지문자, 제스처, 문자 등을 열어 놓고 개인의 선택을 존중하자는 입장이다. 그러나 당시 토털 커뮤니케이션 철학을 교육현장에서 실천하는 데 한계가 있었으며, 이에 학교현장에서는 수어와 구어를 동시에 사용하는 형태로 수업이 전개되었다. 우리나라에서 토털 커뮤니케이션 접근이 공식적인 문서상에 등장한 것은 1989년 농학교 교육과정 개정 시기이며, 다양한 의사소통의 활용이라는 측면에서 지금까지도 긍정적으로 수용되고 있다. 2022 개정 공통 교육과정 국어(청각장애)에서는 '말 · 글 · 수어 등의 다양한 의사소통 양식을 익히고 활용함으로써 국어 기본 능력을 갖추고 가치 있는 국어문화 생활을 영위한다.'를 목표로 설정하고 있다.

3) 이중언어-이중문화 접근법(bilingual-bicultural approach)

이중언어-이중문화 접근은 1980년대에 미국에서 등장하여 1990년대 이후 관심이 높아지기 시작하였다. 이 접근법은 두 가지 언어와 문화를 동등한 입장에서 바라보고 상호 존중해야 한다는 관점이다. 즉, 음성언어와 수어, 청인문화와 농문화를 동등한 입장에서 바라보고, 농인이 그들의 독특한 문화와 언어를 통하여 완전한 사회통합의 길로 나아갈 수 있도록 하는 것이다. 농아동에 대한 언어교육 관점에서는 발달 초기 일차적으로 수어를 익히게 하여 1차 언어를 확고히 구축하게 한 다음, 국어를 제2언어로 배워야 함을 강조한다. 이중

언어-이중문화 접근을 지지하는 근거로는 우선 듣기에 어려움을 가진 농아동에게 시각은 그들이 언어를 배울 수 있는 주된 통로가 되므로 아동중심 교육이라는 점이다. 또한, 자연스럽게 습득된 언어(자연수어)를 통한 교육이 학습을 통해 습득한 외국어(국어)로 교육받는 것보다 교육의 효율성이 높다는 것이며, 무엇보다 농아동이 정서적으로 안정될 수 있다는 점이다. 이러한 긍정적 측면에도 불구하고 청각장애 아동의 90% 이상이 건청인 부모라는 점에서 이 접근법은 적용상 어려움을 가질 수밖에 없다. 더불어 청각선별검사로 조기에 청각장애를 발견한 대부분의 영유아가 인공와우이식 수술을 받게 됨으로써 청각 · 언어재활이 더욱 강조되는 추세이다.

4) 청각보조기기 지원

청각장애 아동의 청력을 보상하기 위한 보조공학기기로는 보청기(hearing aid)와 인공와우(cochlear implant)가 있다. 보청기는 외부에서 유입된 소리를 증폭하여 출력시켜 주는 증폭장치이고, 인공와우는 소리를 잘 듣게 해 주기 위해 수술적 과정을 통해 와우에 전극을 삽입하여 청신경을 직접 자극하는 인공이식 방법이다. 청각장애를 진단받은 아동은 인공와우 이식을 고려하기 전에 먼저 보청기를 처방받는다. 보청기는 형태에 따라 귀걸이형, 귀속형, 상자형, 안경형이 있으며, 신호전달 방식에 따라 기도보청기, 골도보청기, 촉각형(Tack-tile) 보청기로 나눈다. 보청기 사용자의 연령, 청력 정도 및 유형, 보청기를 사용하는 사회적 환경 등을 고려하여 사용자의 특성에 적합한 보청기를 선택해야 한다.

보청기를 착용하고 3~6개월 정도 지속적인 청능훈련 과정을 거쳤음에도 불구하고 보청기를 통해 충분한 청력보상을 받지 못한다면 인공와우이식 수술을 고려해 볼 수 있다. 인공와우이식 수술은 고도의 감각신경성 난청아동에게 유용한 청력을 제공한다. 와우 내의 청각세포(hair cell)는 소리를 감지하는 데 중요한 역할을 하는데 대부분의 감각신경성 난청은 이 세포가 파괴되어 난청이 발생한다. 인공와우는 내이의 와우에 전극을 삽입하는 수술로 파괴된 청각 세포를 대신하여 소리를 전기신호로 변환하여 직접 청신경섬유를 자극하는 장치로서, 내부기기와 외부기기로 나누어진다. 인공와우 구조는 [그림 8-3]과 같다.

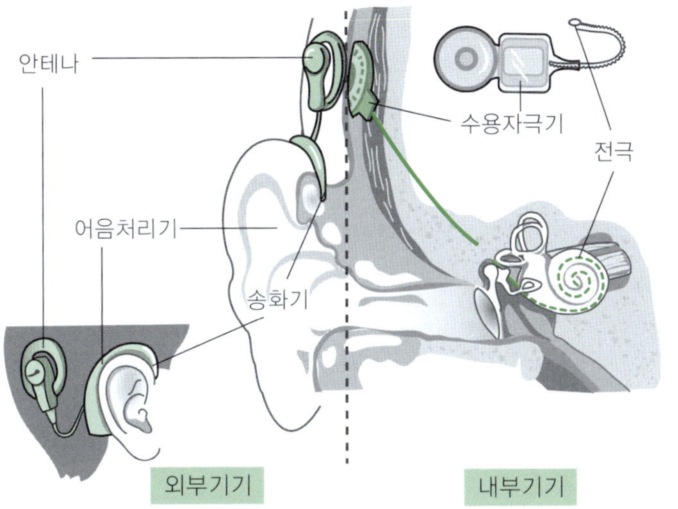

[그림 8-3] 인공와우 구조

5) 통합교육 환경에서 교육지원

2023년 특수교육통계에 따르면, 청각장애를 지닌 특수교육 대상자는 2,907명으로, 전체 특수교육대상자의 2.6%에 해당한다. 이들의 교육 배치 현황을 살펴보면, 2,335명(80%)이 특수학급과 일반학급에 배치되어 있다. 즉, 청각장애 학생의 80% 이상이 통합교육을 받고 있는 셈이다. 통합교육 환경에 배치된 대부분의 청각장애 아동은 그들의 청각적 특성을 고려한 교수환경 및 교수절차 등의 수정을 통해 성공적으로 수업에 참여할 수 있다. 일반학급에 통합된 청각장애 아동의 학습 참여를 돕기 위해 교사가 배려할 수 있는 사항을 제시하면 다음과 같다(Luckner & Denzin, 1998; Smith et al., 2006).

- 청각장애 아동의 자리는 소음으로부터 멀고 교육활동이 진행되는 곳과 가까워야 한다.
- 청각장애 아동의 자리는 교사를 정면으로 바라볼 수 있도록 배치해야 하며, 교사는 말할 때 청각장애 아동에게 등을 돌리는 일이 없도록 주의해야 한다. 또한 토론이나 다른 아동이 발표할 때에는 필요에 따라 청각장애 아동이 자리를 옮겨 다니면서 말하는 사람의 입을 볼 수 있도록 해 주어야 한다.
- 수어통역사가 배치된 경우에는 청각장애 아동이 잘 볼 수 있는 위치에 앉도록 한다.
- 말하는 사람이 빛을 등지고 서지 않도록 한다. 교사가 빛이 들어오는 창문 앞에 서서 말한다면 아동은 교사가 무슨 말을 하는지 입을 볼 수 없다.
- 교실 안팎의 소음을 가능한 한 줄인다. 보청기를 착용하고 있는 경우에는 말소리뿐만 아니라 모든 소리가 크게 들리기 때문에 소음의 수준을 고려해야 한다.
- 식당이나 음악실 등으로부터 먼 교실을 선택하고, 의자 다리 밑에 커버를 씌우거나 가능하다면 카펫이나 커튼 등을 이용하여 소리를 흡수하도록 한다.
- 청각장애 아동의 나이가 어린 경우 교실 내의 물건에 이름을 써 붙여서 어휘발달을 돕는다. 이러한 방법은 다른 비장애 아동의 읽기 능력 발달에도 도움이 된다.

학습문제

1. 청각장애의 정의와 원인을 설명하시오
2. 청각장애의 분류와 특성을 설명하시오.
3. 청각장애 아동에 대한 지도방법을 설명하시오.

제9장

시각장애

시각(Vision)은 눈을 통해 대상을 인지하는 능력을 말한다. 시각은 시력(Visual activity), 시야(Visual field), 광각(Optic sense), 색각(Color vision)으로 구성되어 있다. 시력(Visual activity)은 눈으로 보이는 것, 즉 자동차, 꽃, 그림 및 사물을 해석하는 능력, 시야(Visual field)는 눈으로 정면의 한 점을 주시하고 있을 때 눈을 움직이지 않고 볼 수 있는 범위, 광각(Optic sense)은 빛의 유무나 빛의 강도 차이를 구별하는 능력, 색각(Color vision)은 가시광선 중 파장을 느껴 색채를 구별하는 능력을 말한다. 눈으로 보는 것을 뇌와 연결하여 지각한 정보를 처리하지만, 이러한 정보 처리에 기능이 제한되어 일상생활과 학습활동에 어려움을 보이는 경우를 시각장애라고한다.

1. 시각장애의 정의

1) 시각장애(Visual impairment)의 정의

시각장애는 주로 시력, 시야에 의해 결정되는데 시력은 눈으로 볼 수 있는 명료도를 의미하며, 시야는 눈으로 정면의 한 점을 주시하고 있을 눈에 보이는 외계의 범위를 말한다. 사용 목적에 따른 시각장애의 정의는 의학적, 법적, 교육적 측면에 따라 다르게 분류되고 있으며, 구체적인 내용은 다음과 같다.

(1) 의학적 정의: 안질환 · 시각손상 · 시각불능 · 시각장애

- 시각손상(Visual impairment): 안질환(Eye disease: 정상상태에서 병적으로 일탈된 이상상태)으로 인하여 안경 등으로 광학적 교정을 해도 잔존시기능, 즉 시력, 시야, 색각, 광각, 안구운동, 조절, 양안시 등이 회복 불가능한 상태를 말한다.
- 시각불능(Visual disability): 시각손상이 원인이 되어 일상생활이나 사회활동을 하는 데 이차적으로 장애를 일으켜 보행이나 읽기, 쓰기, 신변처리, 학습 등에 지장을 준다.
- 시각장애(Visual disability): 시각적 기능장애를 가진 학생이 사회생활을 시작할 때 사회적 · 현실적 문제에서 분리로 사회적 자립 및 직업적 자립에서 제한을 말한다.

(2) 법적인 정의

① 장애인복지법

「장애인복지법」에서는 '시력과 시야'의 손상에 따라 '장애의 정도가 심한 시각장애'와 '장애의 정도가 심하지 않은 시각장애'로 분류하고 있다. 그 내용은 다음의 <표 9-1>과 같다.

〈표 9-1〉 장애인복지법에서의 시각장애인 정의

장애의 정도가 심한 시각장애인	장애의 정도가 심하지 않은 시각장애인
1) 좋은 눈의 시력(공인된 시력표로 측정한 것을 말하며, 굴절이상이 있는 사람은 최대 교정시력을 기준으로 한다.)이 0.06 이하인 사람 2) 두 눈의 시야가 각각 모든 방향에서 5도 이하로 남은 사람	1) 좋은 눈의 시력이 0.2 이하인 사람 2) 두 눈의 시야가 각각 모든 방향에서 10도 이하로 남은 사람 3) 두 눈의 시야가 각각 정상시야의 50퍼센트 이상 감소한 사람 4) 나쁜 눈의 시력이 0.02 이하인 사람 5) 두 눈의 중심 시야에서 20도 이내에 겹보임(복시)이 있는 사람

② 장애인 등에 대한 특수교육법

「장애인 등에 대한 특수교육법 시행령」에 의하면 시각장애 특수교육 대상자는 '시각계의 손상이 심하여 시각 기능을 전혀 이용하지 못하거나 보조공학기기의 지원을 받아야 시각적 과제를 수행할 수 있는 사람으로서, 시각에 의한 학습이 곤란하여 특정의 광학기구 · 학습매체 등을 통하여 학습하거나 촉각 또는 청각을 학습의 주요 수단으로 사용하는 아동'으로 규정하고 있다.

③ 미국 장애인교육법(IDEA)

미국 「장애인교육법(IDEA)」에 의하면 '교정을 해도 시력이 아동의 교육적 수행에 불리한 영향을 주는 것'으로 시각과 학습의 관계를 강조하면서 규정하고 있다.

가. 맹(blindness): 교정시력으로 잘 보이는 눈이 20/200 이하이거나 좋은 눈이 시야가 20도 이내인 경우 법적 실명으로 간주

나. 저시력(low vision): 교정시력으로 잘 보이는 눈의 시력이 20/70~20/200(김종현 외, 2009)

(3) 교육학적 정의

① 특수교육학 용어사전

시각계의 손상으로 시기능에 제한이 있는 장애로 시력, 시야의 제한 정도에 따라 맹과 저시력으로 구분한다. 교육적 정의는 시각 활용이 가능하지 않아 청각과 촉각 등 다른 감각으로 학습하는 맹에 해당하며, 시각을 학습의 주된 수단으로 사용하는 저시력 학생이다.

즉, 시각장애 학생의 보유 시력과 연령, 시력 손상 시기, 지적 능력, 성취 수준, 현재의 다른 장애 상태, 시력 손상의 원인, 정서 및 심리 상태 등의 요인에 따라 교육적 측면에서 시각장애를 결정하여야 한다.

② 국립특수교육원

시각장애를 '좋은 쪽 눈의 교정시력이 0.3 이하거나 교정한 상태에서 학습 활동에 어려움을 겪는 자'라고 정의한다.

맹은 '두 눈 중 좋은 쪽 눈의 교정시력 0.05 미만이거나 두 눈 중 좋은 쪽 눈의 시야가 20도 이하인 자 또는 학습에 시각을 주된 수단으로 사용하지 못하고 촉각이나 청각을 주된 수단으로 사용하는 자'이다.

저시력은 '두 눈의 교정시력이 0.05 이상, 0.3 미만인 자 또는 저시력 기구나 시각적 환경이나 방법 수정 및 개선하여 시각적 과제를 학습하는 자'이다.

2. 안구 구조와 안질환

1) 안구의 구조

성인의 눈은 약 24mm의 탁구공 크기 정도이며, 수분과 단백질로 구성되어 있다. 가장 바깥에부터 공막, 맥락막, 망막 순으로 쌓여 있다. 공막이 눈의 형태를 유지, 망막과 수정체가 굴절률을 그리고 동공과 홍채가 빛의 양을 조절하는 역할을, 유리체는 안구의 투명도를 유지하여 망막에 상이 맺히는 역할을 한다. 안구 내부로 투과된 빛은 최종적으로 망막 상이 맺히면 우리는 그것을 시신경을 통해 뇌로 전달한다.

우리가 보는 물체의 상은 빛이 '각막 → 동공 → 수정체 → 유리체 → 망막 → 시신경 → 시로 → 뇌의 시피질'의 경로를 통해 우리가 인식하게 된다(이태훈, 2021). 그러나 이들 과정 중 어느 안구의 구조에 이상이 생길 경우, 시각장애로 인하여 일상생활이나 학습에 어려움을 겪게 된다.

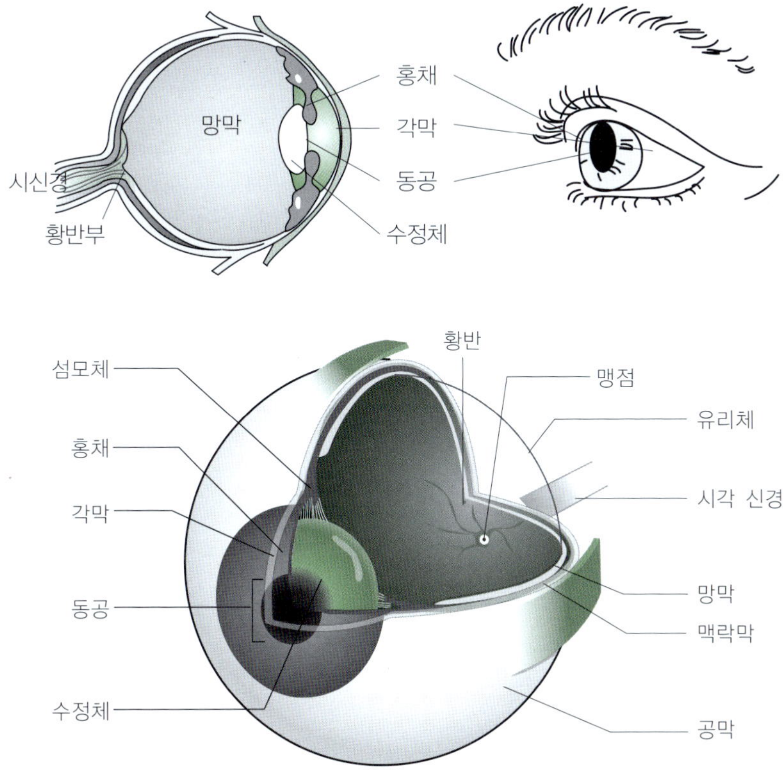

[그림 9-1] 눈의 구조

〈표 9-2〉 눈의 기관의 명칭, 기능 및 특징

안 구조	기능 및 특징
공막	흰 눈동자 부분, 앞쪽은 각막으로 뒤쪽은 연장인 시신경 다발에 연결됨 안구의 형태를 유지하면서 안구운동을 조절하는 기능을 담당
맥락막	공막 안쪽에 있는 막으로 검은색 색소가 있어 안구 속을 어둡게 하여 상이 정확하게 맺히게 함
망막	안구 내부 중 뒤쪽 2/3를 차지하는 신경조직, 눈으로 들어온 빛이나 상이 최종적으로 도달하는 부위, 도달한 영상 정보를 시신경을 통해 신호를 뇌로 보냄
황반	시각 세포가 많이 분포하여 이곳에 상이 가장 뚜렷하게 보임
맹점	시신경이 모여 나가는 부위로, 시각 세포가 없어 상이 맺혀도 볼 수 없음
각막	검은 눈동자 부분, 안구 보호, 빛을 굴절시켜 망막에 도달시키는 기능 담당
수정체	돋보기 형태의 볼록한 모양을 가진 투명한 조직으로 홍채 뒤에 위치. 상을 망막 위에 맺히도록 하고, 두께를 이완, 수축하여 굴절률을 담당
홍채	각막과 수정체 사이에 위치, 동공을 포함. 인종에 따른 색소 양의 차에 따라 검은색, 갈색, 푸른색이나 회색 등으로 안구의 색깔이 정해짐
동공	홍채의 중앙부에 구멍이 나 있는 부분. 빛의 양을 조절하는 카메라의 조리개와 같은 기능을 담당
모양체	홍채에 혈액을 공급하고, 수정체의 두께를 변화시켜 조절하는 기능을 담당
유리체	안구의 4/5를 차지하며, 안구 안을 채우고 있는 젤리와 같은 투명한 조직 안구의 전체적인 형태 유지, 수정체를 고정시키며, 망막을 안구 벽에 부착시키고, 안구 내로 빛을 투과시키는 기능을 담당
시각 신경	안구에 맺힌 상을 시각 세포로 받아들여 자극을 뇌로 전달하는 신경

시각장애의 원인은 굴절이상, 눈 질환, 안구운동 이상, 망막과 시신경 이상, 시신경 감퇴, 기타 등으로 설명할 수 있다.

2) 안 질환

(1) 백내장(Cataract)

깨끗하고 투명해야 할 눈의 수정체가 혼탁해지거나 불투명해져서 빛이 망막에 도달하지 못하는 현상이다. 이로 인하여 눈은 빛을 받아들이는 능력이 감소되고, 시각적 상이 왜곡되고 희미하게 보이게 된다. 혼탁한 부위의 크기, 위치, 농도 등에 따라 미치는 영향이 다르다.

선천성 백내장(Congenital cataract)은 아동이 백내장을 가지고 태어난다는 것을 의미하며, 수술로 수정체를 제거하고 안경이나 콘택트렌즈를 착용하기도 하지만 경우에도 심한 시각장애를 갖게 되는 아동이 많다. 대개 양안에 생기고 안구진탕이나 사시를 동반한다.

적당한 시기에 수술해야 하며, 시기는 한쪽은 적어도 생후 6개월 후, 다른 눈은 3~5세 이후가 좋다. 반면, 너무 늦게 수술할 경우, 망막의 기능이 발달하지 않아 광선이 제대로 들어가도 시력이 나오지 않게 된다. 환경적 상황에 따라 자외선에 많이 노출되면 백내장에 걸릴 확률이 높다.

〈교육적 조치〉

① 직사광선이나 광택이 있는 표면으로부터 눈부심을 피하게 함
② 글자와 종이의 색깔이 적절한 대비를 이룬 학습자료를 사용함
③ 아동에게 알맞은 글자의 크기나 대비를 위해 읽기 매체를 평가함
④ 근거리, 원거리 활동에 저시력 기구를 사용해 적절한 훈련을 시킴
⑤ 책을 읽을 때 서견대(조절형 독서대)를 사용하도록 함
⑥ 시력은 백내장의 위치, 크기, 정도에 따라 다르므로 백내장이 수정체 주변에 있는 아동은 고도 조명을, 중심부에 혼탁이 있는 아동은 낮은 조명을 제공해야 함
⑦ 안경을 착용하면 일반적으로 중심 시력은 증가되지만, 주변 시력이 감소되어 안전한 보행교육을 철저히 시켜야 함
⑧ 선천성 백내장의 약 1/3은 유전성이므로 유전 상담이 필요함

[그림 9-2] 정상인

[그림 9-3] 백내장 안

(2) 녹내장(Glaucoma)

안구의 방수 유출로 안압(정상 안압: 10~21mmHg)이 높아져서 병적 변화가 일어나는 상태를 녹내장이라고 한다. 녹내장 증상으로는 통증, 메스꺼움, 두통 등이 있고, 적절한 치료를 받지 않으면 시신경의 손상과 함께 영구적인 시력 손상을 가져올 수 있으므로 조기 치료가 필수이다. 녹내장의 증후에 따라 원발성과 속발성, 시기에 따라 선천성과 후천성으로 분류된다.

선천성 녹내장(Congenital glaucoma)은 방수의 배출이 원활하게 이루어지지 않아 안압이 높아지는 선천적 질병으로, 적절하게 치료받지 않으면 시신경 손상을 가져오고, 안구가 늘어나고 확장되어 이를 거대 각막 또는 우안(牛眼)이라고도 한다. 진행성 질환으로 시야가 점점 좁아져 전맹에 이른다.

〈교육적 조치〉

① 안약은 정상 안압을 유지할 수 있으나, 동공을 팽창시켜 심한 수명을 느끼기도 함
② 정확한 시간에 안약을 투약해야 하므로 교사는 수업 중에도 약을 넣도록 지도해야 함
③ 약물 치료를 하는 아동은 감각이 둔해질 수 있으므로 감각 훈련을 시켜야 함
④ 녹내장이 진행되어 시야가 좁아진 아동은 독서할 때 읽는 줄을 자주 잃으므로 마커나 타이포스코프를 사용하도록 함
⑤ 시야가 좁은 경우 보행에 어려움이 있어 보행 지도를 해야 함
⑥ 밝은 빛에는 눈 부심을 호소하므로, 아동에게 맞게 빛을 조절해야 함
⑦ 피로와 스트레스로 인해 안압이 증가할 수 있으므로 스트레스를 받지 않도록 주의해야 함
⑧ 녹내장의 진행 정도에 따라 점자교육과 주기적인 상담이 필요함

[그림 9-4] 녹내장 안

[그림 9-5] 황반변성 안

(3) 황반변성(Macular degeneration)

망막의 시세포 중 추체에서 발생하며, 초기에는 사물이 흐리게 보여 단순한 시력감퇴로 오해받는 경우도 있다. 사람에 따라서는 글자체가 흔들려 보이거나, 시야 가운데가 흐릿하기도 하고 직선이 굽어 보이거나, 망막 황반부가 변성되어 시야의 중심부가 잘 보이지 않아 시력이 악화된다. [그림 9-6]과 [그림 9-7]은 정안인의 시야에서 황반변성으로 진행하는 과정을 나타낸 것이다. 대부분 학령전기에 시작되므로 심리적인 안정이 필요하며, 진행성인 경우는 정기적인 안과 검진을 받도록 해야 한다.

〈교육적 조치〉

① 손잡이형 확대경 또는 확대 독서기를 사용하는 것이 좋음
② 모든 과제에 적절한 조명이 필요함
③ 독서할 때 줄을 잃지 않도록 마커를 사용하도록 함
④ 글자와 종이의 대비가 선명한 교과서 및 자료를 사용하도록 함
⑤ 필기할 때, 굵고 진한 선이 있는 종이와 검은색 사인펜을 사용하도록 함
⑥ 교실 환경을 눈부시지 않도록 함

[그림 9-6] 정안 시야

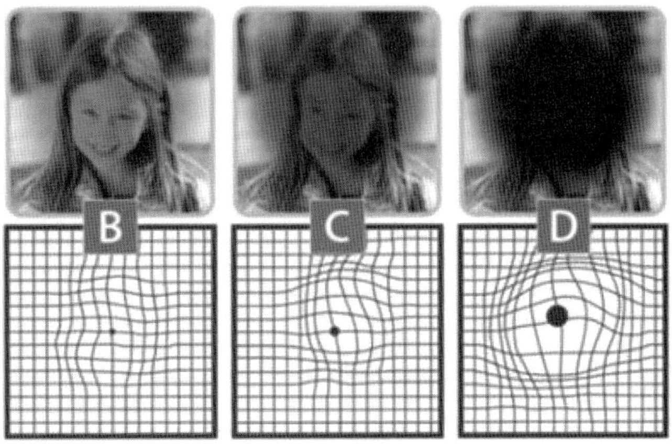

[그림9-7] 황반변성 진행과정 시야

출처 : https://blog.naver.com/agjeyecenter/221297939885

(4) 안구진탕(Nystagmus)

시각의 근육이 손상되어 나타나는 현상이다. 안구진탕은 눈의 한쪽이나 양쪽 모두에서 불수의적인 움직임을 보이는 것이다. 떨림의 유형에 따라 좌우 방향으로 움직이기도 하고(수평형), 상하로 움직이기도 하며(수직형), 빙글빙글 돌기도(회전형) 한다. 안구가 움직여도 아동은 물체가 고정된 것으로 인식하며, 대개 안과적 질병과 함께 나타난다.

(5) 망막색소변성(Retinitis pigmentosa)

망막이 퇴화되는 유전적인 질환으로 청소년기에 나타나는 경우가 많다. 초기에는 간체나 관련 세포에 영향을 미쳐 주변 시력이 약화되고 야간시력이 저하되지만, 시간이 지남에 따라 터널시야나 야맹증이 초래된다. 선천성 농으로 어셔 증후군(Usher's syndrome)과 동반할 수도 있다.

〈교육적 조치〉

① 시력 검사를 하여 시력의 변화를 기록하고, 책을 읽을 때 주사(走査; Scanning)와 추시(追視; Tracing) 기술을 가르쳐야 함
② 필기할 때, 굵고 진한 선이 그려진 종이와 검은색 사인펜을 사용하도록 함
③ 볼 수 있는 글자 중 가장 작은 글자를 사용하여 시야에 많은 글자가 들어오게 하여 정보의 양을 증가시킴
④ 책을 잘 읽을 수 있도록 글자 위에 노란색 아세테이트지를 덮어 대비가 잘 되도록 함
⑤ 시야를 확장시키기 위하여 확대독서기(CCTV)와 저시력 기구를 사용하도록 함
⑥ 밝은 곳에서 어두운 곳으로 들어가면 암순응이 잘 이루어지지 않으므로 학생이 어두운 곳에 가거나 밤에는 야맹증이 있다는 것을 이해하고 지도해야 함
⑦ 밝은 곳에서는 색안경이나 차양이 달린 모자를 써서 눈부심을 피하도록 함
⑧ 보행에 어려움을 느끼므로 보행훈련을 실시함
⑨ 망막색소변성은 진행성이므로 점자를 익히도록 해야 함
⑩ 학생과 가족에게 전문적인 유전 상담을 함

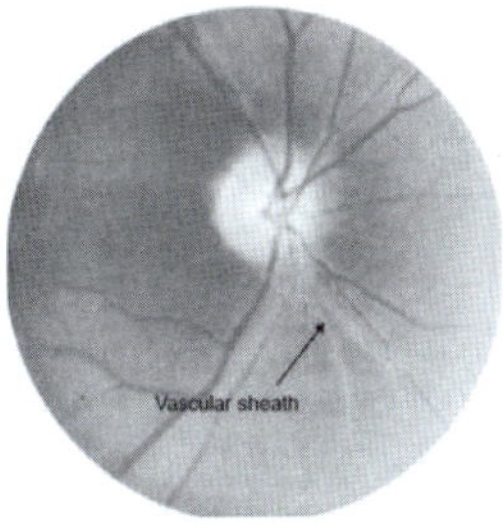

[그림 9–8] 정안인의 망막

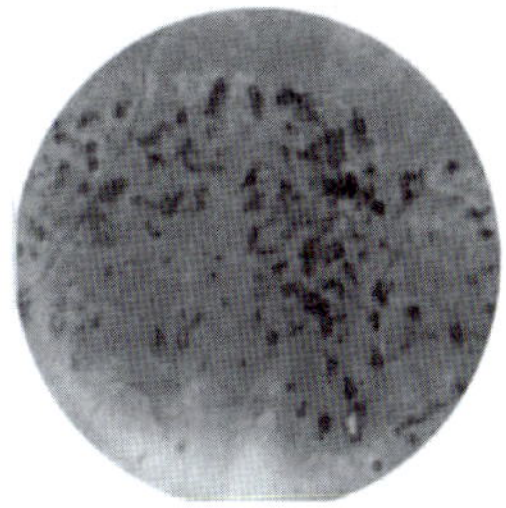

[그림 9–9] 망막색소변성 진행 망막

(6) 망막박리(Retinal Detachments & Breaks)

신경성 세포가 분포된 망막이 맥락으로부터 떨어져 망막의 감각기능이 저하되므로 벗겨진 망막이 창백하게 보인다. [그림 9-10]과 같이 망막의 갈라진 틈이 붉게 보이며 심각한 시각장애 상태를 말한다. 떨어진 망막은 짧은 시간 내에 재부착 가능하며, 외상이나 고도 근시, 백내장, 당뇨병, 외상, 머리의 충격, 퇴행성 근시가 원인이다. 떨어진 부분은 시야적 손상을 초래한다.

(7) 백색증(Albinism)

백색증은 신체 전반의 멜라닌 색소(Pigment)가 부족하거나 없는 선천적 · 유전적 질병이다. [그림 9-11]과 같이 특히 피부, 모발, 눈의 색소가 부족하거나 없는 질병으로, 눈동자가 진홍색, 홍채가 회색빛이나 연청색 또는 연보라색이

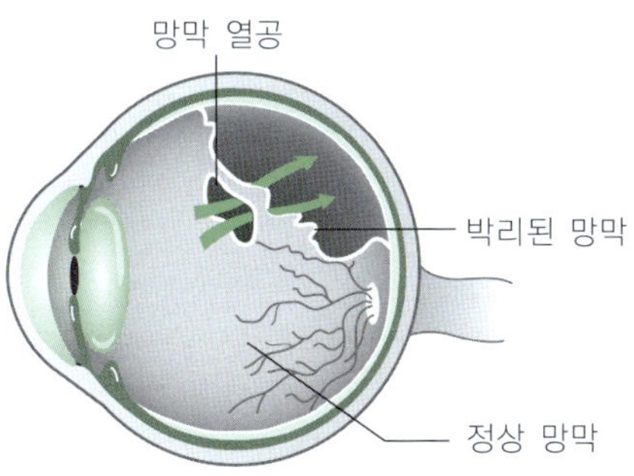

[그림 9–10] 망막박리

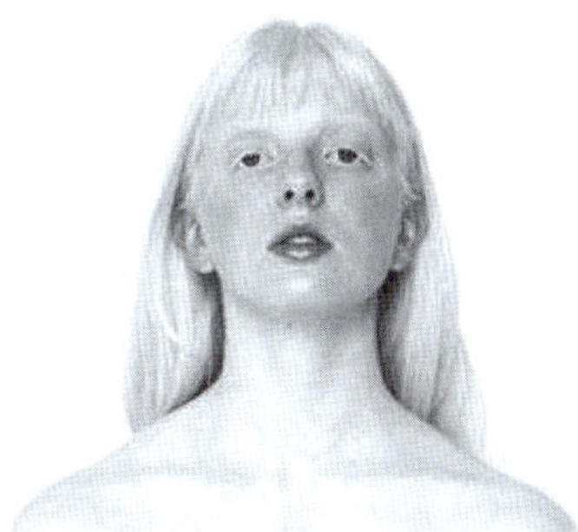

[그림 9–11] 백색증

다. 백색증(Ocular albinism)은 시력 저하, 난시, 안구진탕증, 광선 공포증(Photophobia), 높은 굴절의 이상, 난시, 눈부심, 중심에 황반과 사시를 보인다. 그 외에 야외활동을 할 때 주의가 필요하다.

(8) 사시(Strabismus)

한쪽 눈의 시선은 똑바로 목표물을 향하고 있는데 다른 쪽 눈의 시선이 목표물을 향하지 않는 안위 이상의 상태를 말한다. 즉, 여섯 개의 외안근이 동일한 안구운동을 할 때 양안 단일시를 얻을 수 있는데, 사시는 그러한 능력의 저하로 생기는 현상이다.

두 눈에 비친 상을 하나로 보는 능력을 융합(融合, Fusion: 양안으로 물체를 주시할 때 물체의 상은 양안의 중심와에 결상되고, 결상된 물체의 상은 뇌에 의해 하나의 물체로 종합되어 지각)하는 능력이 제대로 진행되지 않는다. [그림 9-12]와 같이 안구가 한쪽으로 치우친 경우를 말하며, 외사시와 내사시, 상사시와 하사시로 분류할 수 있다. 양안시 기능은 대개 6세 전후까지 거의 완성되므로 그 전에 사시를 치료하면 기능 회복이 용이하나 그 이후에는 치료하기가 어렵다. 특히, 12세 이후에 양안시의 회복은 거의 불가능하다.

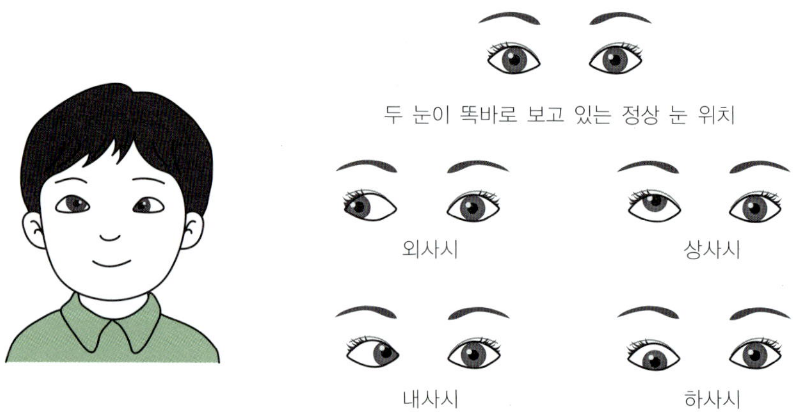

[그림 9-12] 사시

(9) 시신경 위축(Optic nerve atrophy)

시신경 섬유의 손상으로 전기적 자극이 망막에서 두뇌의 시각 중추로 전달되지 않아 시력의 상실되고, 두뇌에 대한 전기 충격의 결과로 시신경 역기능 일어난다. 시각장애 정도에 따라 시각 신경에 대한 압력, 시야의 손상, 색깔 지각이 어려움, 녹내장, 독성이나 유전(열성유전)이 나타난다.

(10) 기타

이외에도 임산부가 임신 초기에 풍진에 감염되면 시각, 청각, 지적장애 등의 장애를 가지고 태어날 가능성이 매우 높아 임산부의 건강관리가 중요하다. 또 조산이나 저체중아를 위한 인큐베이터에서 산소를 지나치게 많이 공급함으로 인해 근시 또는 실명을 초래하는 수정체후섬유증식증(Retrolental fibroplasia)이 있는데 지금은 산소량을 줄여 공급하므로 출현율이 줄어들고 있다.

2. 시각장애의 판별과 분류

1) 시각장애의 판별

시각장애를 가진 아동을 정확히 판별하기 위해서는 여러 분야 전문가들의 정확한 진단으로 장애 판별이 필요하고, 그에 따른 지원을 해야 한다. 또한, 시각장애로 인한 인지와 발달에 지장을 줄 수 있으므로 조기발견과 조기개입이 중요하며, 특히 교사는 아동의 행동적 · 신체적 행동적 징후를 잘 관찰 · 선별해야 한다. 예컨대 눈을 깜박거리며 책을 가까이에서 본다든지, 눈을 자주 문지르는 행동을 하는 아동, 그림책이나 동화책을 읽을 때 머리를 돌리는 등의 증상을 보이면 전문가와 상담해야 한다. 더 구체적인 시각장애 학생의 행동 관찰, 시력 검사, 시야 및 색약검사는 <표 9-3>과 같다. 이러한 징후가 유아에게서 발견되면 시각장애인지 의심해 봐야 한다.

(1) 시각장애 아동 행동 관찰

〈표 9-3〉 시각장애 학생의 행동 관찰

행동적 징후	• 눈을 과도하게 비빈다. • 한쪽 눈을 가리고 보거나 자주 깜박거린다. • 빛에 대해 지나치게 민감하거나 둔감하다. • 멀리 있는 물체를 선명하게 보기 어렵다. • 형태가 비슷한 글자나 물체를 혼동한다. • 책을 볼 때 책을 눈에 가까이 댄다. • 책의 구별이 잘 안 된다.
눈의 외관상 징후	• 눈꺼풀이 벌겋게 부어오른다. • 눈 주변이 벌겋다. • 눈에 염증이 생기거나 다래끼 등이 생겨서 고름이 자주 낀다. • 눈이 흰자 부분이 자주 충혈된다. • 눈에서 눈물이 자주 흐른다. • 사물을 볼 때 균형이 잘 맞지 않아서 눈을 자주 찡그린다.
불평	• 책을 눈에서 멀리 떼면 눈을 찡그린다. • 차를 타면 현기증을 자주 느낀다. • 주위집중을 요하는 활동을 하게 되면 두통이나 구토 증세를 호소한다. • 글자가 희미하게 잘 보이지 않거나 이중으로 보인다고 호소한다. • 눈이 피로하다고 호소한다. • 눈알이·돌거나 쑤신다고 불평한다.

출처: 전경원 외(2009).

(2) 시력 검사

시각손상으로 인한 판별에 주로 사용되는 것은 시력 검사이며, 시야검사, 색각 검사가 요구된다. 국제안과학회에서는 란돌트 환(Landolt's ring)(그림 9-13)을 표준시표로 하고 있으나 서구에서는 대개 간편하고 실시가 용이한 시력표를 사용하는데, 가장 많이 사용되는 것은 스넬렌 시표(Snellen chart)이다. 네덜란드의 안과의사 Snellen이 시각의 예민도를 측정하기 위해 개발한 것이다. 스넬렌 시표의 다양한 크기의 영어 알파벳으로 구성된 표는 글을 읽을 줄 아는 사람에게 사용하고, E자 모양의 상징으로 구성된 것(그림 9-14)은 글을 읽을 줄 모르는 사람에게 사용한다.

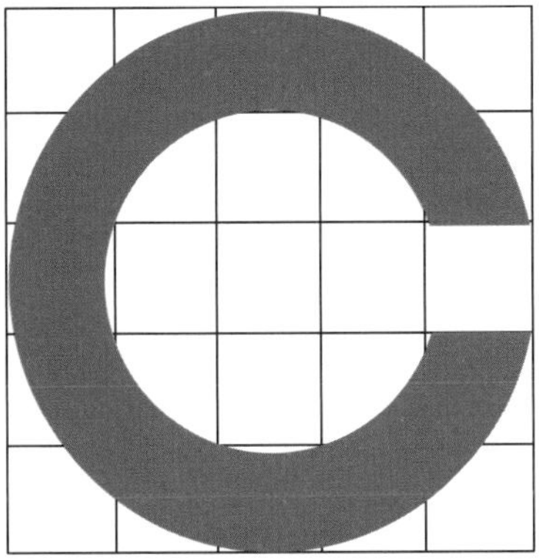

[그림 9-13] 란돌트 환(Landolt's ring)

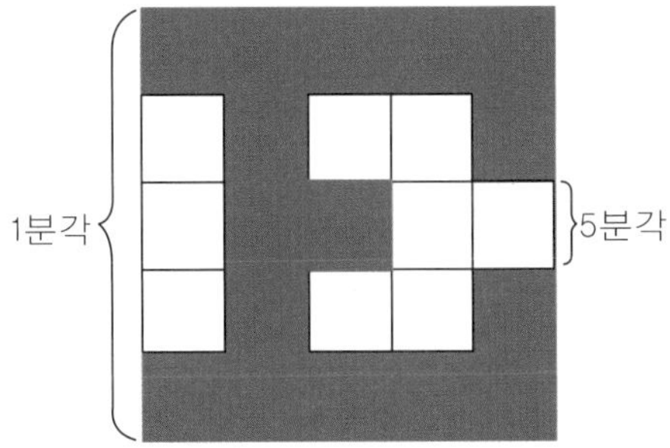

[그림 9-14] 스넬렌(Snellen) 시력표

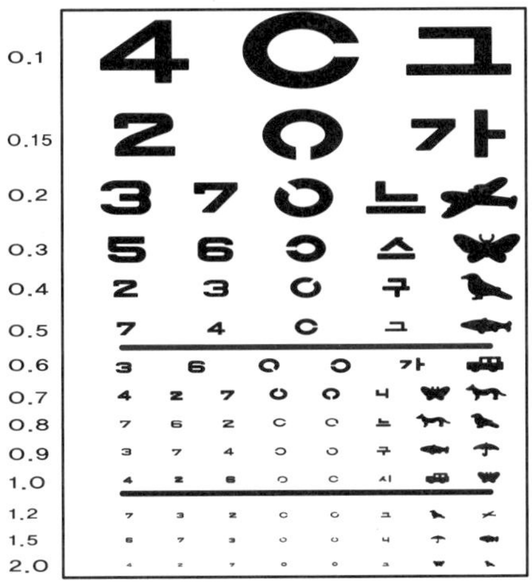

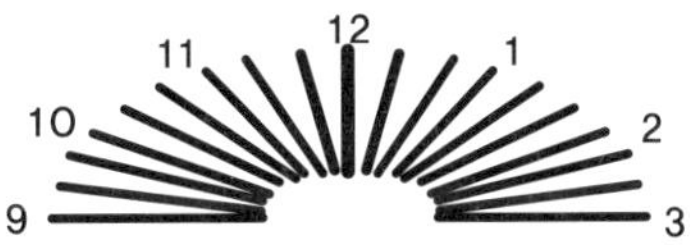

[그림 9-15] 한천석의 시력표

출처: 전경원 외(2009).

우리나라에서는 [그림 9-15]의 한천석의 시력표를 사용하고 있으며, 이는 십진법으로 표기되어 있다. 시력 검사는 시각장애 학생을 판별하는 데 가장 효과적이다. 그러나 시야에 문제가 있거나 근시가 심각한 학생은 그 외의 다른 방법으로 시력을 측정해야 한다.

(3) 시야 및 색각 검사

시야란 눈을 움직이지 않고 한 점을 주시하여 볼 수 있는 외계의 범위이다. 시야의 범위가 20도 이하일 때 시각장애로 외국에서 인정한다. 시선으로부터의 나타내는 각도가 시야의 범위이며 정상적인 시야는 한쪽 눈으로 볼 때 [그림 9-16]과 같이 눈의 위쪽 60도, 아래쪽은 70도, 코는 60도, 귀 쪽 100도이다.

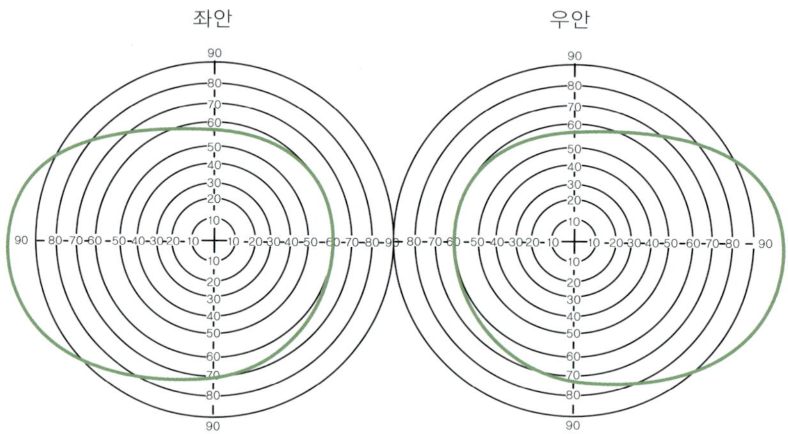

[그림 9-16] 정상 시야의 넓이

출처: 이해균 외(2006).

시야 검사에는 대면법, 탄젠트 스크린 법, 주변시야 계법, 평면시야 계법 등이 있다. 색각이란, 망막의 추체의 기능에 속하며 가시광선 중 파장의 차이에 따르는 물체의 색을 구별하여 인식하는 능력을 말한다. 색각장애는 전색약과 전색맹, 적록색약, 적록색맹 등이 있는데, 여기에 속한 아동은 직접적인 특수교육 대상은 아니지만 정확한 판별이 필요하다.

우리나라 색각 장애는 남성은 전체 인구의 5.90%, 여성은 전체 인구의 0.44%에서 보고되고 있으며(이진학 외, 2008), 색맹 인자를 가진 염색체는 열성이어서 여자가 적게 나타난다.

2) 시각장애 분류

(1) 발생 시기에 따른 분류

실명 시기에 따른 분류로 선천적인지 혹은 후천적인지에 따라 분류하게 된다. 개개인에 따른 차이가 있으나, 선천성과 후천성 장애의 개념 발달과 운동 발달에 대한 차이가 있으므로 교육적 조치가 달라진다.

- 선천성 시각장애: 교육학적으로 4세 또는 5세 이전(일상생활이나 학습에 시각적 이미지가 영향을 미치기 전에 발생한 경우)
- 후천성 시각장애: 출생 시 정상 시력에서 사고나 질병으로 장애가 발생한 경우

(2) 진행 정도에 따른 분류

안질환에 따라 시각손상 진행 정도에 따른 분류는 시각장애가 진행되어 전맹이 되는 여부 혹은 현재보다 심각하게 손상이 되는 진행성과 진행성이 아닌 경우로 분류되며, 이에 따른 점자지도, 보행훈련 등에 대한 교육적 조치도 달라진다.

- 진행성이 아닌 경우: 시각장애의 진행이 급격히 이루어지는 경우
- 진행성: 시각장애가 서서히 진행되면서 실명하게 되는 경우

3. 시각장애 아동의 특성

시각장애 학생은 시각의 장애로 인하여 다음과 같은 세 가지 기본적 제한성을 가지게 된다(Lowenfeld, 1950).

- 경험의 범위와 다양성 제한성
- 보행능력의 제한성
- 환경과의 상호작용 제한성

시각장애 학생의 제한성 때문에 잔존시력은 물론 청각, 촉각, 후각, 미각 등의 다감각을 기능을 길러 주기 위해 시각장애 학생의 특성인 개념 발달, 지적 발달, 신체 · 운동적 발달, 심리 · 사회적 발달을 살펴보아야 한다.

1) 개념 발달의 특성

시각장애 학생은 시각적 손상으로 인하여 영유아기부터 적절한 지도와 지원이 이루어지지 않으면 인지, 언어, 신체운동, 정서, 문해 등의 전반적인 발달이 지연될 수 있다(이태훈, 2021). 몇몇 연구자들이 밝힌 바와 같이 시각장애 아동의 인지발달 단계는 정안 아동과 같은 단계를 거치나 그 속도가 느릴 뿐이며, 피아제의 발달단계에 비교했을 때 시각장애 학생 4~8년 정도 지체됨이 입증된바 있다(Piaget, 1960; Simpkins & Stephens, 1974). 시각장애를 지닌 아동은 선천적이거나 영아기부터 정보수집 체계에 손상을 입게 되어 개념 형성에 큰 영향을 받게 된다.

즉, 시각장애를 지닌 아동은 시각 경험을 통한 물체의 모양, 색채, 크기 등에 대한 개념 형성에 큰 영향을 받는다. 다른 감각, 즉 촉각이나 청각을 이용하여 정보를 얻기도 하지만 많은 노력과 주의를 기울이지 않고서는 정확성을 기할 수 없다. 따라서 시각장애 학생은 촉각에 의한 온도 · 모양 · 크기의 단서, 청각을 통한 거리와 방향에 대한 단서 등에 의식적인 노력을 기울여야 한다.

시각은 공간능력에 중요한 역할을 한다(Hartlage, 1958). 특히, 실명 시기는 공간지각 능력과 밀접한 관계가 있어 시각적 심상이 촉각적 근육운동, 감각적 공간지각을 시각화하는 데 중요한 역할을 한다는 것이 증명되었다(Bartley, Cliffard & calvin, 1975). 또한, 시각장애 학생은 멀리 떨어져 있는 사물의 기능적 · 인과적 관계에 대해 정확한 개념을 갖지 못한다(Bo1dt, 1969). 이는 시각장애 학생이 다른 감각에 의존하여 학습함으로써 대상 영속성, 사물의 인과 관계나 목적과 수단 관계 등의 개념에 대한 이해가 늦어진다는 것과 또한 일반아동에 비해 사물을 관찰하고 모방하는 기회가 없기 때문에 개념 발달이 늦어지게 된다.

2) 언어적 특성

시각장애 학생은 표정이나 움직임을 보거나 가리키는 것과 같은 몸짓을 사용할 수 없으므로 직접적인 주의집중, 시선 이동, 의사전달, 정보를 서로 나누는 행위 등 초기의 의사소통을 위한 단서를 사용할 수 없기 때문에 언어 사용에서 빈도는 다양하지만 추상적인 표현이 많아 언어주의에 빠지기 쉽다.

대화의 특징은 일반아동보다 크게 이야기하며 억양에 변화가 없으며, 음을 조절하지 못하고, 느리게 이야기한다. 몸짓이나 얼굴 표정의 변화가 적으며, 입술을 덜 움직여 발음한다. Hallahan과 Kauffman(2000)은 시각장애 학생은 말을 늦게 시작할 수 있는데, 이는 말이 상징적인 기능을 한다는 것을 늦게 깨닫기 때문이며, 말이 가지고 있는 상징성을 알면 어휘가 급속도로 늘어나며, 언어를 통한 사고와 개념 형성이 이루어진다고 하였다.

3) 심리 · 사회 정서적 특성

시각장애 학생의 시각의 결함은 감각 상실로 자신의 심리적 · 정서적 문제뿐만 아니라 사회성 발달에도 영향을 끼친다. 시각장애 학생은 상대방의 눈 맞춤이나 얼굴 표정 등의 시각적 신호를 보지 못한다. 이로 인하여 사회적 상호작용이 제한되거나 잘못 해석되는 경우가 생기며(Warren, 1994), 시각장애 학생에 대한 부정적 태도로 사회적 고립을 초래하기도 한다.

즉, 장애인의 성격이나 행동 특성이 장애의 본질과 관련되어 있지 않다는 연구 결과와 맹의 부적응에 영향을 미치는 것은 시각손상 자체보다 맹 아동에 대한 사회 구성원의 부정적인 태도가 정서적 압박을 가한다고 지적한 것과 맥을 같이 한다. 따라서 맹 심리(blind personality)와 같은 특유의 성격을 존재하는 것이 아니라 주변 환경요인에 의해서 만들어지는 것이며, 사회인의 태도 변화에 따라 긍정적인 정서 및 사회성 발달을 도모할 수 있다고 봄이 바람직하다.

4) 신체 · 운동적 특성

신체 발달에 있어서 정안 아동과 큰 차이가 없으나, 뚱뚱하거나, 작거나, 야윈 신체 등 정상범위보다 치우친 경우가 많다. 시각장애는 신체 발달에 간접적인 영향을 미친다고 할 수 있으나 모방적 학습의 제안, 시각적 자극의 제한, 환경적 요인 등이 발달의 중요 요인이 된다(Warren, 1984). 신체 이상은 시각장애 아동의 자세와 걸음걸이에도 찾아볼 수 있다. 예컨대, 시각장애인은 보행과 운동성이 정안 아동에 비해 매우 낮으므로 전체적인 근 긴장도와 자세의 발달이 약하므로 전체적인 신체 밸런스가 약한 편이다.

맹 아동과 정안 아동의 운동 발달을 비교한 결과에 의하면 혼자 앉기와 서기, 손을 잡아 주었을 때 걷기 등은 정상이었으나 서 있는 자세를 유지하기, 혼자 걷기 등에서는 지체된다고 하며, 공간 속에서 자기 신체를 조정하는 영역이 열등하다. 또한, 중추신경 조직에 손상이 없는 맹 아동은 저시력 아동보다 평균적으로 걷는 시기가 늦다고 지적한 연구 보고도 있다(Jan, 1975).

정상적인 아동은 소리나 대상을 보기 위해 고개를 돌리거나 머리를 좌우로 움직이는 등의 운동 반응을 보인다. 그러나 시각장애 학생은 운동성 발달의 지연을 보인다. 이는 시각 자극의 결함으로 물체가 존재한다는 사실을 알 수가 없으며, 이로 인해 공간 속으로 손을 뻗거나 움직이고자 하는 동기가 일어나지 않는다. 또한, 공간에서 신체 위치에 대한 지각 즉 신체 공간 감각이 낮으므로 자세가 불안정하고 보행 패턴이 자연스럽지 못하다. 따라서 저시력이나 맹 아동이 촉각적 · 청각적 자극을 통해 움직이도록 동기를 유발시켜야 한다. 그리고 여러 가지 감각을 통한 운동 발달을 촉진시키고 자연스러운 자세와 걸음걸이를 갖도록 도와주어야 한다.

5) 지능 발달의 특성

시각장애 아동의 지능은 일반아동에 비해 낮지 않다고 여러 학자들이 시각장애 아동의 지능을 연구한 결과에서 보고되고 있다. Smits과 Mommers(1976), Vander Kolk(1982)가 웩슬러 지능검사의 언어성 검사를 사용하여 시각장애 학생의 지능을 측정하였는데, 시각장애 아동의 지능과 일반아동의 지능 간에는 유의한 차가 없거나 비슷한 것으로 나타났다. 그러나 일반아동과 지능검사 결과가 비슷함에도 불구하고 시각장애 학생의 학업성취도는 떨어진다. 그 이유는 다음과 같다.

첫째, 사실에 대한 지식을 가지고 있으나 공간과 개념에 대한 이해의 부족
둘째, 안과적 질환으로 인한 치료로 결석, 조퇴, 지각 등이 잦기 때문에
셋째, 전맹의 경우 점자나 큰 활자를 사용해야 하므로
넷째, 일반아동보다 늦게 취학하는 경향이 있기 때문이다(송준만 외, 1990).

학업성취도 면에서 시각적 정조에 대하여 정보 습득의 지체로 쓰기와 읽기 속도가 느리고, 수술로 인한 수업 결손, 특수교육 시기 지연 등으로 더 낮은 성취도를 보일 수 있다. 하지만 조기판별, 조기교육, 각종 학습 매체 및 보조공학 기기의 사용, 통합교육의 영향 등으로 시각 손상에도 학업성취도 및 가능성이 과거에 비해 좋아지고 있다.

4. 시각장애 아동의 교육적 지원

미국은 시각장애 학생이 일반학급에서 교육을 받고 있으며, 다른 장애를 중복으로 가진 경우에 좀 더 보호적인 환경에서 교육을 받고 있다(Meyen, 1996). 이에 비해 우리나라는 시각장애 학생에 대한 통합교육의 필요성은 인식하고 있으나, 그들 대부분이 시각장애학교에 다니고 있으며, 실제로 통합교육에 어

려움을 겪고 있다.

따라서 시각장애 학생의 통합교육이 효과적으로 이루어지기 위해서는 첫째, 잘 훈련된 교사를 확보해야 하고, 둘째, 특수 장비와 광학 보조기기를 이용할 수 있어야 하며, 셋째, 학생의 안질환에 따른 적절한 교육자료를 제공해야 하며, 넷째, 아동을 위한 적절한 프로그램이 다양하게 개발되어야 한다. 통합교육을 위한 교육적 접근에는 시각장애 학생을 위한 교육환경 조성, 교수학습 방법 수정(보조공학기기 지원), 보행훈련 지원이 필요하다.

1) 통합교육을 위한 교육적 접근

통합교육환경에서 학습의 결정적인 역할을 하는 시각적 기술이 요구되는 곳은 교실이며, 눈-손 협응, 시각적 집중 유지, 색과 문자의 변별, 사물에 대한 해독과 기억 등이 요구된다. 시각에 결함을 가진 학생을 보안하기 위해 보조공학기기나 수정된 교수절차, 효과적인 학습 등이 필요로 하며, 통합환경에서 제일 중요한 것은 안전하게 이동하기 위해 교육환경 조성, 교수 방법의 수정, 보행훈련 등이 익숙해지도록 지원하는 것이다.

(1) 교육환경의 조성

시각장애 학생을 위해서는 안질환에 따른 시야와 눈부심을 고려하여 자리를 배치하고, 학생 개개인의 시각장애에 따라 자료의 확대, 색 대비를 강조하거나 굵은 선으로 표시하여 그림을 단순화해야 한다. 따라서 정보를 최소화하고 적절한 밝기 유지를 위한 조명의 조정과 같은 교실 및 학교 환경에 대한 조성을 우선으로 해야 한다(이해균, 임안수, 이우관, 2006).

시각장애 학생의 교육에 있어서 컴퓨터는 중요한 매체이며, 컴퓨터의 다양한 소프트웨어 등은 학습에 효과적이다(김남진, 김용욱, 2010). 이외에도 점자 압력 방식의 키보드와 점자 출력 셀을 장착한 점자 정보 단말기(예: 브레일 한소네), 확대 독서기, 화면 확대 프로그램, 점자 문서를 제작할 수 있는 점역 및 편집 소프트웨어 등이 효과적인 학습을 위해 사용되고 있다.

(2) 교수학습 방법의 수정

교사는 다양한 교재와 교구를 사용하여 시각장애 학생이 실제 경험을 통한 추상적 개념학습을 충분히 하도록 해야 한다. 저시력 학생은 잔존시력이 있어 시각적 보조공학기기를 사용하여 일반 활자(묵자)를 교육하고 맹 학생은 점자를 가장 주요한 학습 수단으로 사용하기 때문에 점자 지도와 지구본, 점자 프린트 등과 같은 촉각적 보조공학기기와 녹음도서, 화면판독기, 화면 읽기 프로그램과 같은 청각적 보조공학기기 등이 유용하다. 또한, 아동의 개인적 필요와 능력에 따라 교수학습방법을 수정해야 하며, 저시력 아동을 위한 확대 자료나 점자 및 녹음 자료 사용 등 대안적인 교수전략이 필요하다.

교육부는 199개의 지역 특수교육지원센터 중 27개소를 시각장애 거점 특수교육지원센터로 지정하고, 이들을 특수교육지원센터와 연계하여 실질적인 통합교육을 지원할 수 있도록 하고 있다(이태훈, 2021).

〈표 9-4〉 우리나라 시각장애 거점 특수교육지원센터 현황

시 · 도	시각장애 거점 특수교육지원센터
서울	중부 특수교육지원센터, 강남 서초 특수교육지원센터
부산	동래 특수교육지원센터
대구	시각장애 학생 지원 중점 특수교육지원센터
인천	동부 특수교육지원센터
광주	광주교육청 특수교육지원센터
대전	울산 시각장애 특성화지원센터
울산	수원 특수교육지원센터
경기	수원 특수교육지원센터
강원	강원 시각장애 특수교육지원센터
충북	청주 특수교육지원센터, 충주 특수교육지원센터
충남	아산 특수교육지원센터
전북	시각장애 특성화 특수교육지원센터

시 · 도	시각장애 거점 특수교육지원센터
전남	목포 특수교육지원센터, 순천 특수교육지원센터, 나주 특수교육지원센터
경북	포항 특수교육지원센터, 구미 특수교육지원센터, 경산 특수교육지원센터, 안동 특수교육지원센터
경남	경상남도 특수교육지원센터, 창원 김해 특수교육지원센터, 김해 특수교육지원센터, 함안 특수교육지원센터
제주	제주시 특수교육지원센터, 서귀포시 특수교육지원센터

출처: 이태훈 (2021).

년 월 일	은하수반	이름:
	노랑나비 나비 나비 나비 노랑나비 __________에서 한잠 자고 나비 나비 나비 노랑나비 __________에서 한잠 자고 나비 나비 나비 노랑나비 __________에서 한잠 자고	

년 월 일	은하수반	이름:
	노랑나비 나비 나비 나비 노랑나비 __________에서 한잠 자고 나비 나비 나비 노랑나비 __________에서 한잠 자고 나비 나비 나비 노랑나비 __________에서 한잠 자고	

[그림 9-17] 일반아동과 저시력 아동의 활동지

통합학급에서 일반아동과 저시력 아동에게 [그림 9-17]과 같이 크기가 다른 활동지로 적절한 의사소통 기능 발달을 도와주어야 한다. 또한, 시각장애 학생과의 의사소통을 돕기 위한 다음과 같은 방법이 있다(Pasanella & Volkmer, 1981). 이와 같은 방법은 시대가 흐른 지금도 시각장애 학생을 교육하는 데 중요한 요소이다.

- 시각장애 학생에게는 정확한 방향과 위치에 대한 표현이 필요하다. (이쪽으로 × → 10시 방향, 이것 × → 오른쪽 발 앞에 등)
- 말할 때 누구에게 말하는 것인지를 알 수 있도록 아동의 이름을 부르고 말한다.
- 아동의 얼굴을 쳐다보며 직접 아동에게 말한다.
- 시각장애 학생에게 다가갈 때와 떠날 때를 말해 준다.
- 시각장애인과 동반할 때, 수시로 환경에 대한 설명을 해 준다.

2) 시각장애 학생교육 방법

시각장애 학생은 일반아동과 달리 시각의 결함으로 인하여 그에 따른 교수방법을 필요로 한다. 여기에서는 점자 교육, 보행훈련, 시각장애 보조공학기기, 사회적 기술, 교육적 배치에 관한 내용을 간단하게 다루어 보고자 한다.

(1) 점자 교육

오늘날 사용되고 있는 세계 최초의 서양 점자(braille)는 1829년 루이 브라유(Louis Braille, 1809~1852)에 의해 창시된 것이다. 브라유식 점자가 매우 체계적이었으므로 1882년 유럽 회의에서 브라유식 점자를 통일점자로 채택되어 지금까지도 시각장애인이 읽고 쓰기 위한 문자이다.

우리나라 최초의 점자는 미국 감리교 선교사였던 홀(E. S. Hall) 여사는 가로 2점에 세로 2점인 4점형 뉴욕 포인트를 한글 점자로 만들어서 '평양점자'라 하여 사용하였다. 그러나 홀 여사의 '평양점자'가 한글의 특성에 맞지 않아 박두성은 홀 여사에게 6점 점자로 한글점자를 제정할 것을 요청했으나 이는 거절당했다. 이후 박두성 선생은 1920년 제자들과 함께 '조선어점자연구위원회'를 조직 · 연구하여 1926년 11월 4일에 '훈맹정음'이란 이름으로 박두성에 의해 한글판 점자가 완성되었다.

현재 시각장애 학생이 활용하는 점자는 가로 2줄, 세로 3줄의 6점이 다양하게 배열되어 있으며, 시각장애 학생이 점자를 잘 읽을 수 있게 하기 위해서는 어릴 때부터 사물에 대한 촉 · 감각적 경험을 많이 주어 손가락 끝으로 점을 식별하는 능력을 키워 주어야 한다.

〈표 9-5〉 점자의 특징

- 박두성 선생이 창안함
- 6개의 점으로 구성
- 초성 자음과 종성 자음이 다르게 제자(製字)되어 있다.
- 점자에서는 초성 'ㅇ'을 사용하지 않는다.
- 초성 'ㄲ, ㄸ, ㅃ, ㅆ, ㅉ'을 적을 때에는, 된소리표(6점)를 사용한다.
- 부피를 줄이고 읽기와 쓰기 속도 향상을 위해 27개의 약자와 7개의 약어를 사용한다.
- 약자 '영'은 그 앞에 'ㅅ, ㅆ, ㅈ, ㅉ, ㅊ'이 올 때는 '엉'이 된다.
- 모음 겹글자 '얘'는 '야+이'가 아니라 '야+애'로, '위'는 '우+이'가 아니라 '우+애'로 쓴다.
- 모음 겹글자 '왜'는 '오+애'가 아니라 '와+애'로, '웨'는 '우+에'가 아니라 '워+애'로 쓴다.
- 점자는 모아 쓰지 않고 풀어 쓴다. 예를 들면, '국'을'ㄱ, ㅜ, ㄱ'으로 적는다.

찍을 때			읽을 때		
4	●●	1	1	●●	4
5	●●	2	2	●●	5
6	●●	3	3	●●	6

[그림 9-18] 점의 명칭

점자 한글은 자음 13자, 모음 17자, 받침 14자, 도합 44자를 풀어써서 기록한다. 즉, 점자 한글은 3벌씩 풀어쓰기이다.

1. 자음

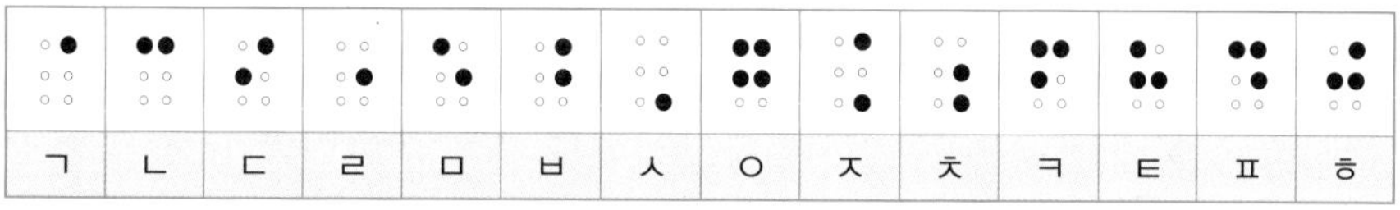

2. 모음

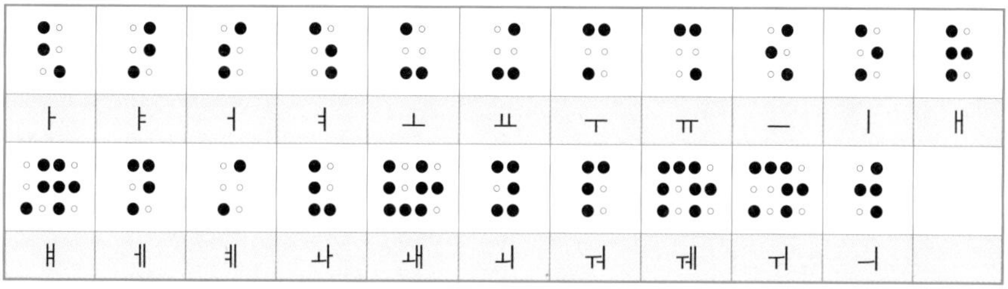

3. 받침

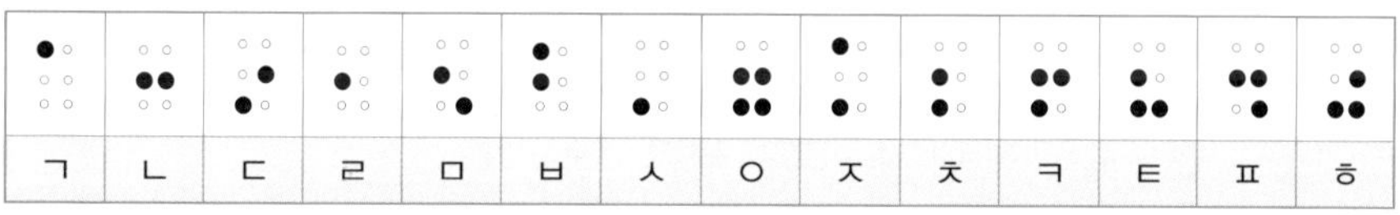

4. 숫자

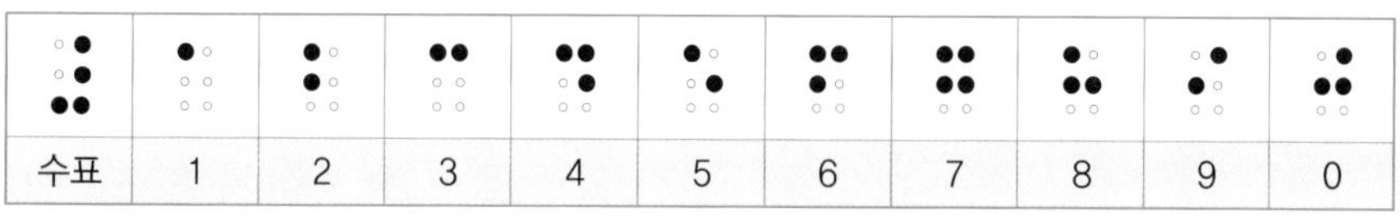

점자에 있어서 숫자를 쓸 때는 먼저 숫자라는 뜻을 나타내는 수표점자(3456)를 쓴 다음에 숫자로 쓴다.

[그림 9-19] 한글판과 점자

(2) 보행훈련(Orientation and mobility)

보행훈련은 안전하고 독립적이며 효율적으로 이동할 수 있는 보행 기술을 습득하여 독립적인 생활을 할 수 있도록 돕는 것이다. 이를 위해, 시각장애 학생에게 자기 주변의 환경을 바르게 인식하는 방향성과 혼자서 안전하게 움직일 수 있는 이동성은 중요한 과제이다. 그러나 이들은 공간을 이동할 때 시각적 손상으로 인해 어려움을 느끼며 방향성에도 문제를 보인다. 보행은 자신에 대한 순간적 공간 관계를 인식하는 능력인 방향정위(시각 외의 잔존 감각을 통해서 자신과 주위환경과 관계를 이해하는 능력)와 장소에서 다른 장소로 옮겨갈 수 있는 능력인 이동성(물리적 환경에서 안전하고 독립적으로 다닐 수 있는 능력)으로 구성되어 있다.

- 방향정위: 잔존시력, 청각, 촉각 등을 활용하여 자신과 주위환경과의 관계를 이해하는 능력
- 이동성: 물리적 환경에서 안전하고 독립적으로 다닐 수 있는 능력

시각장애인을 위한 보행의 종류는 안내 보행, 흰 지팡이 보행, 안내견 보행, 전자기구 보행으로 크게 네 가지로 나뉜다.

〈표 9-6〉 시각장애 보행 종류와 방법

보행 종류	보행 방법
안내 보행	• 안내자가 시각장애인의 반보 앞 반보 옆에 서서 안내하는 보행 • 고도의 전문성이 필요하지 않아 단시간 연수 후에도 시각장애인에 대해 이해성이 높으면 활용할 수 있음 • 대개 장애이해 교육이나 시각장애 체험에서 연수가 가능
흰 지팡이 보행	• 공인된 흰 지팡이를 사용하여 바닥이나 벽을 탐색하며 보행 • 흰 지팡이 사용의 의미는 사용자가 보호받아야 할 대상임을 의미 • 전문가를 통한 장기적인 교육과 훈련이 필요함 • 시각장애학교나 관련 기관에서 주로 실시

보행 종류	보행 방법
안내견 보행	• 훈련된 안내견을 동반하여 보행 • 안내견을 돌볼 수 있는 관리능력과 책임감 있는 16세 이상, 4주간 진행되는 안내견 교육 프로그램에 참여할 수 있는 자 • 안내견은 방향정위는 하지 않으므로 시각장애인이 직접 해야 함 • 안내견은 체력이 강하고 책임감 · 판단력 · 집중력이 높아야 하며, 온순한 성격과 호감 가는 외모를 갖추어야 함(임안수, 2010)
전자기구 보행	• 전자보행기구 보행은 초음파 · 레이저를 통해 장애물을 탐지하여 보행자가 이를 인식하도록 하는 방법임 • 진로음향기, 모와트 감각기 등을 활용한 보행방법이 있음 • 단점으로는 기기의 제작비용이 비싸기 때문에 현재는 사용화가 어려움

특수교사로서 시각장애 학생의 보행에 관하여 주의할 사항이 있다. 특히, 보행 경로와 안전에 관하여 방향성과 이동에 관해 주의할 점은 다음과 같다(Hallahan & Kauffman, 2003).

- 교사는 처음 학교 전체와 함께 학생이 주로 다니는 곳을 오리엔테이션 해준다.
- 시각장애 학생이 주로 다니는 환경은 물리적인 환경수정을 최대한 적게 하여 학생이 적응에 편하게 할 수 있도록 한다.
- 불필요한 장애물을 없애고, 이동식 스크린 등의 일시적인 장애물로 인한 교실의 변화를 아동에게 알려 준다.
- 문을 완전히 닫거나 열어 놓아서 반쯤 열린 문에 아동이 부딪치지 않도록 한다.
- 처음에는 친구와 함께 화장실, 도서실, 체육관 등 자주 가는 곳을 다니며, 가는 길과 표지들을 익히도록 하고 익숙해질 때까지 자유롭게 다녀보도록 한다.
- 혼자서 다닐 수 있는 능력이 생기면 친구에게 의논하는 일을 줄여 가도록 지도한다.

(3) 시각장애 보조공학기기

시각장애 학생에 대한 보조공학기기는 저시력 학생이 활용하는 것과 맹 학생이 활용할 수 있는 것들이 있다.

〈표 9-7〉 저시력 학생이 활용하는 보조공학기기

명칭	특징	사진
단원 망원경	• 멀리 있는 것까지 잘 볼 수 있음 • 2.2배에서 10배까지 확대 가능 • 30m까지 선명하게 볼 수 있음	
주머니형 확대경	• 소지하기 용이함 • 제품에 따라 4배 또는 7배 배율로 확대됨	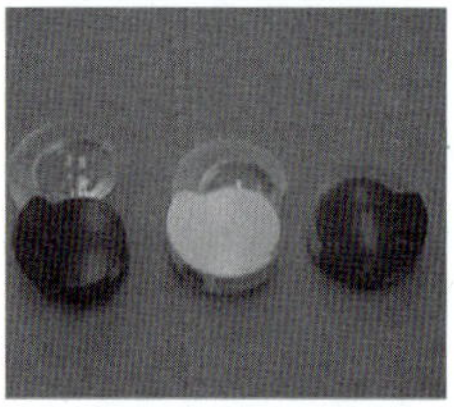
휴대용 확대경	• 근거리용으로 활자 및 그림 확대 가능 • 휴대가 간편하도록 접어서 사용 가능 • 제품에 따라 3배 5배 15배, 20배로 확대 가능	
화면확대기	• 2배에서 73배까지 확대 가능 (19인치 모니터 기준) • 대비 조절, 윈도우 마커, 초점 고정 가능	
휴대용 독서 확대기	• 근거리 원거리에서 사용 가능 • 주로 책이나 도서 위에 올려놓고 확대하여 활용 • 학습 도구로 많이 활용	

〈표 9-8〉 맹 학생이 활용하는 보조공학기기

명칭	특징	사진
점자정보 단말기	• 시각장애인용 노트북 • 단 화면이 없고, 점자와 소리로 출력 가능 • 인터넷, 워드, 계산기, 메신저 등이 가능 • 학습과 여가에 주로 활용함	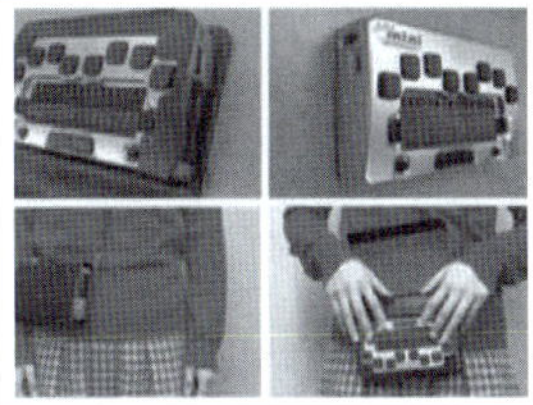

(4) 사회적 기술

시각장애 학생은 일반학생이 시각적인 관찰을 통해서 배우는 사회성 기술들을 배울 기회가 부족하므로 이를 학습하도록 도움이 필요하다. 몸짓이나 말을 이용한 인사하기, 표정을 통해 관심을 유지하기, 손을 사용한 신호 익히기, 적절하게 몸짓 및 신체 부위 이용하기, 타인의 대화 방해하지 않기, 습관화된 상동 행동 감소시키기 등을 들 수 있다(Smith et al., 2006). 사회적 기술을 습득하기 위해 구조화된 연습이 필요하며, 다양한 시청각 자료를 이용한 또래 아동과 놀이 상황을 주제를 통한 역할놀이 연습이 반복적으로 이루어져 사회적 상호작용 기술이 증진시키는 것이 좋다.

(5) 교육 배치

시각장애 학생은 과거에는 전통적으로 특수학교에서 교육을 받아 왔으나, 1980년대 이후 점차로 통합교육에 대한 관심이 높아지면서 일반학급 배치가 늘어나고 있다(Peterson & Hittie, 2003). 미국 교육부의 2001년도 통계에 따르면 시각장애 학생의 85% 이상이 적어도 학교생활의 40%가 이상의 시간을 일반학급에서 보내고 있으며, 80% 이상의 시간을 일반학급에서 보내는 시각장애 학생도 50% 이상 된다고 조사되었다(Smith et al., 2006). 즉, 대부분의 시각장애 학생은 일반학급에서 교육받고 있으며, 중복장애 아동의 경우는 좀 더 보호적 환경에서 교육을 받고 있는 것이다.

우리나라 대부분의 시각장애 학생은 기숙제 혹은 통학으로 맹학교에 다니고 있으며, 통합교육의 필요성과 중요성은 인식되고 있으나 실제로는 잘 이루어지지 않고 있다. 시각장애 학생이 통합환경에서 교육받기 위해서는 일반교사와 시각장애 학생을 위한 지원이 필요한데, 시각장애 전문교사나 보행훈련 전문가들이 순회하며 적절한 교수-학습 및 이동에 관한 자문과 직접적 지원을 제공할 수 있어야 한다. 조기 통합교육의 중요성에 대해서는 전문가들의 견해가 일치된 만큼 많은 사회적으로 많은 관심과 협조가 요구된다.

학습문제

1. 시각장애의 정의와 관련 용어에 대해 설명하시오.
2. 안질환별 교육적 조치와 주의 사항에 대해 설명하시오.
3. 시각장애 보조공학기구의 종류와 사특성에 대해 설명하시오.
4. 점자의 특성에 대해 설명하시오.
5. 시각장애 보행의 종류와 주의사항에 대해 설명하시오.

제10장

지체장애

1. 지체장애의 정의 및 원인

1) 정의

지체장애란, 원인에는 관계없이 지체의 기능에 부자유로 인하여 그대로 두면 장차 자활이 곤란한 경우를 말한다(안병즙, 1978). 지체란 체간과 사지를 말하며, 체간은 척추를 중축으로 한 상반신으로 두부(頭部)와 몸통을 의미한다. 특히, 척추는 경추, 흉추, 요추의 세 부분으로 이루어져 두부를 지지하면서 운동기능을 발휘하게 된다. 따라서, 이러한 체간의 부자유로 인해서 정적인 지지능력, 동적인 운동기능, 형태이상에 의한 운동 기능에 어려움을 가지게 된다(전헌선, 오세철, 박재국, 한경임, 노선옥, 박순길, 2006). 사지는 상지와 하지를 말하며, 상지는 일상생활과 작업 활동에 관련되고, 하지는 서기, 걷기 등과 같은 이동 기능에 관련된다.

「장애인 등에 대한 특수교육법」(2007)에서는 “기능 · 형태상 장애를 가지고 있거나 몸통의 지지 또는 팔다리의 움직임 등에 어려움을 겪는 신체적 조건이나 상태로 인해 교육적 성취에 어려움이 있는 사람”으로 정의하고 있다.

또한 「장애인복지법」에서의 지체장애 정의를 보면, 대분류로 신체의 일부를 잃은 사람, 관절장애가 있는 사람, 지체기능장애가 있는 사람, 신체에 변형 등의 장애가 있는 사람으로 분류하고 1~6급까지의 세분류를 하였으나, 등급제는 폐지되었다.

2) 원인

지체장애의 다양한 종류로 인해서 그 원인도 다양하다. 이러한 지체장애의 원인은 분류에서 그 특성과 함께 알아보기로 하고, 본 장에서는 특수학교의 주 교육대상자인 뇌성마비의 원인에 관해서 알아보도록 하겠다.

뇌성마비 발생 원인은 다양하지만 뇌손상이 일어난 부위와 병변의 크기에 따라 뇌성마비의 유형과 장애정도를 결정하게 된다(전헌선, 한경임, 노선옥, 2004).

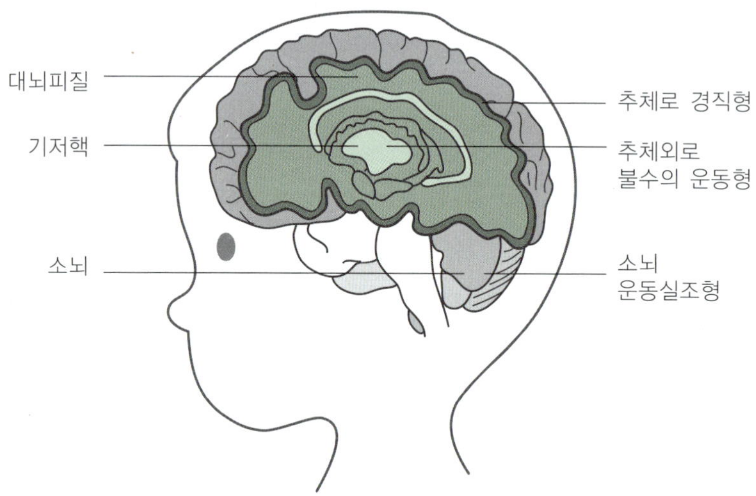

[그림 10-1] 뇌성마비의 뇌손상 부위

출처: 전헌선, 한경임, 노선옥(2004). p. 7.

뇌성마비의 대표적인 유형 3가지를 보면 대뇌피질을 둘러싸고 있는 추체로에 병변이 생기면 경직형 뇌성마비가 일어나고, 대뇌 기저핵의 손상이 있으면 불수의운동형 뇌성마비가 되며, 소뇌의 손상이 있으면 운동실조형 뇌성마비가 된다. 이러한 대뇌의 병변으로 인해 뇌성마비의 유형이 결정된다.

선천적인 뇌성마비는 출생 후 얼마 동안, 혹은 출생 동안이나 그 이전에 뇌에 전달되는 산소결핍이 원인이다. 산소결핍은 태아의 머리나 목 주위를 죄이는 탯줄이 원인이 되거나 힘든 출산이나 뜻밖의 출산 혹은 출산시간 지연 등의 원인으로 가장 빈번하게 발생한다(Bowe, 2000). 또한, 자궁의 벽으로부터 태반의 너무 이른 분리로 인해 태아에게 산소 공급을 방해하는 것도 원인이 된다. 산소결핍의 이러한 종류는 뇌성마비의 가장 공통적인 원인이다. 그럼에도 불구하고 산소 공급을 방해하는 것이 뇌성마비의 원인은 아니라고 시사한다(United Cerebral Palsy of Washington, 1997). 즉, 확실한 감염(풍진 포함), 모체와 태아 간의 RH 불일치, 조기 출산 혹은 저체중 출산, 임신기간 동안 알맞은 영양섭취 부족, X-ray에 불필요한 노출, 그리고 태아를 침범하는 미생물 등도 뇌성마비의 원인이다. 후천적인 뇌성마비는 보통 운동 중에 머리 외상, 운송사고, 낙하, 아동학대 등이 포함된다.

<표 10-1>과 같이 뇌성마비를 결정하는 원인으로는 크게 출생전기, 출생중기, 출생후기로 나누어 볼 수 있다(전헌선, 한경임, 노선옥, 2004).

〈표 10-1〉 뇌성마비의 원인

시기별	요인	주요 원인과 증상	출현율
출생 전기	유전적 요인	• 가족성 불수의 운동증 • 가족성 역성대마비 • 가족성 진전증 • 가계성 경직형 사지마비	10~40%
	임신 중 요인	• 모체의 자궁 내 감염 • 태아의 톡소푸라즈마증(toxoplasmosis) • 모체의 풍진, 기타 감염, 모체 빈혈, 저혈압 • 태아의 무산소증: 일산화탄소 중독 • 태아의 뇌출혈, 모체 중독증, 대사 장애, X선 조사 • 모체의 영양실조, 임신 3개월 이내의 출혈 • RH 혈액형 불일치, 황달 등	18%

시기별	요인	주요 원인과 증상	출현율
출생 중기	무산소증	• 기계적 호흡기 폐쇄, 난산으로 목 조임, 폐 확장 부전, 마약 중독, 전치태반 박리, 모체의 산소 결핍, 모체의 저혈압, 골반 이상 분만, 머리 배출 지연, 약물 중독 등	33%
	외상 및 출혈	• 부적절한 겸자 사용, 뇌의 후굴, 추락산, 지연 분만에 따른 제왕절개, 태아의 위치 부전 등	
	소인성	• 미열, 핵황달, 태아의 출혈성 질환 등	33%
출생 후기	뇌손상	• 뇌경막하혈종, 두개 골절, 뇌의 타박상, 좌상, 외상, 뇌막염, 뇌염, 중독증(비소, SM, 콜탈), 뇌혈관 사고, 무산소증, 경기, 뇌의 발육 결함 등	16%

출처: 전헌선, 한경임, 노선옥(2004). pp. 8-9.

2. 지체장애의 분류 및 특성

1) 분류

「장애인복지법」에서 제시한 지체장애와 뇌병변장애의 분류를 보면, 대분류로 신체적 장애, 중분류로 외부 신체기능의 장애, 소분류로 지체장애, 뇌병변장애로 분류되고, 세분류로 지체장애는 절단장애, 지체기능장애, 변형 등의 장애로 분류되고, 뇌병변장애는 중추신경의 손상에 인한 복합적인 장애로 분류된다.

특수교육에서 지체장애는 크게 중추신경계의 손상으로 인한 신경성증후군과 근골격계의 이상으로 인한 운동기증후군으로 분류하며, 신경성증후군은 뇌성마비, 진행성 근위축증, 척수성 소아마비를 포함하며, 운동기증후군은 결핵성증후군, 골 증후군, 관절 증후군, 외상성 증후군, 형태이상 증후군을 포함한다(표 10-2). 지체장애의 신경성 증후군과 운동기 증후군 중에서 잘 알려진 분류를 중심으로 그 특성을 알아보고자 한다.

〈표 10-2〉 지체장애의 분류

유형	분류	종류
신경성 증후군	뇌성마비	경직형, 불수의운동형, 운동실조형, 강직형, 진전형
	진행성 근위축증	듀센형, 베커형, 안면견갑상완형, 지대형, 위축성 근 경직형
	척수성 소아마비	소아마비
운동기 증후군	결핵성증후군	결핵성 고관절염, 무릎관절 결핵, 관절 결핵, 골 결핵, 척추 카리에스
	골 증후군	골형성 부전증, 연골무형성증, 골단염, 레그-페르데스병, 구루병, 모르퀴오병, 골수염
	관절 증후군	선천성 고관절탈구, 병적 탈구, 관절 류머티즘, 관절염, 관절구축
	외상성 증후군	절단, 반흔구축, 가관절
	형태이상 증후군	만곡족, 내반슬, 외반슬, 척추측만, 척추후만, 척추전만, 척추파열(이분척추), 단지증

참고: 전헌선 외(2003). pp. 169-179.

(1) 신경성 증후군

① 뇌성마비(cerebral palsy)

뇌성마비는 수태에서부터 생후 1개월까지의 신생아기에 뇌손상으로 비진행성 병변이 발생하고, 그 결과 지체의 수의 운동장애, 운동기능 마비, 자세 이상 등의 신경성 운동기능 장애를 초래한다. 이러한 운동기능장애는 일시적이 아니고 영속적이며 출생 후 만 2세까지 증후가 나타날 수도 있다. 따라서 뇌성마비의 주 장애는 뇌 병변으로 인해 생기는 운동장애이며, 수반장애로는 정신지체, 시각장애, 언어장애, 청각장애, 정서장애, 학습장애, 간질 등을 동반할 때도 있다.

미국뇌성마비학회(AACP: The American Academy on Cerebral Palsy)에서는 뇌성마비를 생리적, 부위별로 분류하고 있다. 생리적 분류는 경직형, 불수의운동형, 운동실조형, 강직형, 진전형으로 나눌 수 있다(표 10-3).

〈표 10-3〉 뇌성마비의 생리적 분류와 특성

분류	특성
경직형 (spastic type)	• 대뇌 추체로 손상 • 뻣뻣한 근육 • 외부 영향을 받는 활동으로 근육 긴장의 증가 • 선택적인 운동 억제 감소 • 비정상적이고 제한적인 운동 협응 • 근 활동의 지나친 과활성화 • 제한된 범위의 이동 • 느린 근 활성화와 자세 반응 • 뇌성마비의 50~60%
불수의운동형 (athetoid type)	• 대뇌 추체외로 손상 • 억제되지 않고 불수의적인 움직임이 나타남 • 불수의와 강직, 진전을 포함함 • 강직일 때 움직이는 범위 내에서 저항을 보임 • 움직임은 시기, 방향, 장소의 특성에 따라서 비정상적임 • 손상된 자세 고착 • 뇌성마비의 30~40%
운동실조형 (ataxic type)	• 소뇌 손상 • 손상된 자세 억제 • 무너진 균형 • 협응 운동의 조절에 있어서 부적절한 억제 • 종종 긴장 이상과의 연합 • 활동적인 운동을 하는 동안에 체력 감소 • 몸, 손, 목소리 등의 떨림도 존재 • 뇌성마비의 5~10%
강직형 (rigidity type)	• 관절을 굴곡하거나 신전하면 묘한 저항감이 있음 • 근육의 신축성 상실로 운동 저항이 강하게 생김 • 경직형과 비슷하나 과잉동작이나 불수의적인 동작은 없음 • 뇌성마비의 5~10%
진전형 (tremor type)	• 수의 운동 시에 주로 진전이 나타남 • 대뇌와 소뇌의 연락장애가 있을 때 진전이 나타남 • 보행실조가 나타남 • 뇌성마비의 2~5%

참고: Marilyn, S. Workinger.(2005). p. 3; 전헌선 외 12인(2005). p. 172-174.

또한 뇌성마비의 부위별 분류로는 단마비, 대마비, 편마비, 삼지마비, 양마비, 사지마비로 구분할 수 있다(표 10-4).

〈표 10-4〉 뇌성마비의 부위별 분류와 분포

분류	분포
단마비(monoplegia)	사지 중의 한쪽 마비(매우 희박함)
편마비(hemiplegia)	몸 한쪽의 팔과 다리 마비
양마비(diplegia)	모든 사지마비: 팔보다는 다리가 더 포함됨
사지마비(quadriplegia)	모든 사지마비: 팔, 다리가 똑같이 포함됨
삼지마비(triplegia)	몸 세부분의 마비
대마비(paraplegia)	오로지 다리만 마비(매우 희박함)

참고: Marilyn, S. Workinger.(2005). p. 4.

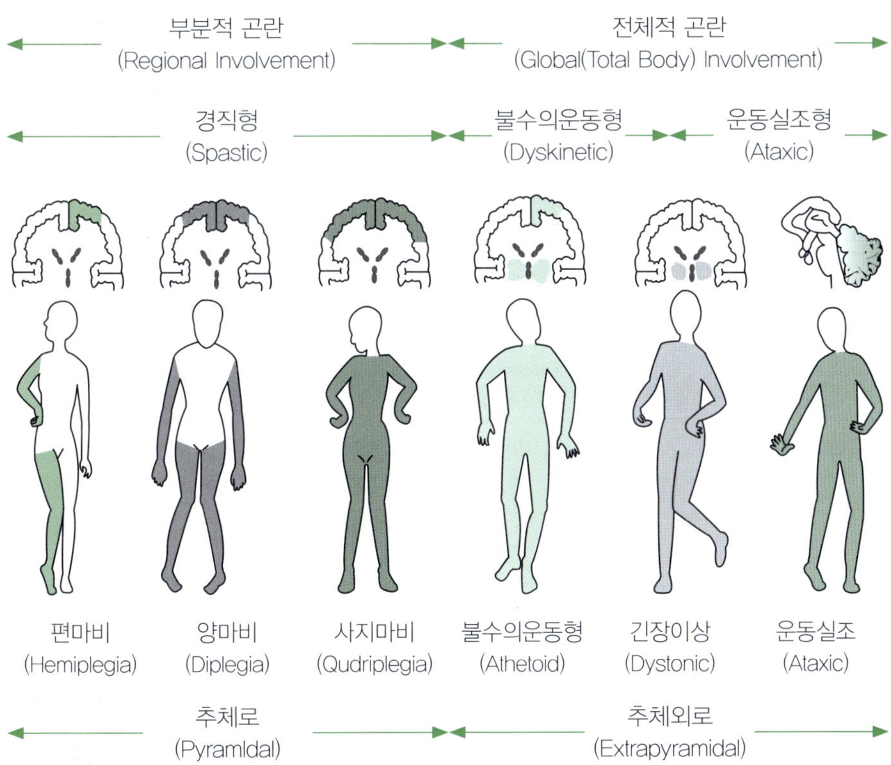

[그림 10-2] 뇌성마비의 여러 가지 유형별 뇌손상 범위

출처: Kirk, S. A., Gallagher, J. J., Anastasiow, N. J., & Coleman, M. R.(2006). p. 518.

② 진행성 근위축증(Muscular dystrophy)

근이영양증, 척수성 근위축증 등 다양한 용어로 불리는 근위축증이란, 진행성의 근위축을 보이며 근육 조직 검사에서 근육의 괴사 및 재생과정을 보이고 근섬유의 크기가 고르지 않으며 근섬유가 괴사된 자리에 지방 및 섬유화 조직으로 대치되는 모든 근 질환을 말한다. 주로 유전적 원인에 의해 발병하며, 일반적으로 근육의 약화가 진행되어 일어서기 어렵고 걷거나 뛰기 힘들어한다.

근위축증후의 진행과정은 보행시기, 휠체어시기, 침상시기로 구분할 수 있다(전헌선, 2005). 보행시기에는 달리기가 힘들고 계단을 오를 때 난간을 이용하거나 일어설 때 무릎에 손을 짚게 된다. 다리의 근력 저하가 생기면 상체를 좌우로 뒤뚱거리며 걷게 되고 뒤꿈치를 들고 발가락을 세워 걷게 된다. 허리의 근력 저하로 가슴과 배를 쑥 내민 특유의 자세를 보인다. 휠체어시기에는 척추측만, 관절구축이 진행되고 운동량 부족으로 비만이나 순환장애가 있을 수 있다. 침상시기에는 호흡, 신장기능이 저하되어 호흡곤란이 문제가 될 수 있다.

근위축 증후의 종류는 다양하며, 유전성향과 임상 양상에 따라 다섯 가지 유형 즉, 듀센형, 베커형, 안면견갑상완형, 지대형, 위축성 근 경직형으로 구분한다(김정희, 2007; 전헌선, 2005).

듀센형과 베커형 근위축증(Duchenne/Becker Muscular Dystrophy:DMD/BMD)은 가장 대표적이고 흔하며 X 염색체와 연관 있는 근위축증이다. 임상에서 그 양상의 경중에 따라 듀센형 및 베커형으로 나누며, 듀센형의 경우 초기 운동 발달이 느려 18개월까지 독립 보행을 못하는 경우가 많다. 종아리 근육이 가성 비대(실제 근육이 비대해지는 것이 아니고 근섬유가 괴사된 자리에 지방 및 섬유화가 진행되어 단단해지고 커진 것처럼 보이는 것- 의사 성장: false growth)를 보이며, 하지에서 근위축이 시작되어 10세경에는 휠체어에 의존하게 된다. 베커형의 경우엔 6~19세에 주로 나타나며, 하지의 근력 약화뿐 아니라 종아리 근육의 통증, 근 경련 등이 일어나고, 듀센형에 비해 느리고 다양하게 나타난다.

안면견갑상완형(Facioscapulohumeral Dystrophy: FSH)은 안면근, 견갑근(어깨근), 상완(어깨와 팔꿈치 사이 근육)과 허리, 엉덩이 근육 등이 약화되기 시작하며 어깨뼈가 날개같이 튀어나오는 익상견갑(scapular winging)이 특징이다. 원인은 유전자와 단백질 이상으로 밝혀지고 있으며 10대~20대 남녀에게 주로 나타나며 빨대로 물을 마실 수 없고, 풍선을 불 수 없을 정도가 된다. 또한, 목을 움직이는 근육(목굴근), 대흉근(가슴), 삼각근(어깨) 등도 점점 약화된다. 그 진행은 매우 느려 중년이 지나도 일상생활에 큰 영향이 없는 경우도 있다.

지대형(Limb-Girdle Muscular Dystrophy: LGMD)은 소아기부터 50세 이후까지 다양하게 나타나며, 초기에 견관절부와 고관절부의 근육 약화가 시작된다. 어깨, 허벅지 주위 근육이 약화되어 팔을 얼굴 높이로 들기가 힘들며, 보행이 어려워지면 전신의 관절이 굳어지는 것이 듀센형과 비슷하다.

위축성 근 경직형(Myotonic Dystrophy: MTD)은 20~40세 사이에 처음 나타나고, 엉덩이와 어깨 근육에서 위축이 나타나는 다른 근위축증과는 달리, 목에 제일 처음 위축이 나타나며 얼굴, 다리, 팔, 손 등에 나타난다. 진행 초기에 안면과 턱, 목 근육의 약화 및 퇴화가 나타나며, 남자의 경우 이마 앞쪽이 벗겨지는 특징을 보인다. 증상이 잘 나타나지 않아서 본인이 모를 수도 있으며, 유일하게 백내장을 보이는 경우도 있다.

위의 근위축의 공통적인 징후들은 다리 근육의 위축으로 보행 자체가 힘들고, 손가락만 움직일 수 있을 정도로 근육 제어능력이 떨어진다. 듀센형 근위축증 남아에게 나타나는 가우어 사인(Gower's Sign)과 호흡부전 증후 등이 있는지 세심한 관찰도 필요하다. 가우어 사인이란 요추전만, 척추 및 하지 전근의 쇠약으로 일어설 때 하퇴, 대퇴의 순으로 손을 짚고 힘들게 일어서는 특이한 기립 동작이다.

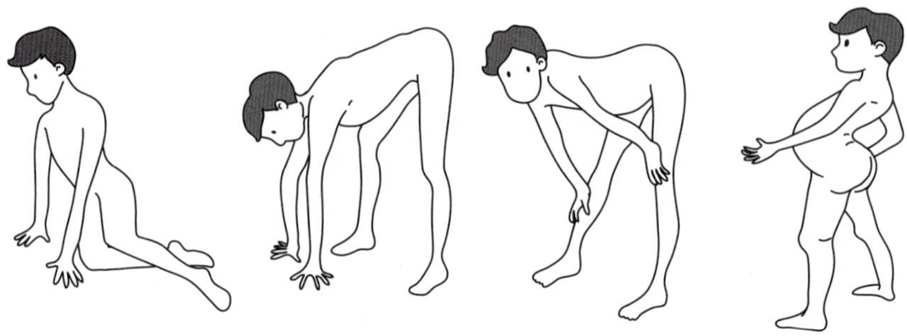

[그림 10-3] 듀센형 근위축증의 가우어 사인(Gower's Sign)
출처: 전헌선, 오세철, 박재국, 한경임, 노선옥, 박순길(2006). p. 372.

③ 척수성 소아마비(polio)

소아마비 또는 척수성 소아마비라고 하며 유아 및 소아에게 주로 나타난다. 소아마비는 폴리오바이러스(polio virus)의 감염에 의해 하지나 상지에 이완성 마비가 오는 전염병의 일종이다.

소아마비는 바이러스의 원인을 파생시키는 백신이 발달하기 전에는 공공의 질병이었다. 바이러스는 경도에서부터 중도에 이르는 신체 마비의 원인이 되고 뇌를 침범할 수도 있다. 이 외에도 부분 마비를 일으키는 경우도 있다. 바이러스는 지금까지 존재하고 있고, 모든 아이들은 이 질병으로부터 보호받기 위해 면역성을 필요로 한다(March of Dimes, 1999). 생애 초기에 소아마비를 가진 어떤 사람은 소아마비 후에 근육 위축이 나타날 수도 있다.

우리나라에서는 소아마비가 드물었으나 6 · 25전쟁을 전후해서 발생 빈도가 증가하다가 1950년대 후반부터 1960년대 초반에 이르러 폭발적인 대유행이 있었다(주정빈, 1989). 예방 접종이 개발된 이후 소아마비 발생률이 급격히 감소되어 현재는 거의 사라진 질병이다.

초기 지체부자유학교의 교육 대상 아동은 소아마비가 주를 이루었으나 지금은 소아마비로 입학하는 예는 드물며, 대부분 뇌병변장애를 지닌 아동으로 구성되어 있다.

(2) 운동기 증후군

① 척추 카리에스(spinal caries)

척추염, 척추결핵이라고도 하며 척추가 결핵균에 감염되어 생기는 질병이다. 즉, 척추로 들어간 결핵균에 의해 조직이나 세포가 죽어서 뼛속에 빈 공간을 형성하면 등골뼈가 연화되어 척추가 둥글게 굽는다. 심한 통증과 고름, 종기 등의 증세가 나타나기도 한다.

② 골형성 부전증(osteogensis imperfecta)

골형성 부전증은 태내에서부터 나타나는 유전질환으로 특별한 원인이 없이도 뼈가 쉽게 부서지는 질병이다. 남녀 모두에서 나타나며, 중도(重度)한 경우에는 이미 태내에서 많은 골절이 일어나서 사망한다. 출생 후에도 골절을 반복하는 관계로 사지의 길이 차가 나타나게 된다. 골절은 기저귀를 교체하는 중이거나 안아 올릴 때 또는 트림을 시키는 동안, 그리고 일어서거나 걷기 시작하는 정상행동 중에서도 다양하게 발생한다.

특징으로는 성장하면서 골절을 수없이 반복하기 때문에 장관골(長管骨) 변형이 생겨서 발육부진으로 신체가 작고 척추가 휘거나 튀어나와 있으며, 머리가 크게 보이고 턱이 앞으로 나와 있다. 또한, 골형성 부전증은 청색 각막, 난청을 수반하기도 한다(전헌선 외, 2006).

골형성부전증인 사람은 뼈가 약하기 때문에 이동 시에, 특히 문이나 물건의 모서리에 부딪치지 않도록 주의하고 휠체어에서 떨어지거나 넘어지지 않도록 미리 조치를 취해야 한다. 안아서 이동할 경우에는 처진 다리가 흔들리지 않게 고정을 시켜서 다른 물체에 부딪치지 않도록 해야 한다. 따라서 골절을 가져오지 않도록 세심한 주의를 기울여 변형의 예방에 힘써야 하겠다.

③ 선천성 고관절 탈구(congenital dislocation of hip)

선천성 고관절 탈구는 고관절이 태어날 때부터 어긋나 있는 것을 말한다. 엉덩이뼈와 다리뼈를 연결하는 관절을 고관절이라 하며, 고관절 탈구는 이 고관절이 어긋나있는 것을 말한다.

선천성 고관절 탈구는 좌측보다는 우측에서 많이 나타나며, 원인은 확실하지는 않지만, 유전이나 임신 중 모체에 대한 외부의 영향, 내분비계 이상, 자궁 내에서 태아가 받는 기계적 요소 등으로 고관절을 이루고 있는 박구(髆臼)발달 이상 등으로 발생한다(김영민, 한문식, 1972). 또한, 태반 내에서 둔위(臀位)로 있던 아이에게서 주로 나타나며, 발이나 목 등의 선천성 기형과 동반하는 경우가 많다. 출생 직후에 그 증상이 뚜렷하게 나타나지 않기 때문에 특별한 주의를 기울이지 않으면 조기에 발견하기가 쉽지 않다.

④ 가관절(pseudoarthrosis nonunion of bone)

가관절(pseudarthrosis)이란 골절부의 뼈가 잘 유합되지 않아 관절이 있지 않아야 할 곳에 마치 관절처럼 움직이는 상태를 남기고 있는 것을 말하며, 위관절이라고도 한다. 이는 골절 후의 정복(탈구한 관절을 정상으로 복귀시켜 탈구를 되돌리는 조작)이나 관절 고정의 불량, 골절부의 세균감염 등의 원인이 된다.

가관절이 하지에 있을 때는 지지성에 문제가 있고, 상지에 있을 때는 힘의 감량이나 만성 통증 등의 증상을 나타낸다. 가관절이 되기 쉬운 부위는 원래 혈액의 흐름이 불충분한 곳으로 대퇴골 경부, 경골(정강이뼈) 1/3 지점, 상완골(팔꿈치 위쪽 뼈) 중앙부 주상골(肘上骨) 등에서 나타난다.

⑤ 이분척추(spinal bifida)

이분척추는 태아가 배 속에 있을 때 신경계가 형성되는 과정에서 척수가 경막(척수(脊髓)를 싸고 있는 두껍고 튼튼한 섬유질의 막)이나, 근육, 피부에 완전히 덮이지 못한 채로 태어나는 경우로 척추파열이라고도 한다(Bowe, 2000). 따라서 척추의 융합이 안 된 신경관 형성으로 척추 뒤쪽은 텅 빈 공간으로 남게 되고, 그 안에 존재하는 척수는 보호가 안 된 상태로 외부에 노출이 된 현상이다. 종류로는 척추뼈의 결함만 있는 잠재이분척추(spina bifida occulta: 척추 뒤의 피부는 그대로 덮고 있어 척수가 외부로 노출되지는 않음)와 척추뼈의 결함뿐 아니라 척추뼈 내용물의 전위와 척추를 덮고 있는 피부 결함 등을 동반해서 드러난 낭포이분척추(spina bifida aperta)로 분류한다.

학교 구성원들은 학교에서 아동학대로 오해하거나 중복 골절처럼 보이는 골형성 부전증이나 깨지기 쉬운 뼈 질환 아동과 부닥칠 수 있다. 이것은 교사의 특별한 관심과 보호가 요구됨을 의미한다. 이러한 아동은 항상 정상적인 지능을 가지지만 골절 예방에서 신체활동에 이르기까지 전반적인 부분을 보호를 해야 한다. 따라서, 지체장애의 종류는 언급한 것 이외에도 많으나 중요한 것은 2차적 장애가 발생하지 않도록 예방하는 것이 우선시된다.

(2) 특성

① 인지적 영역

지체장애 학생은 일반적으로 행동 기능이 제한되어 경험의 영역이 협소하고 행동 범위가 제한되어 사람들과의 접촉 기회가 적어 견문의 폭이 좁다. 따라서 이러한 영향으로 지능의 발달이 지체되어 일반아동의 지능보다 다소 열등한 경향을 나타낸다. 학습의 준비성을 이루는 경험적 배경 면에서 직접경험은 물론이고 간접경험마저 제한되어 있어 각종 사물이나 사상에 관한 개념 형성이 왜곡되며, 지각-운동 장애, 언어장애, 정서 불안정, 학습장애, 전경-배경 변별 장애 등의 현상이 나타나서 사고력에도 영향을 미친다.

② 정의적 영역

정의적 행동이란 인간의 비지적 행동으로 성격, 태도, 가치관, 동기, 자아개념, 흥미 등을 통틀어 말한다. 지체장애 학생은 지체의 부자유로 인해 욕구불만이나 부적응으로 성격발달에 결함을 나타내는 경향이 있다. 이러한 적응상의 문제는 정서불안, 열등감, 비사회적 행동, 반사회적 행동으로 나타날 수 있다.

지체장애 학생의 성격 특성으로는 과동성, 전도성, 고집성이 있고(안병즙, 1978), 자아개념은 부정적 · 도피적 행동 경향성이 많이 나타나며, 안정성이 없고, 유동적이며, 자기방어적이고, 경계심이 많은 편이다. 특히, 뇌성마비 아동은 부정적인 자아개념을 많이 나타낼 수 있다.

③ 운동기능적 영역

지체장애는 체간과 사지에 운동 기능 장애가 변형, 기형 등의 형태적 이상과 신체적인 기능 장애를 가지고 있다. 주 장애인 운동기능장애를 극복하고 개선하는 일은 지체장애 교육의 중심 과제라고 할 수 있기 때문에 운동기능장애의 특성을 바르게 이해하고 기능의 회복 및 개선 방법을 강구하는 것이 중요하다.

지체장애 학생의 신체발달 가운데 신장, 체중, 좌고는 일반학생에 비해 남녀 모두 약간 지체되어 있고 흉위는 남녀 모두 일반학생과 비슷게 발달하며, 발달 속도는 남자가 신장, 체중, 흉위, 좌고 등 모든 부분에서 대개 11~12세 이후까지 발달의 촉진을 보이고, 여자는 그보다 더 어린 나이에서 촉진을 보인다(안병즙, 1978). 운동기능은 신체기능장애와 그로 인한 운동량의 부족과 심리적 위축 또는 열등감 때문에 활동 범위가 협소하여 유연성, 근력, 순발력, 민첩성, 평형성, 지구성과 같은 운동기능이나 호흡기능이 매우 열등함을 보인다.

④ 지각 영역

지각은 감각 과정을 거쳐 이루어진다. 감각 과정은 환경 조건의 변화, 즉 외부자극이 신경계의 부호로 변환되어 대뇌 피질에 도달하여 뇌에 저장되어 있는 지식 체계 혹은 인지 구조에 의해 즉각적이고 무의식적이며 거의 자동적으로 해석되어 의미 있는 형태로 지각하게 된다(정재권, 안병즙, 2001).

시지각에 장애가 있는 아동은 많은 문제를 가질 수 있다(Bonifacci, 2004). 즉, 사물을 인식한다든지 공간에 있는 사물의 상호관계 인지가 곤란하고 잘못 지각하기 때문에 학습에서도 지능이 정상이라도 시각적 부호의 지각이 왜곡되어 혼란을 가져오기 때문에 어려움을 가진다. 시지각 능력은 기능의 습득만이 아니고 개념의 습득에도 영향을 미친다. 시각적으로 바른 지각을 할 수 없는 아동은 외계에서 정보를 받을 때 장애가 있기 때문에 지식의 축적이 상당히 빈약하고 모든 영역의 학습에 영향을 미친다. 따라서 뇌성마비 아동은 시지각과 관련한 여러 어려움으로 학습에 있어서 지능이 정상이라도 시각적 부호의 지각이 왜곡되어 혼란을 야기하여 언어학습기능에 전반적으로 어려움이 있다.

3. 지체장애의 진단평가

진단평가의 목적은 장애의 유무와 정도에 대한 판별과 교육계획을 수립하기 위하여 대상 학생의 강점과 약점을 파악하기 위한 것이다(IDEA, 1990). 지체장애 아동에 대한 진단평가의 목적으로는 교육적 서비스에 적합한 개인의 선별, 적절한 교육 환경의 결정과 배치, 개인과 집단을 위한 프로그램 입안, 프로그램의 효과 측정 및 연구적 활용, 개인의 진보 정도를 점검하기 위한 성취도 확인에 있다(전헌선 외, 2005).

지체장애 아동을 위한 진단평가 도구로는 KEDI-WISC-Ⅲ, K-SPM 레이븐 지능검사, K-ABC 지능검사, 기초학습기능검사, TVPS-R(비운동 시지각기능검사) 등이 있다. 일상생활동작 관련 검사도구로는 PULSES 측정표, Bathel 지수, S-G 척도, GMFM 등이 있으며, 관절 및 근육 운동범위 측정 검사도구로는 도수근력측정법과 에쉬워드 척도가 있다.

1) 지능검사

(1) K-WISC -Ⅲ: 한국 웩슬러 아동용 지능검사

웩슬러 아동용 지능검사(곽금주, 박혜원, 김청택, 1991)는 문화적 차이와 성별, 나이, 지역, 부모의 교육 수준 등을 고려하여 만 6~16세까지의 남녀 아동을 대상으로 표준화한 검사도구이다. 검사 대상은 일반아동과 특수아동 모두에게 적용 가능하며, 검사도구는 10가지의 기본검사와 3가지의 보충검사로 구성되어 있다. 검사 소요시간은 기본검사는 50~70분, 보충검사는 10~15분 정도 소요된다.

이 검사의 적용 범위는 일반적인 지적 능력 평가와 교육적인 계획과 배치를 위한 심리교육 평가, 특수아동 판별 및 진단, 영재아동 판별 및 진단, 학령기 아동의 특수성 진단, 임상적, 신경심리학적 평가 및 연구 등에 적용 가능하다. 이 검사는 언어성 검사 6개 영역, 동작성 검사 7개 영역으로 구성되어 있다(표 10-5).

〈표 10-5〉 K-WISC-Ⅲ 검사의 하위영역

언어성 검사	동작성 검사
2. 상식 4. 공통성 6. 산수 8. 어휘 10. 이해 12. 숫자(보충검사)	1. 빠진 곳 찾기 3. 기호 쓰기 5. 차례 맞추기 7. 토막 짜기 9. 모양 맞추기 11. 동형찾기(보충검사) 13. 미로(기호 쓰기에만 대치할 수 있는 보충검사)

(2) K-SPM 레이븐 지능검사

K-SPM(Standard Progressive Matrices) 레이븐 지능검사(임호찬, 2004)는 레이븐(Raven)에 의해 최초로 개발된 이후로 여러 번의 수정 · 보완을 거쳐 동형검사까지 개발된 도구이다. 이 검사는 정신지체인의 유전적 근원과 환경적 근원을 밝히기 위한 목적으로 개발되었으며, 언어적 기술과 학교에서 습득된 지식의 여부에 의해서 주로 영향을 받는 기존의 지능검사들과는 달리 문화적 · 학문적 배경이 영향을 주지 않도록 고안된 비언어적 검사로서, 지각적 관계를 파악하고 유추에 의해서 추론하는 능력을 측정하는 검사이다.

K-SPM 레이븐 지능검사의 장점으로는 비언어성(non-verbal)이고 시각장애인을 제외한 모든 장애인에게 비교적 공평하게 적용할 수 있다. K-SPM은 5가지 세트(A, B, C, D, E)로 구성되어 있으며, 각 세트는 12문항이고 전체 60문항으로 구성되어 있다. 모든 문항은 주어진 도형들의 관계를 추리해서 비어 있는 곳에 들어갈 수 있는 도형을 찾아내는 검사이다. 검사 방법은 주어진 도형을 보고 빈 공간에 알맞게 들어갈 도형을 아래에 제시된 6개에서 8개의 도형 중에서 찾게 한다. SPM 검사의 연령은 유치원 아동부터 시작할 수 있지만, K-SPM은 초등학생부터 시작하며, 초등 1~2학년까지는 D세트까지 진행하고 3학년부터는 E세트까지 진행하게 되어 있다(박순길, 2005a).

(3) K-ABC: 카우프만 아동용 지능검사

K-ABC(Kaufman Assessment Battery for Children) 검사(문수백, 변창진, 1997)는 2세 반에서 12세 반까지의 아동의 지능과 학력을 측정하는 개인용 지능검사 도구이다. 이 도구는 동시적 부호화와 순차적 부호화의 이분법을 이용하여 각각의 처리규모와 정보처리 종합득점을 산출함으로써 정보처리능력을 평가하는 데 초점을 두고 있다. K-ABC의 검사 항목 수는 16개이다(표 10-6).

〈표 10-6〉 K-ABC의 검사내용과 항목 수

순서	검사 내용	검사 연령	항목 수	구분
1	마법의 창	2세 6개월~4세 11개월	15	동시처리
2	얼굴기억	2세 6개월~4세 11개월	15	동시처리
3	손동작	2세 6개월~12세 5개월	21	순차처리
4	그림통합	2세 6개월~12세 5개월	24	동시처리
5	수회생	2세 6개월~12세 5개월	19	순차처리
6	삼각형	4세~12세 5개월	18	동시처리
7	단어배열	4세~12세 5개월	20	순차처리
8	시각유추	5세~12세 5개월	20	동시처리
9	위치기억	5세~12세 5개월	21	동시처리
10	사진순서	6세~12세 5개월	17	동시처리
11	표현어휘	2세 6개월~4세 11개월	24	습득도
12	인물과 장소	2세 6개월~12세 5개월	35	습득도
13	산수	3세~12세 5개월	38	습득도
14	수수께끼	3세~12세 5개월	32	습득도
15	문자해독	5세~12세 5개월	34	습득도
16	문장이해	7세~12세 5개월	25	습득도

K-ABC 검사는 한 번의 측정으로 인지처리능력(mental processing skills)과 습득지식을 동시에 알 수 있다. 즉, 인지처리능력은 '지능(intelligence)'이라 하고, 눈과 귀를 통해 들어오는 정보를 이해하기 위해 새로운 문제를 해석하는 능력으로 정의되며, 순차처리능력(Sequential Processing Skill)과 동시처리능력

(Simultaneous Processing Skill)을 말한다. 습득지식은 '학력(achievement)'이라 하고 일상생활이나 교과학습에 의한 지능을 응용해서 습득된 지식이라 한다.

이 검사의 특징은 뇌 모델에 기초한 순차-동시처리 모델이다. 순차처리란 새로운 문제를 해결하기 위해 정보를 한 번에 한 개씩, 연속적인 방법으로 처리하는 정보처리 양식으로, 여러 가지 정보(자극)는 그 직전의 처리된 정보에 대해서 직선적 · 시간적으로 연결되어진다(Kaufman & Kaufman, 1983). 즉, 제시된 자극을 순서성의 측면에서 정확하게 재생하는 능력으로 이를 측정하는 척도가 순차처리이다.

문제를 순차적으로 처리하는 능력은 다양한 일상적인 기능이나 학교 학습과 관련된 기능과 밀접한 관계가 있다. 복잡한 과학문제나 수학문제를 보다 단순한 부분으로 나누어서 생각하지 못하는 아동, 도형이나 그림의 다양한 부분이나 특징에 관해 체계적으로 해석하는 것이 곤란한 아동은 순차처리능력이 떨어진다고 할 수 있다. 순차처리능력이 낮으면 부모나 교사의 언어적 설명을 이해하지 못해서 따라 하는 데 어려움을 지니게 되어 사회적인 문제가 될 수도 있다.

동시처리란 동시에 많은 정보를 통합하여 보다 바른 이해를 얻는 정보처리 양식으로, 공간적 · 아날로그적 · 시각적 능력과 관계가 있다. 동시처리는 폭넓은 다양한 정보원으로부터 얻어진 정보를 통합하고 무관계한 자극을 개관해서 정리하는 능력이므로 고차적인 많은 지적 기능과 밀접하게 연관되어 있다.

동시처리는 문제해결기능이 잘 발달된 아동은 읽기 학습의 초기단계에 있어서 문자의 모양이나 단어의 윤곽을 단시간 내에 학습하는 데 유리할 뿐만 아니라 이야기의 요점을 이해하거나 어려운 한 구절의 문장 내용을 파악하는 데 필요한 정보처리능력에 있어서도 우수하다.

습득도는 두 종류의 인지처리 양식을 통합하고, 현실생활 장면에서 두 인지처리양식을 적용할 수 있는 능력을 말한다. 즉, 인지처리능력을 적용하여 환경으로부터 습득된 지식의 정도를 말하는 것으로 언어, 일반적 지식, 교과적 지식의 습득 정도를 말한다.

따라서 K-ABC 검사의 장점으로는 다음과 같다(박순길, 2003).

첫째, 순차적 처리과정의 특징은 새로운 문제를 해결하기 위해 정보를 한 번에 한 개씩, 연속적인 방법으로 처리하는 정보처리 양식이다.

둘째, 동시적 처리과정의 특징은 많은 정보를 통합하여 보다 바른 이해를 얻는 정보처리양식으로서 고차적인 많은 지적 기능과 밀접하게 연관되어 있다.

셋째, 분석적 · 순차적 · 시간적 · 명제적 처리는 대뇌의 좌반구와 연결되어 있으므로 좌뇌의 기능이 우월한 아동은 순차처리능력이 뛰어나고, 통합적 · 전체적 · 공간적 · 병렬적 처리는 주로 우반구에서 행해지므로 우뇌의 기능이 우월한 아동은 동시처리능력이 뛰어나다.

넷째, K-ABC 검사는 아동이 순차적 학습자인지 동시적 학습자인지 파악하게 해 준다. K-ABC의 두 가지 인지처리과정을 통해서 각 개인에게 알맞은 학습방법, 즉 순차처리능력이 우위에 있는 아동은 순차처리적 학습지도방법을 적용하고, 동시처리능력이 우위에 있는 아동은 동시처리적 학습지도방법의 적용을 통해서 습득도(학업성취도)의 향상을 기대할 수 있다.

2) 기초학습기능검사

기초학습기능검사(박경숙, 윤점룡, 박효정, 2001)는 유치원부터 초등학교 6학년까지 사용 가능하며, 현재의 학습 수준이 어느 정도인지, 일반적인 수준과 어느 정도 편차가 나는지를 평가하는 데 사용된다.

또한, 조기취학 및 미취학 아동의 가능 여부 판별, 미취학 아동의 수학 여부 판별, 선수학습 능력과 학습의 결손 상황 파악, 학습장애 요인 분석, 아동의 학습수준이 일반 수준과의 이탈 정도를 판정, 각 학년별, 연령별 규준을 설정하여 학력 성취도를 쉽게 알 수 있다. 검사 결과로 능력별 학습 집단에 배치 가능하며(특수학급 대상자 선정), 구체적인 개별화교육프로그램 작성에 기여할 수 있다(박경숙 외, 2001).

이 검사도구는 정보처리 기능과 언어기능 및 수 기능을 측정하도록 구성되어 있다(박경숙, 윤점룡, 박효정, 2001). 첫째, 정보처리기능은 정보에 대한 학습자의 지각 과정, 자극에 반응하는 시각-운동과정, 시각적 기억과 양, 길이, 무게 및 크기에 대한 관찰능력과 묶기, 분류하기, 공간적 특성과 시간에 따라 순서 짓기 등의 조직능력, 학습자의 추론 및 적용 능력, 유추, 부조화된 관계 알기 등의 관계능력을 측정한다. 둘째, 셈하기 기능은 숫자변별, 수읽기 등 셈하기의 기초개념부터 간단한 가감승제, 십진기수법, 분수, 기하, 측정영역의 계산 및 응용문제 등 실생활에 필요한 기초적인 수학적 지식과 개념을 측정하는 문항으로 구성되어 있다. 셋째, 읽기(문자와 낱말의 재인) 기능은 문자를 변별하고 낱말을 다른 사람들이 이해할 수 있는 언어음으로 읽는 문항들로 구성되어 있으며, 넷째, 읽기(독해력) 기능은 하나의 문장을 제시하고 그 문장의 의미, 즉 문장에 나타난 간단한 사실과 정보를 기억하고 재생하는 능력을 평가한다. 다섯째, 쓰기 기능은 아동이 낱말의 철자를 얼마나 잘 알고 있는가를 측정한다.

이 검사도구를 사용한 연구(박순길, 2005a)에서 뇌성마비 아동은 전반적으로 읽기, 쓰기, 독해력에서 일반아동보다 현저히 낮은 능력을 나타내었다. 읽기 과제는 단어를 소리 내어 읽어야 하므로 뇌성마비 아동은 조음의 문제나 혹은 여러 가지 경험의 부족이나 또는 학습에 있어서 일반아동보다 기회가 적었을 수 있기 때문에 낮은 수행이 나타났다고 본다. 또한, 쓰기 과제에서는 뇌성마비아의 수반 장애인 사시로 인한 시지각의 문제 때문에 철자를 제대로 지각하지 못한 이유로 낮은 수행을 보였으며, 독해력 과제에서는 뇌성마비 아동 대부분이 글자를 알고 읽기도 가능하지만, 문장을 읽고 그것을 이해하여 그 문장에 해당하는 그림을 찾는 능력까지는 부족하였던 것으로 나타났다.

3) TVPS-R: 비운동 시지각 기능검사

비운동성 시지각 기능 검사(Gardner, 1996; Test of Visual-Perceptual Skills (non-motor)-Revised: TVPS-R)는 7개의 하위영역을 가진다. 하위 검사로는 시

각 변별(visual discrimination), 시각 기억(visual memory), 시-공간 관계(visual-spatial relationship), 시각 형태 항상성(visual form constancy), 시각 계열 기억(visual sequential memory), 시각 전경-배경(visual figure-ground), 시각 완성(visual closure)으로 구성되어 있다.

TVPS-R의 장점으로는 첫째, 도형으로만 구성된 문화 초월 검사인 동시에 미국에서는 그 효용성과 타당도가 이미 입증된 검사이다. 둘째, 자극재료로 기하학적 상징을 사용하며 글자와 낱말을 사용함으로써 생길 수 있는 혼동, 즉 이전의 경험과 지식이 영향을 미칠 수 있는 요인을 배제한 검사이다(Watson & Willows, 1995). 또한, 시지각 기능 검사는 비운동성이면서 다양한 영역을 평가하고, 시각 기억이나 시각 계열 기억, 시각 완성 등 기존의 시지각 검사에서 사용하지 않은 영역들이 포함되어 있다(박순길, 2006).

이 검사는 4~13세까지의 아동에게 측정 가능하며, 전체 시간은 약 30~45분이며, 7개의 각 하위 영역은 각각 16개의 문항으로 이루어져 있다.

4) 일상생활동작 관련 검사

일상생활동작(Activities of Daily Living: ADL)은 생활에 직접적인 관계가 있는 독립적인 활동뿐 아니라 사회기능적인 면에서도 중요한 의미를 가진다. 그러므로 객관적인 평가가 이루어져야 하고 신체기능의 능력 한계를 정확히 파악하여 적절한 훈련 방법과 기술방법, 보조기구 등을 계획하고 제공하여야 한다(서문자 외, 2000). 대표적인 일상생활동작 관련 검사도구로는 PULSES 측정표, Bathel 지수, S-G 척도, GMFM 등이 있다.

펄세스(PULSES) 측정표에서 'P'는 신체상태, 'U'는 상지사용, 'L'은 하지사용, 'S'는 시각 · 청각 · 언어 등의 감각상태, 'E'는 배설상태, 'S'는 정신적 상태를 나타낸다. 바텔(Bathel) 지수는 일상생활에서 자기관리의 수행능력과 가동력을 측정하는 것으로, 열 가지 기능을 측정하여 점수화하며 점수가 높을수록 독립적인 기능을 할 수 있음을 나타낸다.

S-G(Standing-Gait)척도와 GMFM(Gross Motor Functional Measure)은 대근육 운동 발달을 측정하도록 표준화된 검사이며, S-G 척도는 10개 영역 50개 항목으로 구성되어 있고, GMFM은 5개 영역 88개 항목으로 구성되어 있다.

5) 관절 및 근육 운동범위 측정 검사도구

관절의 가동 범위나 근육의 수축 이완 여부를 알아보는 방법으로는 도수근력측정법과 에쉬워드 척도가 있다. 도수근력검사(Manual Muscle Testing)는 특정한 근육 개개의 근력을 검사하는 방법으로 모두 6등급으로 이루어져 있다. 이 검사는 척추 손상, 선천적 근육장애, 진행성 근질환 등 근육 자체에 이상이 있는 학생을 대상으로 한다(대구대학교 1종도서편찬위원회, 1999). 검사방법은 저항 혹은 중력에 대항하여 수축하는 근육들을 찾아내어 양적으로 측정하는 검사로서 근육의 수축 정도, 관절에 따른 운동기능을 파악할 수 있게 해 주며, 근육계, 골격계, 신경계 등의 정상 여부를 파악할 수 있다(서문자 외, 2000). 근력 등급 정도는 근육수축의 유무, 중력을 이기는 정도에 따른 근력 상태, 저항을 이기는 정도에 따라 분류한다.

에쉬워드 척도(Modified Ashworth Scale)는 근육의 경직 정도를 평가하는 척도로서 전체 6등급으로 구분해서 평가하며 표시는 G(Grade)로 한다.

4. 지체장애 아동의 교육적 지원

뇌성마비 아동의 경우에는 일반아동이나 유아처럼 읽기가 자연스럽게 터득된다든지, 혹은 교육을 통해 터득된다고 하더라도 또래 연령에서 이루어지는 것처럼 자연스럽게 이루어지지는 않는다. 그것은 다양한 이유가 있겠지만 언어적 자극이나 환경적 자극이 일반아동만큼 허용적이지 않는 것도 하나의 이유이다(박순길, 2007).

대부분의 특수아동은 학습에 몇 가지 공통점이 있다. 경험의 부족이나 제한된 참여로 인한 영향도 있겠지만 인지적 · 정서적 영향으로 인한 학습의 결손 부분도 있다. 즉, 주의집중, 기억력, 시-운동 협응, 사고 및 언어 문제, 낮은 자아개념, 충동성 등은 낮은 학업성취와 관련된다. 이러한 부분은 지체장애 아동에게도 적용되는 문제이다.

특히, 지체장애 아동의 기초학습을 방해하는 요인으로 일차적으로 운동장애, 언어장애, 감각 및 지각장애, 청각장애, 시각장애 등이 있으며, 이차적으로는 사회적 상호작용의 기회부족, 단기기억 및 장기기억에 저장된 내용의 부족 등이 있으며, 이러한 요인은 인지처리 전략 부족, 지속적인 과제처리곤란 등으로 이어진다.

1) 교수-학습방법

① 읽기 교수-학습 전략

아동의 읽기능력을 효과적으로 이끌어 내기 위해 다양한 교수전략을 사용해야 한다. 어휘력, 독해력, 지속적 동기유발을 위한 교수전략 등을 활용할 수 있다. 초등학교 저학년 학생에게 활용되는 읽기 교수전략의 하나인 어휘력 증진을 위한 교수전략은 수업 초반부나 중간에 새롭게 읽기 자료에 나타난 단어에 대한 의미를 설명하기, 새로운 단어에 대한 단순한 정의 내리기, 새로운 단어의 동의어나 반의어 찾기 등의 수업 행동을 말한다. 이 교수전략은 단순히 새로운 단어의 사전적 의미나 정의를 제공하는 방법보다 새로운 단어에 대한 의미나 정의를 전반적인 글의 맥락 속에서 설명하는 것이 훨씬 효과적이다 (Stahl & Fairbanks, 1986).

독해력 향상을 위한 교수전략으로는 관련 지식 자극하기, 질문하기, 심상 만들기 등이 있다. 관련 지식 자극하기 전략은 학생이 읽기자료의 주요 내용을 논리적이고 의미 있게 서로 연결하고 글의 내용을 중심으로 적절한 추론을 내릴 수 있도록 글의 내용과 관련한 경험이나 지식을 서로 이야기하도록 도와

주는 역할을 한다(Pearson & Fielding, 1996). 질문하기 전략은 글의 주요 내용에 주의를 기울이도록 유도하고, 글의 전체 내용을 단계적으로 요약할 수 있도록 도와주고, 아동 스스로가 글을 읽는 동안 글의 내용에 대한 자신의 이해를 점검해 볼 수 있도록 해 준다(Mastropieri & Scruggs, 1997; Pearson & Fielding, 1996). 심상 만들기 전략은 글을 읽는 동안 글 속에 기술되어 있는 인물, 사건, 상황 등을 반영하는 영상을 마음속에 형성하는 동시에 사실적 정보에 대해서는 그 내용을 명제로서 부호화하는 전략으로 글을 읽고 난 후 글의 내용을 대표할 수 있는 그림을 그리도록 하는 방법이 있다(McNamara, Miller, & Bransford, 1996).

읽기활동에 적극적으로 참여하도록 유도함으로써 읽기능력 향상을 목표로 하는 지속적 동기유발 교수전략이 있다. 아동이 읽기활동에 참여하는 요인에는 내재적 요인과 외재적 요인이 있으며, 내재적 요인으로는 글의 내용에 대한 관심, 새로운 내용에 대한 학습 호기심, 글 속에 숨어있는 복잡한 암시나 해결책을 찾기, 책의 내용에 대해 이야기하기 등이 있고, 외재적 요인으로는 교사로부터 인정받기, 친구들과 경쟁하기 등이 있다. 읽기 활동에 동기유발을 줄 수 있는 다른 요인으로는 학생의 읽기 수준에 맞는 적절한 읽기 자료 선정하기, 참여를 격려해 주는 학습 환경 조성하기, 읽기 행동에 대한 긍정적인 피드백 주기, 읽기 수행에 대한 긍정적인 기대 갖기 등이 있을 수 있다(신종호, 1999).

또 다른 읽기전략으로는 내언어 전략, 청각적 단서 제공 음운인식 전략, 그림-문자 쌍연합 전략 등이 있다. 이러한 읽기 교수전략은 읽기 수행에 문제를 보이는 학생에게 적절한 교육적 처치를 제공함으로써 읽기 영역뿐만 아니라 다른 교과영역에서도 계속적인 학습에 결손이 생기지 않도록 도움을 줄 수 있는 방법이다.

② 쓰기 교수-학습 전략

아동의 쓰기 발달은 초기쓰기 단계와 초기쓰기 이후 단계로 나눌 수 있다.

초기쓰기는 아동 개인의 읽기, 쓰기 능력 발달 수준이나 개인이 사용하는 독특한 쓰기 방법이 충분히 반영될 수 있는 매우 복잡한 유형의 쓰기이다. 초기쓰기의 특징으로는 음성 언어의 습득과 마찬가지로 매우 자연스러운 방법으로 배우게 되며, 아주 어린 시기부터 문자 언어를 접하고, 이해하고, 통제하게 된다. 그리고 주변 환경 속에서 문자 언어를 지각할 때 그 지각은 매우 조직적이고 체계적이다(박순길, 2005b).

초등학교에 들어가기까지의 초기쓰기 이후 단계에서는 아동의 쓰기가 음성 언어의 발달과 마찬가지로 그 복잡성이나 문장의 길이에서 초기쓰기가 발달된 이후부터 초등학교를 마칠 때까지 계속해서 매우 점진적으로 이루어지며, 그 유형은 여러 가지 접속사를 사용하여 문장을 연결하는 것에서부터 삽입된 문장을 사용하는 것으로 발달해 나간다(박순길, 2005b).

뇌성마비 아동은 뇌손상으로 인한 운동장애를 갖기 때문에 자신의 의지대로 쓰기에 필요한 활동을 할 수 없으므로 쓰기장애를 갖는다. 또한, 뇌성마비 아동은 일반적으로 언어장애와 지적장애를 수반하기 때문에 쓰기에 어려움이 있으며, 시각과 청각의 특정 결함은 나중에 철자장애를 가져온다. 또한, 뇌성마비 아동의 쓰기능력을 방해하는 요인으로 시지각과 시각변별, 시공간관계, 시각운동능력, 공간관계 처리능력, 눈-손 협응의 결함 등이 있다.

쓰기에는 글씨 쓰기(handwriting)와 철자법(spelling), 작문(composition)의 세 영역으로 구분할 수 있다. 글씨쓰기(handwriting) 교수전략으로는 아동이 보고, 듣고, 글자를 베껴 쓰도록 하는 방법이 있다(김윤옥, 2003). 교사가 쓰여진 글자를 보여 주고, 그 글자의 이름을 말하고 쓰는 방법을 이야기한다. 그러면 아동이 손으로 그 글자를 찾아서 쓰는 방법을 소리 내어 말하면서 글자를 연필로 따라 쓰게 한다. 마지막으로 공책에 아동이 글자를 쓰게 한다. 이러한 글씨쓰기에 필요한 선행 기술로 눈-손 협응, 시각적 식별, 근육조정운동을 위해서 가위질, 도형 그리기, 색칠하기, 손가락으로 추적하기, 칠판에 판서하기, 크기, 모양, 세부적인 특징에 대한 인식 등이 있다.

철자법(spelling) 교수전략으로는 단어 형태를 분명히 지각하고, 그 단어의 시각적 상을 분명하게 만들어, 운동적인 감각이 자동적으로 습관이 되도록 하는 방법이 있다(김윤옥, 2003). 교사가 어떤 단어를 쓰고 말하면 아동이 그 단어를 말하면서 베껴 쓴다. 그다음 단계는 아동이 그 단어를 기억해서 쓰게 한다. 마지막으로 교사가 단어를 쓰고 말하면, 아동은 스스로 쓰고 말할 수 있게 된다. 이러한 과정을 여러 번 반복 진행하면서 철자를 자연스럽게 익히게 한다.
작문(composition) 교수전략으로는 작문 준비 및 초고 단계, 수정 단계, 편집 단계로 나누어 볼 수 있다(김윤옥, 2003).

〈표 10-7〉 작문의 교수전략 단계

단계	내용
작문 준비 및 초고 단계	• 주제를 선택하라–무엇에 대해 쓸 것인가? • 목적을 주제에 맞게 작성하라–왜 이것을 써야 하는가? • 아이디어 목록이 적당한지 살펴라–독자가 알아야 할 것은? • 주제문장으로 문단을 소개하라–나는 ~라고 말할 수 있다 • 주제에 벗어나는 문장을 검토하라–모든 아이디어를 다 포함시켰나? • 마무리 문장으로 끝내라–주제를 한 번 더 요약해서 말하고 있는가?
수정 단계	• 말이 되는가? • 주제와 관련이 되나? • 부족한 것이 있나? • 실수는 없나?
편집 단계	• 들여쓰기를 했나? • 깨끗하게, 띄어 썼나? • 마침표와 쉼표를 찍었나? • 철자를 바로 썼나?

참고: 김윤옥(2003). pp. 188-189.

작문은 가장 높은 수준의 의사소통으로, 읽기, 철자, 구어적 표현 등의 경험이 충분하게 갖추어져야 획득된다. 그러므로 작문에 대한 진단평가는 초등학교 고학년이 되어서야 할 수 있다.

③ 수학 교수–학습 전략

수학은 위계적이고 계열성을 가지는 교과목이다. 단계가 올라가면서 그 내용이 점점 어려워지는 과목이기 때문에 기초와 원리를 제대로 인식하고 있지 않으면 당연히 어렵고 싫어할 수밖에 없다. 그렇기 때문에 쉽게 가르칠 수 있는 방법을 많은 교수자들은 고안해야 할 것이다. 특히, 수학에 대한 두려움과 어려움을 가지고 있는 아동을 위한 통합교수적인 측면에서 접근도 고려해 보아야 할 것이다. 이러한 접근은 특수아동에 대한 접근과도 같은 맥락에서 생각해 볼 문제라고 생각된다.

뇌성마비 아동은 시지각 장애로 인한 경영문자의 특성을 가지고 있다. 즉, 36을 63으로 읽는다든지, 75를 57로 읽는 특성을 나타낸다. 이러한 특성은 수학의 셈하기를 하는 데 있어서 정답의 오류를 나타내기도 한다. 그러므로 다양한 교수전략이 필요하다.

과제분석에 의한 단계적 교수전략은 수학이 어렵다고 생각하는 학생을 위한 좋은 방법이 될 것이다. 즉, 과제를 학습이 가능한 작은 단계로 나누어 교수하는 것을 의미한다(이소현, 박은혜, 2006). 이러한 방법은 적절한 시각화 전략을 함께 사용해야 효과적이다. 또 다른 교수전략으로는 자기교수법이 있다(전헌선 외, 2005). '두 자릿수×두 자릿수'를 하는 데 있어서 풀이 과정을 화살표와 해결 순서를 번호를 사용하여 복잡한 계산을 쉽게 할 수 있는 방법을 시각적으로 제시해 줌으로써 복잡한 곱셈 문제를 순차적으로 처리할 수 있도록 하는 방법이다. 이러한 전략은 학생이 기억해야 할 내용을 줄여 주고 잃어버린 기억을 회상할 수 있는 단서를 제공해 준다. 이 외의 전략으로 자릿값 지도를 활용하는 방법, 시간의 시각화 전략, 다양한 카운터 형태 제공 등이 있을 수 있으며(전헌선 외, 2005), 세 자리 끊어 읽기, 나눗셈 전략, 구구단 외우기 전략, 분수 계산 전략, 문제풀이 전략, 응용문제 풀이 전략 등이 있다(김윤옥, 2003).

2) 공학적 지원

① 간단한 도구 사용과 수정

손가락 대신에 막대기를 쥐고 키보드를 누르거나 머리띠 같은 것에 연결된 막대기를 사용하여 키보드를 누르도록 할 수 있다. 또한, 한 번에 여러 개의 키를 누르게 되는 것을 방지하기 위해 키카드를 씌우는 것도 도움이 된다.

② 대체키보드

대체키보드에는 확대키보드와 축소키보드가 있어 아동의 운동능력에 맞는 것을 사용할 수 있다. 확대키보드의 경우에는 손가락 사용능력이 좋지 않은 경우에도 누르는 부분이 넓기 때문에 정확히 입력할 수 있다. 대체키보드는 누르는 데 요구되는 힘도 일반키보드에 비해 훨씬 적게 요구되며, 키보드를 사용자가 필요에 따라 정의할 수 있는 장점이 있다. 즉, 글자 대신에 키보드 전체를 특정 프로그램에 필요한 화살표와 엔터키만으로 만들 수 있고, 키의 크기를 조절할 수 있다.

③ 터치스크린

키보드가 필요 없이 직접 컴퓨터 화면을 만져서 프로그램을 조작한다(예: 현금자동인출기). 인지능력이 떨어지는 어린 아동이 쉽게 배울 수 있지만, 단점으로는 터치스크린을 사용할 수 있도록 제작된 프로그램에서만 사용할 수 있다.

④ 스위치

운동능력 장애가 심한 지체장애 학생의 경우에 학습 및 일상생활을 스스로 통제할 수 있도록 하기 위하여 스위치를 사용하는 방법이 많이 사용된다. 스위치는 단일 스위치, 마이크로 스위치 등이 있으며, 각종 기자재(예: 컴퓨터, 의사소통기구)를 조절하기 어려운 지체장애 학생이 사용하기에 매우 유용하다.

⑤ 의사소통

지체장애 학생의 대부분을 차지하는 뇌성마비 아동은 인지능력의 결함이 없어도 구강 주변의 근육조절과 협응의 문제로 인해 표현언어 능력의 결함을 나타낸다.

말이나 글을 통해 독립적으로 의사표현을 할 수 없는 사람의 자기표현능력을 증진시키는 방법으로는 제스처나 발성, 얼굴 표정, 머리 끄덕임, 지적하기 등의 비언어적인 방법을 사용하거나, 그림, 사진 낱말판 등의 의사소통판이나 컴퓨터 보조기구를 활용하여 표현능력을 신장시킬 수 있는 보완대체의사소통 방법을 사용할 수 있다.

보완대체의사소통에 사용되는 보조기구는 각각의 장단점을 지니고 있으므로 아동의 잔존능력과 요구에 따라 충분한 능력을 발휘할 수 있도록 효율적인 표현 수단을 선정하고, 의사소통을 촉진시키기 위해 교육환경을 조성하여야 한다.

학습문제

1. 지체장애의 정의와 하위 유형에 대해 설명하시오.
2. 지체장애 아동의 특성에 대해 설명하시오.
3. 지체장애 아동을 위한 교육적 전략과 배치에 대해 설명하시오.
4. 지체장애 아동을 위한 보조공학기기의 종류와 활용에 대해 설명하시오.

제11장

건강장애

1. 건강장애의 정의

건강장애는 2005년 3월 특수교육대상자로 편입되었다. 건강장애에 대한 정의는「장애인 등에 대한 특수교육법 시행령」제10조에서 '만성질환으로 인하여 3개월 이상의 장기입원 또는 통원치료 등 계속적인 의료적 지원이 필요하여 학교생활 및 학업 수행에 어려움이 있는 사람'으로 규정하고 있다. 미국의 장애인교육법(IDEA)에서는 건강장애를 '심장질환, 결핵, 신장염, 천식, 겸상적혈구 빈혈, 혈우병, 뇌전증, 백혈병, 당뇨병과 같이 만성 또는 급성 건강상의 문제로 인한 제한된 근력, 지구력 등의 장애'로 규정하며 전염성 질병으로 B형 간염, 후천성 면역 결핍증(AIDS) 등을 포함하고 있다(강대옥 외, 2012).

건강장애가 특수교육대상자로 포함된 배경을 살펴보면, 한국의 많은 학생이 질병 등의 건강문제로 학업을 중단하거나 포기하는 경우가 많음에 기인한다. 대다수의 학생이 학교를 중퇴 혹은 휴학을 하고 있는데, 그중 다수가 소아암, 신장장애, 소아당뇨 등의 만성질환으로 인해 입원이나 통원치료를 받고 있으며 학교를 결석하는 날이 많아서 유급이 되거나 학년에 올라가더라도 학업의 지체 및 학교생활에 어려움이 많음을 제시하였다(김종현 외, 2015).

2. 건강장애의 유형과 특성

건강장애의 유형은 다양하다. 3개월 이상의 치료를 요구하는 질병이라는 관점에서 건강장애로 분류할 수 있는 증상은 종류가 수도 없이 많다. 건강장애는 의학적 기준과 관련하여 진단을 하므로 지속적인 관찰과 전문 의사에 의한 정확한 진단이 중요하다. 건강장애 유형을 모두 다루기는 어렵기에 본 장에서는 교육현장에서 자주 나타나는 유형인 심폐계 질환, 신장 질환, 암, 당뇨, 뇌전증, 후천성면역결핍증(AIDS)에 대한 특성을 제시한다.

1) 심폐계 질환

심장, 혈액, 폐와 관련된 질환이다. 심장과 관련된 질환으로는 협심증, 심근경색, 심부전증, 심장판막증, 부정맥 등이 있다. 혈액 관련 질환에는 백혈병, 겸상적혈구 빈혈, 혈우병 등이 있으며, 폐의 질환에는 천식, 낭포성 섬유증 등이 있다. 심폐계 질환과 그 유형에 대한 정리는 <표 11-1>에 제시되어 있다.

〈표 11-1〉 심폐계 질환의 유형과 특성

질환	유형	증상
심장	협심증	심장에 혈액을 공급하는 관상동맥이 동맥경화증으로 좁아져서 생기는 질환으로 가슴통증과 더불어 목과 팔로 통증이 퍼지며, 호흡곤란이 있다.
	심근경색	관상동맥이 완전히 막혀서 발생하는 질환으로 가슴통증과 뒷목통증, 어깨가 자주 뻐근하고 복통이나 구토를 동반하며 호흡곤란이 있다.
	심부전증	심장이 적절한 양의 혈액을 방출하지 못할 때 생기는 질환으로 빠른 맥박과 호흡, 운동 시 호흡곤란, 과도한 땀과 야뇨증, 청색증 등이 유발된다.
	선천적 심장기형	심장, 폐동맥, 대동맥과 같은 혈관 모양의 선천적 기형으로 가슴의 통증, 호흡장애, 피로, 빈약한 성장과 발달, 현기증 등이 나타난다.
	심장판막증	심장판막의 기능장애(심장의 4개 방 사이의 혈액소통을 위해 개폐 작용을 하는 구조물의 이상)로 판막이 잘 열리지 않는 협착증과 열리기는 하지만 꼭 닫히지 않아서 피가 역류하는 폐쇄부전증으로 나눈다.
	부정맥	심장박동이 고르지 않고 불규칙하게 뛰는 질환으로 갑작스러운 실신과 사망을 일으킬 수 있다.

질환	유형	증상
혈액	백혈병	정상 혈구의 감소, 백혈구의 과잉 생산으로 발생, 빈혈 및 출혈과 발열, 쇠약감, 체중감소를 일으킴, 백혈구의 장기 침범으로 인한 뼈의 통증과 간 비대, 비장 비대를 불러옴, 백혈구의 중추신경계 침범으로 경련과 마비 및 구토, 뇌신경마비를 일으킨다.
	겸상적혈구 빈혈	겸상적혈구가 신체 혈관을 쉽게 통과하지 못해 혈관을 방해하고, 혈류를 막고 조직과 기관에 산소 공급을 차단하여 일어나는 혈액 관련 질환, 피로감과 호흡곤란 및 황달과 안구문제가 야기된다.
	혈우병	선천적으로 혈액응고가 되지 않아서 나타나는 출혈로 발치나 외상, 수술 이후 계속 출혈이 나타난다.
폐	천식	알레르기염증에 의해 기관지가 반복적으로 좁아지는 만성호흡기 질환, 기침과 흉부 압박 및 가래와 호흡곤란의 증상이 자주 출현한다.
	낭포성 섬유증	유전적 대상장애 질환으로 호흡기관과 위장에 진하고 끈적끈적한 점액 분비물이 달라붙어 있으며 만성적 기침과 폐렴의 재발, 점진적 폐기능 상실을 보인다.

출처: 김미숙, 김향지(2011). 교사를 위한 특수아동의 이해와 교육.

2) 신장 질환

신장은 우리 몸의 노폐물을 제거하여 수분과 전해질을 조절한다. 신장 질환은 신장과 관련된 문제를 의미하며, 신장에 이상이 오면 영유아의 경우는 성장에 장애를, 청소년은 호르몬 조절 문제를 겪는다. 신장 질환을 가진 경우 중 신장의 기능이상으로 혈액이나 복막투석을 받아야 한다면 「장애인복지법」에 따라 신장장애로 규정될 수 있다.

3) 암

암은 세포가 조절되지 않는 성장을 계속하는 질환으로, 신체 대부분의 조직에서 발생할 수 있다. 소아의 경우 조기에 암을 발견하면 그 예후는 좋은 편이지만, 암세포의 성장 및 침투 속도가 빠르기 때문에 신속한 치료가 요구된다.

건강장애 아동 중에서 소아암 진단은 백혈병인 경우가 많다.

4) 당뇨

당뇨는 췌장의 베타세포가 파괴되어 인슐린을 형성하지 못하는 질환이다. 포도당은 탄수화물의 대표적인 에너지로, 사람의 몸을 움직이는 에너지원이 되게 하려면 인슐린이라는 호르몬이 요구된다. 그러므로 이는 식단조절과 함께 1형당뇨인 소아 당뇨는 주기적인 인슐린 주사를 맞아야 한다. 인슐린의 공급이 제대로 되지 않아 혈당유지가 되지 않는다면 결국 신체의 여러 기관에 손상과 합병증을 일으키게 된다.

5) 뇌전증

발작장애라고 불리는 뇌전증은 뇌의 신경세포가 보이는 일시적 이상 증상으로 인해 과도한 흥분상태를 나타내는 질환이다. 뇌전증은 의식을 잃고 발작 및 행동의 변화를 보이는 경련을 만성적 · 반복적으로 나타낸다. 아동기에 발생하는 뇌전증의 80%는 약물로 조절할 수 있으며, 이 중에서 30~40%는 완치가 가능하지만 약물복용을 중단하면 재발하는 아동이 많다. 뇌전증 아동은 일상생활이 가능하지만 예측할 수 없는 발작증세로 인해 주변에서 편견과 부정적 시선을 받는 경우가 많다(신영희, 2004).

6) 후천성면역결핍증(AIDS)

후천성면역결핍증은 에이즈 바이러스의 감염으로 발병한다. 감염 시 면역기능의 파괴로 인해 신체의 저항력이 감소됨에 따라 폐렴, 뇌막염, 카포시 육종 등을 보인다. 계속되는 면역기능의 저하로 인해 다양한 질병에 노출되어 결국 사망에 이를 수 있다.

3. 건강장애 아동의 특성

1) 신체적 특성

건강장애 아동은 치료 과정에서 투약되는 약물의 부작용으로 신체적 고통을 야기하거나 행동상의 어려움이 동반되는 경우가 많다. 자신의 질병에 따른 다양한 어려움과 치료 과정에서 오는 고통으로 인한 심리적 스트레스와 더불어 위축감이 찾아오는데, 이러한 심리적 문제가 행동의 부자연스러움으로 연관되기도 한다. 신경질적이고 불안정한 행동표현으로 나타나는 경우도 있다(박은혜, 김정연, 표윤희, 2018).

2) 인지 및 학습적 특성

건강장애 아동은 보통 이상의 지능을 가진 경우가 많다. 그러나 자신의 질환으로 인한 치료 과정에서 신경학적 손상을 가져올 수 있다. 특히, 화학요법에 의한 치료로 인지와 언어에 문제를 줄 수도 있다. 자신이 가진 질환으로 인해 학업에 어려움을 가져오기도 한다. 예를 들어, 소아당뇨 아동은 심각한 과소혈당으로 주의집중과 학업 수행에 어려움이 있다. 또한, 치료를 위한 장기결석으로 기초학습기능에 어려움을 보이기도 한다.

3) 사회 및 정서적 특성

건강장애 아동은 자신이 가진 만성적 질환으로 인해 오랫동안 병원에서 입원생활을 하거나 수술 및 화학적 치료 등 힘든 치료과정을 겪게 된다. 또한, 투병생활을 하면서 예전에 할 수 있었던 일들을 제한당하는 경험을 하게 된다. 부모나 교사로부터 과잉보호를 받게 되기도 하는데 이러한 모든 것이 아동이 정서적 갈등과 대인관계에 어려움을 일으키게 한다.

건강장애 아동은 만성질환의 경우 우울장애를 동반하기도 하며, 낮은 자아존중감과 불안 및 두려움, 열등감 등을 동반하는 다양한 정서적 어려움을 겪는다. 치료과정에서 사용되는 약물의 부작용 관련하여 기분저하, 우울, 불면증, 두려움, 주의력결핍 등의 문제와 체중 과다나 체중 감소도 나타날 수 있다. 학교생활 중에 교사나 또래 아동들과 관계 형성의 곤란, 고립감, 불안 등이 나타나기도 한다.

4. 건강장애 아동의 교육

건강장애 아동의 교육적 접근은 질환의 정도와 회복 정도 등에 따라 개인차가 크게 나타나므로 획일적인 교육과정의 적용이 어렵다. 따라서 개별화된 학습지원과 교육기회의 보장과 더불어 심리적 지원도 함께 이루어져야 한다.

1) 병원학교

건강장애 아동을 위한 교육적 접근으로 가장 보편적인 접근이 바로 병원학교이다. 「장애인 등에 대한 특수교육법」에서 건강장애를 위한 교육적 지원으로 병원학교의 설치를 규정하고 있다. 병원학교는 병원에서 자체적으로 운영하는 형태와 교육청에 소속된 특수교사가 파견학급 형태로 상주하는 형태가 있다.

〈표 11-2〉 전국 병원학교 현황

지역	병원학교명	
서울	• 연세안암병원 병원학교 • 카톨릭대 서울성모병원학교 • 고려대 구로병원학교 • 한국원자력병원학교 • 서울아산병원학교	• 서울시 어린이병원학교 • 서울대 병원학교 • 국립서울병원학교 • 삼성서울병원학교 • 한양대 병원학교 누리봄교실

지역	병원학교명	
부산	• 인제대 해운대백병원학교 • 인제대 부산백병원학교	• 부산대 병원학교 • 동아대 병원학교
인천	• 인하대 병원학교	
대전	• 충남대 병원학교	
대구	• 경북대 병원학교 • 영남대의료원 병원학교	• 대동병원학교 나래교실
울산	• 울산대 다솜병원학교	
경기	• 국립암센터 병원학교 밝은교실	
강원	• 강원대 병원학교	• 강릉아산병원학교 희망교실
충남	• 국립공주병원학교	• 단국대 병원학교
충북	• 충북대 병원학교 사랑의 꿈터	
경남	• 경상대병원 어린이병원학교 희망교실 • 양산부산대 병원학교	• 국립부곡병원학교 도담교실
전북	• 전북대 병원학교(한누리학교)	
전남	• 국립나주병원 느티나무학교	• 화순전남대병원 여미사랑병원학교
제주	• 제주대 병원학교	

출처: 전국병원학교 홈페이지(http://hoschool.ice.go.kr).

2) 화상강의를 이용한 원격교육

병원학교를 통한 교육이 어려운 건강장애 아동을 위해 화상강의가 개설되어 운영된다. 전국을 3개의 권역으로 나누어 실시하고 있다. 서울 · 경기 및 강원권의 꿀맛무지개학교, 영남 및 호남권의 경남꿈사랑사이버학교, 인천교육청의 길병원학교 사이버강의로 구분한다.

화상강의의 교육과정은 공통교육과정 교과의 학년별 내용 체계에 따라 학년별로 국어 · 영어 · 수학 · 과학 · 사회 교과를 주당 1~4시간으로 운영하며, 그 외에 야외학습 및 체험학습, 특별활동 등을 실시한다. 건강장애 아동의 병원학교와 화상강의 관련 출결관리와 성적관리는 <표 11-3>에 제시되었다.

〈표 11-3〉 건강장애 아동의 출결관리와 성적관리

구분	병원학교	화상강의
출결관리	• 병원학교 수업참여는 출석으로 인정 • 학교장은 병원학교 출석확인서 확인을 통해 출석으로 인정함	• 교육계획 기간 내에 화상강의 과정 이수자는 출석으로 인정 • 학교장은 화상강의 출석확인서 확인을 통해 출석으로 인정
성적관리	• 학업성취도 평가 시 가능하면 대상자가 평가 당일 학교출석 권장 • 건강상의 이유로 출석이 곤란한 경우는 병원학교 담당교사와 소속학교의 담당교사 간 협의를 통해 가정이나 병원에서 평가함. 단 평가관리를 철저히 함	

출처: 윤선오 외(2013). 특수교육학개론 및 지도.

3) 순회교육

순회교육은 건강장애 아동이 소속된 학교의 일반교사나 특수교사 혹은 특수교육지원센터의 순회교육 담당교사가 아동의 가정을 주 2~3회 정도 직접 방문하여 교육을 실시하는 형태이다.

순회교육은 먼저 아동의 부모가 동의하고, 특수교육운영위원회에서 종합적으로 판단하여 순회교육 여부를 결정하게 되는데 아동의 건강 및 심리학업적 상태와 제공되는 교육의 질적인 측면을 고려하여 신중하게 검토 후 실시하도록 해야 한다.

4) 학교복귀를 위한 지원

건강장애 아동이 학교에 복귀를 앞두고 두려움에 직면할 수 있다. 투병생활을 통한 신체적 변화와 심리적 갈등 및 계속되는 병원생활로 인한 고립을 경험했기 때문에 다시 시작될 학업과 대인관계 등에 두려움을 느낄 수 있기 때문이다. 건강장애 아동의 학교복귀를 위해서 부모와 교사, 의사, 상담가 등 전문가들의 협조하에 철저한 준비가 필요하다.

교육적으로 교과학습에 대한 지식과 학습방법 등에 대한 지원이 요구되며, 정서적으로 심리치료 및 상담 서비스가 제공되어야 한다. 또한, 신체와 관련하여 학교생활에 적응할 수 있는 건강을 유지하기 위한 의료적 지원도 필요하다.

5) 학교 복귀 이후 지원

건강장애 아동이 학교에 복귀하더라도 건강상 완전히 회복되지 못하고 계속 치료를 받는 경우도 있다. 그러므로 교사는 아동의 건강상태에 대한 정보를 파악하여 교실에서 주의해야 할 행동과 위급한 상황이 발생했을 때의 대처방안에 대한 준비가 필요하다. 특히, 약물에 대해서 투약 및 복용시간을 아동이 잘 지킬 수 있도록 지도해야 하며, 피해야 할 음식이나 간식에 대해서도 미리 알아서 식단 지도에도 신경을 쓰도록 한다.

건강장애 아동을 대하는 일반아동의 태도가 긍정적일 수 있도록 해야 한다. 또한, 건강장애 아동이 어려움을 잘 극복하고 원만하게 학교에 적응할 수 있도록 특수교사와 담임교사 및 보건교사, 상담교사 등의 협력과 연계 지도가 있어야 한다.

학습문제

1. 건강장애의 정의에 대해 정확히 설명하시오.
2. 건강장애의 하위 유형에 따른 생활지도 방법과 주의사항에 대해 설명하시오.
3. 건강장애아동의 사회정서적 인지적 특성에 대해 설명하시오.
4. 순회교육의 방법과 화상교육의 현재 체재에 대해 설명하시오.

제12장

영재교육

전통적인 관점에서의 특수교육은 교육의 양극단에 위치하고 있는 장애 아동과 영재아동에 대한 교육을 모두 포함하는 것이었다. 영재아동과 장애 아동의 특성에 적합한 전문적인 특수교육적 서비스 지원이라는 수요자의 요구와 필요성에 따라 각각 독립된 영역으로 성장하게 되었다. 영재아동은 학업, 음악, 춤, 미술, 리더십 등과 같은 분야에서 뛰어난 재능을 가지고 있으므로 이들에게 걸맞는 맞춤식 교육을 제공해야 한다. 본 장에서는 영재아동에 대한 이해를 돕기 위해 그들이 가지고 있는 여러 가지 특성을 살펴보고자 한다.

1. 영재아동 정의와 교육의 필요성

1) 영재아동의 정의

특수교육은 지금까지 주로 특수교육이 필요한 장애아동에게 초점을 두고 연구해 왔다. 그러나 영재아동 역시 잠재력을 개발하기 위해 특수교육이 필요한 아동이다. 영재아동은 우수아 · 천재 · 수재 등 다양한 용어로 표현되고 있다. 영재아동이란 같은 연령의 아동에 비해 지적 능력, 예술적 능력, 창의적 능력, 지도력 또는 특정 교과 영역에서 수행력이 뛰어난 아동을 말한다. 영재에 대한 개념적 정의는 영재성에 대한 개념이나 판별기준 또는 사회적 가치에 따라 변화하고 있지만, 영재교육의 방향에 영향을 미치므로 매우 중요하다.

많은 전문가들이 오래전부터 영재성에 관한 연구를 해 왔으나, 절대적인 개념을 찾기가 쉽지 않았다. 그러나 그 와중에도 공통적으로 영재성의 정의에서 고려되는 세 가지 요인이 있는데 지능, 창의성, 재능이 그 요소이다(유재연 외, 2009). 그중에서 지능은 각종 표준화된 개인검사 도구로 측정할 수 있기 때문에 가장 많이 고려되고 있다. 그리고 재능은 가시적이기 때문에 빨리 발굴하기 쉽다. 그런데 창의성은 쉽게 관찰될 수 없거나 검사도구로 측정하기가 힘들기 때문에 흔히 간과하기가 쉽다. 과거에는 지능만 높게 측정되면 영재로 분류되는 경우가 많았으나, 최근의 영재성은 지적인 능력뿐 아니라 다양한 능력 범주(예: 지적인 기능, 지도력, 창의성, 학업성취력, 예술성, 과제집중력) 중 하나 또는 그 이상의 범주에서 일정 수준 이상의 백분위 점수에 속하는 사람을 포함하였다. 더불어 개인의 비지적(悲智的) 요인뿐만 아니라 환경, 그리고 우연과 같은 개인 외적 요인까지 영재의 특성 중 하나로 포함하기도 한다.

(1) 미국 연방정부의 정의

1975년 러시아의 인공위성 스푸트니크호의 발사에 자극을 받아 영재교육에 많은 관심이 생기기 시작하였고, 영재성에 다양한 재능을 포함시키는 다측면적인 정의가 확장되기 시작하였다.

미국의 연방정부(1978)에 따르면 '영재아동은 지적 능력(intellectual ability), 특수학문적성(specific academic aptitude), 창의적이고 생산적인 생각(creative and productive thinking), 리더십(leadership ability), 시각이나 공연예술(visual and performing arts), 정신운동능력(psycho-motor ability)에서 동일 연령 · 경험 · 환경을 가진 타인에 비해 두드러지게 뛰어난 능력을 가지고 있다. 이들은 높은 수준의 성취를 보일 가능성이 있으며, 학교에서 일반적으로 지원하는 정규 교육과정 이상의 서비스나 특별교육프로그램 등의 도움이 필요로 하는 아동이다.'라고 정의하였다. 1991년에 개정된 정의는 기존의 정의로부터 '뛰어난 재능을 가지고 있는 아동은 모든 문화권, 모든 경제적 계층, 인간의 모든 노력에서 나타난다.'라는 내용을 추가하고 있다. 이 정의에서 재능은 '아동이 풍부하고 교육적인 환경에서 발견할 수 있으며, 아동의 재능을 발견하는 최선의 방안은 기회를 제공하고 수행을 관찰하는 것이다.'라고 하였다.

위 정의는 영재아동을 지능이 우수한 것으로만 생각하지 않고 다양한 학문영역으로 범위를 넓혔으며, 탁월한 재능은 선천적이지 않으며, 다양한 인종, 문화, 사회-경제적 배경을 가진 학생에게서도 영재성이 나타날 수 있다는 점을 명시하고 있다.

(2) Renzulli의 정의

영재아의 정의와 관련해서 미국 교육부의 영재 정의와 함께 영재교육에 많은 영향을 준 사람이 Renzulli이다. Renzulli(1977)는 영재가 되기 위해서는 평균 이상의 높은 지적 능력, 창의성, 과제 집중력의 세 가지 요인을 모두 갖추고 있어야 하고, 세 가지 특성은 거의 비슷한 비중으로 중요하게 작용하며, 적어도 각 특성이 85% 이상이면서 적어도 한 가지 특성에서는 98% 이상일 때 뛰어나게 성취할 가능성이 높다고 하였다.

Renzulli는 세 가지 요인의 비중을 동일하게 두고서 지적인 능력과 창의성뿐만 아니라, 과제 집중력 같은 성격적인 요인이 영재의 성취에 매우 중요하다는 점을 강조하였다(윤여홍, 2000). 과제 집중력에는 어떤 일을 완료하기 위한 끊임없는 인내와 시간, 노력 등이 포함된다. 이것은 영재의 타고난 능력만으로 이루어지는 것이 아니며, 타고난 능력이 있어도 뛰어난 업적을 성취하기 위해서는 개인의 노력과 적절한 교육환경이 제공되어 하며, 이론을 통해 영재의 개념을 새롭게 정의하였다(권요한 외, 2010). 이러한 Renzulli의 영재에 대한 삼 원 정의를 그림으로 나타내면 [그림 12-1]과 같다.

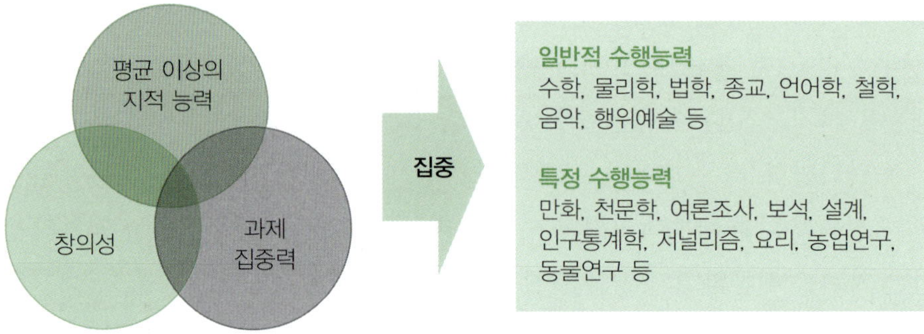

[그림 12-1] Renzulli의 영재에 대한 삼원 정의

출처: Renzulli, J. S. (2003). Ccnception of giftedness and its relationship to the development of social dapital. In n. Colangelo & G. A. Davis(Eds.) Handbook of gifted education(3rd ed.), p.76. Needham Heigts, MA: Allyn & Bacon.

(3) 우리나라의 정의

우리나라에서는 2000년 1월 「교육기본법」에 의거하여 「영재교육법」이 제정 · 공포되었으며, 2008년 2월까지 세 차례 개정되었으며, 제2조에는 영재를 '재능이 뛰어난 사람으로 타고난 잠재력을 계발하기 위하여 특별한 교육을 필요로 하는 자'로 규정하고 있다. 이에 따라 제5조에는 일반지능, 특수 학문 적성, 창의적 사고능력, 예술적 능력, 신체적 재능, 그밖의 특별한 재능 분야 중 어느 하나의 사항에 대하여 뛰어나거나 잠재력이 우수한 사람을 영재교육 대상자로 선정한다고 언급하였다.

일반적으로 영재를 협의의 영재와 광의의 영재로 나눌 때, 협의의 영재는 지적인 영재로, 광의의 영재는 지적인 측면과 더불어 다양한 측면에서 뛰어난 능력이나 잠재력을 보이는 아동도 포함한다고 정의 내리고 있다(박혜원, 2001).

그러나 「영재교육진흥법」의 영재 정의에서는 특별히 학령기 아동의 어느 정도 비율을 영재로 판별해야 한다는 언급이 없다. 이는 영재교육 대상자에 대하여 유연하게 접근하여 잠재적 영재성을 지니고 있는 학생도 자연스럽게 포함할 수 있게 된다.

2) 특수교육의 필요성

사람들은 장애인이나 불리한 조건에 있는 사람을 돕는 것에는 대부분 도덕적 의무감을 느끼지만, 자신보다 성취수준이 훨씬 높거나 어떤 분야에서 뛰어난 재능을 보이는 사람에게는 특별한 교육적 조치의 필요성을 느끼지 못할 때가 많다. 그러나 지능검사에서 낮은 성취수준을 보이는 지적장애 아동에게 그들의 특성에 알맞은 교육이 필요한 것처럼, 지적 능력이 뛰어난 영재아동에게도 잠재력을 발휘할 수 있도록 해 주는 특수한 교육적 조치가 필요하다.

실제로 많은 영재아동이 스스로 성공하지 못하며, 어떤 아동은 학교에서 낙오하거나 학업 부진을 겪는다. 어떤 영재아동은 적응을 하지 못하는 경우도 있으며, 때로는 상담이 필요하기도 하다. 그들 중에는 천재성이 밝혀지지 않은 채 사장되거나 재능을 발휘할 기회를 갖지 못하는 영재아동도 있다.

모든 특수아동에게 교육적 조치가 필요한 것처럼 영재아동에게도 교육적 혜택을 주는 것이 당연하다. 영재아동이 지닌 개별적 재능과 소질을 계발하기 위해 교육과정의 수정과 특별한 교육활동 등이 필요하다. 우리나라에서도 「영재교육진흥법」을 제정하여 영재 발굴에 노력하고 있으나, 교육은 주로 과학이나 예술 등의 특수 목적고등학교나 사설 학원교육에서 이루어지기 때문에 현재의 공교육체제에서 우수아/재능아를 판별하고, 적절한 교육 서비스를 제공할 수가 없다. 현대와 같이 새로운 기술과 발명이 사회의 발전을 결정하는 상황에서 영재 교육의 중요성은 더욱 강조되고 있다.

2. 영재아의 특성

영재성은 인간의 다양한 능력과 속성이며, 정형화할 수 없는 것이다. 어떤 학생은 학업에서 두각을 나타낼 수도 있고, 또 다른 학생은 음악, 춤, 미술 또는 리더십과 같은 분야에서 뛰어난 능력이 있을 수도 있다. 역사적으로 영재아는 지적으로 우수하지만 허약하거나 단명하고 신경질적이고 정서적 안정이 적다는 통념이 있는가 하면, 영재아는 지적 · 신체적 · 사회적 · 정서적으로 대다수의 사람보다는 뛰어나다고 생각하기도 한다. 여러 가지 다양한 연구를 바탕으로 영재아동의 특성을 올바르게 이해하는 것이 필요하다.

1) 전반적인 특성

대부분의 영재아동은 인지적 발달이 또래 아동에 비해 빨리 발달하지만 신체적 · 정의적 발달은 또래 아동과 유사한 발달 속도를 나타내는 경우가 많다. 이로 인해 주위의 또래 아동들과의 관계에서 스트레스를 경험하는 경우가 많이 있다(김정휘 외, 2004). 한편, 영재아동은 학교생활에서 자신의 능력에 맞는 적절한 과제에는 흥미를 가지고 능동적인 생활을 하지만, 그렇지 못할 경우에는 학교생활을 지루해하거나 수업시간이나 대인관계에서 부적응행동이 나타나는 경우도 있어 학교생활을 끝까지 적응하지 못하는 경우가 종종 나타난다.

2) 사회 · 정서적 특성

영재아동은 일반적으로 자아충족적이며 또래들의 관심을 받는다. 많은 영재아동은 학교에서 리더의 역할을 하며, 정서적으로 안정되어 있고, 다양하고 광범위한 흥미를 갖는다. 영재아동의 사회 · 정서적 특성에 관한 국내의 연구로 이신동과 이정규 외(2009)는 그 특성을 다음과 같이 설명하고 있다.

- 다른 사람의 기대에 민감하게 반응한다.
- 간섭없이 혼자 해결하는 것을 좋아한다.
- 반복적인 것을 싫어하고 새로운 것을 시도한다.
- 도덕성이 높아 이상적인 가치를 추구한다.
- 사회적인 문제에 대해 수준 높은 도덕적 사고를 하고 토론하려 한다.
- 자신이 하는 일에 관심이 많고 과제 집착력이 높다.

- 학습속도가 빠르기 때문에 정규학교 수업에 흥미를 잃고 공부를 하지 않거나 문제행동을 일으키는 경우도 있다.
- 과제를 완벽하게 수행하려 하기 때문에 스트레스에 시달리기도 한다.
- 자아개념이 긍정적이고 자신감과 자기주장이 강하다.

일반아동에 비해 뛰어난 이러한 특성이 있는 반면, 영재아는 IQ가 아주 높은 경우나 또래들의 부정적인 압력을 받는 경우와 같이 바람직하지 않은 상황에서는 사회 · 정서적 문제를 가질 수 있다.

3) 신체적 특성

영재아동의 신체는 일반아동과 비교하여 건강하고 발달이 빠르다. Terman은 영재아동 집단을 대상으로 키, 몸무게, 일반 신체발달을 포함하는 34종의 특성을 측정하였는데, 그 결과를 종합해 보면 영재아는 집단으로 볼 때 일반아동보다 체격이 좋고 건강하다. 또한, 이들은 운동능력이 뛰어나고 다양한 스포츠에서 우수한 경쟁상대가 된다(송준만 외, 2004).

Terman이 실시한 영재아동의 생육발달 조사를 보면, 영재아동의 신체적 발달은 일반아동에 비해 빨랐다. 이들은 출생 시 일반아동보다 몸무게가 더 무거웠으며, 이가 나는 시기가 약 2개월 빠르고, 첫걸음 걷기와 말하는 것도 평균적으로 약 2개월 빨랐다. 즉, 우수아가 허약하고 단명한다는 전통적 통념과는 달리 우수아들은 성장률이 좋았으며 좋은 건강상태를 누리고 있었다. 실제로 여러 연구에서 영재아동은 지적으로 우수하지 않은 형제들과 비교하여 신체적 우수성이 뚜렷하지 않았다.

4) 인지적인 특성

다수의 사람은 영재아동이 지적인 능력이 뛰어나다는 인식을 가지고 있다. 실제 지적인 면으로 보면 영재아동은 상위 5% 이내의 높은 지능지수를 갖고 있는 것으로 나타난다. 이들의 지적 행동 특성을 선행연구를 통하여 통합한 Renzulli, Hartman과 Callahan(1978)의 보고를 보면 다음과 같다(송준만 외, 2004).

- 또래에 비해 높은 수준의 어휘력을 가지고 있으며, 어휘를 의미 있게 사용하고 언어표현이 풍부하며 유창하다.
- 일반적인 관심 수준을 넘어 여러 문제에 관한 정보를 많이 가지고 있다.
- 사실적인 정보를 빨리 습득하고 기억한다.
- 인과관계를 쉽게 파악하고, 법칙과 원인을 발견하려고 노력한다. 또한, 다른 사람의 주의를 환기시키고 의미 있는 질문을 많이 한다.
- 사건, 사람, 사물의 원인을 빨리 파악하고 타당한 일반화를 잘한다. 또한, 사건, 사람, 사물의 유사점과 차이점을 발견하려고 한다.
- 관찰력이 날카로우며, 이야기나 영화 등에서 보다 많은 것을 보고 얻는다.
- 책을 많이 읽는다. 보통 성인이 읽는 수준의 책을 좋아하며, 어려운 책도 꺼리지 않는다.
- 복잡한 문제는 해결하고 이해하려 한다. 스스로 생각하려고 할 뿐만 아니라 논리적으로 명백한 해답을 찾으려고 한다.

5) 학업성취

영재아동은 학습문제를 처리하는 속도가 빠르고 새로운 지식을 흡수하는 과제 집중력이 높기 때문에 학습능력이 뛰어나다.

영재아동은 일반적으로 읽기 능력이 일찍 발달하며, 수학과 과학에 대한 관심과 흥미가 높고 집중력이 뛰어나다. 또한, 장시간 동안 독서를 할 수 있으며, 한 번 읽은 단어나 문자 등을 잘 기억하고, 읽은 내용을 또래 아동보다 잘 이해하는 경향이 있다. 말하기와 쓰기 등을 살펴보면, 어휘의 양과 수준이 또래 아동에 비하여 높고 표현력이 뛰어나다. 그러나 이러한 특성을 모든 영재아동이 소유하지 않고, 항상 학교시험에서 상위권에 위치하는 것은 아니다.

6) 창의적 특성

창의적인 행동을 위해서는 사고의 유연성과 독창성, 종합적 사고력과 분석력, 현재 가지고 있는 아이디어를 재조직할 수 있는 능력이 요구된다. 영재아동은 주어진 문제에 접근하는 방법이나 해결하는 방법이 정해져 있지 않고 다양성을 추구하는 경향이 있다. Renzulli와 그의 동료들이 제시한 영재아동의 창의적 행동 특성을 아래와 같다(송준만 외, 2004).

- 여러 가지 문제에 대한 강한 호기심을 가지고 있으며, 모든 문제에 대한 끊임없이 의문을 제기한다.
- 문제나 질문에 대하여 독특하거나 비상한 해결방안을 많이 제시한다.
- 자유롭게 자신의 의견을 표현하며, 의견이 일치하지 않을 경우 자신의 주장을 도전적으로 강력하게 내세우기도 한다.
- 모험적이고 사변적이다.
- 공상, 상상 등을 포함한 다양한 지적 활동을 보인다. 여러 가지 아이디어를 조작하고 제도나 체제 등을 수용하고 개선 · 수정하는 데 많은 관심을 보인다.
- 자신의 결함을 잘 알고 있으며, 자신의 비합리성에 대해 보다 개방적이다.
- 미적 감각이 예리하다. 사물의 심미적 특성에 관심이 많다.
- 다른 사람에게 쉽게 동화되지 않는다. 세부적인 사항에 대해서는 별로 관심을 갖지 않으며 개인주의적이고, 타인과 다른 것을 두려워하지 않는다.

3. 영재아의 진단 및 평가

영재아가 적절한 교육을 받기 위해서는 객관적이고 타당하며, 정확한 진단과 평가가 선행되어야 한다. 그러나 영재성의 진단은 복잡한 문제이며, 심리검사의 취약점 및 불명확한 규정 때문에 지금까지도 전문가들의 일치된 견해를 보이지 못하고 있다. 이러한 상황에서 영재 진단의 기준을 명확히 설정한다는 것은 어렵다. 일반적으로 영재를 진단하기 위해서 사용되고 있는 방법은 표준화검사인 지능검사, 창의성검사, 학업성취검사, 적성검사 등과 행동특성 평정척도, 지속적인 관찰 혹은 학생작품에 대한 포트폴리오, 교사 혹은 부모의 평정, 자신 및 또래의 평정, 교육과정 이외의 활동 등이 있다.

1) 표준화 검사

(1) 지능검사

표준화된 지능검사는 영재아동을 선별하는 데 사용하고 있다. 일회적 검사 실시를 통한 영재 선별에 대해 반대하는 사람들도 있지만, 비교적 타당하고 유용하게 측정한다는 점에서 영재를 판별할 때 큰 비중(송영민, 2001)을 두고 활용하고 있다.

① 집단 지능검사

집단 지능검사는 영재아동으로 진단되지만, 성적이 우수하지 않은 학생, 성적은 우수하나 영재아가 아닌 학생은 가려내지 못하며, 일반적으로 집단 지능검사에서는 IQ 115 이상부터 자세한 검사가 요구된다. 집단 지능검사가 시간 · 경제적 측면에서의 장점으로 인해 널리 사용되고 있지만 몇 가지 단점이 있다.

첫째, 대부분의 검사가 학년 또는 연령 수준별로 되어 있어 그 내용의 난이도가 한정되어 있다. 따라서 영재아를 선별하는 데 적합한 정도의 어려운 문항이 적어 그들이 가진 학력이나 지능을 제대로 진단하지 못한다.

둘째, 모든 집단검사는 어휘력, 읽기능력에 크게 의존되어 있어, 어휘력, 읽기에 문제가 있는 아동의 학력이나 지능은 정확하게 측정할 수 없다. 특히, 취학전 아동이나 저학년의 경우 실시하기가 어렵다.

셋째, 집단검사 장면에서는 모든 아동이 최선을 다할 만큼 동기 유발이 되지 않는 경우가 많다.

넷째, 검사 자체의 타당도로 지능검사가 인간의 지적 능력을 측정하기보다는 인지학습의 결과를 측정하는 것일 때가 많다.

② 개인 지능검사

개인 지능검사는 영재아를 진단하는 데 많은 도움을 주는 도구이다. 대표적인 것으로는 스탠퍼드-비네 지능검사(Stanford-Binet Intelligence Scale), 웩슬러 지능검사(Wechsler Intelligence Scale for Children: WISC) 등이 대표적이있다. 개인 지능검사는 훈련을 받은 심리학자가 실시하게 되고, 시간이 많이 걸리고 경비가 많이 들며, 활용에 있어서 고도의 훈련과 경험이 필요한 단점이 있다. 그러나 집단검사에서의 볼 수 없었던 아동의 반응 · 태도를 관찰하고 반응양식을 종합적으로 분석할 수 있는 장점이 있다. 따라서 문화실조 아동이나 어휘력이 떨어지는 영재아동을 측정해 낼 수 있다.

시간이나 경비상의 문제 등으로 대상 아동 모두에게 개인 지능검사를 실시하기는 어렵다. 집단 지능검사를 일단 실시한 후 일정한 점수(IQ 115) 이상의 아동을 선별한 후 개인지능검사를 실시하는 것이 바람직하다.

(2) 창의성 검사

Guilford(1967)는 주어진 상황에서 일상적으로 받아들여지고 있는 사고의 형태를 수렴적 사고라고 하고, 알려진 사실을 새로운 관계로 재조직하는 능력을 확산적 사고라고 하고 이를 창의적 사고라고 정의하였다. Clark(1997)는 창의성을 가장 높은 형태의 영재성이라고 하였으며, Sternberg(1988)는 창의력이 있는 인간은 사회를 변화시킬 수 있다고 하였다. 영재아동의 창의성 검사는 시대의 변화에 따라 기준과 내용이 달라지며, 지속적으로 개발되고 있다.

창의성 검사는 크게 창의적 사고검사, 아동의 창의적 인성 · 성격을 측정하는 검사, 창의적 산물검사로 구분된다(최인수, 2000).

(3) 학업성취 검사

표준화 학업성취검사는 일반적으로 학업면에서 학생이 도달한 상대적 위치를 알려 주기 때문에 영재 진단에 유용한 자료가 될 수 있다(이신동 외, 2009). 그러나 이 검사는 학생이 이제까지 학습한 것을 측정하는 것이지 학습능력을 측정하는 것이 아님을 기억해야 한다. 따라서 학생의 일반적 능력을 측정하는 검사와 병행해서 이루어져야 한다. 성적이 우수한 학생을 영재아동이라고 이야기할 수 있으나, 성적만으로 영재아동을 선정하는 것은 바람직하지 않으며, 학업성취도가 높은 학생은 영재아동이 아니면서도 높은 성적을 가질 수 있고, 영재아동이지만 학업성취동기가 낮은 아동은 성적이 낮게 나올 수 있기 때문이다.

(4) 적성검사

적성이란 특수 영역에서의 타고난 능력을 말하며, 영재아동의 경우 일반 지능이 높기 때문에 대체로 모든 분야에서 높은 점수를 얻어 적성이 높은 것으로 나타날 가능성이 있다. 그러므로 영재아동을 위한 적성검사는 검사 문항의 난이도가 높아야 그들의 적성 분야가 두드러질 수 있다. 따라서 영재아동을 위한 적성검사는 상급 학생들을 대상으로 한 검사를 실시하여야 영재의 적성 분야를 파악할 수 있는 경우가 많다(이신동 외, 2009).

2) 평정방법

평정방법은 체크리스트 형태로 영재의 특성을 관찰하고, 이 내용을 척도로 표시하는 검사다. 평정은 교사, 학부모, 또래가 할 수 있다. 검사자마다 판단 기준이 다르다는 문제점이 있어 이것만으로 영재성을 규명하기가 어렵다. 그러나 행동특성 평정척도는 과제 집착력, 관심 영역 및 동기의 정도, 학습 태도 등의 인성적 특성과 행동적 특성에 관한 정보를 제공하여 주기 때문에 매우 중요하다고 볼 수 있다(이신동 외, 2009).

(1) 교사의 관찰 및 평정

교사에 의한 관찰 및 평정방법은 널리 사용되고 있는데, 교사는 아동을 지도하면서 여러 가지 행동을 관찰할 수 있어 영재의 특성을 잘 발견할 수 있지만, 교사에게 우수한 아동을 지명하라고 한다면, 그 정확도는 매우 낮다.

Renzulli(1983)와 그의 동료들은 네 가지 특성인 학습, 동기, 창의성, 지도능력과 관련하여 영재아동의 행동 특성 평정척도를 만들었으며, 척도에 의한 교사의 평정은 효과 및 효율성에서 둘 다 높았다. 즉, 좋은 평정척도가 있을 경우 교사는 영재성을 보다 정확하게 정의할 수 있으며 영재아동의 특성에 대해 알게 된다(전헌선 외, 2012 재인용).

(2) 부모의 평정

부모에 의한 평정방법은 부모 자신이 교사와 달리 객관적인 입장을 취하기 어렵지만, 아동발달에 관하여 지식을 가지고 있기 때문에 효과적일 수도 있다.

교사 및 부모의 평정에 근거한 영재판별 평정검사는 GATES(Giliam, Carpenter, & Christensen, 1996), GES-2(McCarney & Anderson, 1989), SRBCSS(Renzulli et al., 1976) 등이 있다.

(3) 또래의 평정

우수아의 평정에 있어서 때로는 또래의 평정을 사용할 수도 있다. 또래의 평정에 근거한 영재판별 평정검사(GATES, Gilliam, Carpenter, & Christensen, 1996; ges-2, McCarney & Anderson, 1989) 등이 있으며, 국내에서 개발된 영재 평정척도로는 송인섭(1996), 박춘성(2006) 등의 평정척도가 있다.

(4) 지속적인 관찰 혹은 포트폴리오

영재성은 학교 및 학교 이외의 상황에서의 여러 가지 행동이나 산출물 등을 통해서도 나타날 수 있다. 학교 상황에서 흔히 발견될 수 있는 것은 과제의 수준과 질, 수업 중에 나타나는 아이디어, 여러 교내 경시/경연대회, 발명품 전시회 입상 성적, 특별활동에서의 활동과 산출물 등이다(이신동, 이정규, 박춘성, 2009). 특히, 예술영재 진단에서는 포트폴리오 형태의 행동 및 산출물 평가 결과가 매우 유용한 것으로 알려져 있다.

4. 영재아를 위한 교육적 접근

1) 조기중재

어린 아동의 영재성은 정의, 진단, 프로그램, 교육 등에 어려움을 갖는다. 영재아를 위한 조기중재 프로그램 모형과 보다 나은 서비스를 제공하자는 데 의견이 모아지고 있으나 현재까지 그러한 노력에 적절한 교사훈련의 부족, 경제적 문제, 부모들의 주장 결여, 또한 조기중재 입학이나 월반 등에 대한 법적 제한 등으로 인해 부정적 태도를 갖는 견해가 많다.

2) 교육적 배치

영재아동을 위한 교육적 배치는 영재아동만을 위한 학교를 설립하여 운영하는 방법과 영재아동만을 위한 학급을 편성하는 방법, 일반학급에 통합되어 있으면서 보충 프로그램을 운영하는 방법으로 나눌 수 있다.

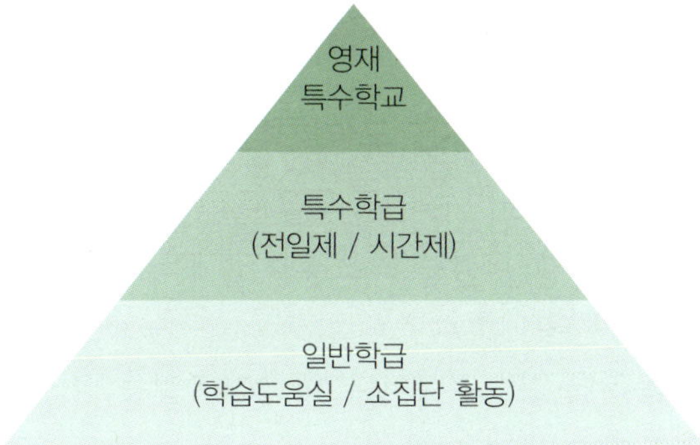

[그림 12-2] 영재아동의 배치

(1) 영재아동을 위한 특수학교

영재 특수학교는 영재아동만을 선발하여 운영하는 학교로서, 미국의 영재아를 위한 특수학교는 20세기 초 뉴욕에서 설립되었으며, 우리나라에서는 2003년도에 부산과학고등학교가 과학영재학교로 지정되면서 설립 · 운영되기 시작하였다. 이 학교에서는 영재아동의 특성과 요구에 따른 속진학습과 심화학습을 다른 또래 학생을 고려하지 않고 적용하는 장점이 있다.

(2) 영재아동을 위한 특수학급

영재아동을 위한 특수학급은 일반학교에 소속되어 있는 영재아동을 위하여 별도로 독립된 학급을 만드는 것이다. 영재 특수학급은 전일제 특수학급과 시간제 특수학급으로 나눌 수 있으며, 전일제 특수학급은 모든 수업을 특수학급에서 받는 것이고, 시간제 특수학급은 특정 수업에 한하여 특수학급에서 수업을 받는 것이다. 이러한 특수학급의 주요 장점은 모든 교육과정과 교수가 능력이 높은 아동의 욕구에 초점을 맞출 수 있다는 것과 영재아동이 자신의 능력에 맞는 속도에 따라 학습을 할 수 있으며, 학급의 다른 또래들이 모두 영재아동이라는 것은 이들에게 보다 발전을 위한 도전을 할 수 있게 한다. 또한, 교사가 학급에서 학급으로 또는 학교에서 학교로 이동하지 않기 때문에 보다 효율적이다. 그러나 영재반이라는 명명으로 인하여 또래들과 원만한 관계를 형성과

학교별로 영재아동의 수가 적어 학급을 편성하는 데 어려움을 가지는 경우도 생긴다.

(3) 영재아를 위한 학습 도움실(resourec room) 및 소규모 학습 집단 편성

일반학급에 통합되어 있으며 운영할 수 있는 프로그램은 학습 도움실(resourec room) 및 소규모 학습집단 편성이다. 학습도움실은 정규 수업을 받는 일반 교실 이외의 공간에 영재아동이 개인적인 학습 및 연구활동을 할 수 있는 학습 공간이다. 이곳에서 이들은 자신의 관심 분야에 심층적인 탐구와 학습을 하게 되며, 영재아를 정규학급에서 격리하는 특수학급의 단점을 보완하는 여러 장점을 갖는다. 소규모 학습활동은 동일한 분야에 관심과 흥미를 가지고 있는 영재아동을 한 집단으로 묶어 해당 분야에 관한 속진 및 심화학습을 하는 것이며, 영재아가 일반학생과 완전히 격리되지 않는 장점이 있다.

3) 교육과정

(1) 차별화된 교육과정

차별화(differentitation)란 영재아동에게 도전적이고 개별적으로 풍요로운 교육과정을 제공하고자 하는 다양한 전략이다. 왜냐하면 영재아동은 더 많은 개념을 더 빠르게 학습하기 때문이다. 이들을 위한 차별화 교육과정으로는 촉진과 심화를 들 수 있다(송준만 외, 2004).

① 속진

속진(acceleration)이란, 일반적인 교육과정 운영속도에 맞추어 교육내용을 학습하는 것이 아니라, 교육 기간을 단축하거나 학습 속도를 빠르게 하여 교육 기간을 단축하고 상급학년의 교과내용을 학습하는 교육과정 운영방식이다.

속진의 방법으로는 크게 나누어 월반, 조기 입학, 교육 연한의 단축 등이 있다. 조기 입학은 생활연령이 입학연령에 미달되더라도 유치원이나 초등학교, 대학교에 입학을 허용하는 것이다. 교육 연한 단축의 실례에는 초등학교 1, 2, 3학년의 과정을 학년의 구별 없이 묶어 각 아동이 자신의 학습능력과 속도에 따라 상위 수준으로 올라가게 하는 무학년제가 있다. 또 우수 고등학생에게 고등학교에 재학하면서 대학의 학점을 이수하여 대학 4년 과정을 빠른 시일 내에 이수할 수 있게 하기도 한다.

속진은 교육 연한이 단축되므로 개인적으로나 사회적으로 경제적이며, 지적 영재아가 생산적인 일에 종사할 수 있는 시간이 증가된다는 장점을 갖는다. 그러나 조기 입학이나 월반 등이 자신보다 신체적으로나 정서적으로 더 성장한 아동들과 같은 교실에서 공부해야 하므로 사회성이나 정서문제를 유발할 수도 있다고 지적된다. 또한, 학교의 교육과정이란 학년에 따라 체계적으로 증진되는데, 월반을 함으로써 기술이나 지식 습득이 체계적으로 이루지지 않을 수 있다. 그러나 여러 여러 선행연구를 분석해 보면 속진이 지적으로나 사회성에 있어서 부작용이 없으며, 속진을 하지 않은 영재아보다 수행이 더 높은 것으로 나타났다.

② 심화

심화(enrichment)란, 아동의 인지발달 수준에 적합하게 학습경험을 선정 · 조직하는 것이다. 영재아동의 심화학습은 단순히 교육자료나 교육활동의 보완을 의미하는 것이 아니라, 아동이 최대한의 발달을 할 수 있도록 깊이 있고 폭넓은 학습경험과 새로운 학습환경을 제공하는 것이다. 심화학습은 아동의 문제에 집중하도록 돕고 그들에게 문제해결에 필요한 방법이나 도구를 제공한다. 더 나아가 아동이 그들의 학습이나 연구결과에 대해 의사소통을 할 수 있게 돕는 것이다. 심화학습에는 수직적 · 수평적 · 보충적 심화학습이 있다.

수직적 심화학습(vertical enrichment)은 영재아가 일반학생에 비해 주어진 내용을 빨리 학습하는 점에 착안하여 이들의 학습속도에 맞추어 교육과정을 진행해 나가되, 남는 시간에는 상위 계열에 속하는 활동을 하도록 하는 것이다.

수평적 심화학습(horizontal enrichment)은 영재아가 주어진 학습내용을 빨리 학습한다고 하더라도 남는 시간에 상급수준의 교육과정을 미리 가르치는 것이 아니라 주어진 학습내용과 관련하여 보다 다양한 학습경험을 할 수 있도록 하자는 것이다.

보충적 심화학습(supplement enrichment)은 정규교육과정에서는 취급되지 않으나 장차 사회적으로 가치있는 활동을 하는 데 도움이 되는 여러 학습활동을 제공하는 것이다. 이 중에는 문제해결력, 창의력, 독서력, 지도성 개발, 성취동기, 인간관계 촉진 등의 프로그램을 들 수 있다.

학습문제

1. 영재교육의 정의에 대해 설명하시오.
2. 영재교육의 체제에 대해 설명하시오.
3. 영재의 특성과 교육전략에 대해 설명하시오.

참고문헌

강대옥 · 강병일 · 김기주 · 김남진 · 김창평 (2020). 특수교육학개론. 서울: 학지사.

강창욱 (1994). 청각장애학생언어의 통사구조분석. 대구대학교 대학원 미간행 박사학위 청구논문.

경기도교육청 (2023). 특수교육대상자 진단 · 평가 및 선정 · 배치 매뉴얼.

고은 (2017). 청각장애아교육. 서울: 학지사.

곽금주 · 장승민 (2011). 한국 웩슬러 아동지능검사(K-WISC-Ⅳ). 서울: 학지사.

교육과학기술부 (2008). 장애인 등에 대한 특수교육법령 설명회. 서울: 교육과학기술부.

교육과학기술부 (2009). 특수교육 교육과정 해설(Ⅰ): 총론. 교육과학기술부 고시 제 2008-3호.

교육부 (2000). 청능훈련: 특수학교 치료교육활동 교사용지도서. 대구대학교 1종 도서편찬위원회.

교육부 (2019). 특수교육 연차보고서. 서울 : 교육부.

교육부 (2023). 2023 특수교육통계. 세종: 교육부.

교육부 (2023). 특수교육연차보고서. 서울: 교육부.

국립특수교육원 (2009). 특수교육학 용어사전. 경기: 국립특수교육원.

국립특수교육원 (2018). KISE-SAB. 경기: 동원.

권순우 · 김영익 · 정은 · 팽재숙 (2020). 특수교육학개론. 서울: 창지사.

권요한 · 김수진 · 김요섭 · 박중휘 · 이상훈 · 이순복 · 정은희 · 정진자 · 정희섭 (2010). 특수교육학개론. 서울: 학지사.

김동연 (1984). 보행훈련 프로그램의 구조 연구. 미간행 박사학위논문. 대구대학교 대학원.

김동일 · 이대식 · 신종호 (2009). 학습장애아동의 이해와 교육. 서울: 학지사.

김미숙 · 김향지 (2011). 교사를 위한 특수아동의 이해와 교육. 서울: 창지사.

김병하 · 석동일 · 원영조 · 이규식 (2007). 청각장애아 교육. 대구: 대구대학교 출판부.

김승국 (1990). 적응 행동검사. 서울: 중앙적성출판사.

김승국 · 김옥기 (1995). 사회성숙도검사. 서울: 도서출판 특수교육.

김애화 · 김의정 · 김자경 · 최승숙 (2012). 학습장애 이론과 실제. 서울: 학지사.

김영민 · 한문식 (1972). 선천성 고관절 탈구의 진단과 치료. 대한정형외과학회지, 7(2), 177-188.

김영욱 (2007). 청각장애아동교육의 이해. 서울: 학지사.

김영욱 · 김원경 · 박화문 · 석동일 · 이해균 · 윤점룡 · 정재권 · 정정진 · 조인수 (2009). 특수교육학. 서울: 교육과학사.

김영태 · 이윤경 (2000). 중고도 청각장애아동과 일반아동의 발화길이 비교. 특수교육학연구, 35(3), 1-15.

김용욱 · 변찬석 · 박찬웅 · 우정한 · 이근용 (2002). 학습장애아교육의 이론과 실제. 경북: 대구대학교 출판부.

김용욱 · 윤광보 · 권혁철 (2002). 장애학생의 학습을 위한 보편적 설계의 실행방안. 특수교육학연구, 37(3), 263-282.

김용욱 · 이해균 · 김성애 · 이효신 · 최성규 · 김영한 · 신윤희 · 김성범 (2016). 특수교육학개론. 서울: 학지사.
김용주 (1988). 장애아 통합교육에 대한 부모 및 교사의 태도 연구. 단국대학교 교육대학원 석사학위논문.
김원경 · 김일명 · 조홍중 · 허승준 · 추연구 · 윤치연 · 윤치연 · 박중휘 · 이필상 · 문장원 · 서은정 · 유은정 · 김자경 · 이근민 · 김미숙 · 김종인 · 이신동 (2009). 최신 특수교육학. 서울: 학지사.
김유경 · 박미혜 · 석동일 (2005). 인공와우이식 아동의 조음발달에 관한 연구. 특수교육저널: 이론과 실천, 6(2), 67-83.
김윤옥 (2003). 학습장애아동을 위한 교수-학습 전략. 서울: 교육과학사.
김정섭 · 신경숙 · 유순화 (2010). 스턴버그의 교육 심리학. 서울: 시그마프러스.
김정휘 · 주영숙 · 문정화 · 문태영 (2004). 영재학생을 위한 교육: 교사와 부모를 위한 지침서. 서울: 박학사.
김정희 (2007). 중복 · 지체부자유 학생의 듀센형 근 위축 증후에 관한 고찰. 重複 · 肢體不自由兒敎育, 49, 333-348.
김종현 · 윤치연 · 이성현 · 이은림 (2015). 특수아동의 이해. 경기: 공동체.
김혜리 · 박민 · 박영신 · 정명숙 · 정현희 · 하은혜 (2017). 아동 · 청소년 정신병리학(제3판). 서울: 시그마프레스.
김화미 (2001). 인공와우 이식수술 아동의 음운변동. 한림대학교 대학원 미간행 석사학위 청구논문.
김희진 · 나경은 (2021). 자폐스펙트럼장애 학생의 요구하기 기술에 관한 국내 단일대상연구 대상 질적 지표 기반 문헌 연구. 발달장애연구, 25(4), 275-303.
대구대학교 1종 도서편찬위원회 (1999). 특수학교 치료교육활동 교사용지도서-물리치료. 교육부.
대한이비인후과학회 (2009). 이비인후과학-두경부외과학. 서울: 일조각.
대한청각학회 (2009). 청각검사지침. 서울: 학지사.
도명애 · 김성화 · 박순길 · 박채진 · 서석진 · 서영란 · 이수진 · 임은주 · 정훈영 · 조재규 · 최성욱 (2021). 특수교육학. 경기: 양서원.
도명애 · 서석진 · 최성욱 · 김성화 · 박순길 · 윤치연 · 양경애 · 조규영 (2016). 특수아동의 이해. 서울: 창지사.
문수백 · 변창진 (1997). K-ABC. 서울: 학지사.
미국 교육부의 장애인 법(The U.S. Department of Education's Individuals with Disabilities Education Act website) https: //sites.ed.gov/idea/
미국정신의학회. 정신장애의 진단 및 통계 편람(DSM-Ⅳ: 1995).
박경란 (2009). 청각장애아동의 문식성 특성과 지도방법에 대한 고찰. 특수교육저널: 이론과 실천, 10(1), 113-135.
박경숙 · 윤점룡 · 박효정 (2001). 기초학습기능검사. 서울: 한국교육개발원.
박수경 (2015). 신생아 난청과 신생아청각선별검사. Hanyang Medical Reviews, 35, 72-77.
박수정 · 노진아(2010). 통합학급에서 유아교사와 유아특수교사의 협력교수에 대한 연구. 유아특수교육연구, 10(3), 1-20.
박순길 (2003). Luria의 뇌 모델과 K-ABC 분석 연구. 重複 · 肢體不自由兒敎育, 41, 321-339.
박순길 (2005a). 뇌성마비아의 음운처리능력과 읽기, 쓰기와의 관계 연구. 특수교육학연구, 40(3), 145-169.

박순길 (2005b). 뇌성마비아의 인지적 능력과 언어학습기능의 관계 분석. 대구대학교 대학원 박사학위 논문.

박순길 (2006). 뇌성마비아의 시지각능력과 언어학습기능과의 관계 연구. 특수아동교육 연구, 8(1), 45-67.

박순길 (2007). 지체부자유학교 초등부 뇌성마비 아동의 읽기를 예측하는 인지-언어적 변인 연구. 重複 · 肢體不自由兒敎育, 50(2), 1-20.

박순희 (2021). 시각장애 학생의 이해와 교육. 서울: 학지사.

박승희 · 박윤희 · 한선영 (2022). AAIDD 12판 지적장애. 정의, 진단, 분류, 및 지원 체계. 서울: 교육과학사.

박은혜 · 김정연 · 표윤희 (2018). 함께 생각하는 지체장애학생교육. 서울: 학지사.

박춘성 (2006). 초등 영재선별을 위한 평정척도의 타당화 연구. 서울대학교대학원 박사학위논문.

박혜원 (2001). 지적 영재유아 판별의 절차와 과제. 영재교육연구, 11(1), 105-124.

박혜진 · 배소영 (2003). 청각장애아동의 어휘발달. 언어청각장애연구, 8(1), 66-81.

배성현 · 이병인 (2014). 긍정적 행동지원이 통합된 장애유아의 문제행동에 미치는 영향. 유아특수교육연구, 14(1), 69-95.

보건복지부 (2015). 2014~2018 건강보험 중기보장성 강화 계획.

보건복지부 (2018). 건강보험 보장성 확대로 10월부터 국민의료비 부담이 줄어듭니다.

서문자 · 강현숙 · 임난영 · 오세영 · 권혜정 (2000). 재활의 이론과 실제(개정판). 서울: 서울대학교 출판부.

서영란 (2000). 연령과 청력역치에 따른 청각장애아동의 음운적 특성. 한림대학교 사회복지대학원 미간행 석사학위 청구논문.

서영란 (2001). 청능훈련. 한국 언어청각임상학회 언어 · 청능장애 여름연수회, 406-419.

서영란 (2010). 발화분석을 통한 취학전 청각장애아동의 문법 및 의미발달에 대한 종단연구. 대구대학교대학원 미간행 박사학위 청구논문.

서영란 · 박경란 · 김병하 (2007). 청각장애영아동의 어휘발달에 대한 종단연구. 특수교육저널: 이론과 실천, 8(4), 141-159.

서영란 · 박선희 (2017). 요르단 청각장애 특수학교건립사업: 청능훈련 교재개발. 한국 국제협력단(KOICA).

석동일 (2004). 중추성 청각정보처리장애의 특성 고찰. 특수교육저널: 이론과 실천. 5(2), 45-70.

송영민 (2001). 가정의 심리적 환경이 영재아의 사회성숙도에 미치는 영향. 건국대학교 교육대학원 석사학위논문.

송준만 · 강경숙 · 김미선 · 김은주 · 김정효 · 김현진 · 이경순 · 이금진 · 이정은 · 정귀순 (2022). 지적장애 학생 교육(제3판). 서울: 학지사.

송준만 · 유호순 (1990). 특수아지도. 서울: 교문사.

송준만 · 유호순 (1997). 특수아지도. 서울: 한국방송통신대학교 출판부.

송준만 · 유효순 (2004). 특수아지도. 서울: 한국방송통신대학교 출판부.

신영희 (2004). 간질아동의 삶의 질과 간호관리. 아동간호학회지, 10(2), 225-232.

신종호 (1999). 교수전략이 초등학생의 읽기 능력 발달에 미치는 효과 연구. 초등교육연구, 13(1), 85-101.

신종호 · 김동일 · 신현기 · 이대식 (2008). 정신지체(제7판). 서울: 시그마프레스.

신진숙 (2010). 지적장애아 교육. 경기: 양서원.

심현섭 · 김영태 · 김진숙 · 김향희 · 배소영 · 신문자 · 이승환 · 이정학 · 한재순 · 윤혜련 · 김정미 · 권미선 (2010). 의사소통장애의 이해. 서울: 학지사.

안병즙 (1978). 지체부자유아교육. 대구: 대구대학교 출판부.

안병즙 · 곽승철 · 김하경 · 노선옥 · 박재국 · 박화문 · 오세철 · 전헌선 · 정재권 · 정진자 · 조홍중 · 한경임 (2003). 중복 · 지체부자유아교육. 경북: 대구대학교 출판부.

양명희 (2016). 행동수정이론에 기초한 행동지원(제2판). 서울: 학지사.

양명희 · 고은 · 김정연 · 이대식 · 이태훈 (2023). 특수교육학개론. 서울 : 북앤정.

원종례 (2002). 기능적 의사소통 훈련이 자폐학생의 자해 및 공격적 행동에 미치는 효과. 언어청각장애연구, 7(3), 252-272.

유수옥 (2010). 특수유아교육. 서울: 창지사.

유은정 (2005). 인공와우 이식아동의 조사사용 특성. 한림대학교 사회복지대학원 미간행 석사학위 청구논문.

유은정 · 백무진 · 안성우 · 최상배 · 서중현 이광렬 · 서유경 · 허민정 (2013). 청각장애아동교육: 이론과 교과지도. 서울: 학지사.

유재연 · 윤희봉 · 임경원 · 고등영 · 박경옥 · 이태수 · 김성남 (2009). 특수교육의 이해. 서울: 시그마프레스.

윤미선 · 심현섭.(2003). 와우이식아동의 음운발달에 관한 문헌 고찰. 특수교육, 1(1), 115-129.

윤선오 · 김우호 · 서보준 (2013). 특수교육학개론 및 지도. 경기: 양서원.

이미선 · 박미숙 · 김미경 (2023). 특수아동교육. 경기: 양서원.

이민주 (2001). 초등학교 일반학급 아동과 학부모의 통합교육 경험 유무에 따른 장애 아동 수용 태도 비교. 인천교육대학교 교육대학원 석사학위논문.

이상희 (2006). 청각장애아동의 어휘발달에 관한 연구의 동향. 순천향 인문과학논총, 17, 151-168.

이성봉 · 방명애 · 김은경 · 박지연 (2011). 정서 및 행동장애. 서울: 학지사.

이소현 (2003). 유아특수교육. 서울: 학지사.

이소현 · 박은혜 (2006). 특수아동교육. 서울: 학지사.

이소현 · 박은혜 (2011). 특수아동교육(제3판). 서울: 학지사.

이소현 · 박은혜 (2019). 특수아동교육(제3판). 서울: 학지사.

이승희 (2017). 정서행동장애개론. 서울: 학지사.

이신동 · 이정규 · 박춘성 (2010). 영재교육 담당 교원의 양성 · 연수 · 배치에 대한 기준 설정 연구. 영재와 영재교육, 7(1), 73-93.

이정학 · 조수진 · 김진숙 · 장현숙 · 임덕환 · 이경원 · 김형종 (2010). 어음청각검사: 전문가 지침서. 서울: 학지사심리검사연구소.

이진학 · 이하범 · 허원 · 홍영재 (2008). 안과학. 서울: 일조각.

이태훈 (2021). 시각장애 학생 교육의 이론과 실제. 서울: 학지사.

이필상 · 권순황 · 김수진 · 김시영 · 박미혜 · 박선희 · 정은희 (2020). 청각장애아동교육의 이해. 서울: 학지사.

이해균 · 임안수 · 이우관 (2006). 저시력 교육. 경산: 대구대학교 출판부.

임경욱 · 박경화 · 조현정 (2017). 특수교육개론. 서울: 학지사.

임다경 · 이병인 (2019). 통합학급에서의 긍정적 행동지원이 자폐성 장애유아의 문제행동에 미치는 영향. 행동분석 · 지원연구, 6(1), 101-130.

임안수 (2010). 시각장애아교육. 서울 학지사.

임호찬 (2004). K-레이븐검사(K-SPM). 서울: 한국가이던스.

장유경 (2004a). 한국영아의 초기어휘발달: 8개월~17개월. 한국심리학회지: 일반, 23(1), 77-99.

장유경 (2004b). 한국영아의 초기어휘발달: 18개월~36개월. 한국심리학회지: 발달, 17(4), 91-105.

장현숙 (2008). 청각장애학생의 교육 및 청능재활의 적용 실제. 국립특수교육원 · 한국청각언어재활학회 제15회 국제 세미나 및 2008 청각학 세미나 자료집, 93-113.

전경원 · 권미은 (2009). 특수유아교육. 서울: 창지사.

전헌선 (2005). 지체부자유 학생 근 위축 증후의 양상 및 대치 자원 연구. 重複 · 肢體不自由兒敎育, 45, 21-39.

전헌선 · 오세철 · 박재국 · 한경임 · 노선옥 · 박순길 (2006). 중복 · 지체부자유아 치료교육. 경북: 대구대학교 출판부.

전헌선 · 윤치연 · 공나영 · 김성화 · 도명애 · 박순길 · 서석진 · 서영란 · 송호준 · 양경애 · 이수진 · 이정남 · 최성욱 (2012). 특수교육학개론. 경기: 양서원.

전헌선 · 한경임 · 노선옥 (2004). 뇌성마비아의 언어치료교육. 경북: 대구대학교 출판부.

정대영 (2011). 특수교육학. 서울: 창지사.

정대영 (2013). 특수교육학. 서울: 창지사.

정대영 (2016). 특수아동 교육 : 0세부터 8세까지. 서울 : 창지사.

정대영(2009). 행동기능평가와 긍정적 행동지원. 경기: 양서원.

정대영 · 홍화진 (2011). 장애아동 형제자매와 비장애아동 형제자매의 부모-자녀 의사소통, 자아탄력성, 정서지능 및 심리적 안녕감 비교. 정서 · 행동장애연구, 27(2), 33-57.

정동영 · 김미선 · 김정연 · 김형일 · 김희규 · 남윤석 · 박선희 · 박중휘 · 서은정 · 오세웅 · 이경면 · 이옥인 · 이필상 · 전보성 · 정해동 · 진흥신 (2011). 특수교육학개론. 경기: 교육과학사.

정동영 · 김형일 · 정동일 (2003). 자폐성 발달장애아동의 출현율 및 교육장면 분석연구. 자폐성장애연구, 4(1), 1-20.

정재권 · 안병즙 (2001). 지체부자유아 심리이해. 서울: 학지사.

정해동 · 김주영 · 박은혜 · 박숙자 (1999). 장애학생들을위한 보완 · 대체의사소통지도.국립특수교육원.

정현경 (2002). 4, 5세 청각장애아동과 정상아동의 의사소통기능 비교. 한림대학교 대학원 미간행 석사학위 청구논문.

조윤경 외 (2019). 유아 교사를 위한 특수아동의 이해. 서울 공동체.

조윤화 · 김태용 (2019). 한국 장애출현율 개편방안에 관한 연구: ICF 장애개념을 기반으로. 서울: 한국장애인개발원.

조인수 (2002). 장애인의 삶의 질 향상을 위한 전환교육과 서비스. 대구: 대구대학교 출판부.

조인수 (2005). 정신지체아 교육. 대구: 대구대학교 출판부.

조인수 · 이응훈 (2008). 지적발달장애인을 위한 자기 결정 교수방법. 대구: 대구대학교 출판부.

주정빈 (1989). 소아마비의 임상경험. 대한정형외과학회지, 23(4), 1109-1126.

진수림 (2005). 전음성 청각장애아동과 인공와우 착용 청각장애아동의 어음변별력과 어음명료도 비교. 대구대학교 교육대학원 미간행 석사학위 청구논문.

진헌선 · 오세철 · 박재국 · 노선옥 · 김영환 · 한경임 · 도성화 (2005). 중복 · 지체부자유아 교수 · 학습론. 대구대학교 출판부.

최성규 (1997). 청각장애아의 심리. 서울: 도서출판 특수교육.

최인수 (2000). 유아용 창의성 측정도구에 관한 고찰. 유아교육연구, 20(2), 139-167.

추연구 · 김은영 (2017). 특수교육의 이해. 경기: 양서원.

한은선 · 김은경 (2016). 그림교환의사소통체계(PECS)를 활용한 긍정적 행동지원이 자폐성장애 초등학생의 문제행동에 미치는 영향. 행동분석 · 지원연구, 3(2), 17-41.

함주희 (2021). 자폐스펙트럼장애 아동의 비디오모델링 중재에 대한 메타분석: 단일대상연구 중심으로 (Doctoral dissertation, 한양대학교).

현경미 · 강대옥 (2017). 장애자녀 어머니가 지각한 아버지의 양육참여도가 어머니의 양육스트레스 및 가족 삶의 질에 미치는 영향. 특수아동교육연구, 19(3), 119-139.

홍준표 (2017). 응용행동분석. 서울: 학지사.

황보면 · 김경신 (2010). 지적장애 아동 언어치료. 서울: 학지사.

American Association on Mental Retardaion (2002). *Mental retardation : Definition, classification, and systems of supports*(10th Ed.) Washington, DC: Author.

American Association on Mental Retardaion (1992). *Mental Retardation: Definition, classification and system of supports*(9th ed). Washington, DC: Author.

American Speech-Language-Hearing Association (1990). Audiological assessment of central auditory processing: An annotated bibliography. *Asha*, *32*(suppl. 1), 13-30.

Anderson, D. R. (2007). Model based inference in the life sciences: a primer on evidence.

Asarnow, J. R. & Asarnow, R. F. (2003). Childhood-onset schizophrenia. In E. J. Mash & R. A. Bakley (Eds.), *Child-Psychopathology*. New York: Guilford Press.

Bailey, D. H., & Winston, P. J. (1987). Stability and change in parents expectations about mainstreaming. *Topics in Early Childhood Special Education*, *7*(1), 61-72.

Bakken, J, P.,& Whedon, C. K. (2002). Teaching text structure to improve reading comprehension. *Intervention in School and Clinic*, *37*, 229-233.

Bartley, S. H., Cliffard, L. T., & Calvin, A. D. (1975). Effect of visual imagery on tactual and kinesthetic space perception. *Perceptual and Motor Skills*, *31*.

Barrage, N. (1983). *Visual handicaps and learning*(rev. ed). Austin, TX: Exceptional Resources.

Belmont, J. M. (1996). Long-term memory in mentaI retardation. New York : Clark, G. M. & Kolstoe, O. P.(1995). *Career development and transition education for adolescents with disabilities*(2nd ed.). Boston: Allyn & Bacon.

Blamey, P. J., Barry, J. G., & Jacq, P. (2001). Phonetic inventory development in young cochlear implant users 4 year post operation. *Journal of Speech, Language and Hearing Research*, *44*, 73-79.

Boldt, W. (1969). The development of scientific thinking in blind children and adolescents. *Education of the Visually Handicapped*, *1*, 5-8.

Bondy, A., & Frost, L. (1994). The picture exchange communication system. *Focus on Autistic Behavior*, *9*, 1–19.

Bonifacci, P. (2004). Children with low motor ability have lower visual-motor integration ability but unaffected perceptual skills. *Human Movement Science*, *23*(2), 157-168.

Bos, C., & Vaughn, S. (2002). *Strategies, for teaching students with learning and behavioral problems*(5th ed.). Needleham Heights, MA: Allyn and Bacon.

Bowe, F. G. (2000). *Physical, Sensory and Health Disabilities*. Merrill.

Clein, N. K., Pasch, M., & Frew, T. W. (1978). *Curriculum analysis and design for retarded Iearners*. CoIumbus: Charles E. Merrill Publishing Co.

Corn, A. (1980). Development and assessment on an inservice training program for teachers of the visually handicapped. Optical aids in the classroom Unpublished doctoral dissertation Teachers College Columbia University.

Crane, L. L. (2002). MentaI Retardation: A Community integration Approach adsworth/Thomson Learning.

Cutsforth, T. D. (1951). The blind school and society: A psychological study. New Haedy, R. E. (1967).Prediction of manifest anxiety levels of blind persons through the use of a multiple regression teachigue. *International Journal for the Education of the Blind*, *17*.

Davis, J. M., & Hardick, E. J. (1981). *Rehabilitative audiology for children and adults*. New York: John Wiley & Sons.

Davis, J. M., Elfenbein, J., Schum, R., & Bentler, R. A. (1986). Effects of mild and moderate hearing impairments on language, educational and psychosocial behavior of children. *Journal of Speech and Hearing Disorders*, *51*(1), 53-62.

Developmental Principles of the Luckasson et al. (1992). AAMR Definition of Mental Retardation: A Retrospective.

Dodd, B. (1976). The phonological systems of deaf children. *Journal of Speech and Hearing Disorders*, *41*, 185-198.

Ertmer, D. J., & Mellon, J. A.(2001). Beginning to talk at 20 months: Early vocal development in a young cochlear implant recipient. *Journal of Speech, Language and Hearing Research*, *44*, 192-206.

Folk-Ross, F. C. (2002). *Classroom-based language and literacy intervention: A programs and case studies approach*. Boston: Allyn and Bacon.

Fujiki, M., Brinton, B., Hart, C. H. & Fitzgerald, A. H. (1999). Peer acceptance and friendship in children with specific language impairment. *Topics in Language Disorders*, *19*, 34-48.

Geers, A. E., & Moog, J. S. (1978). Syntactic maturity of spontaneous speech and elicited imitations of hearing impaired children. *Journal of Speech and Hearing Disorders*, *43*, 380-391.

Gray, C. (2015). *The new social story book*. Arlington: Future Horizons.

Grossman, H, J. (1983). *Classification in mental retardation*. Washingtom, DC: American Association on Mental Retardation

Hall Ⅲ, J, W. (2007). *New Handbook for auditory evoked responses*. Boston, MA: pearson.

Hallahan, D. P. & Kauffman, M., & Lloyd, J. W. (1999). *Introduction to learning disabilities*. Needham Heights, Masschusents: Allyn and Bacon.

Hallahan, D. P., & Kauffman, J. M. (2003). *Exceptional learners: Introduction to special education*(9th ed). Boston: Allyn and Bacon.

Halpin, K. S., Smith, K. Y., Widen, J. E., & Chertoff, M. E. (2010). Effects of Universal Newborn Hearing Screening on an Early Intervention Program for Children with Hearing Loss, Birth to 3 Yr of Age. *Journal of the American Academy of Audiology*, *21*, 169-175.

Hayes, S. P. (1941). *Contributions to a psycholgy of blindness*. N. Y.: AFB.

Heward, W. L. (2009). *Exceptional children: an introduction to special education*(9th ed.). Upper Saddle River, NJ: Merrill/Prentice-Hall.

https: //sites.ed.gov/idea/regs/b/a/300.39

Jan, J. E. (1975). In G. C. Robinson, and E.P. Scott(Eds.), Hypotonia in the blind child, Dev. Med. Child Neurol, 17.

Johnson, D. W., & Johnson, R. T. (1986). Mainstreaming and cooperative learning strategies. *Exceptional Children*, *52*, 553-561.

Johnson, D. W., Johnson, R. T., & Holubec, E. J. (1991). *Cooperation in the classroom*. Edina, MN: Interaction Book Company.

Joint Committee on Infant Hearing (2000). Year 2000 position statement: principles and guidelines for early hearing detection and intervention programs. *pediatrics*, *106*, 798-817.

Kanner, L. (1943). Autistic disturbances of affective contact. *Nervous child*, *2*(3), 217-250.

Kauffman, . M., & Hallahan, D. P. (2005). *Special education: what it is and why we need it*. Boston: Allyn and Bacon.

Kavale, A. K. & Formess, S. R. (1996). Social skilldeficits and learning disabilities: A meta-analysis. *Journal of Learning Disabilities*, *29*, 226-237.

King-Sears, M. E., & Cummings, C. S. (1996). Inclusive practices of classroom teachers. *Remedial and Special Education*, *17*, 217-225.

Kirk, S. A., Gallagher, J. J., Anastasiow, N. J., & Coleman, M. R. (2006). *Educating Exceptional Children*. New York : Houghton Mifflin Company.

Lerner, J. (2003). *Learing (disabilities: Theories. diagnosis, and teaching strategies)*. Boston: Houghton Mifflin Co.

Lerner, J., Lowenthal, B., & Egan, R. (2003). *Preschool children with special needs: Children at risk and children with disabilites*. Needham Hights, MA: Allyn & Bacon.

Lowenfeld, B. (1950). Psychological Foundation of special method in teaching blind children. In P. A. Zahl (Ed), *Blindness*. Princeton: University Press.

Lowenfeld, B. (1973). *The visually handicapped child in school*. N.Y.: The John Day.

Luckner, J., & Denzin, D. (1998). In the mainstream: Adaptations for students who are deaf or hard of hearing. *Perspective in education and deafness, 17*, 8-11.

Madell, J. R., & Flexer, C. (2014). *Pediatric Audiology: diagnosis, technology, and management*(2nd ed). New York: Thieme medical publishers.

March of Dimes. (1999). *Cerebral Palsy*. Public health information link. 1275 Mamaroneck Ave. White Plains, NY 10605.

Marilyn Sief Workinger (2005). *Cerebral Palsy: Resource Guide*. NY : Thomson Delmar Learning.

Mastropieri, M. A., & Scruggs, T. E.(1997). Best practices in promoting in reading comprehension in students with learning disabilities. *Remedial and Special Education, 18*, 197-213.

McNamara, T. P., Miller, D. L., & Bransford, J. D. (1996). Mental models and reading comprehension. In R. Barr., M. L. Kamil., P. Mosenthal., & P. D. Pearson(Eds), *Handbook of reading research: Volume* Ⅱ (pp. 490-511). Mahwah, NJ: Erlbaum.

Meese, R. L. (1994). *Teaching learners with mild disabilities: Integrating research and practice*. Belmont, CA. Wadsworth

Merrill, E. C. (1990). Attentional resource allocation and mental retardation In N. W. Bray (Ed.), *International review of research in mental retardation Vol. 16*(pp.51-88) San Diego, CA: Academic Press.

Meyen, E. L. (1996). *Exceptional children in toddy's school*(3rd ed.) Denver.

Miller, H, Rynders, J. E., & Schleien, S. J. (1993). Drama: A medium to enhance social interaction between students with and without mental retardation. *mental retardation, 31*(4), 228-233.

Miller, L. K. (1998). Defining the savant syndrome. *Journal of Developmental and Physical Disabilities, 10*(1), 73-85.

Moores, D. F. (2001). *Educating the deaf: psychology, principles and practices*(5th ed). Boston: Houghton Mifflin.

National Institutes of Health pub. NO. 95-4040(1995). Silence Isn't Always Golden-Hearing, Speech and Language problems in children. URL: http//www.nidcd.nih.gov/health/hearing/silence. htm.

Nicholas, J. G., Geers, A. E., & Kozak, V. (1994). Development of communicative function in young hearing-impaired and normally hearing children. *Volta Review, 96*, 113-135.

Pasanella, A. L. & Volkmor, C. B. (1981). *Teaching handicapped students in the mainsteam*(2nd ed.) Columbus, OH: Merrill.

Pearson, P., & Fielding, L. (1996). Comprehension instruction. In R. Barr., M. L. Kamil. P. Mosenthal., & P. D. Pearson(Eds), *Handbook of reading research: Volume* Ⅱ (pp. 813-859). Mahwah, NJ: Erlbaum.

Peterson, J. M., & Hittie, M. M. (2003). *Inclusive teaching; Creating effective schools for all leamers*. Boston: Allyn and Bacon.

Piaget, J. (1960). *Psychology of intelligence*. N. J. : Littlefield-Adams.

Prinz, P. M., Strong, M., Kuntze, M., Vincent, M., Friedman, J., Moyers, P., & Helman, E. (1996). A path to literacy through ASL and English for deaf children. In C. E. Johnson & J. H. V. Gilbert(Eds.), *Children's language Vol. 9*(pp.235-251). Mahwah, NJ: Erlbaum.

Rauming, P. R.&, & Shames, G. H. (2002). *Stuttering and other disorders*. in M. Winzer, S. Rogow and C. David,

Exceptional children in Canada. Scarborough, Ont.: Prentice-Hall.

Renzulli, J. S. (1977). *The enrichment trad model: A guide for development defensible programs for the gifted and talented*. Mansfield Center, CT: Creative Learning Press.

Sainato, D. M. & Lyon, S. R. (1989). Promoting Successful Mainstreaming Transitions for Handicapped Preschool Children. *Journal of Early intervention, 13*(4), 305-314.

Schalock, R. L., Gardner, J. F., & Bradley, V. J. (2007). *Quality of life: Applications for people with in intellectual and developmental disabilities*. Washington, DC: American Association on Intellectual and Developmental Disabilities.

Schirmer, B. R. (1985). An analysis of the language of young deaf children in terms of syntax, semantics and use. *American Annals of the deaf. 130*, 15-19.

Schow, R. L., & Nerbonne, M. A. (1996). *Introduction to Audiologic Rehabilitation*(3th ed.). Boston: Allyn and Bacon.

Scruggs, T. E, & Mastropieri, M. A. (1994d). Successful mainstreaming in elementary science classes: A qualitative investigation of three reputational cases. *American Educational Research Journal, 31*, 785-811.

Seyfriend, D., & Kricos, P. (1996). Language and speech of the deaf and hard of hearing. In Schow, R., & Nerbonne, M. (Ed.). *Introduction to audiologic Rehabilitation*. Boston: Allyn and Bacon.

Simpkins, K., & Stephens, B. (1974). Cognitive development of blind subjects. Proceedings of the 52nd Biennial Conference of the Association of the Education of Visually Handicapped.

Skarakis, E. A., & Prutting, C. A. (1977). Early communication: Semantic functions and communicative intentions in the communication of the preschool child with impaired hearing. *American Annual of the deaf, 122*, 382-391.

Slavin, R. E., & Karweit, N. L. (1991). Effects of whole class, ability grouped, and individualized instruction on mathematics achievement. *American Educational Research. journal, 22*, 351-267.

Smith, C. (1975). Residual hearing and speech production in deaf children. *Journal of Speech and Hearing Research, 18*, 795-811.

Smith, D. D. (2004). *Introduction to Special Education: Teaching in an age of opportunity*(5th ed). Boston: Allyn and Bacon.

Smith, T. E. C., & Hilton, A. (1994). Program design for students with mental retardation. *Education and Training in Mental Retardation Developmental Disabilities, 29*(1), 3-8.

Smith, T. E. C., Polloway, E. A., Patton, J. R., & Dowdy, C. A. (2006). *Teaching students with special needs: in inclusive settings*(4th ed.). Boston: Allyn and Bacon.

Smits B. W. & Mommers, M. J. C. (1976). Differences between blind and sighted children on WISC verbal subtests. *New Outlook for the Blind, 70*, 240-246.

Stahl, S. A., & Fairbanks, M. M. (1986). The effects of vocabulary instruction: A model-based meta-analysis. *Review of Research, 56*, 72-110.

Stainback, S., & Stainback, W. (Eds.) (1996). *Inclusion: A Guide for educators*(2nd ed.), Baltimore: Brookes.

Tayor, S. J. (2005). Caught in the continuum: A critical analysis of the principle of the least restrictive environment. *Research and Practice for Persons with Severe Disabilities*, *30*, 218-230.

Thomas, G. E. (1996). Teaching students with mental retardation: A life goal curriculum planning approach. Englewood Cliffs, NJ: Prentice Hall Topping, K., & Ehly, S.(Eds.) (1998). *Peer-assisted learning*. Mahwah, NJ.

Treffert, D. A. (2014). Savant syndrome: Realities, myths and misconceptions. *Journal of Autism and Developmental Disorders*, *44*(3), 564-571.

Tumbull, R., Huerta, N., & Stowe, M. (2006). the individuals with disabilities education act as amended in 2004. New Jersey: Pearson Education.

Tumbull, R., Tumbull, A., Shank, M., & Smith, S. J.(2004). *Exceptional lives: Special education in today's schools*(4th ed.). Upper Saddle River, NJ: Merrill/prentice Hall.

Tye-Murry, N., Spencer, L., Gilbert-Bedia, E. (1995). Relationships between speech production and speech perception skills in young cochlear implant users. *Journal of the Acoustical Society of America*, *98*(5), 2454-2459.

United Cerebral Palsy of Washington (1997). Cerebral Palsy fact sheet. www.wer.uwadhington.edu.

Vander Kolk C. J. (1982). A comparison of intelligence teast score patterns between visually impaired subgroups and the sighted. *Rehabilitation Psychology*, *27*, 115-120

Walker, H. M. (1997). *The acting and child: Coping with classroom disruption*(2nd ed.). Longmont, CO: Sopris West.

Warren, D. H. (1984). *Blindness and childhood. development*(2nd ed). N.Y.: AFB.

Wehmeyer, M. L., Sands, D. J., Konwlton, H. E. & Kozleski, E. B. (2002). *Teaching students with mental retardation: Proving access to th general curriculum*. Baltimore, MD: Paul H. Brookes.

Westling, D. L. & Fox, L. (2009). *Teaching students with severe disabilities*. Upper Saddle River, N.J. : Pearson, c2009.

Wiig, E. H., Secord, W., & Semel, E. (1998). *Clinical Eraluation of Language Rundamentals*. San Antonio, TX: The Psychological Corporation.

World Health Organization (2016). 국제 기능 · 장애 · 건강 분류 한글번역본(제2차 개정판)(사회보장정보원 역). 서울: 사회보장정보원.(원서출판 2001)

Zigler, E. (1999). The individual with mental retardation as a whole person. In E. Zigler & D. Bennett-Gates (Eds.), *Personality development in individuals with mental retardation*(pp.1-16) Cambridge: Cambridge University Press.

찾아보기

저자소개

김성화 계명문화대학교 유아교육과 교수
김희진 송안초등학교 특수교사
도명애 계명문화대학교 유아교육과 교수
박경란 세한대학교 특수교육과 교수
박순길 남부대학교 초등특수교육과 교수
서석진 대구한의대학교 중등특수교육과 교수
이신영 대구사이버대학교 특수교육학과 외래교수

특수아동의 이해와 지도

초 판 1쇄 인쇄 2024년 2월 23일
초 판 1쇄 발행 2024년 2월 28일

지 은 이 | 김성화 · 김희진 · 도명애 · 박경란 · 박순길 · 서석진 · 이신영
펴 낸 이 | 김기섭
편 집 인 | 이혜란
펴 낸 곳 | 창지사 www.changjisa.com
08589 서울시 금천구 가산디지털 1로 83 파트너스타워 1차 9층
전화 (02)719-2211~3
팩스 (02)701-9386
등 록 | 1977년 4월 28일 · 제1-421호

ISBN 978-89-426-1874-3 (93370)

값 24,000원